웨슬리의 생애와 윤리

John Wesley's Life & Ethics

웨슬리의 생애와 윤리
John Wesley's Life & Ethics

2019년 12월 15일 초판 1쇄 발행
지은이 로날드 스톤
옮긴이 조종남
발행처 선교햇불
등록일 1999년 9월 21일 제54호
등록주소 서울시 송파구 백제고분로 27길 12(삼전동)
전　화 (02) 2203-2739
팩　스 (02) 2203-2738
이메일 ccm2you@gmail.com
홈페이지 www.ccm2u.com

■파본은 교환해 드립니다.
■이 출판물은 저작권법에 의해 보호를 받는 저작물이므로 무단전재와 무단복제를 금합니다.

웨슬리의 생애와 윤리

John Wesley's Life & Ethics

로날드 스톤 (Ronald H. Stone) 지음
역자 · 조 종 남

신교햇불

권두언

　웨슬리 신학연구소는 한국 교회가 당면한 문제들을 직시하면서, 18세기 영국교회와 사회를 수난의 위기에서 구원하고 갱신하였던 웨슬리 신학이 오늘의 현실에 하나의 대안을 제시할 수 있다고 확신합니다. 그러나 유감스럽게도 한국에는 웨슬리 신학의 소개가 충분히 되고 있지 못합니다. 이에 서울신학대학교 웨슬리신학 연구소가 저명한 웨슬리신학 서적들을 번역하여 출판함으로써 한국 교회와 신학계에 공헌하고자 하는 바입니다.

　이번에 번역된 저서는 우리 연구소의 웨슬리신학 저서 출판사업의 네 번째 저서로 나오는 책으로서, 스톤 박사(Ronald H. Stone)가 쓴 웨슬리의 생애와 윤리(*John Wesley's Life and Ethics*)을 번역한 책입니다.

　이 책의 저자는 윤리를 다루는 방법 가운데 하나인 "역사적 연구"로 웨슬리의 도덕적 철학을 정밀하게 소개하고 있습니다. 사실 그동안 웨슬리의 생애에 대한 연구는 많았지만, 웨슬리의 윤리에 관한 연구는 많지 않았습니다. 특히 웨슬리의 윤리 사상을 역사적으로 연구한 책은 하나도 없었습니다. 이 점에서 우리는 이 책을 주목하게 됩니다.

　저자는 웨슬리의 생애를 따라가면서 그 때의 상황에 관련하여 거론된 윤리 문제, 그때의 윤리 사상을 다루면서 그 상황에서 웨슬리가 쓴 윤리에 관한 글들에서 나온 식견들(insights)을 요약하여 정리하였습니다. 분명한 것은 삶의 현장과 동떨어진 신학적 진실이 어디에도 존재하지 않는다는 것입니다.

그러므로 이 책은 조직적인 윤리 이론을 제시하려는 것보다는, 실제 생의 이야기에 관련하여 논의하고 있습니다. 그렇다고 그의 윤리가 그의 신학적 사상과 분리될 수는 없습니다. 그의 신학적 전제는 은연중에 그의 중요한 윤리 사상에 영향을 끼쳤습니다. 따라서 웨슬리의 윤리체제는 신학적 윤리체제로서, 기독교의 사랑을 도덕적 법에 관련시키고 있습니다. 그리하여 그의 윤리는 "아가페 사랑 원리"(rule-agapism)와 의무론적(deontological) 성격을 띠고 있습니다.

하나님의 은혜로 주어진 인간의 자유를 강조하는 그의 신학은 따라서 가난한 이들과 노예들의 자유 해방을 특별히 강조하게 하였으며, 모든 사람의 구원을 위한 하나님의 은혜와 죄에 대한 교리는 복음 전도를 하게하며, 교회와 사회의 개혁을 주장하게 하였습니다.

이에 이 책은 윤리 특히 웨슬리의 윤리 사상을 공부하고자 하는 이들에게 크게 도움이 되리라고 믿습니다. 마지막으로 한국의 살아있는 웨슬리 신학의 정신으로서 큰 어르신이신 조종남 박사께서 이 책을 번역해 주시고 또한 이 출판을 위하여 재정적으로 도와 주신 이상대 목사님과 서광교회에게 큰 감사의 뜻을 표합니다.

2019년 5월 24일
황덕형 (웨슬리 신학연구소장)

차례

권두언	······ 4
웨슬리의 생애 연대	······ 8
역자의 글	······ 10
저자의 서문	······ 12
제1장 웨슬리의 가문(1703-1714)	······ 30
사무엘	· 34
청교도인 수산나	· 37
가정 교육	· 41
딸들	· 46
제2장 옥스퍼드 시절(1720-1735)	······ 54
크라이스트 처치 대학	· 65
코츠월즈와의 사랑	· 69
링컨 대학(1729-1735)	· 74
홀리클럽	· 77
몰간과의 관계	· 81
옥스퍼드를 떠남	· 85
제3장 죠지아 선교(1735-1737)	······ 94
미국 원주민을 위한 선교	· 96
정치활동	· 101
노예 문제	· 103
여자 문제	· 104
제4장 모라비안과의 관계(1738-1739)	······ 116
전도 사역	· 121
독일에서	· 124
불안과 부흥 운동	· 129
메소디스트 모임	· 135
시(Poetry)와 사회적 성결	· 138
제5장 개혁 운동(1740년대)	······ 142
모라비안과의 결별	· 143
논쟁	· 148
진지한 호소	· 156
왕에게 쓴 편지	· 159
사회 참여	· 162
킹스우드의 학교	· 167
연애 사건	· 170
제6장 산상수훈(1748-1750)	······ 178
혼인 예복에 관하여	· 179
산상수훈	· 182

제7장 결혼과 전쟁 (1750년대) ······ 210
- 결혼 · 210
- 결혼생활이 악화되다 · 219
- 신약 성서 주석 · 223
- 순수한 기독교 · 227
- 전쟁 · 229
- 십계명 · 236
- 이 시기를 마감하면서 · 238

제8장 성숙한 시기(1760-1770년대) ······ 244
- 신학과 윤리에 관한 글들 · 246
- 그리스도인의 완전 · 247
- 예정론 · 258
- 학문적인 연구 · 266
- 영국 역사 · 269
- 구약 성경 주석 · 273
- 여자가 설교하는 문제 · 276
- 경제 윤리 · 279

제9장 자유 ······ 296
- 권력에 관하여 · 299
- 자유에 관하여 · 301
- 미국 식민지 · 306

제10장 노예 제도 ······ 326
- 노예 매매 · 327
- "노예제도에 대한 소신"에 있는 윤리 · 333

제11장 하나님이 우리와 함께 계심(1780-1791) ······ 348
- 노년기의 웨슬리 · 348
- 빈곤과 부 · 349
- 교회 설립 · 355
- 웨슬리의 말년 · 359

제12장 윤리 ······ 370
- 사랑과 율법 · 376
- 윤리의 유형 · 383
- 도덕적 품성 · 386
- 개혁과 혁명 · 391
- 아담 스미스의 조화로운 사회 · 394
- 복음적 경제학 · 398
- 개인과 교회, 그리고 사회 개혁 · 403

웨슬리의 생애 연대 (Chronology)

1. 1703,   존 웨슬리 출생.
2. 1709,   불타는 곳에서 구출됨.
3. 1714,   Chaterhouse School에 입학.
4. 1720,   크라이스트 처치 대학에 입학.
5. 1725,   준회원 목사(deacon)로 안수 받음.
6. 1726,   링컨 대학에 fellow로 임명됨.
7. 1728,   정회원 목사(priest)로 안수 받음.
8. 1729,   링컨 대학의 상주 강사로 임명됨.
9. 1735,   사무엘 웨슬리(Sr.) 사망.
10. 1735, 미국 죠지아에 선교사로 감.
11. 1738, 본국 영국으로 돌아옴.
12. 1738, 페타 레인 협회(Fetter Lane Society)를 조직함.
13. 1738, 올더스게이트에서의 가슴이 뜨거워지는 신앙 체험함.
14. 1738, 독일의 모라비안 교우들을 방문함.
15. 1739, 야외 설교를 함.
16. 1739, 사무엘 웨슬리(Jr.) 사망.
17. 1742, 브리스톨에, 처음으로 Classes 를 개설함.
18. 1742, 수산나 웨슬리 사망.

19. 1743, 《이성과 종교를 가진 이들에게 호소함(*The Appeals to Men of Reason and Religion*)》" 발행.

20. 1743, 첫 메소디스터 총회를 가짐.

21. 1746, 설교집(Sermons on Several Occasions) 발행.

22. 1751, 메리 버자일과 결혼함.

23. 1756, 신약성서 주해 발행.

24. 1768, "Free Thoughts on the Present" 발행.

25. 1770, 죠지 횟필드 사망.

26. 1774, "노예제도(Slavery)에 대한 소고" 발행.

27. 1775, "A Calm Address" 발행.

28. 1778, "Arminia Magazin" 발행.

29. 1780, "찬송가 전집" 발행.

30. 1784,   "Deed of Declaration and Ordinations" 발행.

31. 1788, 찰스 웨슬리 사망.

32. 1791. 죤 웨슬리 사망.

역자의 글

그동안 웨슬리의 생애에 대한 연구는 많았지만, 웨슬리의 윤리에 관한 연구는 많지 않았다. 특히 웨슬리의 윤리 사상을 역사적으로 연구한 책은 하나도 없었다. 그런 가운데 스톤 박사가 웨슬리의 생과 활동에 관련하여 나타난 웨슬리의 윤리를 그의 책, 《웨슬리의 생애와 윤리》(John Wesley's Life and Ethics)에서 소개하였다.

이 책에서 저자 스톤 박사(Dr. Ronald H. Stone)는 오늘날 윤리를 다루는 방법 가운데 하나인 "역사적 연구"를 통하여, 조직적인 윤리 이론을 제시하려는 것보다는, 실제 생의 이야기에 관련하여 윤리를 논의하고 있다. 그는 웨슬리의 생애를 따라가면서, 그 때의 상황에서 거론된 윤리문제, 그때의 윤리 여러 사상을 다루면서, 그 상황에서 웨슬리가 쓴 글들에서 나온 윤리적 식견들(insights)을 정리하였다.

그러므로 그가 말하는 웨슬리의 윤리는 사람을 구원하고, 인간사회 질서를 기독교에 의하여 개혁하려는 기독교의 공동체에서 이루어진 것이다. 그래서 이 책에서는 당시에 개인과 사회에 문제가 되었던 다양한 윤리문제들이 다루어지고 있다. 즉 가정, 천직, 결혼, 노예제도, 국가 간의 무역, 혁명과 개혁문제, 전쟁과 평화 등에 관한 것들이 논의되고 있다. 특히 웨슬리는 하나님이 주신 인간의 자유를 강조하는 신학자로서 당시에 성행하였던 노예제도에 의하여 억압받고 있는 자들과 가난에서 고통받고 있는 이들을 위한 자유 해방을 강력하게 주장하였음을 지적하고 있다. 이에 그의 윤리는 성서에 근거한 사랑의 의무를 강조하는 윤리로서 복음적 선교와 더불어 전개되고 있음을 읽을 수 있다.

그러므로 이 책의 저자 스톤은 윌랭크스(Wilranks)가 말한 대로, 웨슬리의 윤리가 오늘에 윤리문제에 직면한 현대 그리스도인들에게 웨슬리와 그의 유산(legacy)의 의의와 중요성을 보여 주고 있는 것이다. 이에 이 책은 윤리 특히 웨슬리의 윤리 사상을 공부하고자 하는 이들에게 크게 도움이 되리라고 생각한다.

마지막으로 이 책을 번역함에 있어 도움을 준 수잔 트리이트 박사(Dr. Susan Truitt)와 원고 정리를 도와준 배란미 전도사에게 감사를 표하며, 서울신학대학교의 웨슬리신학 연구소의 이 번역 사업이 한국 신학계와 교회에 계속 큰 도움이 되기를 기원한다.

2019년 5월 24일
역자 조 종 남

저자의 서문(Introduction)

　이 책은 웨슬리의 윤리에 대한 역사적인 연구이다. 이 책의 과제는 웨슬리의 도덕적 철학을 정밀하게 이해하는 데 있다. 이 책의 연구는 종교사의 방법이나 윤리학의 방법에 제한되어 있지 않다. 오히려 이 두 방법의 파라미터가 연구를 제한하고, 이 두 가지의 가능성이 그 연구를 확장시킨다. 웨슬리의 생애에 대한 전기들은 많이 있다. 그런데 웨슬리의 윤리에 관한 연구는 많지 않다. 아직도 그의 윤리사상을 역사적으로 연구한 것은 하나도 없다.

　웨슬리의 생애의 연대순 배열이 그의 윤리사상의 진전을 많이 보여주고 있다. 웨슬리의 생애는 18세기의 대부분을 차지하고 있다. 그래서 웨슬리의 윤리에 대한 연구의 범위는 웨슬리의 생애와 활동, 특별히 그가 윤리적으로 다룬 사건들을 중심으로 한, 18세기의 연구가 될 것이다. 웨슬리의 윤리(morals)에 끼친 영향은 그의 가정, 교회, 문화, 대학교에서 왔다. 이런 과정에서 웨슬리는 윤리학을 연구하게 되었다. 그러나 그의 행실(morals)와 윤리는 늘 같은 것은 아니었다.

　윤리의 역사적 연구는 하나의 방법이다. 이 방법은 윤리를 윤리사상과 응용윤리의 사회적, 정치적 의미를 이해하는 상황에서 다루는데 각별히 도움을 준다. 윤리의 역사적 연구는 역사가 윤리를 결정짓는다고 여기지 않는다. 또한 윤리가 역사를 결정짓는다고 주장하지도 않는다. 윤리 사상은 역사 안에서 변하기 쉬운 것이다. 특히 어떤 역사적 세력의 결합이 역사를 어떤 방향으로 가게 하는 요인이 되었을 때 더욱 그렇게 된다. 웨슬리의 사상은 18세기의 중요한 방향을 결정짓는 일은 하지 않았으나, 상당히 많은 사람의 마음을 결정하였다. 마찬가지로 역사가 웨슬리의 윤리를 결정하지 않았다. 그러나 웨슬리는 윤리의 역사로부터 아이디어를 많이 재정리하고, 새로운 의미를 돌출하였다. 이미 18세기 영국에 끼친 웨슬리의 영향은 그를 그 시대의 가장 훌륭한 사람 중에 한 사람이라고 기록되게 하였다. 웨슬리가 복음 운동, 특히 메소디스트 운동에 끼친 영향은 오늘날까지 기억되고 있다. 그가 새로 세우기를 원하지 않았던, 그 교회는 그 시대에 영국에서 두 번째로 큰 교회가 되었으며, 특히 미국에서는 19세기에 개신교 가운데서는 가장 큰 교회가 되어, 미국사회의 기질을 형성하는 데 큰 공헌을 하였다. 이 책은 여러 면에서 역사와 윤리체계의 상호관계를 반영한다. 우리는 웨슬리가 모든 역사를 좋게 만든다고 기대해서는 안 된다. 그러나 웨슬리가 역사를 바꾼 기관들에게 영향을 끼쳤다는 것을 부정해서는 안 된다.

웨슬리의 윤리 체제는 신학적 윤리체계이다. 어떤 때는 윤리적 식견이 시학의 표현을 좌우한다. 그리고 어떤 때는 반대 현상이 나타난다. 때때로 중요한 윤리적 학설들이나 주장이 신학적 전제에 은연중에 내포된 생각과 더불어 발전되기도 한다. 그리고 어떤 때는 윤리적 주장이 아주 약한 반면, 신학적 논의가 전개되기도 한다. 이는 하나님을 사랑하고 이웃을 사랑하라는 대 계명에서 나온 기독교 신학적 윤리에 충당할 수 있는 듯하다. 이 구성은 두 부분으로 구성되어 있는 십계명과 비슷하다. 즉 첫 번째 네(4) 계명은 하나님을 사랑하는 특별한 방법을 말하고 있고, 다음 여섯(6) 계명은 이런 저런 행동들을 삼가면서, 이웃을 사랑할 것을 말하고 있다. 구약성경이나 신약성경이나 그 계명의 규정에는 하나님과 이웃이 중심 화제가 되어 있다. 인간의 경험에서 볼 때, 어떤 때는 신학이 윤리체제를 결정한다. 또 어떤 때는 순서가 바뀐다. 웨슬리의 생각에는 이 두 가지가 밀집하게 일치되어 있다. 그리고 하나는 다른 것 없이는 이해할 수가 없다. 따라서 완전과 자유의 주제들은 신학 하는 것을 도와준다. 그리고 은총의 신학이 윤리와 세상 삶을 결정한다. 반 노예제도의 주제는 주로 윤리적 근거, 심지어 인본주의적 윤리의 근거에서 발전되었지만, 하나님의 주권과 한 분이심에 대한 교리와 그의 경험이 정치제도에 있어서의 군주제도를 택하도록 결정하였다. 분명히, 웨슬리가 예배하는 하나님을 사랑함에 전제조건이라 할 수 있는 인간의 자유의지에 대한 그의 신앙이 해방을 위한 그의 정치적 투쟁을 결정하였다. 또한 웨슬리의 인간 죄에 대한 교리가 복음전도를 하게 하였고 정치적 실존론(political realism)을 취하게 하였다. 웨슬리의 신학과 윤리는 서로 협력하여 작용한다.

이 책은 웨슬리의 생애를 따라 가면서, 그 때의 상황에 관련하여 거론된 그의 윤리사상을 다루고자 한다. 그러나 그의 생애에 어떤 부분은 거의 다루지 않을 것이다. 예를 들어서, 그의 음악, 시를 쓴 시대가 웨슬리의 전 생애를 연구하는 데는 중요하겠지만, 여기서는 별로 다루지 않을 것이다. 윤리는 조직적인 윤리 이론을 제시하려는 것보다는 생애 이야기에 관련되어 논의된 것이다. 노예제도와 18세기의 혁명에 관한 문제는, 1760-1770년대의 일을 다룬 앞의 장(chapter)에서 다루겠는데, 그 일들은 사회윤리에서 대단히 중요한 테마로 인식된다.

제1장. "웨슬리의 가문"에서는 웨슬리의 부모들의 종교생활이 어떻게 웨슬리의 도덕관에 영향을 주었는가를 설명하고자 한다. 웨슬리의 성격의 장점이라고 할 수 있는, 경건, 규칙생활, 이성주의 그리고 도덕적 심각성 등은 모두 그의 부모에게서 받은 것이다. 자유의지, 완전주의는 그의 어머니로부터 배운 것이다. 그녀가 칼빈주의자인 전 남편과 다툰 칼빈주의에 대한 반대는 웨슬리의 마음에 중요한 윤리적 노선을 정하게 하였다. 웨슬리는 당시 국교를 반대하는 성직자의 가문에서 태어났다. 그리고 그의 부모는 국교회의 신앙을 웨슬리에게 주었지만, 국교를 버리는 일은 웨슬리에 의하여서 일어났다. 웨슬리는 작은 농촌 환경에서 평안히 고등 교육을 받으면서, 그의 가족으로부터 공부하는 것과 종교적 진지함을 이어받았다. 웨슬리의 생애는 상당 부분, 그의 가정에서의 애정과 갈등이라는 면에서 이해될 수 있다.

그러므로 본장에서는 마지막으로 그의 누님이 건전한 결혼 생활을 하지 못한 일을 개관하려고 한다. 자녀들이 사무엘과 수산나로부터 받은 좋은 점도 많았지만, 그들의 가정 생활은 편안한 생활을 할 수 있게 하는 환경을 만들지는 못하였다. 존 웨슬리의 여자에 대한 사랑과 갈등은 그의 생애 끝까지 그의 하는 일을 어렵게 만들었다. 어느 정도, 그의 윤리는 이런 관계를 반영하고 그런 관계에서 살았기 때문에, 그의 윤리는 대단히 어려움을 겪었다. 그의 윤리는 사랑과 규칙에서 떠 오른 듯하다.

제2장 "옥스퍼드 시절"에서는 대학교에서 웨슬리가 지낸 일을 자세히 설명하고 있다. 웨슬리는 런던에서 대학 진학을 준비하는 학교에서 공부하다가 옥스퍼드 대학교에 들어갔다. 그는 거기서 공부하면서 가정교사의 일을 하였다. 18세기의 옥스퍼드 대학교는 학문적으로 느슨하다는 비판도 있었지만, 웨슬리는 이곳에서 15년 동안 엄격하게 공부하였다. 그는 그곳에서 대학 교육을 받고 있으면서, 사랑하는 살리 커크햄(Sally Kirkham)을 통하여 토마스 아 켐피스(Thomas a Kempis)와 제레미 테일러(Jeremy Taylor)를 공부하게 되었고 또한 일지를 쓰기 시작하게 되었다. 또한 웨슬리는, 그의 동생 찰스(Charles)와 몰간(William Morgan)이 세운 홀리클럽(Holy Club)의 모임을 통하여 엄격한 종교적 자기성찰을 하게 되었다. 홀리클럽의 회원들은 엄한 종교적 도덕생활을 하면서, 정기적인 교회 행사와 사회봉사에 헌신하였다.

존 웨슬리는 목회지에 머물 것을 거부하고, 옥스퍼드에서 성공적인 공부를 하였다. 1735년에 이르러 그의 아버지가 사망한 후, 홀리클럽을, 그를 따르는 세 명의 회원과 더불어 미국 죠지아에 옮기려고 하였다. 옥스퍼드에 있을 때, 웨슬리는 아직 깊은 신앙체험을 하지 못했지만 메소디스트의 종교적 엄한 사회적 봉사는 실행되고 있었다. 웨슬리의 일행은 여전히 자신들의 영혼 구원을 구하면서 1735년에 옥스퍼드를 떠났다.

제3장 "죠지아 선교". 존과 찰스 웨슬리는 옥스퍼드 메소디스트의 회원 두 명과 함께 미국 죠지아 주에 있는 미국 본토인들을 위한 전도사역에 참여하였다. 제3장에서 웨슬리 형제의 옥스퍼드 메소디스트가 미국이라는 새로운 세계에서 잘 적응되지 않은 것을 자세히 설명할 것이다. 거기서 그들의 고교회주의는 저항을 받았고, 그들의 금욕적인 규율은 거부를 당했다. 그리고 그들은 그곳의 천진난만 여자들로 인하여 그곳을 떠나게 되었다. 첫째로, 찰스는 간통에 대한 고소를 잘못함으로 인하여 오그레소프 주지사(Governor Oglethope)의 비서의 직분을 잃었다. 존도 더 잘한 것도 없다. 그는 서버나(Savannah)의 지도자의 조카딸을 잘못 다룬 일로 인한 빗발치는 비난 때문에, 죠지아를 떠나게 되었다. 그리하여 미국 본토인들을 위한 전도는 그만두고, 다른 일을 임명 받아 일하게 되었다. 학자로서 죠지아에 머무르면서 그가 인식한 모라비안 형제들의 종교적 확신(religious certainty)은 그에게 큰 감명과 영향을 주었다. 그런 믿음은 옥스퍼드인들에게는 없었던 것이었다. 그의 이 인식은 그가 영국에 돌아가서 할 메소디스트의 복음 운동에 불을 붙일 수 있는 불꽃을 포함하고 있었다. 그리고 후에 그의 사역에 열매를 맺게 할 수 있는 씨앗이라 할 수 있는 두 가지 경험이 있었다. 즉 그는 죠지아 주의 페레드리카(Frederica)와 서배너에 사는 신앙이 아주 진실한 신자들로 셀(Cell, 기초적 조직)을 조직하려고 했던 경험과 캐롤라이나(Carolina)

에서 아프리카에서 온 노예들과 잠깐 함께 지닌 경험이 있었다.

제4장 "모라비안과의 관계". 1738년과 1739년은 웨슬리가 모라비안의 영향 하에 자신의 신앙 확신을 깊게 하는 해였다. 웨슬리는 이때에 독일에 있는 모라비안의 본산지도 방문하였고, 복음적 설교도 시작하였고, 메소디스트 단체(Methodist societies)도 창설하였다. 이 단체들의 조직도 모라비안들의 친교회(The United Brotherhood)의 형식을 반영하여 만든 것이다. 그가 발행한 찬송가들도 모라비안의 영향을 받은 것을 드러내고 있다. 그러나 나중에 챨스와 존은 그들이 처음으로 출판한 시와 찬미에서는 모리비안 지도자들의 견해와 자기들의 입장이 다름을 지적했어야만 했다. 왜냐하면 모리비안들은 사회윤리와 공적 문제들을 등한시하고 있기 때문이었다. 저들은 기독교가 사회적 종교라는 것으로 인정되지 않도록 하기 위하여, 웨슬리가 번역한 초기의 찬송가가 개인의 책임(personal dimensions)을 많이 언급하고 있다 하여 그를 사용하지 않았다. 1739년 말에 이르러 웨슬리는 자신의 소명과 믿음을 찾았고, 자신의 메소디스트 단체의 일을 많이 하게 되었다. 이런 계획과 궤도를 전개하는 것은 50년 이상이 걸릴 것이다. 그러나 이 중요한 방향들은 웨슬리의 생애에 정해진 것이다.

제5장 "개혁 운동"에서는 웨슬리가 모라비안으로부터 나와서 행한 웨슬리의 운동을 묘사하고 있다. 올더스게이트에서의 가슴 뜨거운 체험이 계속 함께 기초를 이루고 있지만, 그가 교회와 국가를 개혁하고

자 하는 일에 있어서는 모라비안 단체와는 견해를 달리했다. 전에 종교적 행위와 자선에 의하여 구원을 추구하는 윤리는 바뀌어졌다. 그리고 지금은 믿음으로 구원을 얻고, 전도와 사랑의 계명을 가르침으로 하나님의 은혜로운 뜻을 행하도록 노력하고 있다. 논쟁이 생겨서, 존은 소논문을 발행하며 논찬을 피게 되었다. 웨슬리는 1742-1743년에 세 개의 소논문을 출판하였다. 《메소디즘의 주장에 대한 간략한 역사(A Brief History of the Principles of Methodism)》, 《메소디스트의 특징(The Character of Methodist)》, 《이성과 종교를 가진 자들을 향한 호소(An Earnest Appeal to Men of Reason and Religion)》의 세 책은 메소디즘을 이해하고 올바로 보게 하기 위하여 호소한 글들이다. 이 책들은 메소디스트의 윤리를 하나님을 사랑으로 섬기며 이웃을 사랑으로 돌보는 것으로 요약하고 있다. 웨슬리는 그 후에도 이 윤리에서 벗어난 일이 없다. 이 윤리는 사랑의 윤리 체계(form of rule-love ethic) 또는 프랑케나(William Frankena)가 말하는 대로 아가페 사랑의 윤리 체계(form of rule-agapism ethic)라고 이해하는 것이 좋을 것이다. 웨슬리는 후에, 특히 주님의 산상수훈을 논의하면서 이 윤리의 규정들을 자세히 설명하였다. 1743년에 쓴, 지성인들을 향한 호소(Appeal)에서 이 규정들을 십계명으로 요약하면서, 이것들이 영국교회의 정체를 나타내는 것이라고 하였다. 이 5장에서는 또한 그가 왕에게 호소하면서 행한 행동의 특징 그리고 그가 빈민 구호, 교육사업, 빈곤한 가정, 빚 놀이 등의 문제를 다룬 그의 사회사업에 관한 것들도 다룰 것이다. 마침내 웨슬리는 이 10년의 마지막에, 그가 결혼을 금욕주의적으로 반대하던 입장에서 벗어났다. 그가 1738년에 가슴 뜨거운 신앙체험을 한 때로부터 로맨스를 경시하던 입장도 버리고, 어울리지 않는 한 여자와 사랑에 빠졌다. 1748년에는 그레이스 머레이(Grace Murray)와 결혼하려고 했는데, 동생 찰스의 방해로 깨지고 말았고, 슬픔에 잠긴 웨슬리는 결국 1751년에 메리(Mary)와 비통한 결혼을 하게 되었다.

제6장, "산상수훈". 웨슬리는 그가 사랑에서 실패하고 결혼하기 직전에 예수의 산상수훈에 대한 설교를 준비하고 출판하였다. 웨슬리에 있어서는 주님의 산상수훈(설교)은 하나님의 뜻이고, 그가 그 설교들의 내용을 해석한 것이 18세기 중반의 영국에 있어서의 그의 윤리의 자세한 내용이다. 웨슬리는 이 설교를 한 번 출판하고, 계속하여 자주 이 설교의 주제를 가지고 설교하였지만, 그는 그 설교들을 수정할 필요를 느끼지 못하였다. 주님의 산상수훈을 설교의 형식으로 작성한 이 논고나 강연은 그의 성결, 또는 완전, 사랑의 윤리의 의미를 자세히 설명하고 있다. 그 논고들은 거듭해서 사랑의 표현으로서 팔복과 하나님이 구원받은 자들이 성결하기를 바란다는 것을 표현하고 있다. 이런 논고들이 이 책의 6장 "주님의 산상수훈"에서 중점적으로 다뤄질 것이다. 왜냐하면 이 논고들이 웨슬리의 다른 글보다도 사랑의 계명에 근거한 그의 윤리를 더 자세하게 설명하고 있기 때문이다.

제7장, "결혼과 전쟁"에서는 1750년대 있었던 웨슬리의 생애를 다룬다. 웨슬리는 그리스도인의 생활의 열매로서의 기쁨, 평강, 그리고 의

로운 정의를 설교하였다. 그러나 실제로는 그는 전쟁이 계속되는 영국에서 슬픈 결혼 생활을 살았다. 이 전쟁들은 가족왕조들(family dynasties)이 싸우는 정부들 때문에 이 작은 대륙에 있는 나라들의 불완전한 상태를 드러내고 있었다. 웨슬리의 결혼생활은 그의 아버지가, 영국에서의 왕족의 승계가 적법했는지 아닌지의 문제로 그의 어머니와 결별하는 부조화를 이루고 있었던 것과 별로 다른 것이 없었다. 1754년에는 대륙에서 전쟁이 일어나 세계전쟁으로 번져 오 개 대륙에서 싸움이 있었다. 이런 현실이 웨슬리로 하여금, 기독교가 말하는 거룩한 사랑의 삶을 재확인하면서, 또한 죄의 실제와 인간 문제에 대한 실존론(realism)을 강하게 주장하게 만들었다. 이런 사랑, 죄, 특히 전쟁의 주제들에 대한 웨슬리의 생각은 현대에서 기독교의 실존론(Christian realism)이라고 불리는 기독교의 윤리와 유사한 점이 있다.

제8장, "성숙한 시기"에서는 1760년대와 1770년대에 메소디즘이 성장했고, 사회로부터 점진적으로 인정받게 된 것을 논의하고자 한다. 이 시기는 자비로운 죠지 III 세의 상승이 있었고, 존 웨슬리를 위해서는 좋은 시기였다. 이 시기에 웨슬리의 사회문제에 대한 글들이 출판되었다. 이 장에서는 또한 경제윤리에 대한 웨슬리의 생각도 다룰 것이다. (그러나 정치적 자유와 노예제도에 관한 문제는 다른 장에서 다룰 것이다. 이 책에서는 사회윤리에 관한 그의 저서를 중요시하고 다루고 있지만, 이 시기에 웨슬리는 또한 다른 운동도 하고 있었음을 기억하여야 한다. 그는 다른 학문적인 글도 쓰고 있었다. 그리고 신학적인 논쟁에 관한 책도

무서운 기세로 쓰고 있었다). 웨슬리는 윤리적 문제 때문에 가장 격렬한 신학적 논쟁을 하였다. 그는 그리스도인의 완전이라는 책과 예정의 교리를 반대하는 글을 써서 기독교는 도덕적으로 아주 엄격하다는 것을 확실하게 하려고 하였다. 웨슬리는 신약성경에서 그리스도의 완전의 진리를 발견했기에 이를 주장하였고, 예정의 교리는 성경에 없기에 그 교리는 반대하며 비난했다. 그의 도덕적 추론과 인간의 경험에 대한 관찰은 그로 하여금, 전적인 사랑과 인간의 자유의지를 의미하는 그리스도인의 완전이 기독교 윤리에 본질적으로 중요한 것임을 깨닫게 하였다.

이 경우에 그는 자기가 주장한 것을 설득하려고 하는 것보다 그가 부인한 것을 타파함으로 보다 성공적이었다고 본다.

이 시기에 웨슬리는 또한 자연철학, 영국 역사, 구약성경에 관한 저술을 하였다. 이런 것을 보면, 그가 얼마나 계몽운동의 지성을 가진 사람이었던가를 알 수 있다. 기독교의 계시는 기껏해야 계몽 이성과 화합할 수 있었다. 그리고 그렇지 않을 때는, 계시가 이성의 부적절한 부분을 시정하여 인간의 경험을 계몽할 수 있었다.

웨슬리는 여자들이 예언하는 것은 반대하였지만, 여자들이 설교하는 문제를 섬세하게 잘 처리하였다. 그의 지도를 계승한 후예들은 이 문제에 대한 웨슬리의 그런 통찰력과 은혜를 두 세기 동안이나 이해할 수 없었다.

경제 윤리나 그리스도인의 자선 사업, 빈곤자를 도와주는 일에 있어서, 교회 지도자들 가운데서, 20세기에 이르기까지 웨슬리와 같은 인물은 없었다. 웨슬리는 규칙적으로 그리고 동정심을 가지고 빈곤자들을 위하여 자선행위를 하였고, 그들의 상황을 개량하는 효과적인 방법을 전개하였고, 그들을 위한 정책의 변경도 주장하곤 하였다. 여기서 우리는 최근의 해방신학에 속한 어떤 사람들이 평하듯 웨슬리의 경제윤리를 비판하지는 않을 것이다. 결론적으로 웨슬리는 가난한 사람들을 위하여 글을 썼고 그들과의 관계는 참으로 좋았다.

제9장 "자유"에서는 웨슬리가 정치에 관하여 쓴 글을 상고할 것이다. 이 글들은 당시에 자유가 위협을 받고 있던 일과 자신의 평가에서 쓰여진 글들이다. 웨슬리는 영국 사람은, 그들이 미국에 있던 영국에 있던, 아주 자유롭다고 생각했다. 그는 특별히 종교적 사항에 있어 그들이 자유로운 것을 높이 평가했다. 세금을 납부하는 의무를 제외하고는 그들의 재산을 비교적 자유롭게 사용할 수 있는 것이 잘 보호되고 있었다고 그는 주장하였다. 그가 1770년대의 영국 사람이 그들의 조상시대나 다른 나라 사람들보다 비교적 더 자유로웠다고 본 것은 정확한 것 같다. 웨슬리는 이런 자유를 지켜주는 자로서의 군주제(monarchy)를 존중하였다. 그래서 그는, 존 윌크스(John Wilkes)를 지지하는 자들에서부터 또는 미국혁명으로부터이든, 더 많은 자유를 달라고 극단적으로 요구하는 일에 반대하여 군주제를 옹호하고 나섰다. 웨슬리는 권력과 군중의 정치적 교양의 결여에 대하여 현실적이었다. 웨슬리는 영국과 식민지에

서 큰 정치형태로 잇따라 일어나고 있는 공화정치제(republican form of government)를 경험한 바가 없다. 그래서 그는 미국혁명이 일어났을 때, 영국 군주제가 승리하기를 바랐었다. 웨슬리는 전쟁을 증오했다. 그러나 전쟁이 일어나면, 그는 영국이 승리하여 질서를 회복하고 자유를 지켜주기를 희망했다.

이 장(chapter)에서는 자유를 정의하는 것으로부터 권력의 분석, 그리고 영국의 반역과 미국의 혁명의 고찰에 이르는 것에 대한 논의의 대부분은 계몽주의의 정치적 철학의 용어로서 다뤄졌다. 이 용어의 배후에는 하나님과 군주제의 주권과 영국과 영국교회에서의 자유를 선동하는(encouraging) 웨슬리의 신학적 확신이 있었다. 그가 생각하기에는 정직한 예배의 자유는 왕과 교회에 의하여 적절하게 보장되고 있었다. 칼빈주의자들은, 인간의 자유에 대하여는 별로 관심이 없으면서 왕과 교회로부터의 더 많은 자유를 원하고 있었다.

제10장 "노예제도"에서는 노예제도에 관한 글 가운데서 계속하여 자유의 테마를 다루었다. 웨슬리가 노예제도 폐지 운동에 참여한 것은 그가 아주 철저하게 사회참여를 한 것이다. 그런 활동을 보면, 그는 철저한 해방신학자요 운동가라고 간주 될 수 있을 것이다. 그는 정말 노예제도의 폐지와 그의 기초를 이루고 있는 경제체계의 단절을 원하였음이 틀림없다. 이 운동에 있어, 웨슬리는 군주제를 공격하던 과격한 영국 사람이나 미국 사람들보다 더 과격하였다. 웨슬리는 그가 쓴 《노예제도에 대

한 소고(Thoughts upon Slavery)》에서 노예제도의 문제, 노예제도의 역사와 진행되고 있는 관행을 설명하며, 그 악한 시행을 폭로하며, 노예제도를 옹호하는 이론을 반대하며, 자연법에 따른 인간 자유의 권리를 주장하였다. 그리고 마지막으로 노예제도를 집행하고 있는 사람들이 그 악한 일들을 포기할 것을 호소하고 있다. 그의 주장은 기독교의 주장들을 의존하고 있음이 분명하다. 곧 그는 하나님의 사랑, 마태복음 25장에 있는 세계의 종말, 윤리의 황금률, 또한 도둑질 하지 말라, 살인하지 말라는 계명들을 신뢰하고 있음이 분명하다.

그러나 여기서 다루고 있는 그의 주된 신학적 주장은 기독교의 도덕적 가르침에서 나온 여러 가지 식견에 기초하기 보다는 자연법(natural law)에 기초하여 전개되고 있다.

제11장 "하나님이 우리와 함께 계심(1780-1791)"에서는, 웨슬리의 마지막 10년 간의 일을 다루고 있다. 이 시기에도 그는 여전히 순회 전도를 하며, 그의 생애는 활동적이었다. "알미니안 잡지(Arminian Magazine)"를 통하여 그는 예정론과 투쟁을 계속하였다. 그리고 그의 사회와 정치에 대한 견해를 표현하였다. 그가 1791년에 죽기 바로 전에, 세어보니 그가 한 운동은 무려 20만이나 있었다. 그가 끼친 영향보다 큰 단체는 단지 영국교회가 있을 뿐이다. 그는 교회 안에서 그 영향을 끼쳤다. 미국에서는 영국교회를 떠나서 하나의 독립 교단이 생겼다. 웨슬리 일파에 대한 박해는 이미 끝났고, 웨슬리는 그 국가의 영적 지도자의 한 사람으로 간주되어, 유명인사로 대접을 받았다. 그는 한 나라

의 지도자의 위치에서 가난한 사람들을 위하여 일을 계속하였고, 노예 제도를 근절하기 위해 일하였다. 그의 기독교 신앙에서 나온 윤리는 규칙, 교육, 상담, 훈육을 통한 사랑(love)과 정의와 자비를 통한 일(work)의 윤리로서 변함이 없었다.

마지막 12장 "윤리"에서는 웨슬리의 생애와 그가 윤리에 대하여 쓴 글들에서 나온 식견들(insights)을 요약할 것이다. 웨슬리가 기독교의 사랑을 도덕적 법에 관련시킨 것을 논하기 전에, 그의 윤리의 일곱 가지 특징을 설명하였다. 그의 윤리의 아가페 사랑 원리(rule-agapism)와 의무론적(deontological) 성격을 설명하고, 그리고 이것이 기독교의 특징을 드러내고자 하는 데 어떻게 작용하였는가를 보여줄 것이다. 웨슬리의 사회 윤리는 혁명적 성격보다는 개혁론자의 성격을 드러내고 있다. 웨슬리의 가난한 자들과 교회와 사회 개혁에 대한 열정적 관심은 그 당시 글래스고(Glasgow)에 있는 아담 스미스(Adam Smith)가 사회를 평화롭게 본 것과는 대조를 이루고 있다. 마지막으로, 그가 교회와 사회의 개혁을 위하여 도덕적으로 행한 일들을 요약함으로써 그의 윤리적 이론을 소개하였다. 웨슬리는 어느 때보다도 전쟁으로 변천하는 사회 가운데 살며, 또한 만족스런 결혼 생활을 이루지 못함으로 고통을 겪었음에도 불구하고, 그의 윤리와 도덕적 생활은 대단히 좋았다. 웨슬리는 그런 괴팍한 시대에서도 신뢰받은 지도자였다. 그의 상황은 우리의 상황과는 다르다. 그러나 이것은 그의 독특한 기독교 윤리를 이해함에 있어서 중요하다. 웨슬리의 전통을 따르며 또한 그의 윤리에서 배우고자 하는 사람들은 우리에게 도덕적 지혜를 줄 수 있는 가장 현명한 기독교 윤리의 전문가들 중 한 사람을 가지게 되는 것이다.

제1장
웨슬리의 가문
(1703-1714)

사무엘

청교도인 수산나

가정 교육

딸들

제 1 장
웨슬리의 가문
(1703-1714)

존 웨슬리의 부모, 사무엘(Samuel)과 수산나(Susanna)는 17세기 영국에서 열렬한 종교적 정치적 분쟁이 있을 때에 살았다. 두 사람 다 영국교회에 반대하는 칼빈주의 가정에서 태어났다. 저들은 영국의 정치적 종교적 혁명과 사회 분쟁의 혼란을 진압하기를 약속하는 1688년의 영광스러운 혁명이 있은 후에 결혼하였다. 그들은 고교회적인 영국교회로 옮겼지만, 국교를 반대하는 칼빈주의의 전통을 가지고 들어갔다.

그 시대의 종교적-사회적 긴장 관계는 그들에게 깊은 영향을 끼쳐, 그들의 결혼이 깨질 뻔도 했다. 거기서 자라난 아이들은 그들의 부모의 결혼생활에 많은 충돌이 있었다는 것을 알았다. 그들은 특히 종교적, 정치적 입장들 때문에 심히 다툰 일이 있었다. 정치적인 것이 개인의 문제가 되는 것은 전형적인 경우이다. 1702년에 수산나는 왕 윌리암 3세에 경의를 표하는 아침 기도에 "아멘"하기를 거부했다. 수산나는 그를 왕권을 강탈한 자라고 여겼다. 존이 말하는 바에 의하면, 사무엘은 만약에 저들이 각각 다른 왕을 섬긴다면, 다른 두 침대를 사용하여만 한다고 선언하였다. 부모의 입장은 변하지 않았다. 얼마 있다 사무엘은 런던으로 떠났다. 그리고 거기에서 링컨(Lincoln) 교구를 대표하게 되었다. 사무엘은 왕 윌리암과 오레인지(Orange)의 왕자가 죽을 때까지 수 개월 동안 그곳에 있었다. 수산나와 사무엘은 앤 여왕(Queen Anne)을 군주로 받아들였다. 그리하여 그들 부부는 화해하였고, 1703년에 존을 출생하였다.

   수산나는 사무엘과 화해하기 전에, 야보로(Yarborough) 여사의 상담과 도움을 받았다. 또한 윌리암과 매리에 서약하기를 거부하는 성직자들을 지지하는 자들로부터 도움을 받았다. 사무엘은 이미 수산나를 만지지 않겠다고 서약을 하였었기 때문에 화해하기를 거절했었다. 수산나는 자기가 주님이라고 부르는 남편에게 복종할 것을 고려하였다. 그러나 그녀는 자기 양심은 포기할 수가 없었다. 서약하기를 거부하고 수산나 편에 큰 영향을 끼친 한 감독이 사무엘의 그런 서약은, 그가 전에 결혼 때 한 서약을 위반한 것이므로 무효라고 판결하였다. 사무엘은 이 일을 중재해 달라고 요구하지 않았다. 그러나 다른 성직자의 권고와 에프워스의 목사관의 삼분지 이가 불타버리는 일로 인해 사무엘은 마침내 결혼생활로 돌아왔다. 사무엘이 그 불 속에서 하나님의 인도를 본 것이다.[1] 그들의 결혼생활에 영향을 끼친 갈등은 그 외에도 있었다. 그 밖에 여러 상황에서 오는 것들이었다. 예로서, 왕의 죽음, 감독, 성직자들의 중재, 그리고 목사관의 화재 등이 영향을 끼쳤다. 이런 갈등 속에서 사무엘의 프라이드를 동정하기는 힘들다. 그는 많은 세월을 런던에 있으면서 돈을

---

1) John A. Newton, *Susanna Wesley and the Puritan Tradition in Methodism* (London: Epworth Press, 1968), p.93. 또한 Robert Monk, *John Wesley: His Puritan Heritage* (London, Md: Scarecrow Press, 1999), pp.10-11을 보라.

쓰므로 그의 가족은 겨우 생활할 정도였다. 그리고 수산나는 완고했고, 에프워스에서 지역 사람들의 미움을 받는 가운데서 여섯 아이들을 기르고 있었다.

존 웨슬리는 1703년에 초가지붕을 한 목재로 지은 작은 집에(cottage)에서 출생하였다. 그런 집은 18세기 초에 영국의 전형적인 집이었다. 그 당시 영국의 대부분은 농촌이었고, 가난하고 문맹이었다. 인구도 오백오십 명에 불과했고, 마을들은 적었다. 웨슬리가 죽은 1791년에 이르러서는, 영국은 세계를 지배하는 왕국이 되었다. 그리고 웨슬리는 세계를 자기의 교구라고 여겼다. 그의 아버지가 농촌지역인 링컨쉬어(Lincolnshire)의 에프워스에 있는 성 안드루 교구(parish of St. Andrew's)에서 봉사하고 있었기 때문에, 웨슬리는 가정에서 기르는 가축들을 잘 알고 있었다. 그는 개들과 장난하며 사냥도 하며 고기도 잡으며, 운하에서 수영도 하며 배도 타면서 자라났다. 1703년에 영국의 대부분의 마을들은 격리되어 있었지만, 에프워스는 물로 둘러싸여 있었고, 겨울이 되면 하나의 섬 같은 것이 되고 말기 때문에, 특별히 격리되어 있었다. 아콜매(Axholme)라는 작은 섬은 늪지로 둘러싸여 있어서, 그 작은 섬에서 소작하고 있는 농부들이 고기잡이도 하고 방목도 할 수 있었다. 성 안드루 교회는 12세기부터 어떤 건축술의 작업을 할 능력을 가지고 있어, 아마도 그 교회는 목재로 건축되었을 것이다. 웨슬리의 시기에 에프워스 마을에는 농부들이 아직도 살고 있었다. 그 사람들은 백년 동안이나 전에 있던 늪지들의 분할, 세금 등에 대한 분쟁 때문에 혼란을 겪고 있었다. 이 섬을 보면 여전히 한 편에는 트렌트 강(Trent River)

이 보이고, 다른 편에는 전에 늪지였던 개간되지 않은 들판들이 보였다. 웨슬리의 시기에는, 어떤 때는 그 지방 사람들이 옆에 있는 루트 마을(Wroot)에 가려면 배를 타고 가야만 했었다.

루트 마을은 사무엘이 사제보(Curate)로 봉사한 곳이고, 죤이 옥스퍼드에서 공부를 마친 후 잠깐 동안 봉사한 곳이다. 아직도 그 지역에는 옛날의 풍차들, 물이 빠진 용수로들이 있는 그 전망은 그곳이 전에 저지대였던 것을 넌지시 알리고 있다. 제방들 위에는 아직도 농촌 길들이 있다. 그 늪지대의 배수는 1626년에 전쟁중에 있던 화란사람들에 의하여 시작된 것이다. 싸움, 배수공사의 파기, 그리고 농부들 사이에 일어난 법적 다툼이 사무엘 웨슬리의 재직중에 있었다.

이런 모든 상황에서, 죤의 가족은 시골사람도 아니고 섬사람도 아니었다. 죤의 아버지와 할아버지는 옥스퍼드에서 교육을 받은 사람들이었다. 그리고 그의 어머니는 런던에서 살지는 않았지만, 귀족 사회와 연관이 있고, 잘 알려진 장로교 성직자의 가정 출신이다. 그리고 보니 양가는 모두 귀족사회에 속한 가정이었다.

죤의 할아버지와 증조 할아버지는 비국교도의 성직자였다. 그의 증조 할아버지는, 그의 삼촌이 그랬듯이, 의료업을 운영하고 있었다. 죤은 그의 생의 후기에 할아버지와 아버지의 글들을 출판하였다. 그 만큼 그는 그들의 전통에 관심이 있었던 것이다. 그와 같은 이름을 가진 할아버지 죤과 감독 사이의 대화를 출판한 것을 보면, 그의 할아버지와 감독은 안수문제와 평신도 사역에 대하여 의견을 달리하고 있었다. 그와 같이 죤의 영국 감독들과의 분쟁은, 그의 아버지가 영국교회로 돌아갈 때보다 이 세기 전에 시작된 셈이다.

사무엘

에프워스(Epworth)가 사무엘이 처음 봉사한 교회는 아니지만, 그는 그곳에서 39년(1696-1735) 동안이나 살았다. 사무엘은 비국교도의 성직자의 손자로서, 옥스퍼드(Exeter College)에 가서 영국교회에서 사역하였다. 그의 사역에는 고교회적인 영국교회를 존중하는 것과 칼빈주의의 성격을 지니고 있는 교회목회를 하는 것이 결합되어 있었다. 이 두 가지를 결합한 그의 목회는 에프워스에서 냉대를 받게 만들었고, 그의 아들 존과 찰스도 미국 서버나에서 괴롭힘을 겪게 되었다. 사무엘은 자신이 광범위하게 영국사회와 개혁운동, 그리고 농촌에서 고통을 당하고 있는 사람들을 보살피는 지식층과 의사소통하고 있는 중요한 사람 가운데 하나라고 여기고 있었다. 사무엘은 그들에게는 지나친 존재였다. 저들은 자신들의 관습에 대한 도전보다는 위로를 받고 싶었던 것이다. 그의 지적인 활동과 책을 통한 사역은 교육을 받지 못한 교인들과 성장하여 보려다 실망한 그들에게는 도움이 안 되었다.

사무엘이 섬기도록 임명받은 링컨쉬어(Lincolnshire)는 영국의 시골 중에서도 아주 소박한 농촌이었다. 그런 미숙하고 후퇴한 환경에서 사무엘은 시인이 되기를 갈망했다. 그가 쓴 시의 어떤 것들은 사랑을 받았다. 그러나 시를 출판해 주는 그의 처남의 견해에 의하면, 그는 지나치게 속히 시를 써서 출판하려고 하였다. 사무엘이 재정 관리를 잘못함으로, 그의 큰 가정은 늘 빈곤하였다. 런던에 있는 링컨 교구를 대표하여 교회를 섬기는데 쓴 비용과, 거기다 이미 가지고 있는 가정의 어려운 재정적 부담 때문에 감옥에 간 일도 있었다.

수산나는 고립된 상황, 아이들, 빈곤 때문에 어려운 상황에 있으면서도 명석한 집안사람들을 잘 돌보며 책까지 출판하였다. 사무엘은 계속해서 여러 해 동안 저명한 일지들을 편집해서 영국의 유명한 저자들의 글을 여러 권 출판하였다. 사무엘의 일생에 걸쳐 쓴 욥기의 주석이 완성되어 사후에 출판되었다. 영국의 여러 저명한 인사들이 구독하였다. 수산나가 그의 오라비에게 쓴 편지에서 많은 은사와 재능을 가진 사무엘이 에프워스와 같이 침체된 지역에 살면서 얼마나 힘들었는가를 잘 보여주고 있다. 그는 그 환경에서 벗어나려고 했지만 실패하고, 아이랜드의 감독직에 임명되는 것도 실패했다.

웨슬리가 그의 가족을 교육시키는 데는 몹시 가난했다는 말들도 있었으나, 웨슬리의 목사관이 벽돌로 재건축했다는 것을 보면 그런 묘사는 잘못된 것 같다. 그런 목사관의 재건축은 비교적 수수한 마을에서는 아주 놀라운 건축이었다. 사무엘 웨슬리는 주택을 건설하느라고 400파운드의 빚을 졌다. 그리고 그들은 화재로 인하여 그들의 소유물의 대부분을 잃었고, 그들이 그것을 다시 채비하는데 큰 빚을 지게 되었다. 교회건물은 그 마을의 언덕에서 마을을 내려다보게 지어져 있었다. 에프워스에서의 생활비를 위하여 제정된 금액은 150파운드로부터 200파운드였고, 거기에 루트(Wroot)지역의 사제직을 겸하였기에 60파운드가 추가 되어 있었다. 수산나는 식량을 사는 돈도 어려웠다고 하는

데, 이는 사무엘이 돈 관리를 잘못하기 때문이었다. 사무엘은 그의 감독의 도움으로 감옥에서 풀려났다. 웨슬리의 가족은 집에 달려있는 농장으로부터의 수익도 있었기에, 200 파운드를 가지면 그의 생활은 넉넉하였을 것이다. 아마도 100 파운드 정도는 남았을 것이다. 그들의 자원(resources)은 교회가 그들과 같은 단체에게 주는 자원보다는 많았다. 그래서 그 돈으로 그들의 아들들이 사립궁립학교(preparatory school)를 다닐 수 있었고, 그 다음에 옥스퍼드 대학교(Oxford University)에서 공부할 수 있었다. 그들의 그런 계층과 교회와의 연관 때문에 그들의 아들들은 영국의 엘리트 그룹에 속하게 되었다. 그러나 소유재산 곧 현금이 부족하여서, 그의 딸들은 결혼하기에 좋은 처지에 놓이지를 못하였다. 큰 아이들은 어떤 때는 음식물을 충분히 먹을 수가 없었다는 말들도 있다. 아이들은 가정으로부터 충분한 재정 보조를 받지 못하고, 자기들 나름대로 버는 것으로 살 수밖에 없었다고 한다.

사무엘 웨슬리는 많은 사람을 알고 있었다. 그 중에 한 사람이 의회를 개혁하고자 하는 멤버의 한 사람인 오그를소프(Oglethorpe)이다. 그가 감옥을 개선하고 미국 죠지아에 식민지를 세우려는 일에 관여한 것은 사무엘의 아들들에게는 중대한 뜻을 갖게 하였다. 첫 번째로 사무엘의 맏아들 사무엘(Samuel Jr.)이 런던에 있는 오그를소프의 학교에 다님으로써 그와 사귀게 되었다. 사무엘은 시들(poems)을 써서 출판하여, 오그를소프가 감옥 개선하고 식민지를 개척하는 일에 대하여 찬양하고 과거에 자기를 재정적으로 도와준 일에 대하여 감사하였다. 그리고 자기의 두 아들에 대해서도 언급하고, 욥기에 대한 주석을 쓰는 것을 마치겠다고 약속하였다. 오그를소프는 회답하면서 약속한 아홉 가지 책을 위해 도와줄 것을 약속하였다. 불행하게도 에프워스의 교회 주관자인 사무엘은 그 일을 다 마치기 전에 죽었다. 그럼에도 불구하고 사무엘이 1735년에 죽기 7개월 전에 존과 찰스는 오그를소프에 의하여 채용되어 미국 죠지아로 떠나는 배 시몬드(Simmonds)에 올라탔다. 그 배에서 존은 형인 사무엘에게 편지를 써서 그들의 아버지가 라틴어로 쓴 욥기 주석을 캐롤라인 여왕(Queen Caroline)에게 봉헌하는 일에 대하여 의논하였다. 그녀는 그 책의 아름다운 제본에 대하여 코멘트한 다음 자기의 오락장으로 돌아갔다. 존은 인사하고 그 방에서 나왔다.

청교도인 수산나

수산나는 비국교도의 성직자인 사무엘 아네스리(Samuel Annesley) 박사의 가정에서 자라났다. 그 가정은 하나의 작은 교회가 하듯 가사를 규칙적으로 돌보았다. 그녀의 아버지는 하원 의원(House of Commons)에서 설교하면서, 모든 의원에게 그들의 가정을 질서있는 작은 자유공화국을 만들라고 요구하였다.[2] 수산나는 자신의 휴양생활과 개인 경건생활, 그리고 예배드리는 일 간의 균형을 유지하는 것을 배웠다. 그녀는 13살 때 비국교도의 교회 회원의 지위를 포기하고, 영국교회로 전입하였다. 그녀의 아버지가 국교를 반대하기에 그의 아버지로부터 어려움을 당하였음에도 불구하고, 온건한 영국교회로 전입하는 것이

2) Newton, *Susanna Wesley*, p.107.

그 가정의 인연을 깬 발걸음은 아니었다. 그녀는 자기의 가정으로부터 사무엘 웨슬리에게 시집을 때 규칙적인 생활, 가정 예배, 신앙, 세속적인 또는 종교적인 논제들을 공부하는 일 등등에 전념하는 것을 가지고 왔다, 젊은 웨슬리는 아네스리의 전통을 잃어버리지 않았다. 한 목사관에서 근근이 살아가는 저들은 영국교회 신자이지만, 저들의 밑바닥에는 청교도였기 때문이다.[3]

아네스리의 청교도의 가정이 매일 가정 예배를 드리며, 성경공부를 하고, 기도하는 그 전통이 수산나를 통하여 웨슬리의 가정에 옮겨진 것이다. 그녀의 가정은, 어떤 사람이 말하는 대로, 수도원은 아니지만, 수도원의 금욕주의의 장점들을 사제의 가정에 적용시킨 것이었다. 그녀가 사용한 훈육, 규칙적인 생활을 하게 한 것, 시간표, 규칙, 교육, 신앙, 도덕심 등, 이 모든 것은 청교도의 하는 것을 반영하고 있다. 이 모든 일을 하나님 앞에서 진지하게 행하였다. 수산나가 비국교도의 입장에서 국교를 인정한 자로 돌아선 것은 그의 아버지의 장로교회의 교리(Presbyterianism)를 에프윗스에 사는 영국교회에로 가져온 것이다. 수산나는 아버지를 닮아, 자기의 신앙 일지를 계속 썼다.[4] 일지를 쓴다는 것이 하나의 청교도의 신앙에 보탬이 될 수 있었다. 그렇게 함으로 수산나는 그 후에 존과 찰스도 그렇게 하도록 하였다. 존이 남긴 이런 일지가 크리스천 선배들이 남긴 유명한 문서 가운데 하나가 되었다.

수산나의 생애에 대한 저명한 해설자인 존 뉴톤(John A. Newton)

---

3) Ibid., p.63.
4) Ibid., p.161.

은 기록하기를, 웨슬리가 올더스게이트에서 신앙체험을 한 후로는 영적 생활에 관한 조언을 수산나에게 구하지 않았다고 하였다. 그 전에는 웨슬리는 여러 가지 문제에 대하여 수산나에게 신앙적 조언을 구했었다. 그런 변화는 아마도 웨슬리가 올더스게이트에서 사랑으로 받아들여진 것, 즉 하나님의 여성 같은 면이라고 할 수 있는 그런 따뜻함을 발견하였기 때문이라고 해석할 수 있을 것 같다. 자기를 훈육하고 늘 자성하라고 하고 성결을 열심히 추구하라고 하시던 어머니가 정신적 요구에 있어 사랑으로 받아주시는 하나님으로 바뀐 것이다. 이 때문에 그는 다른 여성들로부터 위안을 받으려고 하지 않게 되었다고 해석할 수도 있다. 그러나 그가 신앙에 열렬히 빠졌던 수년은 여자들 앞에서 행동하지 않았다. 한 동안 그는 자신은 독신 사제에 적합한 후보자인 양 보였고, 사실 그는 거의 그 길을 택하려고 하였다. 수산나는 죤의 그런 생각에 반대하면서 빨리 늙어 70고개를 넘었고, 남편의 죽음으로 슬픔에 빠졌고, 1734년에는 그의 맏아들의 죽음으로 인하여 슬퍼하였다. 개인 신앙의 부흥을 강조하는 것은 청교도들의 주장과는 달랐다. 수산나는 특별히 그의 아들 사무엘의 죽음 후에는 점진적으로 부흥을 강조하는 것과 조화를 이루어 나갔다. 그러나 죤이 그 안에서 위안을 발견한 그 믿음은, 에프워스에서 그의 어머니로부터 배운 믿음과 비슷하지만 그와는 다른 것이었다.

 그의 어머니는 1739년에 그녀의 사위인 홀(Westley Hall)이 베푸는 성만찬을 받았을 때, 또한 그녀의 죄가 용서받은 것을 느꼈을 것이다. 이런 일로 인해 그녀는 메소디스트 캠프에 완전히 들어갔다. 이것은 그녀의 아버지 아네스리 박사가 강조는 하지 않았지만 청교도의 입장을 받아들이는 것이었다. 챨스는 그녀의 묘비명에 글을 써, 간소하게 표현하기를, 그녀는 70년 동안 율법 아래에서 살았고, 단지 그녀의 말년에서야 성만찬에서 개인의 확신을 발견하고 살았다고 하였다. 챨스는 무뚝뚝한 성격을 지니고 있었다. 그러나 그 말은 그들의 가정의 전통에 대한 형제들의 지각을 말하는 것이다. 뉴톤의 해석이 맞다. 그녀는 말년에는 아들들의 주장에 찬성하여, 그녀가 오랫동안 그 밑에서 살고 있던 영국 국교의 이성주의를 떠나 청교도의 신조를 따르게 되었다.[5] 영국 국교의 이성주의는 웨슬리가 체험적 확신을 위하여 필요로 하는 이것을 각별히 비판했을 것이다. 죤이나 챨스는 그들이 신앙 생활을 시작함에 있어 그녀의 영향 하에 있었다. 그녀는 그의 아버지가 자기에게 하였듯이, 자녀들에게 하나님의 사랑 안에서의 완전주의를 가르쳤다. 성경의 권위와 결합된 그녀의 이성주의는 메소디스트의 상속재산이 되었을 것이다. 죤은 그녀가 예정론과 횟트필드를 비평한 글을 출판하였다. 그녀의 말년에는 부흥회에서 외친 그 확신을 갖게 되었다. 그녀의 신앙생활의 훈육에 있어서는 에프워스에서의 율법주의에 가까운 그녀의 종교 생활이 대단히 중요하지만, 그녀는 하나의 규범을 세웠다는 점이 있기는 하지만, 이 규범은 형제들이 충족시킬 수 없고 수용하기에도 힘든 것이었다. 그녀는 좋은 메소디즘이 그렇듯이 청교도와 복음주의 부흥, 그리고 영국교회를 결합시켰다.

---

5) Ibid., p.200.

가정 교육

에프워스 생활에서의 수산나의 자녀교육을 아주 잘 설명한 책이 있다.[6] 1732년에 수산나는 존의 부탁을 받고 그에게 편지를 써서, 그녀가 스스로 가르치는 일에 대한 내용을 설명한 적이 있다. 이 편지를 쓸 때는 수산나가 63세로, 그녀가 실제로 가르치던 시기를 여러 해 지난 후이다. 그녀의 가르침의 결과는 놀랄만 한 것이었다. 일곱이나 되는 딸들은 바느질 하는 것을 배우기 전에 책 읽는 것을 배웠다. 어떤 이들은 생각하기를, 그 교육이 늪지 지대에 사는 거친 남자들에게 결혼하기를 어렵게 만들었다고 하였다. 세 아들들은 사립국립학교에 갈 수 있도록 준비시켰고, 그 후에 옥스퍼드 대학교에 가서 공부하게 하였고, 거기서 사제의 안수를 받게 하였다.

수산나는 분명하였다. 그녀의 교육의 주된 목표는 자녀들의 영혼 구원에 있었다. 그녀는 아마도 자녀들의 20년의 생애를 그 목표 추구를 위해 헌신한 그녀의 길을 따르려고 하는 사람은 없을 것이라고 생각하였다. 그녀의 그런 활동은 그녀의 아버지의 장로교의 주장과 자신이 택한 영국 국교의 주장을 반영한 것이었다. 어떤 면에서는 존 로크(John Locke)의 철학, 특히 그의 책, 《인간 이해에 관한 소고(Essay Concerning Human Understanding)》, 《교육에 대한 소고(Some Thought Concerning Education)》를 반영하고 있었다. 존의 출판물은

---

6) Charles Wallace Jr. ed., *Susanna Wesley: The Complete Writings* (New York: Oxford University Press, 1997), pp.365-76.

수산나의 글과 자신이 갖고 있는 교육학을 반영하고 있다. 현재 남아 있는 편지들은 존이 편집하고 간추린 일을 반영하고 있다.

그 편지를 보면, 그녀가 첫째로 세운 규정은 규칙적인 생활을 하는 것이었다. 자녀들이 보내는 시간들이 꼼꼼히 정해져 있어서 강의실에서의 수업이 그 날의 전부와 다를 바가 없었다. 자녀들이 "채찍을 두려워하도록" 가르쳤다. 그리고 울어도 조용히 울어야 했었다. 집은 마치 아이들이 없는 것처럼 조용했다고 그녀는 말했다. 자녀들이 성장함에 따라, 그들은 하루에 세 끼를 먹고 간식은 없도록 하였다. 6시에 저녁을 먹은 뒤에는 곧 잠자리를 준비하여, 기도하고 식모의 도움을 받아 몸을 씻고 옷을 벗고 8시에는 잠자리에 들어가게 하였다.

그 편지에 많은 분량은, 종교교육을 위하여 아이들의 뜻을 꺾는 것이 필요했다는 것을 언급하고 있다. 그녀는 고집(self-will)은 반항의 뿌리요, 따라서 죄의 뿌리와 같다고 하였다. 아이들에게 자기의 뜻을 포기하라고 강요함으로 아이들이 권위 곧 부모와 하나님에게 유순하게 만들었다. 그런 순종에서 평안과 구원을 얻었다. 의지(will)를 일찍이 조절하고, 그 때부터 종교적 규칙, 기도, 정중함 등을 강조했다.

자녀들은 다섯 살 때 책 읽기를 배웠다. 그들은 강의의 첫 시간에 알파베트를 다 배웠을 것이다. 책 읽기를 배운 다음, 첫째로 성경의 창세기를 읽기 시작했다. 2월 10일에 다섯 살이 되는 사무엘에 대하여 말하면서, 그가 모세오경의 한 장(chapter)을 읽을 수 있었다고 수산나는 기록하고 있다. 성경을 가지고 읽기를 배우게 하며 또한 성경을 암송하도록 하였다. 그녀는 예배가 소용 없다고 생각하는 존 로크를 무시하였다. 매일 그들은 배운 것을 복습하였다. 자녀들은 매일 여섯 시간씩 열심히 일하였다. 그리고 수산나는 그들이 하루에 그렇게 많은 것을 배우는 것을 보고 놀랐다.

그 편지는 그녀가 행한 엄격한 훈육에 대하여, 그리고 그가 전개한 교육의 원리보다는 그 훈육을 통하여 잠재적인 고집(will)을 꺾는 일에 대하여 많이 기록하고 있다. 훈육, 힘든 일에 관한 취지와 그 권위 있는 그 편지에 대한 존경이 그 편지를 받아보는 29세 되는 아들의 마음과 생각을 사로잡았다.

그 자녀들은 또한 그들의 가정 밖에서도 교육을 받았다. 큰 아들 사무엘 웨슬리는 죤 홀랜드 학원에서 공부하였다. 그의 아버지 사무엘은 학교를 세워서 기독교의 지식을 증진시키기 위해 열심히 모금을 하였다. 그가 세운 학교는 100년이 지난 후에도 모든 학생에게 주일에는 선생들과 함께 교회 예배에 참석할 것을 요구하고 있다.[7]

사무엘의 (의회에서 왕권의 우위를 주장하는) 토리당의 지배와 고교회주의에 대한 적개심은 계속해서 마을 반대자들의 위협과 데모를 받고 있었다. 그래서 유모와 함께, 밤새도록 삼 개월 된 딸과 수산나는 잠을 못 잤다. 그리고 사무엘이 빚 때문에 런던의 감옥에 갇혀 있는 동안 수산나는 괴로움을 당하고 있었다. 그동안 수산나는 용감하게 빈곤과 위험 가운데 있는 가정을 잘 지켰다. 사무엘은 대주교의 도움으로 마침내 삼 개월 동안의 감옥 생활에서 벗어났다. 수산나는 런던에서 자라

---

7) Colin Ella, Historic Epworth, *The Heart of Isle of Axholme* (Stadhampton, Rural Publication, 1994), p.84.

난 약간의 부자들을 알고 있었다. 그러나 에프워스에서는 돈과 공손한 사회가 수산나를 회피하였다. 그럼에도 그녀는 그곳에서 1709년에 방화가 있었고, 다시 집이 타버리는 일이 있을 때까지, 자녀들을 거친 에프워스 사람들로부터 보호하며 잘 지켰다. 어린 죤은 "불붙는 데서 빼낸 나무조각"처럼 타는 불 속에서 구조를 받았지만, 아이들은 분산되어 몇은 런던에 있는 삼촌 마태 웨슬리(Matthew Wesley)의 집에서 살고, 다른 아이들은 마을사람의 집에 하숙하였다. 불에 탄 목사관이 아름다운 벽돌집으로 재건되어 식구들이 다시 함께하게 되니, 수산나는 새로운 열심으로 자녀들의 행위와 신앙생활을 교정하기 시작했다. 그런 훈육과 열심은 죤에게 집중되었다. 화재가 있은 지 2년 후에, 수산나는 아들 죤을 의미하는 라벨(label) "S. J."을 붙이고 자기의 기도를 기록하였다.

"내가 감히 할 수 있다면, 나는 겸손하게 당신(하나님)께 나 자신과 당신이 내게 주신 모든 것을 바치겠나이다. 그리고 나는 내 생의 나머지를 당신을 봉사하는 일에 바칠 것을 결심합니다. (오, 그를 할 수 있도록 은혜를 주소서). 그리고 나는, 특별히, 나보다도 더 큰 자비로 구해 주신 이 아이(죤)의 영혼을 잘 돌보기를 원하나이다. 내가 그의 마음에 당신의 참 진리와 덕의 원리를 주입시킬 수 있게 하여 주소서. 주여, 내가 이 일을 진지하고 신중하게 할 수 있도록 은혜를 주소서. 나의 계획을 축복하사 성공하게 하여 주소서."[8]

---

8) Newton, *Susanna Wesley*, p.111.

존은 하나님과 어머니의 그런 특별한 돌보심을 알고 있을 것이다. 그리고 "불붙는 데서 빼낸 나무조각"이라는 말을 사용하여, 다른 위험에서의 탈출을 묘사하기도 하였다. 한 가지 재미 있는 것은 그가 소피아 호프키(Sophia Christiana Hopkey)와의 친교와 결혼에서 탈출한 것을 묘사할 때 이 말을 썼다. 수산나의 존에 대한 사랑에는 온정이 있었다. 그러나 엄한 훈육과 억압적인 도덕주의는 그에게 큰 도움이 되지 않았다. 수산나의 조직적인 자녀교육은 영국교회 제도 안에서의 청교도의 방식이었고, 아이들의 행동은 영국교회 제도 안에서의 메소디스트 방식이었다. 그 후에 있은 그의 올더스게이트에서의 은혜의 체험이, 마침내 그가 오랫동안 추구하던 끝에 그가 요구하던 안식을 가져다 주었다.

수산나를 찬양하는 모든 사람은 그녀가 아들과 딸을 똑같이 교육시켰다고 말하지만, 기록을 보면 그녀는 책을 잘 읽을 수 있을 때까지만 그렇게 하고, 그 다음에는 딸들은 공부하는 시간과 동일한 시간을 바느질 하는 일로 채웠다. 세 아들들은 영국에서 최고라는 곳에서 교육 받을 수 있도록 하기 위하여 더 공부를 시켰다. 설사 우리가 18세기의 옥스퍼드는 교육받기에 적절치 않다고 여길지는 몰라도, 그들을 옥스퍼드에서 공부하게 하였다. 웨슬리의 부모의 딸들에게 주는 영향은 그들이 불가능한 이상을 갖도록 한 것 같다. 그들의 교육은 딸들이 아콜매(Axholme) 섬의 남자들의 아내로서의 역할을 하도록 준비를 시키지 못하였다.

존은 생활을 아주 심하게 규칙적으로 하는 열정이 있는 아이였다. 심지어 그의 아버지도 그가 심할 정도로 이성에 의하여 생활을 통제하려고 애쓰는 것을 알아차렸다. 챨스는 성격이 누그러져서, 쉽게 결혼도 하고 훌륭한 자녀들을 두었다. 그리고 그의 손주들 가운데 한 아이는 세계급의 음악가가 될 수 있었다. 사무엘의 아들들 가운데서는 그의 어머니의 방법의 영향을 덜 받은 듯 하다. 그리하여 그의 생애와 결혼생활은 성공적이었다.

딸들

그러나 딸들은 그들의 생애와 결혼 생활에서 성공적이지 못하였다. 저들은 결혼은 했지만 향상되는 기회를 별로 갖지 못하고 황폐한 곳에서 살았다. 그들의 가정에는 결혼을 시킬만한 자산도 별로 없었다.[9] 편지를 통하여 또는 만나 상의를 하면서 죤은 그들의 많은 고통을 함께 하곤 하였다.

에밀리(Emily)의 연애 사건은 잘 이뤄지지 않았다. 그녀가 우발적으로 그 지역에 있는 약종상과 결혼함으로 집을 떠나, 병을 앓고 있는 딸을 돌보게 되었다. 그녀는 결국 죤을 의지하고 살면서 파운드리(Foundry)에서 환자를 돌보는 일을 하다가, 1771년에 79세로 죽었다. 딸, 수산나는 리챠드 엘리슨(Richard Ellison)과 조급하게 결혼을 하였는데, 심한 학대를 받다가 관계를 끊고 말았다. 메리 웨슬리(Mary Wesley)는 아마도 행복한 결혼을 하고 지내다가, 자신과 새로 난 아들

---

9) Frederick E. Maser, *The Story of John Wesley's Sisters, or Seven Sisters in Search of Love*(Rutland, Vt: Academy Books, 1988).

이 죽어 루트 교회(Wroot church) 안에 매장되었다. 그녀의 남편, 죤의 학생인 죤 화이트램(John Whitelamb)은 루트에서 자기의 임무를 다 하지 못한 채 임기를 마쳤다. 헤티(Hetty)는 그의 연애 사건으로 인하여 추방되어 루드(Louth) 근처에 있는 한 가정의 가정교사가 되었다. 그녀는 임신을 하여 무식한 배관공과 원치 않는 결혼을 하게 되었다. 저들은 런던에 가게를 차렸으나, 아이들이 일찍 죽음으로 또한 재정적 협박 때문에 시달렸다. 그녀는 53세에 죽었다. 아네(Anne)는 결혼에 성공하여 잘 산 것 같다. 그들의 아들 죤 람바트(John Lambert)는 세례를 받았다. 마르다(Martha)는 몇 명의 애인이 있었으나, 죤의 학생인 웨스트리 할(Westly Hall) 목사와 결혼하였다. 그런데 그는 불성실한 자로, 결국 그녀를 버리고 웨스티 인디스(West Indies)로 이사를 갔다. 케지(Kezzy)는 마르다를 버리고 다른 여자와 결혼한 웨스트리 할과의 깨진 관계를 회복하지 못하였다. 그녀는 할씨를 비롯한 여러 가정에서 살다가 32세 때에 죽었다.[10]

    열 아이들 가운데 아무도 그들의 부모가 살았던 그 가르침과 교회생활에 성공하지 못하였다. 딸들 가운데 어떤 아이들은 얼마간 가정 교사 또는 선생으로 지냈으나, 그들이 진보할 수 있는 기회는 없었다. 그리고 그들의 결혼생활은 대부분 실패였다. 그 가정의 교육, 훈육 그리고 종교생활은 그 식구들이 종교생활을 잘 할 수 있도록 준비시키는 것처럼 보였으나, 이는 아들들에게만 적용되었다.

---

10) This discussion of the sisters is from Ella, Historic Epworth, p.42-45. Full research on the family is in the Doncaster, England, Public Library.

그들의 부모는 아주 강하였다. 그러나 자매들에 관한 마사의 연구가(Maser' study) 있었다. 그 연구에서 그는 말하기를, 웨슬리 가정에는 화합(unity)이 있었다. 이는 칭찬할 만한 것이다. 그러나 이 화합은 사랑으로 엮어진 화합이 아니었다고 하였다. 일곱 자매들의 사랑이 실패한 것을 추적한 끝에, 그는 결론짓기를, "근본적으로, 수산나와 그들의 아버지 사무엘에게는 사랑의 정신이 부족했던 것 같다"고 하였다. 그들의 엄마는 마침내 하나님의 사랑에서 안식을 얻었다. 그러나 어거스틴이 하나님 안에서 안식을 얻기까지는 계속 불안했다는 말과 같이, 그녀들은 사랑을 구하는 동안 불안했던 것이다. 죤도 부모들에 의하여 사랑을 받았다는 느낌을 못 가지고 있었던 것 같다. 그의 어머니의 설득력과 인도함으로 공부를 잘 하여 대학교에 가도록 하였으나, 그것들이 비평가들이 지적하듯이 그에게 광신적 행위(fanaticism)가 있게 하였다.

마르다는 죤과 더불어 직장을 가졌다. 그녀는 다처주의자가 된 할 목사와의 비참한 결혼이 끝난 후, 파운드리에서 근무하였다. 그녀가 받은 교육과 자신의 발전으로 인하여 유명하게 말을 잘 하는 사무엘 죤슨(Samuel Johnson)과 더불어 지낼 수 있었다. 죤슨도 자기와 마르다 간에는 비슷한 점이 있다고 평하였다. 아버지가, 그녀가 남을 유혹하는 일로 인해 헤티(Hetty)를 거절함으로 온 식구는 큰 어려움을 겪게 되었다. 그러나 그들의 일기와 편지를 보면, 그 가정은 이따금 어려울 때에 단결하여 서로 도와주는 사랑의 가정이었다. 죤의 형, 사무엘은 동생의 열광적인 신앙 부흥운동을 혐오하였다. 그러나 수산나는 마르다와 함께 거듭남을 체험했고, 그녀의 죽음 자리에는 살아 있는 그녀의 모든 딸들이 참석했었다. 에드워드(Maldwyn Edwards)가 에프워스와 그 후의 가정생활을 설명한 것을 보면, 거기에는 훈육(discipline)과 엄격함이 있었지만, 또한 동기들 간에 서로 교통하는 일도 있었다고 한다. 저자는 에프워스의 목사관을 돌보고 사랑하는 일에 죤의 애교도 발견할 수 있었다고 한다. 많은 사람이 죤을 사랑했다. 그리고 그의 생의 마지막에는 전에 그를 미워했던 사람들도 그를 뜨겁게 칭찬하였다.

그렇게 많은 누이들 사이에 성장한 그가 다른 여자와의 관계를 보다 잘 가질 수 있었기를 희망할 수 있었을 것이다. 그의 형제들이 그랬다. 아마도 에드워드의 관대한 해석은 진리의 한 쪽만 말하고 있는 듯 하다. 웨슬리는 하나님 나라의 전진을 위한 전략을 세워나가는 일을 결코 멈추지 않았다. 그리고 동시에 칼을 결코 그의 손에서 놓지 않았다. 그러니 여성들이 그에게 분개하게 된 것은 당연하다. 그에게는 여자들을 끌어당기고 또한 그들의 사랑을 차지할 능력이 있었다. 그러나 여자들은 너무 많은 것을 요구하는데, 그는 그들에게 아주 적은 것을 줄 수밖에 없었던 것이다.[11] 심지어 그의 누이들까지도 죤이 자신들에게 깊은 동정도 하지 않고 함께 하여 주지도 않는다고 불평을 하였다. 어머니의 엄격한 훈육과 누이들의 실패한 결혼이 죤으로 하여금 생의 동반자로서 여자를 구하는 일에 좋은 영향을 주지 못하였다.

축축한 에프워스의 사제관에서 자라난 죤의 생활은 그가 구하는 감정적 만족을 그에게 주지 못하였다. 그는 부모들의 지나치게 훈련된 종

---

11) Maldwyn Edwards, *Family Circle: A Study of the Epworth Household in Relation to John and Charles Wesley* (London: Epworth Press, 1949), p.182.

교생활 때문에, 여러 해 후에야 종교 체험에서 만족을 발견한 것 같다. 그들의 훈육이 남자들만 있는 런던과 카르투지 수도원에서 출세할 기회를 가질 수 있도록 준비시켰다. 에프워스에서 사회적 불안과, 영국교회를 반대하는 자들, 정치적 혼란에 의하여 둘러싸인 가운데 행한 어머니의 지시에 따른 교육은 그가 성장할 수 있는 힘이 되었다. 그의 아버지의 아들들을 위한 문학적 그리고 성직자의 야심은 어머니의 자산과 사회적 혼란을 활용해, 영국에 무엇인가 새로운 것을 만들어내는 일을 하게 하였다. 존의 농촌에서의 어린이 생활은 그가 11살 때 끝났고, 그는 런던에 가서 카르투지 수도원에 들어갔다. 링컨쉬어(Lincolnshire) 시골에서 태어난 이 아들(존)은 런던과 옥스퍼드에 살면서 이 세상 물정에 익숙해지게 되었다.

제2장
옥스퍼드(Oxford) 시절
(1720-1735)

크라이스트 처치 대학

코츠월즈와의 사랑

링컨 대학(1729-1735)

홀리클럽

몰간과의 관계

옥스퍼드를 떠남

제 2 장
옥스퍼드(Oxford) 시절
(1720-1735)

옥스퍼드는 어떤 의미에서는 메소디스트 운동의 발상지이다. 그곳에서 사람들이 이 운동의 지도자들을 처음으로 메소디스트라고 불렀다. 그러나 죤은 옥스퍼드 대학교에서 공부하기 전에 런던에 있는 카르티지오 학교에서 공부하고 있었다.

지금까지 남아 있는 죤 웨슬리와 그의 식구들간의 편지에서 그가 런던에 있는 카르티지오 학교에서(1714-1720년) 공부한 모습을 대강 알 수 있다. 카르티지오 학교는 그가 후에 세운 파운드리 예배당과 그의 장지에서 몇 블럭 떨어진 곳에 있고, 전에 있었던 카르티지오 수도원의 터에 세워져 있었다. 이 이름은 수도회에 대한 프랑스 이름을 영국식으로 바꾼 이름이다. 죤은 그곳에서 장학생으로서, 성직자들, 변호사들, 그리고 세상에 알려지지는 않았지만, 그 당시 영국을 지배하는 지주들의 봉사를 위해 교육받은 엘리트들의 아들들과 함께 공부하였다. 카르티지오 학교에서 죤은 헬라어, 라틴어, 그리고 고전 문학을 배워, 진학할 준비를 하여 옥스퍼드 대학교의 크라이스트 처치 대학(Christ Church College)에 가서 공부하게 되었다. 카르티지오 학교의 교과정에는, 그

때 윈체스터(Winchster)와 이톤(Eton)에 있는 유명한 학교에서 그렇듯이, 기독교와 고전 문학이 통합되어 있었다.

후년에, 죤은 카르티지오 학교에서의 생활은 종교적으로 그리 엄격하지 않았다고 여겼다. 그러나 그런 생각은 보기에 따라 다를 것이다. 그가 규칙적으로 기도회, 채플에 참석하며 종교를 공부하는 것을 보고 그의 동료들은 아마도 그곳에서의 종교 생활이 느슨했다고 생각하지 않았을 것이다. 그러나 카르티지오 학교는 옥스퍼드와 같은 데 있는 영국 교회처럼 엄하지는 않았다.

웨슬리는 옥스퍼드 대학교가 영국에서 가장 아름다운 곳 중의 하나라고 항상 생각했다. 옥스퍼드는 공업화되기 전, 18세기에는 토마스 강둑에 빛나는 탑들이 있어 아름다웠다. 옥스퍼드는 채플의 탑과 참나무의 지평선 아래, 고대 대학교의 건물이 있는 대학촌이었다. 죤이 이 학교에 오기 바로 전에, 옥스퍼드는 건축술의 부흥을 이루고 있었다.

크리스토퍼 렌(Christopher Wren) 시대에 옥스퍼드의 건축물들은 아름다웠다. 평범한 북쪽 지방에서 온 젊은 웨슬리는 All Soul College의 새롭게 지은 우아한 뽀족한 탑과 새로 다시 지은 Queen College, Trinity College의 삼각형으로 된 정원, 예배당, 극장 등을 보고 놀랐을 것이다. 죤이 다닌 대학인 크라이스트 처치 대학에는 새로 지은 도서관과 1680년대부터 있던 탑(Tom Tower)이 대학의 대성전과 옥스퍼드의 감독과 함께, 대학의 힘을 알리고 있었다. 크라이스트 처치 대학은 여러 대학 가운데서 가장 크고 부요하고 정치적 세력을 가진 대학이었다. 대학의 벽으로부터 테임스 강(river Thames)까지 연결되어 있는 초원은 그 마을에서는 제일 좋은 산책 코스였다.

옥스퍼드의 운하와 시골풍이 나는 공원에서의 산책은 벽돌로 둘러싸이고 탑으로 지붕을 씌운 대학들에서 사는 학생들에게는 안식을 주곤 하였다. 이 대학들에서, 저들은 나아가 18세기에, 이전의 사람들보다 세상의 더 많은 것을 정복할 것이다. 저들은 로마의 고전을 라틴어로 읽었다. 그리고 그들 대부분은 새 제국에서의 할 일들을 동경하고 있었다. 웨슬리 또한 라틴어와 그리스어로 온 세상에 대한 꿈을 꿀 수 있었을 것이다. 그가 트리니티 대학의 정원에서 산책하려고 도서관을 나올 때마다 벽에 그려진 13명의 로마 황제들이 그를 내려다 보고 있지 않는가? 그는 그리스 라틴어의 고전들(classics)의 기반 위에서 크라이스트 처치 대학에서, 교회 교부들, 종교 개혁사, 과학, 이성주의, 논리학, 웅변술 등의 배운 것을 가지고 중요한 일을 성취하려고 하였다. 그는 거기에서, 그의 복음적 종교체험이 아직도 독일에서 그리고 런던에서 있지 않았지만, 초대교회에 대한 열정이 생겼다. 그는 또 그의 아버지가 하셨던 것처럼, 옥스퍼드에서 사회 활동과 열렬한 종교활동을 함께 하고 있는 한 종교 단체에 가담하였다. 그가 1720년에 17세가 되었다. 그리고 1735년에 미국 죠지아로 떠나기 전, 2년의 휴가를 가졌다.

캠브리지 대학교(Cambridge University)처럼, 18세기의 옥스퍼드 대학교는 영국교회의 신학교였다. 평신도를 위한 교육도 있었지만, 신학 교육이 보다 우위를 차지하고 있었다. 18세기 초에, 대학의 채플(College Chapel)이 세 개나 건립되었다. 1716년에 하트포드 채플, 1719년에는 퀸즈 채플, 1732년에는 펜브로크 채플이 건립되었다. 학생들의 채플 출석은 일정하지 않았지만, 대학은 모든 학생이 채플에 참석하도록 요구하고 있었다. 웨슬리가 다니고 있을 때는, 대학에는 신학 강의도 있었다. 그리고 신학 강의와 신약성서 과목은 모두 필수 과목이었다.[1]

이곳, 옥스퍼드에서 죤과 챨스는 아버지 사무엘 웨슬리의 뒤를 이어 공부하였다. 카르티지오 학교에서 공부를 하였기에 옥스퍼드 대학교에 올 수 있었지만, 웨슬리의 가족도 그들이 옥스퍼드에 올 수 있도록 노력하였다. 웨슬리의 부모는 죤을 돕기 위해 돈을 마련하느라고 애썼다. 그러기에는, 수산나의 가정의 영향과 돈도 있었지만, 사무엘이 링컨쉬어에서 아들을 대학교에 보내도록 정치적 역할을 하였다.

18세기의 옥스퍼드는 수도원과 같았고, 성직자들이 모인 곳 같았다. 그런 기풍에서 웨슬리의 운동이 나올 수 있었을 것이라고 생각된다. 옥스퍼드 대학교의 교수나 학생은 결혼할 수 없게 되어 있었다. 그 대학에서 한 번 연구원이나 교수의 직위에 선임되면, 학감이나 교수는 대학으로부터 봉급을 받지 않으면서 교수할 수 있었다. 대부분의 연구원들은 대학에서 서성거리다가, 교회 목회로 나가 생활비를 받곤 했다. 그 때 그들은 대학의 급여 또는 연구원 직을 포기하고 결혼한다. 대학교는 계속해서 독신주의를 주장하고, 모든 교수는 교회의 규정에 동의하며, 영국 교회 교인이 되어야 했다. 그러나 18세기에는 약간의 세속적인 경향이 눈에 띄기도 했다.

옥스퍼드 대학교는 왕과 교회를 지지하였다. 그리고 왕과 교회는 대

---

1) V.H.H. Green, "Religion in the College, 1715-1800," in the Eighteenth century, ed. L.S. Sutherland and L. G. Mitchell, vol.5, *The History of University of Oxford*, ed. T. H. Ashton (Oxford: Clarendon Press, 1986), p.425.

학이 그들에게 충성할 것을 요구했다. 왕과 교회에 대한 웨슬리의 충성(commitment)은 이미 가정에서부터 있었고, 1720년으로부터 1735년까지의 기간에 대학교에 의해 더 보강되었다. 그리고 그는 1751년에 링컨 대학(Lincoln College)으로부터 받는 봉급을 포기하고 결혼함으로 대학교의 독신주의의 규칙에서 벗어났다. 그러나 대학교 전체가 웨슬리처럼 모두 충성하는 것은 아니었다. 그들 가운데는 통치하고 있는 군주와 국교를 반대하는 사람도 있었다.

교권 반대(anticlericalism), 이성주의(rationalism) 그리고 세속주의(secularism)의 세력이 유럽에서 일어나고 있었다. 이신론(deism)은 주로 대학교 밖에서 일고 있었으나, All Soul College의 틴달(Matthew Tindal)의 그를 찬성한 책은 1710년에 국회가 불태웠다. 그가 대학교에 있는 동안 그를 추종한 사람이 많지 않았다. 점진적으로 이신론은 온건한 옥스퍼드의 정통주의를 혼란하게 하기 시작했다. 회의론(무신론)에 의해 나온 질문들로 인해 생긴 한 자살사건 때문에 트리니티 대학의 한 사람이 옥스퍼드의 감독에 의하여 고발을 당하는 일이 생겼다. 기소된 사람은 나라를 떠나버렸다. 또 한 사람이 트리니티 대학으로부터 제적을 당하고, 마그드렌 대학에서 두 사람이 제적 당했다. 이런 사건이 있었다는 것은, 대학교 안에 신학적 의견 차이로 인하여 심각한 문제가 일어나고 있었다는 것을 잘 말해 주고 있는 것이다. 존의 형도 트리니티 대학의 이신론자들을 공격하는 사람들 가운데 한 사람이었다. 이신론의 위협이 있기에, 대학교의 교회인 매리 채플에서는 그들을 비판하는 설교가 여러 번 있었다. 찰스 웨슬리는 이신론과의 싸움에 있어서 어중

간한 행동을 하는 것에 반대하였다.[2] 한 가지는, 홀리클럽(Holy Club)은 초창기에 이신론자들이 창조주의 초월성을 지나치게 주장하는 것과 이성을 계시보다 더 중요하게 여기는 것을 열렬히 반대하였다. 그와 같이 웨슬리 형제도 진정한 기독교와 정통주의에 대한 애정이 진지하였다.

   그린(V. H. Green)은 웨슬리의 운동을 영국의 18세기 종교의 위기에 대한 반응이라고 보았다. 이신론과 회의주의는 지성인들에게 교회의 영향력을 감소시켰다. 크라이스트 처치의 대성전에 있는 존 로크(John Locke)의 기념비는 그의 유니테리안주의가 아니라 그의 사상의 영향을 증명하고 있는 것이다. 영국교회의 합리주의자들의 거듭된 방어가 믿음의 핵심을 보호하지 못하였다. 스위프트 학장(Dean Swift)은 추정하기를 이 나라에서 신학을 진지하게 받아들인 사람은 배운 사람 백 명 가운데 한 명 정도였을 것이라고 하였다. 다니엘 디포(Daniel Defoe)는 기독교가 생긴 이후로 기독교에 대한 그런 반대는 없었을 것이라고 생각하였다. 스위프트가 신자들이 믿음을 포기하는 것을 보았다고 관찰했는데, 빈곤층 사람들은 교회 생활을 실제로 하지 않고 있었다는 것도 보았어야 한다. 죠셉 버틀러(Joseph Butler)와 죠지 버크레이(George Berkeley)는 회의주의(skepticism)에 대한 박식한 반박을 하였다. 버틀러의 글, 믿음의 개연성(faith's probability)에 대한 설득력 있는 논증은 18세기로부터 여러 해 동안 평판이 좋았다. 저들의 책 또는 합리주의적 문화 운동을 하는 회의적인 저자들의 글을 읽는 사람은 적었으나, 교회로부터의 표류는 계속되었다. 그린(Green)은 지적하기를 존 웨슬리가

---

2) Ibid., pp.436-37.

그 비판자들에 대해 설득력 있는 지적 대응은 하지 않았으나, 그는 실질적으로 복음적이요, 정통적인 대응을 이성보다는 사람의 감정에 호소하면서 대응하였다고 말하였다. 그린(Green)에 의하면 웨슬리는 믿음의 경험을 통하여 기독교의 권위를 인정하고 존경하게 되었다.[3] 웨슬리는 계속해서 철학을 공부했고, 특히 과학에 대단한 관심을 가지고 있었다. 그는 결단코 18세기의 철학적 회의주의자는 아니었다. 그러나 그는 이성(reason)을 버리지 않았다. 그는 여전히 합리주의적 문화 운동의 한 사람이었다. 웨슬리가 대하는 많은 청중은 철학자들이 아니고, 가난한 사람들이었다. 그리고 그들에게 하는 설교는 옥스퍼드에서 일상적으로 하는 강연과 같은 것은 아니었다.

웨슬리가 옥스퍼드에 있는 동안 그가 종교적 혼란 때문에 받은 어려움은 적었고, 정치적 혼란에서 받는 것이 많았다. 웨슬리의 가족에서 그랬듯이, 옥스퍼드는 영국의 정치에 있어 스튜어트 왕조(Stuart claimants)를 지지하는 파와 하노버 왕가(Hanoverian dynasty)를 지지하는 파로 나뉘어져 있었다. 대학교는 어느 한 쪽을 택해야 하는 입장이었다. 대학교는 스튜어트 왕조와 버둥거렸다. 그렇다고, 왕 죠지 일세로부터 삼 세에 이르는 하노버 왕가를 지지했다고 생각할 수도 없다. 출판 되지 않은 죤 웨슬리의 옥스퍼드 시절에 쓴 일기를 보면, 웨슬리는 스튜어트(자코바이트 당, 곧 망명한 영국 왕 James II의 지지자)들의 왕권 주장에 대하여는 나쁘게 생각하고 있었던 같다.

옥스퍼드의 의회 선거는 가끔 관심을 가지고 지켜보아졌지만, 그것의

---

3) V. H. Green, *The Young Mr. Wesley* (New York: St. Martin's Press, 1961). pp.1-12.

직접적인 정치적 공헌은 18세기를 지배하고 있던 하노버 왕가에 가까이 하지 않는 것으로 인해 아주 약했다. 옥스퍼드가 1746년의 클로덴 전쟁(Battle of Culloden) 때까지 계속 갱신을 계속한 자코바이트 당에 끌리고 있는 것은, 전에 스튜어트 왕조 특히 17세기에 옥스퍼드에 살았던 찰스 2세(Charles II)에게 충성했던 것을 상기시킨다. 웨슬리가 그의 어머니와 옥스퍼드 대학이 지지했던 자코바이트주의(Jacobitism)를 버렸지만, 그의 군주권과 영국교회에 대한 충성은 그가 옥스퍼드 인이었다는 것을 드러내고 있었다.

1715-1716년에 하노버 왕가의 상속을 반대하는 폭동이 있었다. 질서를 유지하기 위해 군대가 옥스퍼드에 파견되었다. 점진적으로 정부를 지지하는 온건주의자들이 통제하게 되었다. 아직도 대학교의 많은 지도자들은 정부를 지지하는 것보다는 교회문제와 (정부로부터의) 자립에 대해 보다 많은 관심을 가지고 있었다. 대학교에 대한 정부의 원조는 줄어들었다. 대학교를 정부와 더 가깝게 하려는 계획은 별로 성공을 못하였다. 링컨 대학(Lincoln College)은 (의회에 대한 왕권의 우위를 주장하는) 토리당(Tory)에 머물러 있었다. 존 웨슬리가 그의 초기의 일기에 복사한 엉터리 시의 한 부분은 옥스퍼드가 국가의 총애를 잃고 있다는 것을 드러내고 있다.

"죠지 왕은 영리한 눈으로 두 대학교를 관찰하다가
옥스퍼드에는 기마병을 파견했다. 왜 그랬을까?
그 유식한 사람들의 충성을 원했기 때문이다.

캠브리지(Cambridge)에는, 그는 그 충성스러운 사람들이 얼마나 배우기를 원하는가를 알아보기 위해 책을 보냈다."[4]

정치적으로 반대편에 있는 사람들이 옥스퍼드를 많이 비판했다. 대학교에 대한 휘그(Whig)의 비판은 대학교를 토리(Tory)가 지배하고 있는 것에 대한 정치적 비판이라고 여겨진다. 대학교는 진실로 약점들을 가지고 있었다. 아리스토틀(Aristotle)과 형식 논리에 집중하고 있는 것을 좀 줄일 필요가 있었다. 지위가 높은 이들이 가르치는 시스템이 본래의 학문을 촉진하는 데 별 도움을 주지 못했다. 겨우 히브리어를 가르치는 정도로, 신학 공부에는 별로 흥분할 만한 것이 없었다. 17세기에는 과학에 대한 공부가 앞자리를 차지하였다. 그러나 18세기에 이르러서는 쇠퇴하였다. 이런 배경에서 웨슬리, 그의 동생, 세 친구들은 그들의 대학의 공부를 보충하기를 원하여 독서 그룹을 만들어 고전문학을 읽으며, 그들이 공부한 것을 서로 평론하였던 것으로 보인다.

기본(Edward Gibbon)은 옥스퍼드를 비판하여 말하기를 이 때의 학구적 생활을 요약해 말하면, 이는 시간 낭비였다라고 했다. 웨슬리의 학생 가운데 한 사람이 고전문학을 가르쳤다. 기본(Gibbon)은 젊고, 옥스퍼드에 잠깐 머무는 동안 행복하지 않았던 사람이지만, 그의 말은 이때의 대학교의 평판의 어두운 면을 드러내고 있다. 아담 스미스(Adam Smith)는 그의 유명한 책,《국가의 번영(Wealth of Nation)》에서 말하기를, 옥스퍼드의 교수들은 감히 가르치려 하지도 않는다는 평

---

4) Quoted in ibid, p.22.

판을 듣고 있다고 하였다. 20세기의 대학교의 출판물들도 18세기의 옥스퍼드의 학구적 평판은 낮은 것이었다고 인정하고 있다. 마크함(Felix Markham)은 이 시대에 대하여 말하기를, 연구원(Fellow)의 대부분은 생활이 한가한 신사들이었고 가르치는 일에 흥미가 있거나, 또한 가르치는 일에 적임인 연구원은 별로 없었다고 하였다.[5]

물론 사무엘 죤슨 박사(Dr. Samuel Johnson)는 옥스퍼드에서 받은 교육을 칭찬하였다. 윌리암 할리가 과학을 배우며 고생한 것, 윌리암 브랙크소톤이 율법을 배우며 고생한 것, 존 웨슬리가 신학을 배우며 고생한 것들은 논점의 다른 면을 드러내고 있다. 설사 점잖은 학생이 도박이나 운동 때문에 공부를 등한히 한다 하여도, 진지한 공부는 가능했다. 웨슬리가 다니는 크라이스트 처치 대학(College of Christ Church) 맞은 편에 있는 펨브로크 대학(Pembroke College)에서 사무엘 죤슨은 공부하면서 회사의 사원(servant)으로 일하였다. 그는 자기의 하는 일은 하인(servitor)이 하는 일이었다고 말하였다. "이봐, 우리 중에서 하인들과 일반 사람들 간의 구별은 바로 이런 것이다. 즉 우리들은 지성인이요, 자산가가 아니다. 그리고 저들은 자산가요, 지성인이 아니라는 것이다."[6]

일반 사회 비판자들은, 옥스퍼드가 켐브리지와 함께, 저들이 영국에서 종교 정치적 역할을 하도록, 영국교회의 성직자를 양성하는 것을 공격하였다. 옥스퍼드가 자인하고 있는 18세기에 있어서의 옥스퍼드의 사

---

5) Felix Markham, *Oxford* (London: Weidenfield & Nicholson, 1967), p.116.
6) Ibid., p.125.

명은 영국교회의 훌륭한 전통과 국교회의 정책을 보전하며, 이를 학생들에게 물려주는 것이었다. 18세기에 있어서의 영국의 안정은 옥스퍼드가 계속해서 국교회의 역할을 하고 있는데 힘입은 점이 많다.[7]

18세기에 있어서 교육의 개혁을 해보려고 여러 번 시도했으나 성공하지 못하였다. 옥스퍼드가 17세기부터 세웠던 과학에 대한 계획도 이루어지지 못했고, 재능있는 사람들은 스코틀랜드의 대학교와 국교를 반대하는 학원들에 이주해 가버렸다. 강의는 자주 결강되고 학감들은 자기에게 주어진 직위를 일을 하기 위한 것으로 보기보다는 하나의 재산으로 여기고 있고, 시험은 아주 느슨하게 치러지고 했으니, 거기서 무엇이 나오겠는가? 학과 수업은 교회생활이 그랬듯이 마비상태였다. 옥스퍼드에서의 배움은 교회 생활에 충분한 도움을 주지 못하고 있었다. 18세기의 영국의 정부와 교회 그리고 대학교를 지배하고 있던 소수의 정치가들은, 그 때의 제도가 그들의 위치를 지키는 데 아주 좋았기 때문에 그 제도를 개혁할 필요를 느끼지 않고 있었다. 정치와 대학교의 개혁은 19세기에 와서 비로소 있게 되었다.

이것이 웨슬리가 옥스퍼드에 왔을 때의 상황이었다. 그리고 여기서 웨슬리는 교회와 국가를 위하여 종교와 사회 도덕을 개혁하는 일을 시작한 것이다.

---

7) L.G. Mitchell, "Introduction", in *Sutherland and Mitchell's Eighteenth Century*.

크라이스트 처치 대학

웨슬리가 대학공부를 한 주요한 시기에 대한 것은 그가 쓴 편지를 통하여서만 알 수 있다. 그때까지는 그가 일지를 기록하지 않았기 때문이다. 죤이 집에 쓴 편지는 그의 건강에 대한 관심을 나타내고 있다. 즉 그 편지는 천연두의 위협, 가끔 코피가 나는 일, 죠지 체네(George Cheyne)의 책 《건강과 장수에 대하여(Essay of Health and Long Life)》에 관심있는 일들을 드러내고 있다. 체네의 책은 후에 죤이 축소하여 출판하였다. 죤은 채네의 글을 연구하고, 그것으로 자신의 건강에 도움을 받았다. 죤의 편지는 학구적인 일에 대한 걱정을 표현한 것은 없고, 가끔 돈과 부채에 대한 일을 언급하고 있었다. 그의 부모는 힘껏 그를 도와주었다.

죤의 편지에는 그 외에도 다른 잡다한 일들도 나타나 있다. 그의 형 사무엘과는 가깝게 지낸 것으로 나타나 있다. 그는 여자에 대한 관심을 나타내는 시를 써서 형과 함께 읽기도 하였다. 그가 자기 집에 쓴 편지에는 초자연적 존재에 대한 관심도 여러 번 나타나 있다. 그리고 그가 카르투지오 수도원에 있을 때는 늙은 제프리(Jeffrey)가 나타남으로 인하여 목사관에 유령이 출몰한다는 이야기도 들었고, 또한 옥스퍼드 사람들이 경험한 이야기와 또한 자기가 유령의 집을 찾아가 보고 싶었던 이야기도 하고 있다.

죤은 졸업하게 되자 사제(목사) 안수 받는 문제를 다루게 되었다. 아버지는 편지를 써서, 그 문제는 미루도록 충고하였다. 그러나 수산나는 그 일을 진행하라고 격려하며, 구원에 대한 자신의 확신이 분명하여야 한다고 촉구하였다. 또한 수산나는 존에게 자기와 사무엘은 많은 일에 있어 의견이 다를 수 있다는 것을 일깨워주었다. 사무엘은 수산나의 견해에 찬동하게 되어, 1725년에 존은 옥스퍼드의 감독에 의하여 사제(deacon)로 안수를 받았다. 사무엘은 존에게 성경주석들(biblical commentaries)에만 지나치게 의존하지 말고, 라틴어로 쓰인 성경구절을 히브리어, 그리스어와 대조하면서 연구하여 이해를 잘하도록 하라고 촉구하였다.

건축학적으로는, 존이 옥스퍼드(영국 남부의 주)에서 설교자로 살고 있던 때는 교회 건물들은 이미 고대에 속해 있었다. 그곳의 교회 건물의 일부는 놀맨, 그리고 색손 시대(5세기 시대)의 것들이었다. 그가 주일 아침에 설교하기 위해 도보로 옥스퍼드에서 걸어 나와서, 전에 다니던 크라이스트 처치 대학 밖에 있는 테임스 강을 건너면 대성전과 높은 종탑이 보이기 시작한다. 삼 마일을 지나면 할코트(Harcourt) 가족의 조상들의 무덤과 죽은 사람들의 기념비들이 있는 성 마태 교회가 있는 스탄톤 할코트(Stanton Harcourt)를 통과하게 된다. 할코트 가족들은 교회 옆에 있는 아름다운 코츠월드(산)에 있는 돌로 지은 장원에서 살았다. 그는 그들의 교회 위에 있는 돌탑을 좋아하였다. 이십오년 후에 이 가족의 손님으로서 알렉산더 법왕이 이 탑에 머물면서 호레이스(Horace, 로마의 시인)를 번역하였다. 그래서 이 탑은 법왕의 탑(Pope's Tower)이라고 알려지고 있다. 보도(작은 길)로 이 마일을 걸어가면 성 야고보 교회의 경내에 도달한다. 이 교회의 경내는 이 지역에 백년 전에 살던 농부들과 목공들의 묘비들로 가득 차 있다. 50 마일 안에는 많은 비석, 기둥과 로마인들이 오기 오래 전에 폐기된 보루들이 있었다. 남부의 레이(Leigh)와 스탄톤 할코트(Stanton Harcourt)의 남쪽에는 흰 말(White Horse) 계곡이 있다. 이 계곡은 백마가 달리는 푸른 언덕에 있는 삼천 년이나 된 동판에서 내려다 보인다. 삼백오십 미터의 경계표가 있고, 지나치게 무성한 것(overgrowth)은 일 년에 한 번씩 계곡에 사는 사람들에 의하여 옮겨진다. 웨슬리는 그 근처에 돌로 만든 바퀴들을 드르이드(Druid) 경배에서 생긴 것으로 추정하였다. 웨슬리는 그 기념비들을 자주 가 보았고, 그의 일지에 오래 된 사람들에 대한 이야기를 기록하고 있다. 그 기념비들은, 오늘날의 큰 장원이나 할코트의 채플이 그렇듯이 인생의 덧없음을 그에게 생각나게 해주었다.

웨슬리가 묘비들 사이를 지나 교회 안으로 들어가면, 거기에 찬양대 석으로 인도하는 아치 길(archway)에서 석고로 마지막 부활(general resurrection)을 그린 웅장한 고대 벽화(1933년에 재건된 것)를 볼 수 있다. 모든 무덤에서 성 미가엘과 같은 사람이 일어나 심판의 나팔을 불고 있다. 벽화는 아치의 중간에서 구분되어 있다. 왼쪽에는, 사탄이 저주받은 자들을 둘러싸고 그들을 뱀과 같은 짐승에게로 인도하고 있다. 그 짐승은 영원한 형벌의 고통이 심해서 이를 갈고 있다. 오른쪽에는 예수 그리스도께서 구원받은 자들을 영접하여 영원한 영광으로 인도하고 계신다. 웨슬리는 강대상의 계단을 올라가면서, 예배 드리는 사람들이 자기를 쳐다보는 것을 알았다. 그럼, 저들이 마지막 심판을 알 수 있었을까? 웨슬리의 그 후 65년간의 설교는 죽음과 심판에 관한 설교로서, 천국과 영원한 불과 이를 갈고 있는 형상을 설명하면서 전하였다. 1727년에 행한 그의 설교는 그가 중요시하는 주제인, 인간의 의, 산상수훈, 하나님의 사랑 중의 하나였다. "이를 으득 으득 갈다(gnashing of teeth)"라는 표현(text)이 1790년에 그의 설교에 나오는데, 그는 이것을 마지막에나 기록할까 생각하였던 같다. 남 레이(South Leigh)에 있는 야고보 성당에 있는 벽화가 아직도 그의 생각에 남아 있어, 또는 다른 그림에서 얻은 형상에서 영향을 받아서 그랬는지, 그는 이 무서운 세상을 언급하고 있다. "그들을 밖에 어두운 데 내어 쫓으라. 거기서 그들은 울며, 이를 갈고 있을 것이다."

웨슬리는 졸업 후에, 석사 학위 과정에 들어가서, 동물의 추리하는 능력에 대한 논문을 썼다. 1727년 즉 그가 학위를 받기 바로 전에, 그가 공부한 기록을 보면, 그가 공부한 분야와 일정은 다음과 같다.

월요일과 화요일에는 로마와 그리스의 역사 공부.
수요일에는, 논리학과 윤리학 공부.
목요일에는, 히브리어와 아라빅어 공부.
금요일에는, 형이상학과 자연철학 공부.
토요일에는, 시(poetry)와 문장 구성법 공부.
주일에는, 신학 공부.

코츠월즈와의 사랑

옥스퍼드에서의 존의 사회생활은 활발했다. 그는 자주 남자 친구 학생들과 카페에서 어울리고, 같이 산책도 하고 운동도 하고, 대학 내에서의 대화에도 참여하였다. 그는 가끔 런던에 가서 연극도 보았다. 그의 동생 챨스가 온 다음부터는 더 자주 갔고, 연기자들과의 사귐도 가졌다. 존은 학부를 졸업한 후에는, 코츠월즈에 자주 가게 되었고 특히 커크햄 가정(Kirkham family)에 호의를 갖게 되었다. 커크햄의 아들은 존이 1729년에 루트(Wroot)에서 돌아온 후, 웨슬리 서클의 회원이 되었다. 커크햄의 아들 로버트(Robert)의 누이, 살리(Sally)는 존의 감정을 많이 잡아 당길 뿐 아니라 그의 영적 생활에도 많은 공헌을 하였다. 그들의 관계는 신앙생활에 관하여 서로 대화하고 서신을 교환하는 일로 발전되었다. 존의 부모와의 서신 교환을 보면, 그들은 기독자 완전에 대해서도 이야기 하였다.

젊은 존은, 들리는 말에 의하면, 결혼하지 않겠다고 하였다. 그는 그의 아버지가 만난 그런 좋은 여자를 결코 발견할 수 없을 것이라고 생각하고 있었다. 그가 사제 안수를 받기 위하여 공부를 마친 1725년에 살리와 같은 여자를 만날 수도 있었을 것이다. 홀리클럽의 초창기의 멤버 중 한 사람의 누이도 있었다. 그녀는 아름다운 코츠월즈에 있는 스탠톤 사제의 딸이었다. 살리는 똑똑하고 명랑한 여자였다. 웨슬리가 속해 있는 한 서클의 친구들은 음악과 예술 그리고 연기를 좋아하였다. 친구 간의 대화는 주로 문화에 관한 것이었다. 그러나 살리는 그의 성격상 종교에 관심을 가지고 있었다. 아마도, 죤에게 토마스 아켐피스(Thomas a Kempis)의 책을 소개한 것은 살리일 것이다. 죤과 살리는 그 책을 번역하면서 서로 토의하였다. 살리(Sally)에게는 신학적 지성이 있었다. 웨슬리가 여자의 신학적 놀림에 지적으로 유혹될 젊은 신학자는 처음부터 끝까지 아니었다. 하나님의 사랑에 대한 신학적 토론을 하다 보니, 사랑의 다른 면도 말하게 되었다. 살리와 함께 토마스 아켐피스를 토론하면서, 죤은 어머니에게 그 신학자에 관한 편지를 썼다. 수산나는 그에게는 깊이가 없다고 하면서 그를 경시하듯 회답을 하였다. 그러나 죤과 살리는 토마스 아켐피스의 글에 감동하였다.

마침내 죤은 안수 받기로 결심했다. 그의 아버지, 어머니는 그 결정을 지지하였다. 그리고 죤은 수산나에게 토마스 아켐피스에 대하여 편지를 썼다. 그는 그리스도인의 생애에 대한 그의 견해가 엄격함을 좋아했다. 그러나 토마스가 그리스도인은 이 세상에서는 비참해야 한다고 주장하는 것은 반대하였다. 왜냐하면 솔로몬에게 종교생활을 함에 있어 행복과 평안이 약속되어 있지 않았는가? 수산나는 죤의 해석이 옳다고 생각하였다. 수산나는 한 번은, 행복하기 위해서는 아랫사람보다 윗사람을 우선시할 필요가 있다는 것을 길게 설명하였다. 특별히 사람의 동물적 성격은 이성에 종속시켜야 한다. 마침내 그리스도의 은혜 가운데 자연이 전능하신 하나님의 선하심과 통치에의 조화가 이루어질 때까지, 모두는 율법을 통하여 이성적으로 상사에게 복종함이 마땅하다. 하나님의 은혜 안에서, 알면서 하나님을 거역하려 하지 않고, 계속 기독자의 완전을 추구하여,[8] 그로 인하여 약속된 기쁨과 평안을 발견할 것이다. 그의 아버지는 도덕을 엄격히 지킬 것을 강조하였다. 그리고 안수 받으려고 준비하고 있는 죤에게 편지를 써서, "하나님을 사랑하고 이웃을 사랑하는 것, 곧 성경에서 종종 기독교의 사랑이라고 하는 것이 우리들의 생각, 말, 행동의 원칙과 규준이 되어야 한다. 이 원칙에서 나오지 않은 것은 그것이 하나님을 위하든, 사람을 위한 것이든 모두, 좋은 근거와 바른 행실에서 한 것이 아니기에 정당한 것이 아니며 그릇된 것이다" 라고 하였다.[9]

이 때에 죤의 누이 에밀리(Emily)가 죤과 살리 즉 바라네스(Varanese, 이 이름은 죤과 편지할 때에 쓰던 이름이다)와의 사귐의 중간에 끼어들었다. 에밀리는 에프워스에 있는 가족이 그의 약혼을 깨뜨림으로 인하여 그의 애인을 잃어버렸다. 에밀리는 죤에게 그렇게 오래 사귀고 있는 것을 반대하고, 사랑에 빠지기 전에 세속적인 일을 정리하라고 촉구하였다. 살리와 죤의 로맨틱한 관계는 그들이 기독자 완전에 대하여 깊이 생각하는 데 도움이 되었다. 그들의 계속된 대화에는 제레미 테일러(Jeremy Taylor)의 《거룩한 생활의 규칙과 훈련(Rule and Exercises of Holy Living)》이란 책에 관한 이야기도 있다. 이 책은 죤에게 일기를 쓰고, 그 일기의 기록에 의하여 하나님을 향한 자신의 생활을 관리하도록 해야겠다는 결심을 하게 하였다. 그래서 죤은 1725년부터 그가 죽을 때까지 일기를 썼다. (그의 일기는 일부 중단된 적도 있

---

8) Susanna Wesley, "Letter to John Wesley" (June 8,1725), in Letters I, ed. Frank Baker, The Work of John Wesley, vol. 25 (Oxford: Clarendon Press, 1980), p.165.
9) Ibid., p.185.

는 듯, 몇 해의 일기는 존재하지 않는다). 그의 일기문들은 개인의 느낌에 대하여는 신중하고 그것들의 메시지는 문자에 숨겨져 있다. 1725년부터 1735년까지의 일기는 아직 출판이 안 되었다. 듀크 대학교의 리챠드 하이젠라타(Richard Heitzenrater)가 손으로 쓴 그 일기장을 가지고 작업하고 있다. 느헤미야 커녹크(Nehemiah Curnock)는 출판되지 않은 일기의 개요를 정리하였다.[10] 그리고 그린(V. H. H. Green)이 그의 유명한 책, 《젊은 웨슬리(*Young Mr. Wesley*)》에서 그 내용을 바꿔 써 소개하였다.[11]

웨슬리는 1725년 4월 20일에, 살리에 대하여 한 일들을 심사숙고하면서, 말을 타고 스탄톤(Stanton)에 갔다. 그날 그는 살리(Sally)가 학교 교장, 잭크 차폰(Jack Chapon)과 결혼할 것이라는 이야기를 들었다. 그 후 죤은 안수 받는 일과 석사학위 논문을 준비하는 일을 계속하면서, 그녀의 결혼식에 참석하여 춤을 추었다. 그 후 얼마 안 되어, 죤은 에프워스와 루트에서 사역하는 아버지를 돕기 위하여 그곳을 떠났다. 퍽 오랜 후에 그의 누이 에밀리는 기록하기를 죤이 살리와의 사랑을 잊어버리지 않고 있었기에 그는 홀리 클럽에서, 죠지아에서, 모라비안들 가운데서나 절실하게 사랑은 구하지 않았을 것이라고 짐작한다고 하였다. 한 해석자는 말하기를 차폰이 아마도 웨슬리의 부흥 폭발에 일종의 도움을 준 것이라고 했다.[12]

---

10) Nehemiah Curnock, "Introductory," in the *Journal of the Rev. John Wesley, A.M.*,vol. I (London: Robert Cully, 1909), pp.3-77.
11) Green, *Young Wesley*, is the major source in addition to Wesley's Letters for 1725-1735.
12) G. Elsie Harrison, *Son to Susanna: The Private Life of John Wesley* (Nashville;

존은 1728년에 옥스퍼드의 감독 존 포터 박사(Dr. John Potter)에게 사제(priest)로 안수를 받았다. 존은 1729년에는 루트(Wroot)에서 사제보(curate)로 봉사했다. 그는 또한 그의 아버지가 욥기 주석을 쓰고 있는 것을 돕기도 하고 때로는 아버지를 위하여 설교문을 작성하여 드리기도 하였다. 그의 독서는 광범위하였다. 그리고 그는 잠깐 고고학 탐사 여행에 동참하기도 하고, 사냥도 가고, 도보 여행도 하였다. 그 동네에 있는 여자 키티 하그리브스(Kitty Hargreaves)는 존의 주의를 끌어 당겼다. 그리고 그녀와의 육체적으로 친함은 전에 살리와 가졌던 그 이상적이며 로맨틱한 사귐과는 다르고, 그 이상이었다. 그는 일기에 여자의 가슴을 다시는 만지지 않기로 결심했다고 기록하고 있다.

링컨 대학(Lincoln College)은 에프워스에서 봉사하고 있는 존을 불러 들였다. 거기서 존은 사무엘이, 실패하고 도망갔다고 해서 퇴거시킨 열정적인 누이 헤티(Hetty)를 옹호하였다. 존은 하나님의 사랑과 용서의 필요성에 대해 말하면서 형인 사무엘과 멀어졌었다. 그러다 찰스의 관여와 존의 사과로 화해하게 되었다. 옥스퍼드에서 다시 그는 매력적인 코츠월즈(Cotswold)에 돌아왔다. 그때 과부인 펜다베스(Mrs. Pendarves)가 존의 애정을 홍분시켰다. 펜다베스(그의 아호는 아스파시아이다)는 존의 애정을 가지고 놀았다. 그러나 그녀는 (육체로나 사회적으로나) 더 큰 인물을 찾고 있었다. 아스파시아라는 이름은 기원전 5세기에 아테네의 유명한 정치가 페리클레스(Pericles)와 함께 살았던 유명한 첩의 이름이다. 존은 아스파시아에 대한 느낌이 전에 바라네스(살

Cokesbury Press, 1938), pp.69-72.

리)에 대한 느낌과 비슷한 것을 느꼈다. 이러다가는 다시 어려움에 빠져드는 것이 아닌가 하고 걱정을 하였다. 그러나 그는 자신이 새로운 일을 벌이는 것이 아니라 상처에서 치유를 받고 있다고 상상하였다. 죤은 그녀가 평소에 자기의 애정과 편지를 어떻게 받아들이고 있는 지를 조금도 이해하지 못하고 있었다. 죤은 아일랜드를 방문하고 있는 그녀로부터 이야기를 듣기를 간절히 기다리고 있었다. 거기서 그녀는 스위프트(Dean Swift)의 사랑을 받고 있었다. 또한 그 후 그녀와 결혼하여 그녀에게 사회적 직위를 주어 왕족의 친구가 되고 황궁에서 중요한 사람이 되게 한 데라니 박사(Dr. Patrick Delaney)의 사랑을 받고 있었다. 죠지 한델(George Handel)은 코츠월즈에 있는 그녀의 집을 방문한 후, 일생동안 그의 친구로 지냈다. 에드워드 버크(Edward Burke)는 그녀를 그 시대에 있어 저명한 여자 가운데 한 사람이라고 여겼다. 그녀가 영국에 돌아와서 웨슬리와 편지 왕래를 다시 하며 교제를 다시 하자고 했지만 죤이 거절하였다. 그러나 웨슬리는 그의 첫째 사랑이었던 바라네스(Varanese)와의 편지왕래는 10년 동안이나 지속하였다. 살리와 메리 그란빌레(Mary Granville, Mrs. Pendraves) 때문에, 죤에게는 수산나가 정한 여러 조건에 하나가 더 추가되었다. 그래서 그 후 죤은 어느 누구도 사랑할 수 없게 되었을 것이다.

링컨 대학(1729-1735)

사무엘은 죤이 링컨 대학에서 특별 연구원(fellowship)이 되는 것을 강요하였었다. 고교회주의와 토리의 정치가 링컨 주의 사람에게 주기로 되어 있던 강사의 자리를 얻는 데 도움을 주었다. 죤의 진지함과 엄밀함 때문에 다른 연구원들의 선거에 의하여 결정되는 그 대학의 회원 지위를 심사하는데 반대가 있었다. 죤과 사무엘은 그들의 학교의 정책을 관철하였다. 그리고 죤의 순진한 유머가 초기의 반대를 극복하는데 도움이 되었다. 1726년에 그에 대한 선거가 집행되었다. 1729년에는 대학의 요청에 의하여 루트에서 그의 아버지를 돕는 일을 끝냈다. 1729년부터 1735년까지 링컨에서 학생 지도교수로 봉사하였다. 그는 희랍어 신약성서를 강의하였고, 철학 과목의 대학 시험관으로도 봉사했고, 논리학도 가르쳤다. 처음에는 은퇴하는 교수로부터 8명 내지 10명의 학생을 인계받았다. 그러나 그가 미국 죠지아로 떠나게 될 때는 자기의 학생이 4명으로 줄어들었다. 그가 매일 학생을 만나 지도하는 것에 대한 칭찬을 받았다. 그러나 그는 일반적으로 엄격했고 매일 학생과 가진 지도가 18세기의 옥스퍼드에서는 좀 지나쳤다고 할 수 있을 것이다. 그의 어머니에게 쓴 편지에서, 웨슬리는 학생의 숫자가 즐어드는 일에 대하여 태연한 태도를 취하였고, 만약에 학생이 하나도 없으면 교회를 봉사하는 일을 구할 것이라고 했다.

    웨슬리는 링컨쉬어에서 몇 명의 학생을 끌어들였다. 그를 따르는 두 학생은 죤 화이트램(John Whitelamb)과 웨스틀리 할(Westley Hall)이었다. 이들은 죤의 격려를 받고 왔다. 그러나 후에는 죤을 떠났다. 죤은 링컨에서 봉사하면서 세 책을 편집하였다. 즉《매일 드리는 기도문 전집 (*A Collection of Forms of Prayer for Every Day in the Week*, 1733)》,

《그리스도인의 분별(A Treatise on Christian Prudence, extracts from Norris, 1734)》과 토마스 아 켐피스의 《그리스도를 본받아(Thomas a Kempis's Imitatio Christi)》이다. 아 켐피스의 《그리스도를 본받아》를 번역한 것은 《그리스도인의 귀감(Christian Pattern)》이라는 제목을 붙여 1735년에 출판하였다.[13]

존은 대학에서의 교사(tutor)로서, 신학 공부와 계몽운동을 분발하게 한 비 기독교인 저자들이 쓴 고전문학을 선정하였다. 고대 고전문학 중에서는 키케로(Cicero)의 De Natura Decorum(은혜의 특징에 대하여), 호레이스(Horace)의 시, 쥬베날(Juvenal)의 풍자 문학, 테렌스(Terence)의 연극, 버질(Virgil)의 서사시Aeneid) 등을 가르쳤다. 데이비드 흄(David Hume)도 웨슬리가 가르친 같은 제목들의 주제들을 가르쳤다. 웨슬리는 흄과 함께 파리로 여행을 가기도 했다. 존의 학생 가운데 한 사람은 후에 마그달렌 대학(Magdalen College)에서 에드워드 기본(Edward Gibbon)을 가르쳤다. 젊은 기본은 옥스퍼드에 대하여 신랄한 비난으로 시작한 그의 강의에 대단히 실망했다. 신학 면에서 주로 다룬 책은, 존 엘리스(John Ellis)의 "39개의 신앙 조문의 변호(Defense of the Thirty-nine Articles)," 챨스 위틀리(Charles Wheatley)의 "영국 교회: 그의 편람(The church of England: Man's Companion)," 에드워드 웰치만(Edward Welchman)의 "영국 교회의 39개 신앙조문(Articuli XXXIX Ecclesiae Anglicanae)" 등이었다. 그리스도인들은 철학을 공부하여, 그것을 성서적 신앙을 표현하는 데 사용하였다. 대조적으로 계

---

13) Green, *Young Wesley*, pp.130-134.

몽운동을 믿지 않는 비 신도들은 고전문학을 기본적인 것으로 취하고, 성서적 신앙을 미신으로 간주하였다. 그렇지만 신자나 비신자나 모두 고대 문학의 르네상스를 기대하였다. 웨슬리는 고대 문헌을 그리스도와 연결시켰다. 계몽운동을 하는 사람들은 키케로(Cicero)와 연결시키고 플라톤의 글들을 사용하였다.

이런 바쁜 교육과정에서도 웨슬리는 연극(plays)에 관한 글들을 광범위하게 읽었고, 가급적 여러 번 런던에 가서 연극을 보곤 하였다. 존은 셰익스피어(Shakespeare)도 잘 알고 있었고, 가끔 그의 말을 기억하고 인용하기도 하였다. 웨슬리 형제들이 극장에 가는 것을 좋아하므로, 그들이 독신으로 살겠다던 약속은 위협받았다. 찰스는 런던에 있는 여배우와 사귀게 되었다. 존은 그 관계에서 강력히 벗어나라고 찰스에게 충고하였다. 그때 존은 코츠월즈에 있는 설교장을 비롯하여 동네 근처에서 정기적으로 설교하고 있었다. 그 외에도 그는 테니스, 산책, 카드놀이, 댄스, 경마장에 가는 일을 하면서 활기차게 시간을 보냈다.

홀리클럽

존이 루트(Wroot)에서 봉사하면서, 에프워스에 있는 아버지를 돕고 있는 동안, 찰스는 크라이스트 처치 대학에서 신앙이 깊어졌다. 그는 아일랜드 사람 윌리암 몰간(William Morgan)과 함께 종교 연구 클럽(religious-study group)을 세웠다. 존은 1729년에 옥스퍼드에 돌아와 링컨 대학에서 교사의 일을 다시 시작하면서, 이 작은 클럽의 지도자가 되었다. 그리고 그는 이 클럽을 "우리 협회(Our Society)"라고 불렀다. 죤의 지도 하에, 저들은 고전문학과 종교서적을 공부하고 회원들을 초대교회의 것이라고 여겨지는 지침에 따라 훈련하기를 시작했다. 저들은 매주 성만찬과 기도 생활, 성경 공부를 하며, 공부를 규칙적으로 하였다. 죤은 하루의 일을 일기에 기록하여, 자기의 기도생활과 영적 상태를 정기적으로 회고하며 자신을 훈련하였다. 죤은 이후 30년 간,《시골 성직자가 신도들에게 주는 충고(The Country Parson's Advice to His Parishioners)》라는 책이 클럽에 영향을 끼쳤다고 말했다. 1680년에 출판된 이 책은 신앙 훈련과 성서적 신앙 공부, 그리고 성결을 추구하는 일을 증대시키기 위해 영국교회 안에 조직된 17세기의 런던에 있는 종교 단체들의 모습을 드러내고 있다. 이들 단체들이 따른 규칙들은 홀리 클럽이 사회봉사에 종사하는 일을 위하여 채택한 규칙과 아주 일치하는 점이 많다. 사무엘, 그 소년들의 아버지는 이 단체들에 참여하였고, 그가 옥스퍼드에 있을 때는 빈민들을 위하여 사회봉사를 하였다. 그가 남겨 놓은 기록 가운데는, 그가 한 단체에 한 설교문이 있고, 또한 그의 편지들 가운데는 빈민들에 관하여 쓴 편지 하나가 있다. 그가 한번은 옥스퍼드에 갔을 때, 수산나에게 편지를 써 열정적으로 그의 아들이 이 단체에 참여하고 있다는 것을 말했다. 그와 같이 이 그룹은 옥스퍼드에 있는 동안 별난 것처럼 보였지만, 영국교회 안에서 사회봉사의 선구자들이었다.

다른 사람들도 서서히 이 그룹에 가담하였다. 이 그룹의 중심에 젊은 교수들이 있었다. 이 그룹에는 학생들도 있었다. 특히 졸업하여 학교를 떠난 죤의 학생들도 포함되어 있었다. 이 그룹은, 챨스를 통하여 링컨 대학에서 크라이스트 처치 대학의 학생들에게로, 또한 메톤 대학(Merton College)에 있는 다른 조직에게로 뻗어나갔다.

이 그룹이 사회봉사를 하게 되는데 있어서는 윌리암 몰간(William Morgan)이 앞장 섰다. 그는 옥스퍼드에 있는 두 감옥과 성곽에 있는 죄수들을 방문하는 일을 시작하였다. 이내 죤과 챨스가 이에 동참하였다. 저들은 죄수들과 어울려, 성경공부와 교리문답서 공부를 하고, 그들에게 설교도 하였다. 그리고 죄수들을 돕기 위하여 돈도 모금하였다.

저들은 실제로 채무 때문에 감옥에 들어온 죄수들의 일부를, 그들의 빚을 대신 갚아 줌으로, 그들을 석방시키는 일을 했다. 저들은 죄수들을 돌볼 뿐 아니라, 가난한 사람들을 돌보기를 시작했고, 빈곤한 사람들의 자녀를 위하여 학교도 세웠다. 저들은 자산이 있는 사람들, 특히 죤 필립프 경(Sir, John Philips)에게 탄원하여 기금(funds)을 얻으려고 하였다. 또한 저들은 자기들이 쓰는 돈을 절약하여 사회사업을 위한 예산을 세웠다. 이런 사회봉사를 하는 것은 몰간의 사역만이 아니었다. 영국교회의 몇 기관들도, 감옥을 방문하는 일, 죄수들을 위한 교육을 하는 일 등, 비슷한 사회봉사를 하였다. 죤의 형인 사무엘 웨슬리도 옥스퍼드에 학생으로 있을 때, 이와 비슷한 일에 참여하였다. 이 일에 있어 특징적인 것은, 그들의 엄격한 사회봉사가 조직된 계획에 의한 신앙생활의 규칙을 준수하는 것과 결합되어 있다는 것이다. 몰간은 그룹의 사회봉사가 안쪽으로 곧 자신들을 위하던 것을 외적으로 곧 다른 사람들을 위한 것이 되도록 지도하였다. 그러나 이들이 종교적 활동을 다양화 하여 처음에는 호기심을 일으켰으나, 다음에는 옥스퍼드에 살고 있는 영국교회 동료 신도들의 반대를 받는 데 이르렀다.

이 엄격한 적은 그룹은 대학교에서 나타나고 있는 미지근한 종교 활동을 비판하는 것으로 인식되었다. 대학교의 비판자들은 그들에게 비웃는 이름을 지어, "홀리클럽(Holy Club)", "메소디스트(Methodist)"라고 불렀다. 웨슬리 형제는 그들의 아버지와 어머니로부터 지지한다는 편지를 받고 일을 지속하였다. 저들은 그들의 아버지의 도움을 받아, 그들의 하는 일을 좋게 여기는 옥스퍼드의 감독 포터(Potter)로부터 그들이 하는 일에 대한 승인(permission)을 받았다. 이 그룹은 성장하였다. 그러나 이 성장은 자주 중단되었다. 회원이었던 학생들이 졸업하고 교회로 나갔고, 어떤 사람은 훈련이 너무 엄함으로 떨어져 나갔고, 어떤 이는 단순히 딴 데로 갔고, 어떤 이들은 이 그룹에 대한 반대가 심하여지는 것을 보고 떨어져 나갔다. 존은 이 그룹이 "성공을 잘 못함(ill success)"으로 인하여 실망했다고 말할 수 있었을 것이다. 그럼에도 불구하고, 여기서 종교를 심각하게 생각하며 자아 성찰을 하고 사회봉사를 하는 메소디스트의 원형이 시작된 것이다.

존 웨슬리와 그의 동생 찰스, 윌리암 몰간, (살리의 남동생인) 로버트 커크햄(Robert Kirkham), 옥스퍼드에서 1727년부터 1728년까지 옥스퍼드 시의 시장을 지낸 존 보이스(John Boyce)에 대한 반대가 차차 커졌다. 저들은 자기들을 괴롭히는 사람들에게 질문의 항목을 제시하기로 하고, 24개 질문을 제시하였다. 저들이 "홀리클럽", "신성 클럽(Godly Club)", "광신자들(Enthusiasts)", 그리고 "개혁 클럽(Reforming Club)"

이라고 비웃음을 받고 있으니까, 웨슬리는 도움을 찾아 나섰다. 그 결과, 햇키시의 감독보좌인 죠셉 후레(Joseph Hoole, the vicar of Haxey), 옥스퍼드의 감독인 포터 박사(Dr. Potter, the bishop of Oxford), 감옥의 직원들, 그의 아버지로부터 지지(support)를 받게 되었다.

몰간과의 관계

홀트(Holt)에 있는 교회에서 봉사하면서 병으로 고생하던 젊은 몰간(Morgan)이 더블린(Dublin)에 있는 그의 아버지의 집에 돌아와 죽었다. 이로 인하여 이 그룹의 자신감(self-confidence)이 동요되었다. 이 그룹에 대한 의심은 깊어가고, 대중의 비판도 점점 커졌다. 웨슬리는 리챠드 몰간과 윌리암의 아버지에게 이 그룹이 시행하고 있는 일들의 정당성을 옹호할 필요를 느꼈다. 웨슬리는 리챠드 몰간에게 긴 편지를 썼다. 이 편지에서 웨슬리가 홀리클럽을 어떻게 생각하고 있는가를 잘 알 수 있다.

죤은 윌리암 몰간이 이 그룹의 창설자로서, 또한 그룹의 사회봉사를 시작한 자로서 끼친 영향이 컸다는 것을 자세히 묘사하고 있다. 죤은 저들이 현세에 대한 공부와 종교에 대한 공부를 한 것을 잘 설명하였다. 그리고 또한 대학교에 어울리는 신앙생활을 하고자 자아 훈련을 한 것도 언급하였다.

죤은 메소디스트가 시행하는 금식이 젊은 몰간을 죽게 하였다는 인식을 바로잡았다. 그는 몰간이 한 달 동안 금식하지 않았다고 했다. 금식의 관습은 존 크레이톤(John Clayton)이 이 그룹에 들어오면서 심해졌다. 그리고 금식의 시행은 윌리암이 홀트에서 봉사하기 위하여 떠난 후에도 이어졌다. 웨슬리는 이 편지를 끝내면서 말하기를, 어떤 실행도 성서와 법에 반대되는 것은 포기하기로 동의한다고 하였다. 그러나 다른 것들 즉 그들을 "메소디스트", 또는 "여분의 노력을 하는 사람들"이라고 부르는 것들에 대해서는 그리 생각하지 않는다.

그 때 웨스트민스터 학교에서 봉사하고 있는 존의 형, 사무엘 웨슬리는 윌리암 몰간의 죽음에 관하여 한 편의 시를 준비하였다. 존은 그 시를 그의 일기에 수록하여 출판하였다. 사무엘은 자기가 쓴 시를 대단히 귀중히 여기고, "여러 형편에서 쓴 시들" 이라는 이름으로 출판하였다. 이 시(poem)는 가난한 사람들을 위해 봉사하고 설교한 젊은 몰간의 생애를 기념하였다. 또한 이 시는 젊은이의 죽음에 대한 비애감을 나타내면서, 웨슬리 그룹에 활기를 넣어준 몰간의 정신을 자세히 묘사하고, 그 때에 그룹이 지녔던 윤리관을 나타내고 있다.

"다른 사람들의 구원을 위한 그의 열심이
자신의 구원을 지켜 지옥에 가지 않게 하였다.
그가 가는 곳에서 가난한 사람을 기쁘게 하였다.
고아가 있고 과부가 슬퍼하는 곳,
죄책으로 인하여 무서워하는 죄수가 있는 곳,
무거운 고랑을 차고 있는 곳,
분간할 수 없는 상황에서 죽음의 슬픔이 있는 곳을,

빛의 나라로 짙은 어둠을 베일로 가렸다.

우리 주님은 그 위대한 계획을 충족시키셨다.

(우리가 사람을 하나님과 비교한다면)

몸을 허약하게 만드는 모든 질병을 고치시고,

가난한 자들에게 기대하지 못했던 복음을 전하였다."[14]

리챠드 몰간의 응답은 그가 그룹으로부터 받은 보고[15]에 대한 그의 관심을 나타내고 있다. 그러나 그는 웨슬리들의 정당성을 입증하였다. 그는 벌써 사무엘이 쓴 욥기 주석의 구독자가 되었고, 아일랜드에서 그들을 위하여 할 수 있는 모든 것을 하겠다고 약속하였다.

리챠드 몰간 시니어(Sr.)가 또 다른 아들 리챠드 주니어(Jr.)를 웨슬리 형제 슬하에 보내고자 하면서, 죤에게 편지를 썼다. 이 편지에서 그는 처음으로 윌리암 몰간의 정신이상과 그가 죽으려고 시도했던 일을 언급했다. 그리고 지나친 종교활동이 그를 그렇게 만들었을지도 모르겠다고 하였다. 죤은 그에 응답하기를, 윌리암이 지나친 종교활동이 그를 몰락시켰다고 주장함에도 불구하고, 종교는 윌리암에게 유익했고 그의 정신이상은 그의 종교활동과는 아무 상관이 없었다고 하였다. 죤은 몰간씨에게 단언하기를 당신의 어린 아들은, 종교활동을 심도 있게 행하는 메소디스트 그룹에는 적합한 후보자가 아니었을 것이라고 하였다. 죤은 그의 편지에서 거듭 주장하기를 하나님은 미지근한 헌신을 요구하지 않

---

14) Journals and Diaries I, ed. W. Reginald Ward and Richard P. Heitzenrater, *The Work of John Wesley*, vol.18 (Nashville, Abingdon Press, 1988), p.134.
15) Letters, I, Works, 25:346-47.

고 철저한 헌신과 봉사를 요구하셨다고 하였다. 웨슬리의 이런 변호를 읽은 후에도, 청춘기에 있는 그의 아들의 지나친 종교활동이 위험했다는 아버지의 생각은 타당한 것 같다.

젊은 리챠드 몰간은 그의 짐을 가지고 빌린 사냥개를 데리고 링컨 대학에 도착했다. 죤은 그 사냥개를 돌려 보내주었다. 그리고 그와 같은 이름을 가진 사람에게 쓴 몰간 시니어의 편지는 심한 비판을 면치 못하였다. 젊은 리챠드는 아버지에게, 죤의 지도를 받지 않게 해달라고 요구하는 편지를 썼으나, 아마도 보내지는 않은 것 같다(그러나 죤은 이 편지를 읽었다). 죤은 그 때 세 학생을 지도하고 있었다. 그런데 리챠드는 대학의 다른 교사 앞으로 가기를 원하고 있었다. 리챠드는 특히 웨슬리 그룹의 회원으로 보여지기를 원하지 않았다. 죤은 몰간 시니어에게 편지를 써서 결국 리챠드를 계속 지도하게 되었다. 죤이 미국 죠지아로 떠난 후에, 리챠드는 옥스퍼드 메소디스트에 가입하였고, 후에 지도자의 한 사람이 되었다. 그는 심지어 죠지아에서 그들과 합류하는 것도 고려하였다. 마침내 그는 더블린(Dublin)에서 변호사의 일을 하게 되었고, 아버지의 유산을 물려 받았다. 여러 해가 지난 후, 죤은 아일랜드에 있는 그를 방문했다. 세 사람 사이에 있던 논쟁적인 서신의 오랜 왕래는 링컨의 사제의 반대를 드러내고 있다. 그것은 주교들에게 도전하는 것에 대한 죤의 자발적인 지지와 방법들, 그리고 종교에 대한 꽤 무기력한 방법을 변호하기를 좋아하는 사람들에 대한 반대였다. 웨슬리 형제에 대한 비판과 저들의 그룹을 발전시키는 일은 맹렬하였다. 몰간의 사건이 중심적인 운동을 파괴시킬 수도 있었다. 그러나 웨슬리는 그의 아버지와 형제들을 설득시켰다.

옥스퍼드를 떠남

사무엘은 그가 죽기 바로 전에, 죤이 에프워스에서 목사의 직무를 맡아 줄 것을 탄원하였다. 죤도 그리하기로 생각하고, 그렇게 임명을 받기 위한 예비적인 준비도 하였다. 형인 사무엘도 죤이 그렇게 하라고 주장하였다. 한편 죤의 형과 아버지는 수산나가 에프워스에서 계속하여 사는 것을 보증하여 주고 싶었다. 죤은 두 분의 주장을 반대하고, 아버지에게 자기는 옥스퍼드에 남아 있으면서 다른 사람과 자신의 영혼을 잘 보살필 수 있을 것이라고 단언하였다. 그 후 얼마되지 않아 사무엘 시니어는 죽었다. 그리고 두 젊은 웨슬리는 오그레소프(Oglethorpe)를 따라 미국 죠지아로 갔다. 죤은 그 결정이 다른 사람들을 위한 선교요 또한 자신의 영혼을 구원하는 일이라고 생각했다. 몇 해 후에 죤은 그 일에 대한 자기 어머니의 지지를 얻어, 찰스를 도와주고 또한 누이들도 도와주었다. 이런 일을 하는데 필요한 재정적 지원은 선교에서 왔다. 1735년에 이런 일은 아무도 상상할 수 없는 일이었다.

미국 죠지아 선교로 죤의 대학교와의 관계는 끝났다. 그는 돌아와 몇 해 동안 가끔 설교를 하였다. 그리고 그의 연구원에 대한 봉급은 그가 1751년에 결혼할 때까지 계속 지급되었다. 죤은 학자와 학구적 종교단체의 지도자로서 살기를 노력했다. 그러나 두 가지 역할 모두는 성공하지 못하였다. 죤은 대학교에 실망했다. 그의 실망은 그가 1744년에 성 마리아 대학교 교회에서 행한 설교에 강하게 나타나 있다. 이 교회 건물은 대학교 건물 가운데 제일 오래된 건물로서 큰 대로 중심에 있었다. 대학교의 예배는 대학교의 임원의 사회로 학교의 의식에 따라 기도, 설교로 진행되는데, 거기에는 학생과 교수들이 모두 가운을 입고 참석하게 되어 있었다. 거기서 행하여지는 설교는 그것이 신학강의인지 설교인지 분간하기 힘들 때가 많았다.

존이 1744년에 대학교 교회에서 행한 설교는 그가 더 이상 영국교회의 대학교에 영향을 끼칠 수 없게 만들었다. 그가 홀리클럽에서 개혁을 시도함으로 소외되었던 것 이상의 소외를 받게 만들었다. 그 설교는 너무나 공격적이었다고 인식되어, 존은 더 이상 대학교 교회에서 설교를 못하게 되었다. 1744년 이후에는 옥스퍼드 대학교의 성직자들에게 차례로 돌아오는 설교 순서에서 웨슬리를 제외시켰다. 그 때 웨슬리가 한 설교 제목은 성서적 기독교(Scriptural Christianity)로, 이는 네 부분으로 구성되어 있었다. 이 설교의 마지막 부분이 당시의 기독교를 비판한 것인데, 이에 대하여 웨슬리의 동료교수들이 반대하였던 것이다. 이 설교의 첫 부분에서는 그리스도인 개인의 신앙 생활을 말하고 있고, 두 번째 부분에서는 이 신앙이 개인에서 다른 개인으로 퍼져 나감을 언급하고, 세 번째 부분에서는 기독교가 세상으로 퍼져나가 내적 외적 평화가 실현될 것을 예상하고 있다. 그래서 국가들에게 평화가 이루어지며, 평화에 대한 종말론적인 소망이 있게 될 것이라고 언급하고 있다. 이 비전 가운데 의와 평화가 어우러져 지구에 평화가 올 것이다. 그래서 거기에는 모두가 부족함이 없이, 모두 이웃을 사랑하며 황금률을 따를 것이다. 지구에 사는 사람들의 마음에는 하나님과 사랑만이 있을 것이다라고 말하며, 기독교 신앙의 완성에 대한 평화의 비전을 말하고 있다.[16]

설교의 제4부에 와서, 존은 질문했다. 이런 기독교가 어디에 있는가? 그리고 말하기를 우리는 지상에서 이런 기독교 국가를 보지 못하였다고 했다.[17] 더 나아가 옥스퍼드는 기독교 도시가 아니요, 또한 여기서 성서적 기독교를 찾아볼 수 없다고 하였다. 그리고 젊은이들이 하고 있는 가르침이 하나님의 사랑이 가득 찬 마음으로 하고 있는가 아닌가 하고 질문하였다. 왜냐하면 저들이 사랑 없이 가르친다면, 모든 철학과 배움은 실패이기 때문이다. 저들의 기독교적 동기에 대하여 문의한 다음에, 저들은 온 힘을 다하여 열심히 일하고 있는가 아닌가 하고 질문하였다.

웨슬리는 대학교에 있는 사람 모두가 성직자가 되려는 것이 아님을 알고 있다, 그러나 모두는 그리스도인이 되어야 한다고 강조하였다. 그래서 웨슬리는 강요한다.

"형제들이여, 당신들은 성령의 열매나 마음의 겸손이나 자기 부정과… 인내, 온유, 근실, 절제를 행하기를 위해서, 그리고 모든 사람에게 모든 종류의 선을 행하기 위해서, 또는 그들의 외적인 결함을 없애기 위해서, 그리고 그들의 영혼을 하나님의 참된 지식과 사랑으로 인도하기 위해서 지치지 않는 부단의 노력을 다하고 있는가? 이것이 여러 대학 교수들이 보여주는 모습인가?

---

16) John Wesley, *Sermons*, I, ed. Albert Outler, *The Works of John Wesley*, vol, I, (Nashville, Abingdon Press,1984), p.172.
17) Ibid., p.173.

나는 그렇지 않다고 생각한다. 오히려 마음의 교만과 거만, 조급함과 괴팍, 나태와 태만, 탐식과 육욕, 더욱이 쓸모없이 뇌까리는 말들이 우리들에게 오히려 거스르는 것이 된 것이 아닌가?"[18]

그리고 그는 하나님의 일을 위해 부름을 받은 성직자들에게 날카롭게 질문을 했다. 그는 성직자들은 사랑에 의한 열심으로 일하기에 그 모든 말이 부드러우며, 겸손하고, 지혜의 온유한 말이 되도록 힘쓰라고 주문했다.[19]

웨슬리는 시간 낭비, 술취하는 것, 도박, 근면, 순종, 안식 준수, 자기의 서약을 존중하는 일 등등에 관하여 몹시 엄격하게 질문하면서, 대학교의 회원들이 하나님을 우롱하는 것 같다고 하였다. 그리고 마지막으로 결론짓기를 옥스퍼드는 기독교 도시가 아니라고 하였다. 만약에 성서적 기독교의 회복이 이를 주장하는 소수에 의하여서도 불가능하다면 어떻게 될 것인가? 옥스퍼드는 기근, 해악으로 아니면, 1744년에 침공을 위협했던 프랑스로 전락할 것인가? 사람의 도움으로 할 수 없으나 하나님께는 모든 것이 가능하니까 주님께 구해달라고 기도한다고 했다.

18세기 중반에 있어서 교회 학교라고 스스로 이해하고 있는, 그 대학교에 대한 웨슬리의 비판은 즉시 질책을 받았다. 대학교의 부총장은, 존과 그의 동생 찰스, 그리고 다른 두 사람이 다른 이들을 피해 성 마리아 대학교 교회를 떠나기 전에, 존의 설교문을 제출하라고 요구했다. 나중

---

18) Ibid., p.176.
19) Ibid., p.178.

에 저명한 구약성서 학자가 된 벤자민 켄니코트(Benjamin Kennicot)는 대학 학부 학생으로서 그 설교를 들으면서, 이 설교는 그 마지막 결론에서 말한 비판적인 풍자와 열중을 제외하면 칭찬을 받았을 것이라고 생각했다.[20] 그러나 웨슬리는 설교의 둘째 부분에서 불의와 세속적인 것들을 비판한 초대 성직자들은 징계를 받았을 것이라고 암시했다. 이 설교는 전체적으로 봐서 비판하는 것으로 전개되어 있다. 웨슬리는 자신에게 주어진 사명은 복음 전도자라고 생각하고 있었다. 그리고 대학교의 사명은 복음주의 운동이 아니었다.

나중에 영국의 권위 있는 법률가가 된 윌리암 블랙스톤(William Blackstone)도 그 설교를 들었다. 그리고 그는 웨슬리가 대학교로부터 처벌을 받게 될 것이라고 이해했었다.[21] 블랙스톤은 자만, 폭음, 탐욕, 사치, 음란, 알코올 중독, 무익함 등에 대한 웨슬리의 비난은 더 과장되게 묘사되었어야 했다고 생각했다. 블랙스톤은 웨슬리가 비판한 것을 더 분명하게 제시하였다. 그의 공격하는 소리는 분명했다. 그 설교가 지적한 각 조목들, 그리고 블랙스톤이 웨슬리의 비판이 바로 대학교의 상태였다는 것을 부정할 수 없다고 한 것은, 웨슬리의 경건과 홀리클럽의 사역과 훈련이 대학교의 일반 생활과 얼마나 달랐는지를 드러내는 것이다. 대학교를 개혁하고자 하는 웨슬리의 소망과 그에 대한 예상된 반발은 홀리 클럽의 개혁 운동에서도 볼 수 있는 일이었다. 웨슬리의 희망은 목사의 직무를 하고 있는 학생들이 세상에 하나님의 나라를 실현하기

---

20) Albert C. Outler, in Ibid., p.113.
21) Ibid., p.114.

위해 모든 노력을 하고 있는가 라고 묻고 있는 데서 잘 나타나 있다. 저들은 회의록에 하나님께서 메소디스트라고 부르는 설교자들을 일으키신 계획을 아는가라고 기재된 질문에 대답하기를, "하나님의 계획은 국가를 개혁하고 특별히 교회로 하여금 전국에 성서적 성결을 전하는 데 있다."²²라고 대답하였다.

18세기 중엽의 영국은 국교회가 있는 국가로서, 영국성공회가 수립되었고, 법률과 다수에 의하여 시행되었다.²³ 그리고 옥스퍼드는 영국성공회에 속한 대학교였다. 웨슬리는 이를 개혁하려고 했었다. 그러나 그는 세상 지혜로는 개혁할 수 없을 것이라고 이해하였다.

웨슬리가 1744년에 행한 옥스퍼드에 대한 비판은 그가 이미 1735년에 실망했던 것을 드러내고 있었다. 사실, 1735년 이후는 옥스퍼드가 그가 다시 주로 머물 장소가 아니었다. 그가 옥스퍼드에서 행한 일, 즉 감옥 방문, 교육, 가난한 사람을 돕는 일은 또한 영국교회 안에 있는 다른 단체들도 하고 있었다. 그가 미국의 인디언들을 위한 선교를 위해 죠지아에 가서 하려는 사역도 영국교회의 선교국의 사역이었다. 홀리 클럽의 독특한 점이 있다면 그것은 급진주의였다. 이는 모든 시간을, 초대 교회 곧 급진적인 기독교가 행한 것을 본따서, 하나님께 봉사하는 일에 바치도록 시도하는 것이다. 홀리 클럽은 옥스퍼드의 행락주의와 미온적인 경건 생활을 반대하는 열정적인 내적 금욕주의 집단이었다.

---

22) Richard P. Heitzenrater, *Wesley and the People Called Methodists* (Nashville, Abingdon Press, 1995), p.214.
23) Frank O'Gorman, *The Long Eighteenth Century: British Political and Social History 1688-1832* (London: Arnold, 1997), pp.165-66.

메소디스트 협회(society)는 회원들이 학교를 졸업하면 지역교회의 지도자가 되기 위하여 옥스퍼드를 떠나게 되어 있기 때문에 성장할 수가 없었다. 많아봐야 홀리 클럽에는 학생의 두 세대들이 있었다. 웨슬리가 죠지아 선교로 떠나감으로 인하여 회원의 수가 줄어들었다. 협회에는 웨슬리 말고 다른 하나의 중요한 회원이 있었는데, 바로 죠지 휫필드(George Whitefield)였다. 휫필드는 죠지아 선교에서 돌아온 웨슬리를 복음전도 설교를 하도록 인도하였다. 설교하면서부터 웨슬리는 평신도로 이루어진 변형된 협회들을 조직하였다. 저들은 적당한 방식으로, 웨슬리가 옥스퍼드에 있을 때의 메소디스트 협회에서 배운 것들의 일부를 계속 행하였다. 이 일이 생기기 전에 웨슬리는 죠지아 선교에서 그의 과격한 종교를 시험하여 보았어야 했었다. 그는 옥스퍼드에서의 가르치는 일, 그의 단체에서 하는 일, 사랑의 삶, 또는 신앙 생활에서 특별히 성공하지 못하였다. 이 네 가지 일도 죠지아에서 다시 테스트 해 보았어야 했었다. 그는 학구적 종교와 고전 문학에서 잘 준비된 새로운 미션에 착수했다. 웨슬리의 가정에 호감을 갖고 있던 오그레소프(Oglethorpe)의 협력을 받았음에도, 거류민이 아닌 한 영국인은 자기의 하는 일과 배움에 대한 그곳에 있는 거류민과 토착민들의 응답을 의심하였는지도 모른다.

제3장
죠지아(Georgia) 선교
(1735-1737)

미국 원주민을 위한 선교

정치활동

노예 문제

여자 문제

제 3 장
죠지아(Georgia) 선교
(1735-1737)

　존 웨슬리와 찰스 웨슬리는 죠지아 식민지 관리국(Trustees of the Georgia colony)에 의하여, 죠지아 식민지를 기독교화하고 그 토착민들에게 복음을 전하기 위하여 모집되었다. 약간의 홀리 클럽 회원이 함께 갈 것을 고려했다. 마침내 벤자민 잉그함(Benjamin Ingham), 찰스 델라모트(Charles Delamotte)만 함께 가기로 하고, 그들도 웨슬리 형제와 함께 1735년에 시몬드(Simmonds) 배에 승선하여 미국으로 떠났다. 선교를 위해 선임을 받은 찰스 웨슬리는 오그레소프 지사(Governor Oglethorpe)의 비서가 되었다. 찰스는 그 관리직 때문에 중요한 선교를 하는데 방해가 되었을 것이다. 또한 존도 본래는 미국토착민들에게 전도하려는 계획이었는데, 서배너(Savannah)에서 목사(minister)가 필요해, 존이 그 일을 맡게 됨으로 본래의 계획이 방해를 받았다.

　존 웨슬리가 1735년에 죠지아에 가도록 유도한 몇 가지 일이 있었다. 영국에는 그와 결혼한 사람이 없었고, 또한 어떤 여자와 친근하게 지내고 있는 일도 없었다. 그의 아버지는 돌아가셨고, 그는 에프워스의 가정을 떠나 살고 있었다. 그는 사무엘과 수산나에 의하여 선교사역을 생각하는 가운데서 자라났다. 가정에서 선교에 관한 책들을 읽으면서 공부하였다. 식민지의 지사인 오그레소프는 그 가정에 은인인 동시에 영웅이었다. 죤은 비교적 순박한 사람들이라고 생각되는 미국 토착민들에 대한 선교를 간절히 원하고 있었다. 그는 초대 교회를 설립할 수 있다고 생각되는 새로운 식민지, 아직도 미개한 인류가 있다고 생각되는 곳을 찾고 있었다. 마침내 그는 새로운 곳에서의 새로운 일을 통하여 자신의 영혼 구원을 성취할 것을 희망했다. 결국, 옥스퍼드는 초대교회에 대한 웨슬리의 비전을 받아들이려고 하지 않았다. 그리고 대학교에서 있은 논쟁들(fights)은 잘 알려지고 있는 바 옛날에 있었던 그 논쟁들이었다. 옥스퍼드에서는 회원들이 영국교회에서 목회하기 위해 나가는가 하면, 새로운 회원들이 그룹에 참여하고 있었다. 찰스와 죤 웨슬리에게는 옥스퍼드는 편안했다. 거기서 그들은 성결을 추구했다. 그러나 그들에게는 유혹도 있었다. 에프워스와 옥스퍼드에 사는, 한 야심찬 예언자는 너무나 쉽게 수용되고, 타협되고 심지어 체면을 잃게 된 일도 있었다. 옥스퍼드의 유식한 성직자나, 고관직에 있는 자들까지도 금욕적이며 엄격한 웨슬리로부터 물러나고 있었다.

삼일 동안 항해하는 동안 웨슬리는 예배를 인도하며 독일어를 공부하고 있었다. 독일어를 배움으로 죤은 죠지아에 정착한 모라비안 피난민들에 복음을 전하며, 서로 대화할 수 있게 되었다. 저들의 감독인 닛치맨(David Nitschmann)은 독일어를 가르쳐 주고, 대신 그에게서 영어를 배웠다.

항해는 몹시 거칠었다. 항해는 역풍 때문에 얼마동안 지연되기도 했다. 비스케이 만(Bay of Biscay)에서는 폭풍이 있었다. 웨슬리에 의하면, 여러 번 그는 죽지나 않을까 염려하였다 그리고 한 번은 갑판이 물에 잠겼었다. 항해하는 동안 웨슬리와 그의 동료들은 예배를 인도하며 가르치며, 상담을 하곤 하였다. 폭풍이 들이닥쳤을 때, 존은 두려워서 떨고 있는데, 평온을 지니고 있는 모라비안들의 믿음은 존에게 강한 감명을 주었다. 이 일이 있은 후 몇 년이 지나서, 1740년에 발행한 그의 일지에서, 그는 두려워서 떨고 있는 영국인의 공포와 성실한 모라비안의 평온을 대조하며 기록하였다. 저들은 무서운 항로임에도 불구하고, 1736년 2월에 서배너 강의 입구에 안전하게 도착하였다. 이미 죠지아에 와 있는 모라비안들이 웨슬리의 도착을 환영하여 주었다. 그들 중의 한 사람인 스팬겐버그(August Spangenberg)는 존에게 아직도 그가 찾고 있는 자신의 믿음의 확신이 없다는 것을 깨우쳐 주었다. 독일에 있는 모라비안의 일기들을 보면, 존에게는 믿음의 확신이 없기 때문에, 그가 모라비안 단체에 가입하기를 원했지만 거절당했다고 기록하고 있다.

미국 원주민을 위한 선교

배 안에서 웨슬리는 미국 원주민들의 방문을 받고 기뻐했다. 그 중에는 일찍이 런던에서 왕과 여왕에게 소개되었던 토모치치 추장(Chief Tomochichi)도 있었다. 웨슬리는 답례로 토모치치의 마을을 찾아 갔지만 그의 집에서 그를 볼 수 없었다. 독일에서 온 피난민들과 미국 원주민의 두 그룹 중에서, 웨슬리와 독일 사람들과의 관계는 깊어졌고 그들로부터 신앙에 크게 영향을 받았지만. 미국 원주민들과의 관계는 사라져 갔다. 웨슬리는 미국 원주민들에 대하여는 냉소하게 되고, 3개월 동안은 이방인들에게 전도하겠다던 애초의 사명도 사라졌다.

그가 본래 계획했던 선교로서 제일 먼저 한 일은 1736년 7월 20일에 (북미 인디언의 한 부족인) 치카소(Chickasaw)의 다섯 사람과 대화한 것이다. 이 좌담은, 링컨 대학에서 온 윌리암 앤드루스(William Andrews)가 주선해서 이루어졌다.[1] 그가 그 때의 대화도 통역하여 주었다. 웨슬리의 물음에 미국 원주민들은 신들(gods)을 믿으며, 구원은 곧 저들의 적들(enemies)로부터 구원받는 것이라고 말하였다. 저들은 지금 자기들의 적이 많으므로 구원 받지 못할 것이라고 두려워하고 있었다. 웨슬리가 그들에게 묻기를, "위에 계시는 아주 귀여운 분"에 대하여 설명하고 있는 이 책(Book)을 배우고 싶으냐고 하였더니, 저들은 "아니요. 그럴 시간이 없어요. 우리 주변에 적들이 있어요. 그래서 우리는 시간이 없어요, 싸워야 해요. 만약 우리에게 평화가 있을 수 있다면, 그것은 우리가 알고 싶어요."[2]라고 하였다.

미국 원주민들은 웨슬리가 일주일 전에 레베카 보베이(Rebecca Bovey)의 장례식을 진행하는 것을 보았는데, 그때 웨슬리가 하고 있는 것을 이해하였다고 말하였다. 그러면서 저들은, 세상에는 종교행사라고 알려진 그런 것들만이 설명할 수 있는 것들이 있다고 하면서, 자기들의 종교지도자들의 말을 순종하였다.

---

1) Mr. Andrews는 William Andrews 목사다. Frank Baker, *The Works of John Wesley*, vol.25 (Oxford: Clarendon Press), p.464.
2) Ibid., p.466. Published in Gentleman's Magazine. May 1737, pp.318-19.

웨슬리는 두 달 후에 제임스 버논(James Vernon)에게 편지를 보냈다. 그는 자기의 친구 잉그햄(Ingham)이 희랍어를 어느 정도 배웠다고 생각하였다. 웨슬리는 치카소(Chickasaw)의 언어를 배우고 싶다는 의사를 말했다. 웨슬리는 저들이 신들과 신의 섭리를 믿고 있는 것은 저들을 전도하는 데 좋은 준비가 되어 있다고 여겼다. 또한 저들은 겸손하고 가르칠 만한 사람들인데, 국가(nation)에 대하여는 들어본 적도 없으며, 몹시 싫어 하는 사람들이라고 생각하였다.[3] 그는, 자기는 얼마 안 있다가 저들을 떠날 터이니, 그러면 저들을 위해 일할 시간이 얼마 없다는 것을 생각하면서 저들의 장래를 걱정하였다. 그는 버논(Vernon)에게 자기가 서배너(Savannah)에서 봉사하기가 부적절하다고 느끼는 점과 또한 성 시몬 섬(the island of St. Simon)의 프레데리카(Frederica)에서 많은 문제가 있었다는 것을 말하였다.

웨슬리는 1737년에 죠지아 평의원(Georgia Trustees)을 위하여 간단한 보고서를 작성하였다. 거기서 그는 영국으로 돌아가는 일에 대하여 말하였다. 거기서 그는 토지, 농업의 잠재성, 복지 사업, 그리고 토착민의 문제들을 논의하였다. 웨슬리가 미국 토착민들과 잘 어울리지 못한 것이 서버나를 떠나는 하나의 이유가 되었다. 그는 늘 토착민들의 마을에서 선교하기를 생각하고 있었다. 그러나 그는 소피 홉키(Sophy Hopkey)라는 여자에 대한 사랑과 식민지 주민을 봉사하는 의무 때문에 식민지인 죠지아에 머물러 있게 되었다.

그의 보고서를 보면, 그의 미국 토착민에 대한 그의 생각들이 그들

---

3) Ibid., p.474.

을 접근하는데 실패하게 만들었다. 그들의 생활, 미국 토착민들을 잘 알고 있는 사람들과의 대화를 통하여, 그는 처음으로 어느 정도 알고 있던 그들의 생활에 대한 경직된 비판을 가지고 있었다. 그들의 생활은 유럽 사람들의 침범에 의하여 붕괴되기 전의 아프리카 인의 이상적인 모습과는 너무나 대조적이었다. 웨슬리의 아프리카에 대한 이야기는 인간적 동정으로 가득 차 있으며, 아프리카와 아프리카인에 대하여는 로맨틱한 점도 있었다. 그런데 이 새 세상의 토착민들은 그와 같은 동정을 받지 못하였다. 웨슬리의 이런 코멘트는 유럽파의 사람들을 저들의 땅에 이주시키려는 뜻을 가지고 있는 평의원들에게 그들이 미국 원주민들을 존경하도록 하는 일에 조금도 도움이 못되었다. 그의 보고서는 주로 토착민들 가운데 이미 살고 있는 사람들, 그리고 장사꾼들에게 도움을 주었다. 그는 기록하기를 그의 보고는 저들의 상태를 더 좋게 하거나 나쁘게 하거나 아무 의향이 없는 사람들로부터 들은 이야기라고 했다.[4]

그는 죠지아에 사는 미국 토착민들에 대하여 묘사하기를, 저들은 다른 곳으로부터 쫓겨 온 사람들로서, 저들에게는 종교도 없고 법이나 통제도 없다고 하였다. 그는 저들은 무엇이든지, 법이나 도덕과 상관없이, 닥치는 대로 행동하는 사람들이라고 보았다. 크토스(Choctaws)를 제외하고는, 아마도 저들은 모두 "폭식가요, 술주정뱅이요 도둑놈들이요, 위선자들이요, 거짓말쟁이 들이다."[5] 게다가 저들에게는 성적 도덕은 없고, 저들은 아이들과 부모들을 살인하는 자들이라고 묘사하였다. 그는

---

4) Journal and Diaries I, ed. W. Reginald Ward and Richard P. Heitzenrater, *The Work of John Wesley*, vol.18 (Nashville: Abingdon Press, 1988), p.201.
5) Ibid., p.202.

보고하기를, 치카소스(Chickasaws)는 폭식가들이요, 담배 중독자들이요, 죄수들(prisoners)에게 대단히 무자비한 사람들이라고 하였다. 섬의 서쪽에 사는 체로키스(Cherokees)에 대해서는 좀 좋게 평하였다. 그들은 정부와 거의 비슷한 무엇인가를 가지고 있었기 때문이다. 그는 체로키스들은 술을 무료로 주지 않으면, 폭음하려고 하지는 않는다는 것을 보았다. 그러나 그들에게는 탐욕이 있었다. 유치스(Yuchis)에 대하여는 그는 간략하게 언급하였는데, 저들은 도둑질을 잘하며 또한 거짓말을 잘하지만 소심한 사람들이라고 하였다. 크리크스(the Creeks)에게는 지도자들(advisors)은 있었으나, 그들의 권위는 인정하지 않는 것 같다고 그는 생각했다. 그가 보기에는 백인들과 관계를 가장 많이 가진 미국 토착민들은, 여러 부족들 가운데서도, 가장 거짓말쟁이요 술주정뱅이들이었다. 저들은 배우고자 하는 의향, 특히 기독교에 대하여 배우고자 하는 의향은 없고, 그저 교제하고 감사하는 사람들이었다. 웨슬리의 일지는 이런 말들로 끝내고 있다. 이 보고서를 보면, 그의 실패한 선교는 바로 이런 선입견과 가증스럽고, 백인에게 비우호적인 북미 인디언 때문이었던 같다.

이와 같이 좌절된 첫 선교에서, 지금 존은 서배너(Savannah)에 있는 사람들에 관심을 가졌다. 후에, 웨슬리는 서배너에서의 모임이 메소디스트의 두 번째 설립이었다고 기록하였다. 여기서 그는 성결을 추구하라고 요청하면서, 초기 영국교회의 엄한 규정들을 적용해 보려고 노력했다.

정치 활동

찰스(Charles)는 제임스 오그레소프(Oglethorpe)의 비서로 채용이 되었지만, 그는 프레데리카(Frederica)에서 사역하려고 시도하고 있었다. 그러나 그는 오그레소프의 간통한 일을 책망한 것으로 인하여 박해를 받았다. 존도 찰스가 프레데리카를 떠나는 것을 지켜보면서, 그를 책망하였다. 간통을 했다고 비난을 받고 있는 한 사람인 호킨스 부인(Mrs. Hawkins)은 마을 사람들이 웨슬리 형제를 반대하도록 만들었다. 거기에 추가해서, 웨슬리 형제가 강행하려고 하는 1549년의 영국교회의 기도서에 있는 그 엄격한 규정들은 식민지 주민들(colonists)이 좋아하지 않을 뿐 아니라, 그들에게 수용되지도 않았다. 찰스의 사역은 그가 하는 비서의 일과 겹쳐 있었다. 그리고 그는 사역하고자 함에 있어 전 주인의 그림자에서 벗어날 수가 없었다. 그는 그의 재직 초기부터 오그레소프의 의심을 받고 있어서 재난을 겪었다.

찰스 웨슬리는 오그레소프의 비서로 일하고, 존 웨슬리는 서배너의 목사로 일함에 있어, 저들은 예견했던 것보다 더 많이 정치에 말려들었다. 존의 두 개의 편지가 이런 일을 기록하고 있다. 이 편지들이 존의 정치적 활동과 그의 후에 있을 생애를 예고하고 있다.

존은, 오그레소프가 수상인 로버트 월폴(Sir, Robert Walpole)의 비판을 염려하고 있을 때, 그를 격려하는 편지를 썼다. 존은 오그레소프에게 잘 버티어 나가라고 격려하였다. 존은 오그레소프가 마키아벨리(Machiavelli, 이탈리아의 정치가)의 계획이든지 하나님의 계획을 따르고 있다는 식으로 편지를 작성하였다. 존은 오그레소프가 신의 계획을 따르고 있다고 믿었다. 편지에서 마키아벨리를 언급한 것은 오그레소프가 이탈리아의 정치철학가를 상세하게 알고 있다는 것을 가정하고 언급한 것이다. 웨슬리는 오그레소프가 거주하고 있는 프레데리카에 있으면서 "니콜로 마키아벨리(Niccolo Machiavelli)의 전집"을 입수하여 읽음으로, 자연히 오그레소프 지사를 알게 되었을 것이다. 웨슬리는 마키아벨리를 잘못 소개했다고 알려지기도 했다. 그는 그의 책을 찬성하는 선입견이 있었음을 인정했다. 그러나 그는 결론 내리기를 설사 마귀들의 가르침을 한 곳에 모아 놔도, 마키아벨리가 왕자들에게 준 충고보다는 덜 위험하였을 것이라고 하였다. 웨슬리의 생각에는 도미티안(Domitian)이나 네로(Nero)는 마키아벨리에 비교하면 빛의 아들들처럼 보일 것이라고 했다.[6]

웨슬리는 1736년 의회 의원인 허치슨(Archibald Hutcheson)에게 편지를 써서, 캐롤라이나의 무역상들(Carolina traders)이 죠지아에 있는 미국 토착민들과 무역하는 것을 금지하는 규정들을 시행하여줄 것을 청원했다. 이 편지에서 그는 또한 오그레소프의 집에서 죽은 캐롤라이나의 총독과 대화한 것도 언급하고 있다. 웨슬리의 의도가 미국 토착민들을 보호하는 데 있었는지, 아니면 죠지아의 허가권(licensing power)을 보호하는 데 있었는지는 분명하지 않다. 그의 가정이 허치슨(Hutcheson)과는 연고 관계가 있었음으로, 그는 오그레소프의 죠지아 정부를 위하여 편지를 썼을 것이다.

6) Ibid., pp.175, 466.

종교와 정치 문제에 관하여, 그는 기독교의 사제(priest)는 복음을 전하는 것만 해야 한다고 했던 이전의 주장을 회개하였다. 그는 "사람의 평안과 복지에 직접 영향을 주는 일들"[7]을 위해 사제들이 해야 할 일들이 있다는 것을 언급했다. 그는 어떤 일들은, 그것이 직접 선교에 속한 것이 아닐지라도, 그것들이 선교에 좋은 영향을 끼친다고 지적하였다. 이런 말들로, 그는 의회의 의원에게 자기 집안과의 연결과 정치적 관계를 언급하면서 그의 정치적 청원을 거론하였다.

노예 문제

캐롤라이나를 직무상 방문했을 때, 죤은 아프리카에서 온 노예를 만나게 되었다. 그 당시 죠지아에서는 오그레소프의 개혁하는 결의를 발표하면서, 노예를 용인하지 않았다. 노예와의 만남이 그의 양심을 깨우쳤을 것이다. 그리고 이 노예들을 만난 경험이 그가 후에 노예제도를 반대하는 운동을 전개하게 이끈 것이다. 그가 쓴 글을 보면, 이 때에 그는 주로 그들에게 전도하고 그들을 교육하는 일을 생각하고 있었다.

죤의 아프리카의 노예들과의 접촉은 주로 캐롤라이나에서 이루어졌다. 그가 믿음으로 한 아프리카 여자를 가르치면서, 농장 주인들의 협력으로, 노예들을 위한 전도는 효과적일 수 있겠다고 믿게 되었다. 이 젊은 흑인과 이틀 동안 가진 대화는 그녀에게 하늘 위에 계시는 창조주 하나님에 대하여 가르치는 데 집중되었다. 그녀의 구원 또는 그녀의 영혼이

---

7) Letters I, *Works*, 25:467.

하늘에 계신 하나님과 함께 살 수 있는 것은 그녀의 착함(being 'good')에 달려 있다. 거기서 그녀에게 "아무도 너를 때리거나 상하게 하지 않을 것이라"[8]고 약속했다. 4일 후에, 웨슬리는 젊은 아프리카 소년을 만났다. 그는 기록하기를, "나는 이 소년도 가르침을 받고 싶어하고 또한 잘 받아들이는 것을 발견하였다"[9]고 하였다.

여자 문제

오그레소프의 직무와 생활은 스페인 사람들의 반역과 침입에 대한 소문 때문에 프레데리카에서 위협을 받고 있었다. 한 때, 그릇된 증거를 신뢰하며 그는 챨스가 선동하고 반역하고 있다고 그를 비난하였다. 이 때문에 챨스는 생명을 잃을 수도 있었다. 챨스는 그 증거들을 철저히 조사하며, 또한 자신이 바른 증거를 제시함으로써 그 비난을 반박하였다. 그러나 그에게는 위험이 겹쳐 오고 있었다. 챨스가 예배를 인도하는 딱딱한 의식을 오그레소프와 사람들은 불쾌하게 생각하고 있었다. 오그레소프가 간통을 했다는 소문을 둘러싸고 생기는 혼돈과 비난 때문에 챨스는 더 큰 위험에 처해 있었다. 같이 타고 있는 배에서 웨슬리는 총독과 간통했다는 의심을 받고 있는 두 여자를 보살핀 일이 있었다. 이 여자들은 크리스천의 생활을 하기를 구하고 있는 것처럼 보였다. 그러나 배에서 내려서는 저들은 서로 다투고 특히 웨슬리 형제를 반대하

---

8) Journals and Diaries I, *Works*, 18:180.
9) Ibid., p.181.

였다. 그러나 그 두 여자는 챨스에게 자기들의 추태를 은밀히 고백하였다. 오그레소프의 반대로 챨스는 보급품에 접근을 못하게 되었고, 다른 주민들과 군인들로부터 경멸을 당하게 되었다. 죤 웨슬리는 성 시몬(St. Simon)을 방문해, 거기서 마음의 위안을 받았다. 그러나 자기의 결백을 주장하는 오그레소프를 다시 대면하게 되었다. 결국 챨스는 기록하기를, 오그레소프는 그런 비난에 대하여 결백하다고 자기는 믿는다고 하였다.

　마침내, 죤 웨슬리가 프레데리카에 있는 의사 호킨스(Hawkins)씨가 대중에게 알린 챨스의 편지의 내용을 설명하게 되었다. 그것을 듣는 가운데 모든 여자들은 그로 인하여 명예를 훼손 당하였고, 죤은 챨스가 잘못 본 간통 사건은 웰취 부인(Mrs. Welch)과 호킨스 부인(Mrs. Hawkins)에게만 해당된다고 설명하였다. 그랬더니 소동이 일어났다. 죤은 말로 공격을 당했다. 그리고 챨스는 그가 비난한 간통 사건과 관련되어 영국으로 가게 되었다. 죤은 오그레소프에게 호소하였다. 그는 챨스가 경솔하게 글을 썼지만, 죤은 그에 대하여 책임이 없다고 설명하였다. 그 일이 있은 후 웰치 부인(Mrs. Welch)은 엄하게 죤을 저주하였다. 다음 날 그는 호킨스 부인이 만나자는데 응하였다. 죤이 손님을 안내하는 하녀에게 방에 남아 달라고 청하였음에도 불구하고, 호킨스 부인은 권총과 칼을 들고 죤에게 달려들었다. 죤은 그녀를 제지하다 침대에 떨어져 자기를 올라탄 호킨스 부인과 격투를 벌였다. 양측이 서로 괴롭히고 있는데, 하녀와 호킨스의 두 아들도 달려 들어서 죤을 해치거나 호킨스 부인의 무장을 해제시킬 수가 없었다. 경찰과 다른 사람도 또한 행동하기를 주저했다. 마침내, 그녀의 남편 호킨스씨가 그 집의 물건을 가지고 그의 아내를 존 웨슬리에게서 끌어냈다. 그리고 그녀가 가진 무기들을 빼앗았다.

이 일로 오그레소프 총독 앞에서 청문회를 갖게 되었다. 거기서 오그레소프는 존이 요구하고 있는 폭행과 중죄에 대한 심리를 공개적 심리 없이 해결하였다. 그래서 호킨스 사건은 저들이 더 이상 서로 말하지 않기로 결말을 짓고, 이 고소는 취하하기로 했다. 크리스천 상담으로 시도했던 이 사건은 이것으로 끝났다. 물론 이 사건은 존이 프레데리카에서 하고자 했던 효과적인 선교를 실패하게 했다.

젊은 여자들 가운데, 존은 소피 홉키(Sophy Hopkey)를 지도하는 일에 특별한 관심을 가지고 있었다. 그녀는 그녀의 아주머니(aunt), 아저씨인 코스톤(Caustons)씨네와 더불어 살고 있었다. 첫째로 존은 그녀가 문서 위조로 감옥살이를 한 깡패, 톰 멜리챰프(Tom Mellichamp)를 돌보는 일을 거절하라고 권하였다. 존의 일기를 보면, 그는 그후 상당한 시간을 그녀와 함께 지냈다. 그녀의 아주머니는 존에게 소피를 집으로 데려가서 그녀와 더불어 하고 싶은 일을 하라고 권했다. 그리고 그녀의 아저씨는 존이 그녀와 결혼한다면, 존에게 일정한 돈을 주겠노라고 말했다. 존은 표면상으로는 그녀의 영적 지도자로 일했지만, 그녀를 사랑스럽게 다루게 되고 또한 그녀와 키스도 하게 되었다. 그는 그녀에게 영국으로 돌아가지 말라고 권하고, 그녀와의 결혼의 가능성을 논의하곤 하였다.

1736년 10월에 프레데리카에서 서배너로 가는 여행길에 저들은 뱃

사공 옆에서 별을 쳐다보며 자기도 했다. 저들은 종종 결혼을 논의하기도 하고, 그녀가 아주머니와 아저씨의 집에서 나와 따로 사는 문제도 논의하곤 했다. 그러나 죤은 그녀에게 결혼을 프러포즈하지는 않았다. 그는 독신 생활과 미국 토착민들에게 선교하는 사명감 때문에 마음이 혼란스러웠다. 그녀의 아주머니에 의하면, 소피는 18세로 결혼을 하고 싶어 했는데, 죤이 갑자기 친교를 철회하여서 몹시 고통스러워 했다고 한다. 이런 혼란은 모두 그들의 기도와 경건생활 그리고 그녀의 신앙생활을 지도하는 선생으로서의 죤의 역할들에 둘러싸여서 생긴 것이었다.

그의 출판하지 않은 일기를 보면, 그는 또 다른 면에서 그녀와의 결혼을 망설였다. 그녀는 식민지에서 정식으로 교육을 받지 않은 평범한 여자였다. 죤은 그녀가 마치 자신의 사랑에 어울린다고 느끼게 하는 좋은 여자라고 기록하고 있다. 그의 글은 또한 그녀는 대단히 상냥하다고 표현하고 있다. 그녀가 자신에 대하여 겸손하게 행한 것은 특별했다. 그녀는 아직도 미와 교육, 세련됨, 영적 생활에서 미숙했다. 소피는 수산나는 아니었다. 그는 그의 친구들과 상의하였다. 그는 그녀에게 자기의 태도를 달리해야 하고, 친밀하게 지내지 말아야만 하겠다고 말하였다. 그러나 며칠이 지나서, 그는 다시 그녀와 키스하고 있었다.

죤은 그의 마음을 괴롭히는 이런 일들을 겪으면서 스페인어를 배우며 읽고, 또한 소피와 함께 프랑스어를 공부하고, 그리고 병자와 죽어가는 이들을 방문하며, 기도도 인도하고 설교도 하고 예배도 인도하며, 종종 장례식도 인도하였다. 그가 많은 시간을 같이 한 다른 여자는 미스 보베이(Miss Bovey)이다. 그의 일기를 보면, 그가 서배너에 있을 때는 거의 매일 이런 저런 일로 그녀와의 만남이 있었다. 그녀가 번사이드 씨(Mr. Burnside)와 결혼하려고 작정했다는 것을 발표하자, 죤은 그에 반응하여 번사이드씨에게 그녀와의 관계에 대하여 불리한 말을 하였다.

소피로 인한 죤의 괴로움은, 마침내 그녀에게 결코 결혼할 생각이 없다고 말할 때까지 계속되었다. 그녀는 그에 대답하기를, 이제는 매일 아침 조반을 먹고, 프랑스어를 배우기 위해 죤의 집에 오지 않을 것이며 또한 다시는 단 둘이 만나지 않을 것이라고 하였다.

죤의 일기나 출판되지 않은 일지에 쓴 자신 개인에 관한 글을 보면, 그는 간단히 말하기를, 그녀는 "대단히 순진하다"고 하였다. 동네의 많은 사람들은 소피가 죤과 어울려 지내고 있으며, 그녀의 보호자의 승인 하에 대부분의 아침과 저녁을 죤의 집에서 보냈다고 이해하고 있었다. 그녀는 아직도 죤을 자기 아주머니의 집에서 보고 싶은 마음이 있다고 하였다. 그러나 죤은 모르지만, 그가 마지막 거절을 한 후 그녀는 윌리암슨 씨(Mr. Williamson)의 구혼에 응하였다. 웨슬리는 아직도 그녀를 깨끗하게 잊을 수가 없었다. 그래서 그는 아픈 마음을 가지고 기도하며, 델라모트 씨(Mr.Delamotte)에게 제비뽑기(lot)를 해 달라고 하였다. 죤이 뽑은 추첨은 "더 이상 그것을 생각지 말라(Think of it no more)"는 것이었다. 이 제비뽑기는 메노나이트(Mennonite)들의 품속에서 온 것인데, 이는 웨슬리가 판단하여야 하는 많은 일들, 예로서 코스톤, 소피의 생각, 공동체의 기대 등을 판단하는 데 지배적인 영향을 끼쳤다. 그는 이를 다시 발견할 수 없을 듯한 동년배인 친구를 잃은 아픔으로 받아들였다.

1737년 3월 7일에 그는 거의 마음이 약해져 그녀에게 고백하려 하였다. 그런데 그녀의 삼촌이 그녀를 자기 집으로 불러들였다. 그는 기록하기를, "나는 다시 한 번 불 가운데서 타다 남은 나무로 낚아챔을 받았다."고 하였다.[10] 이틀 후에 존은 소피의 윌리암슨 씨와의 결혼 예고를 발표하라는 부탁을 받았다. 웨슬리는 몹시 아팠다. 더구나 그녀와 다시 대화를 하니 그의 슬픔은 더 깊어졌다.

　윌리암슨 씨와 홉키 양(Miss Hopkey)은 번사이드 씨와 보베이 양과 함께 퍼리스버그(Purrysburg)로 가서, 존 웨슬리의 관할 구역을 벗어난 그곳에서 결혼을 하였다. 저들이 서배너에 돌아오니 마음의 고민은 계속되고, 그의 판단은 흐려졌다. 그는 수업(lesson) 때문에 번사이드 부인을 만났고, 또한 윌리암슨 씨와 코스톤 씨와 토론의 시간도 가졌다. 웨슬리가 나중에 종들을 통하여 알았지만, 소피(Sophy)는 웨슬리가 자기의 결혼을 승인하여 주지 않을까봐 걱정을 했고, 그리고 어떻게 결혼한 것을 비밀로 끝까지 지킬까 염려했다는 것이다. 소피의 결정은 한편, 코스톤의 감독과 그 집에서 벗어나려는 데 있었다. 5월 16일에 웨슬리는 기록하기를, 그는 다섯 차례나 신앙에 관해 심각한 대화를 가져, 그녀에게 계속하여 정력적인 신앙생활을 할 것을 권면하였고. 윌리암슨 씨는 존이 그녀에게 너무 엄격한 신앙생활을 하라고 가르치고 있다고 걱정하는 것을 알았다고 하였다. 그의 코스톤 씨와의 관계는 깊어갔다.

　웨슬리의 상실감은 반감으로 변했다. 그는 자신의 목회자의 역할과 그녀가 정직하지 않다는 의심에서 생긴 소피에 대한 분노를 구별할 수

---

10) Ibid., p.482.

가 없었다. 마침내 그녀가 그녀의 목사인 자신에게 숨기고 있음에 대해 웨슬리가 책망한 것을 해결하려고 하지 않고, 또한 성찬에 참여한다는 의사를 표시하지 않은 것을 이유로 삼아, 웨슬리는 그녀를 성만찬에 참여하지 못하게 하였다. 소피의 마음과 죤의 마음은 개인적인 것과 직업상의 것으로 둔감해졌다. 한번은 그녀는 죤이 전에 자기를 꾸짖은 실책을 비난하기도 했다. 죤은 그녀의 권력 있는 삼촌 코스톤 씨와 함께, 그녀에게 내렸던 성만찬 참여 금지를 해결했다고 생각했다. 그러나 코스톤 씨는 이를 자기 가족의 한 사람에게 주어진 모욕적 언동으로 생각하고 심하게 화를 냈다.

이에 윌리암슨 씨는 웨슬리에게 1,000 파운드를 배상하라고 고소했다. 그리고 웨슬리가 떠나는 것을 도와주는 자는 벌금을 받게 된다고 광고하였다. 코스톤 씨는 재판소에서 공청회를 가질 것을 요구하였다. 웨슬리는 고소의 대부분이 교회에 관한 것이기에 공청회는 적절치 않다고 하면서 그 요구를 거절하였다. 그릇된 행실을 비난하는 소피의 진술서는 그녀의 친구들, 번사이데스, 그리고 웨슬리의 도우미, 찰스 델라모트(Charles Delamotte)에 의해 반박을 받았다. 재판이 열리게 되었다. 그러나 웨슬리는 여전히 교회에 관한 사안들을 가지고 민사법정을 여는 것은 적절치 않다고 재판을 거부하였다. 행정관 카우스톤의 지배하에 있는 대배심원(grand jury)이 10개의 혐의를 제시하였다. 그런데 그 중 9개가 교회에 관한 것이라고 웨슬리는 판단한 것이다. 웨슬리는 서배너에서 윌리암슨 부인에게 대화를 강요한 것만은 세속적인 혐의로 취급하는 것에 찬성하였다. 의견을 달리하는 배심원들의 여러 가지 청원이 웨슬리에게 보내졌다. 그러나 웨슬리는 자신의 법적 변호를 단호히 관철하였다.

웨슬리는 친구들과 상의하고서 영국으로 떠날 준비를 하였다. 그는 코스톤 씨에게 자기의 의향을 전하고, 그 사실을 대중에게 광고하였다. 그는 저녁 기도를 드렸다. 그리고 "내가 해야 되기 때문이 아니라, 내가 할 수 있기 때문에" 서배너에서 1년 9개월간 전도를 하고, 그는 거기를 떠났다.[11]

웨슬리는 미국에 온 지 2년 4개월만에 영국으로 돌아갔다. 이런 일들을 기록한 그의 일지는 1740년 여름에, 윌리암스 선장(Captain Williams)의 웨슬리에 대한 진술서가 브리스톨(Bristol)에서 5월에 발표된[12] 다음에 출판되었다. 그 일지는 자신을 변호하기 위해 편집되었지만, 이는 그의 올더스게이트에서의 신앙 체험 후에 이루어졌다. 그래서 출판된 일지의 결론은 그의 애초의 필사본 일지와는 다르다. 이 일지에는 그가 배 타고 돌아올 때에 느꼈던 믿음의 부족함을 많이 언급하고 있다. 그는 다음과 같이 기록하였다. "나는 죠지아에 있는 인디언들에게 기독교를 가르치기 위하여 내 나라를 떠나 왔다. 그러나 그 동안 나 자신이 배운 것은 무엇인가? 왜 다른 사람들을 개종시키려 미국에 온 나는 하나님께 거듭나지 못하였는가?"[13]

분명히 그가 발견했어야 할 복음적 체험에 대한 내적 깨달음이 그의

---

11) Ibid., p.195.
12) The Life and Conversations on that Holy Man Mr. John Wesley during his abode in Georgia. The Affidavit of Mr. Robert Williams of the City of Bristol, Merchant, "June 22, 1741, in the Bodleian Library, Oxford, with reply by John Wesley.
13) Journals and Diaries I, *Works*, 18:214.

삶을 자극하고 있었을 것이다. 그러나 그는 청교도적이며 고교회적인 영국교회주의를 가지고 하나님을 위하여 열심히 봉사하였다. 그의 생애는 하나님의 섭리에 대한 진기한 의식으로 지배되어 용기를 냈다. 그는 식민지에서 옥스퍼드의 경건과 옥스퍼드의 엄격한 학문을 지켰다.

그는 개척자들처럼 살고자 하는 유혹에도 넘어가지 않았다. 그는 시험을 겪으면서도 믿음을 지켰고, 그 신앙을 다른 유럽 사람들과 기도문을 독일어, 프랑스어 그리고 그가 배우고자 했던 이태리어로 읽으면서, 유대인들과 함께 하였다. 그가 선교를 계속할 수 있었더라면, 그는 아마 그가 바랐던 치카소 사람들의 말도 배웠을 것이다. 그의 큰 실패는 여자들과의 관계였다. 그가 그의 영적 지도를 받는 자들을 그렇게 가까이 하지 않았다면, 저들이 찰스에게 상처를 입혔듯이 호킨스 부인(Mrs. Hawkins)의 문제가 그를 몰두시키지는 않았을 것이다. 그가 소피 홉키(Sophy Hopkey)의 감정에 매혹되지 않았거나, 또는 적절치 못한 목회 지도를 고집하지 않았더라면, 미국을 떠나도록 강요당하지는 않았을 것이다. 그는 여자들의 하는 일을 몰랐고 또한 여자들을 대하는 방식도 몰랐다. 이 결함이 그의 여생을 괴롭게 만들었다.

선교하면서 가졌던 큰 교우관계와 영적 대화는 모라비인들과의 관계였다. 개인 신앙에 대한 저들의 활기 있는 증거는 후에 런던에서 열매를 맺게 할 근원이 되었다. 그는 또한 모라비안들이 시행하는 "밴드(소그룹)"[14]를 프레데리카와 서배너에서 설립하여 운영해보았다. 옥스퍼드의

---

14) Rupert E. Davies, ed. "Introduction" in the *Works of John Wesley*, vol. 9 (Nashville Abingdon Press, 1989), p.9.

학적인 클럽 멤버와는 구별되는, 이 소수의 평범한 사람들은 웨슬리와 일주일에 세 번씩 만나 신학 공부를 하고 저들의 신앙을 깊게 하는 일을 하였다. 이 작은 그룹의 모임에 관련되어 봉사한 것이 웨슬리가 영국에 돌아가서 다른 모라비안 단체와 관계를 갖게 만들었다.

제4장
모라비안과의 관계
(1738-1739)

전도 사역

독일에서

불안과 부흥운동

메소디스트 모임

시(Poetry)와 사회적 성결

제 4 장
모라비안과의 관계
(1738-1739)

존 웨슬리의 죠지아에서의 사역은 실패였다. 그는 난잡한 고소를 당해 서배너(Savannah)를 떠났다. 집으로 돌아가는 길은 어려웠다. 그는 죠지아의 산림에서 길을 잃었고, 북대서양으로 가는 길은 험악했다. 그러나 그에게는 하나의 영적인 변화가 시작되었다. 시몬드 배에서와 죠지아에서 모라비안들의 생기가 넘치는 믿음의 증거(witness)를 본 그는 영국에서 그런 증거를 구하게 되었다. 모라비안들과의 친교가 그로하여금 회심(conversion)의 체험을 하도록 인도하였다. 회심이라는 말은, 성실한 영국교회 사제로서 성결을 추구하고 있던 그에게는 너무 강한 말인 듯싶다. 시몬드 배에서 모라비안들은 죽음에 직면한 그 순간에도 평온한 확신을 보이고 있었다. 죠지아에서 그들과 이야기하는 가운데, 웨슬리는 자신의 믿음이 완전하지 못하다는 것을 확인했다. 그는 자신이 온전한 그리스도인이 못 된다는 것을 알았다. 그러나 그는 그것을 마음으로 못 느끼고 있었다. 그가 여자들과의 관계에서 확고한 신뢰(total commitment)를 얻지 못했듯이, 신앙생활에서도 그런 점이 있었다. 올더스게이트에서 모라비안들이 보여준 그런 확고한 신뢰(commitment)

를 발견하고, 독일에 있는 모라비안들에서 그 역사적 자료들을 찾고자 하였다.

웨슬리의 두 번째 일지는 영국에서의 모라비안들과 가진 관계에 대한 이야기, 1738년 5월 24일에 올더스게이트에서 있은 신앙체험에 대한 이야기, 그리고 독일에 갔었던 이야기들을 기록하고 있다. 2월 7일에 그는 피터 보우러(Peter Bohler)를 만났다. 그 후 그는 기회가 있을 때마다 그와 대화를 하였다. 그의 일지에 기록한 것을 보면, 그는 자신의 설교 사역이나 죠지아 위원회에 보고서를 제출하는 일보다도 보우러와 대화하는 것을 더 중요하게 여겼다. 2월 말이 되어 그는 경솔한 행동을 버리고, 자신과 말하는 모든 사람에게 완전히 솔직하게 말하며, 하나님께 영광되는 것만 말하겠다고 굳게 약속했다.[1] 그 다음부터 그는 새롭게 열심을 내어 성결을 위해 노력하였다. 보우러는 죤에게, 죤은 아직도 온전히 믿는 신자가 아닌 것을 알라고 일러주었다. 그 말에 웨슬리는 그러면 나는 믿음이 없으니 설교를 하지 않아야 하겠다고 말했다. 그러나 보우러는 그러면 안된다고 하면서 말하기를 "당신이 그 믿음을 갖게 될 때까지 믿음에 대하여 설교하세요. 그리고 당신이 그 믿음을 가지면, 그때는 당신이 믿음에 대해 설교할 것입니다."[2]라고 하였다.

믿음으로 말미암는 구원이라는 새로운 교리에 관하여, 웨슬리는 설교하기 시작하였다. 웨슬리는 3월과 4월 내내 맨체스터에서 옥스퍼드까

---

1) Journals and Diaries I, ed. W. Reginald Ward and Richard P. Heitzenrater, The Works of John Wesley, vol.18 (Nashville: Abingdon Press, 1988), p.227.
2) Ibid., p.228.

지 다니면서, 거의 매일 설교하였다. 존은 보우러와 대화를 계속하며, 과연 사람이 그리스도 안에서 행복하고 평안한 새 생명으로 순간적으로 태어날 수 있는가를 집중적으로 논의하였다.

5월 1일에 저들은 런던의 페터 레인(Fetter Lane)에 하나의 단체(society)를 설립하였다. 웨슬리는 이 일이 클럽으로 옥스퍼드에서 하던 일의 계속이라고 생각했다. 또한 영국교회 그룹은 모라비안들을 수용하였다. 그리고 나중에 거기에서 모라비안과 메소디스트의 두 단체가 생겼다.[3] 이 단체는 일 주일에 한번 씩 모이고, 수요일 저녁에는 작은 밴드(band)로 나누어져서 모임을 가졌다. 주일 저녁 모임은 애찬회(love feast)였다. 그리고 이 단체의 규정에 의하면, 앞으로 회원이 되고자 하는 자는 일정한 시험 기간을 거친 다음, 이 단체의 규정을 수락하여야 했다.

웨슬리는 아직도 규정들에 쫓기고 있었다. 그러나 피터 보우러는 존에게 편지를 써서, 하나님과 보우러는 존을 사랑한다고 말했다. 그는 존에게, 그의 죄(존의 규정에 의하여 분명히 드러난 죄)를 해결하는 유일한 길은 그리스도의 보혈이 그의 불신앙을 극복할 수 있고, 하나님을 사랑하게 하고, 그것이 하나님 안에서 실현된다는 것을 믿는 데 있다는 것을 확실하게 단언하였다.[4]

존은 그리스도를 믿기만 하라고 설교하고자 했는데, 설교하는 교회(설교단)를 얻기가 힘들었다. 그는 병중에 있으면서 자기 영혼을 살펴보

---

3) Ibid., P.237 n.
4) Ibid., p.239.

고 있는 찰스가 이 교리를 거절하기에 너무나 낙담하였다. 5월에는 이 새로운 설교가 교회들마다 거절을 당하니, 존은 이 설교 때문에 몹시 속상하게 되었다. 존은 믿음에 대하여 설교하면서, 어려움과 슬픔을 겪으면서도 마음의 평안과 기쁨을 찾고 있었다.

웨슬리의 일지를 보면 그에게 있었던 신앙적 깨우침을 이해할 수 있다. 그는 올더스게이트에서의 깨우침을 설명하기 전에, 그의 일지에서 그의 신앙적 일대기를 기록하여, 그가 올더스게이트의 체험이 필요했다는 것을 말하고 있다. 그는 그 동안의 자기의 신앙상태를 간추려 설명하고 있다. 그가 예비학교를 다닐 때는 신앙이 없었는데 대학에 와서 신앙이 새로워져 선한 일들을 행하였다. 토마스 아 켐피스(Thomas a Kempis)와 윌리암 로우(William Law)의 영향을 받아 선한 일을 더 많이 하고, 배에서 모라비안들을 만남으로 신비주의를 알게 되었다. 서배너에서는 허공을 치듯 실패하여, 실망 가운데 영국으로 돌아왔다. 피터 보우러(Peter Bohler)를 만났는데, 그는 존에게 말하기를 죄로부터 자유를 얻고 기쁨을 얻으려면, 믿음이 단지 하나님께가 아니라 각별히 그리스도께 집중되어야 한다고 하였다. 웨슬리는 기록하기를, 그는 그런 강조를 반대하고 증인들을 원한다고 하였다. 보우러는 그리스도를 믿음으로 모든 죄와 죄책으로부터 자유를 얻은 진리를 증거하는 세 증인을 소개하였다.

1738년 5월 24일, 웨슬리는 모라비안들의 올더스게이트에서의 집회에 마지못해 참석하였다. 거기서 어떤 사람이 루터의 로마서 주석의 서문을 읽는 것을 듣는 중에 그의 마음이 이상하게 뜨거워졌다. "나는 내 마음이 이상하게 뜨거워지는 것을 느꼈다. 나는 그리스도를 신뢰하였다. 나는 구원을 위해 그리스도만을 신뢰함을 느꼈다. 그리고 나에게, 그리스도께서 내 죄, 바로 내 죄를 사하시고, 나를 죄와 사망의 법에서 구원하였다는 확신이 주어졌다."[5]

그 후 2주 동안은 신앙으로 마음이 평온하였다. 그러나 또 유혹의 순간도 있었다. 그럼에도 불구하고 웨슬리는 지금 모든 문제와 싸우고자 하지 않고, 신뢰하기를 배우고 있었다. 그는 설교하고, 기도하고, 신약성경을 읽고, 그리고 찬미를 불렀다. 6월 7일에 독일에 가서 모라비안들을 방문하였다. "이 거룩한 사람들은 믿음의 능력에 대한 산 증인들이면서도, 믿음이 연약한 이들의 말을 참을성 있게 들어주는 사람들이다. 그래서 나는 이들과의 대화가 하나님의 섭리 하에, 내 영혼이 믿음에서 믿음으로, 능력에서 능력으로 나가게 하는 하나의 수단이 되기를 희망했다."[6]

그의 증언을 들어보면, 그는 아직도 이 목표에 도달했다고 느끼지 않고 있었다. 그러나 올더스게이트를 통하여 하나의 중요한 변화가 생겼다. 모라비안들이 웨슬리가 믿음을 새롭게 함으로 이에 도달하도록 인도하였다. 사도 바울과 마틴 루터가 하나님의 율법을 충족시켜보려고 종교적으로 노력하는 것에 억눌려 있었던 것처럼, 존 웨슬리도 그랬었다. 웨슬리는 마침내 초점을 율법을 주시는 초월적인 하나님에게 두기보다는, 믿는 자의 죄를 용서하시고 확신을 주시는 그리스도에게 직접 초

---

5) Ibid., p.250.
6) Ibid., p.254.

점을 맞춤으로 그들이 가진 그 믿음에 도달했다. 루터의 로마서 주석, 곧 그가 모라비안들이 이해하는 대로 바울을 해석한 것이, 웨슬리 자신이 주님께 용납된 것을 평안하게 받아들이게 하였다. 아직도 웨슬리는 이전에 가졌던 개신교의 생각이 몸에 배서 그저 그리스도의 사랑안에서 평안하기가 힘들었다. 지금은 율법이 구원을 가져오는 것이 아니라, 율법은 구원받은 뒤에 따르는 것이다.

그리스도의 구원 사역에 있어 필요한 것은 믿음이다. 그러나 구원받은 후에는 많은 것이 따를 것이다.

전도 사역

피터 보우러는 올더스게이트 사건 이전에, 존에게 믿음을 설교하라고 권하였다. 존이 독일로 가기 전에, 옥스퍼드에 있었다. 그가 리챠드 몰간(Richard Morgan Sr.)에게 쓴 편지에서 말한 바, 노력을 통하여 성결을 추구하는 것과 그의 은혜에 대한 설교의 내용은 아주 완전한 대조를 이루고 있다.

그가 한 "믿음으로 말미암은 구원"이라는 설교는 세 부분으로 구성되어 있다. 곧 "어떤 믿음인가?" "구원은 어떤 것인가?" 그리고 "많은 질문에 답"하는 것으로 구성되어 있었다.[7] 여기서 말하는 믿음이라는 것은 이성의 믿음(faith of reason), 곧 하나님 계시가 아니다. 우리는 도

---

7) John Wesley, "Salvation vy Faith," in Albert C. Outler ed. Sermons I, in the *Works of John Wesley*, vol.I (Nashville Abingdon Press), pp. 117-30.

덕적 생활을 하여야 한다. 우리들은 도덕적으로 하나님과 어떻게 지내는가에 따라서 죽은 후에 있을 상태가 결정된다 등을 믿는 그런 이성의 신앙이 아니다. 이는 이방인들의 믿음으로서, 자연종교를 통하여 알려진 것으로 이방인들이 지키는 이성적인 믿음이다. 구원에 이르게 하는 믿음은 마귀들의 믿음도 아니다. 마귀들도 예수가 하나님의 아들이요, 그가 세상의 구주인 것을 알았다. 마귀는 또한 성경이 하나님의 영감으로 기록된 것도 인정했다. 구원에 이르게 하는 믿음은 예수님이 지상에 계실 때 제자들이 알고 있는 그런 믿음도 아니다. 우리가 말하고 있는 믿음은 하나님께서 그리스도를 죽은 자 가운데서 살리심으로 당신의 죄를 이기셨다는 것을 마음으로 믿는 믿음이다. 이 믿음은 그리스도께서 당신의 죄를 위하여 죽으시고 부활하심으로 죄를 이기셨다는 것을 마음으로 승인하는 것이다. 속죄하심으로 그리스도는 신자 안에 거하시며, 그리스도가 우리 안에 계심으로 우리는 죄가 용서받았다는 것을 분명히 확신한다. 구원받았다는 것에 대한 이런 확신을 웨슬리는 에프워스, 옥스퍼드 죠지아에서는 받지 못하고 있었다. 이 가르침은 그의 독일의 모라비안 형제들로부터 온 것이다.

 그의 형제 친구들을 위하여서도 그렇지만, 웨슬리에게서는 죄는 종교적으로나 역사적으로나 완전히 극복되었다. 죄는 구원받은 자를 지배할 수 없다. 그는 실질로 거듭났다. 믿는 자에 대하여 웨슬리는 말하기를, "그는 드디어 완전한 사람, 그리스도의 온전한 분량에 도달한 것이다"라고 하였다.[8]

---

8) Ibid., p.125.

그리고 그는 일반적인 반대들에 대한 해답을 하였다. 그는 논의하기를 이는 자신이 노력으로 된 것이 아니고, 그리스도께서 하신 일이기 때문에 거듭났다고 해서 자랑할 것이 못 된다고 하였다. 또 이 믿음은 선한 일을 하도록 인도하기 때문에 거듭난 사람은 부도덕한 일을 행하지 않도록 한다고 말하였다.

그는 자신에 빗대어 말하기를, 내 말을 듣는 사람들은 곧 이를 믿고 구원을 받을 것이라고 하였다. 그는 믿음으로 구원받는다고 말하는 것이 가톨릭에 일격을 가하는 것이 될 것이라고 하며 가톨릭을 비판하였다. 이 메시지의 권능이 마귀로 하여금 반대하고 믿는 자들을 박해하게 한 것이라고 논의하였다. 믿는 자는 어린 아이 같으나, 그 강한 악마를 굴복시킨 자들이다. 그래서 그의 이런 도전은 저항을 받았고 원망을 받았다.

설교문에는 모라비안들에게는 확실한 윤리가 없는 것을 반대하는 이유들이 나타나 있다. 그러나 죠지아에 가기 전, 모라비안들을 만나기 전의 웨슬리와 크게 다르게, 지금 그는 자기 힘으로 구원을 추구하는 일을 중요시하지 않는다. 그는 사람을 찾아 믿게 하는 분이 바로 하나님이라고 주장한다. 이것이 웨슬리의 사역의 기초가 된 것이다. 이것은 그리스도의 고난 당하심을 통한 속죄를 마음으로 믿는 것이다. 이것이 구원을 추구하고 있는 유식한 옥스퍼드의 학자에서 떠나 구원을 설교하며, 훈육을 요구하며 교육을 장려하는 사람으로 바꿔놓은 것이다. 이후로 그는 복음적 부흥을 설교하는 사람이 된 것이다. 이에 한 가지 더 있다. 즉 홀리클럽의 회원이며, 웨슬리의 친구인 죠지 휫필드(George

Whitefield)가 있었다. 그는 부흥을 외치는 능력 있는 설교자였다. 그러나 존 웨슬리는 설교자인 동시에, 부흥운동을 잘 조직하는 지도자였다. 그는 신자들을 함께 모아서, 하나의 새로운 조직체를 만들었다. 그리하여 그의 옥스퍼드 클럽이 생긴 것이다. 이 모임은 엘리트 그리스도인들에 의하여 조직되었고, 엘리트 그리스도인들을 위한 조직체였다. 웨슬리의 이 새로운 조직체는 예수의 속죄를 믿는 자들을 위한 것이었다. 이 사람들은 전의 단체의 엘리트들과는 아주 다른 신자들이었다.

여기서 조직하는 역할의 중요성을 강조하고 있는 것은 그의 윤리가 실제 생활에서 전개된 것이라는 것을 의미한다. 그의 윤리는 사변적 사고에서 나온 것이 아니다. 그의 윤리는 한 운동의 지도자가 실천한 윤리이다. 그는 그 운동을 돌보면서, 거기에 적합한 윤리를 만든 것이다.

독일에서

존이 영국을 떠나 방문한 교회는 1727년에 독일의 베르셀스도레(Berthelsdore)에 다시 세워진 교회였다. 이 교회의 최초의 기원을 말하자면, (1415년 7월 6일에 순교한) 존 후스(John Huss)의 종교개혁을 말해야 한다. 이 교회는 보헤미아(Bohemia)와 모라비아(Moravia)에서 피난 온 개신교 신자들과 독일의 경건주의자들로 구성된 교회였다. 진젠돌프 백작(Count Nicolaus Ludwig von Zinzendorf)이 이 교회의 명목상의 지도자였다. 그는 할레(Halle)에 있는 헤르만 프랑케(Hermann Francke)학파의 경건주의를 받아들였다. 진젠돌프는 프랑케가 그랬듯이, 믿음으로 그리스도에 초점을 맞추고, 이 그리스도에 대한 믿음이 그리스도인을 진정한 기쁨으로 인도하는 길이라고 주장했다. 독일의 경건주의자들과 모라비아에서 피난 온 개신교 신자들은 그들이 개혁 신앙을 표현함으로 인해 박해를 받았다. 루터란에 머물기를 원하는 경건주의자들은 작은 단체 곧 교회 안에 있는 작은 교회(ecclesiolae in ecclesia)를 조직하여 그들의 가슴으로 믿는 신앙을 보호하며 생활을 하고자 하였다. 프랑케는 열심히 고아원과 학교 같은 기독교 기관을 설립하였다. 이 운동의 전반적인 특징은 선교를 광범위하게 하는 기관이었다. 시몬드 배에서 웨슬리의 신앙에 도전장을 던진 사람들이 바로 선교를 강조하는 이 피난민들 그룹이었다. 스팬겐버그(August Spangenberg)의 질문들은 그 후에 보우러의 질문들로 이어졌다. 결국 그들의 영향이 존으로 하여금 올더스게이트에 가도록 한 것이다. 스팬겐버그는, 진젠돌프가 1760년에 죽은 후에, 헤른후트(Herrnhut)에 있는 사람들에게 돌아가, 새로운 교회를 세우려고 했다. 그리하여 그들이 초창기에 행하던 몇 개의 극단적인 일은 하지 않는 것으로 발전하였다. 진젠돌프는 그 운동이 교회 안에 머물러 있으면서 교회를 갱신하려고 하였다. 그러나 이 운동은 점진적으로 하나의 독립된 교회로 발전되었다. 미국에는 그들의 교회가 진젠돌프에 의하여 베들레헴(Bethlehem)과 펜실베니아(Pennsylvania)에 세워졌고, 그들이 미국에 있는 교회 활동의 중심이 되었다. 웨슬리는 그들과 관계를 갖게 된 1738년부터 1740년까지 이 운동에 참여하였다. 그러나 존이 독일을 방문한 지 2년 후에는 그들과의 관계를 끊었다. 모라비안들에게는 웨슬리의 부흥운동과 비슷한 점이 많지만, 마음으로 그리스도에게 심취함을 강조하는 일이 두 운동에 열정을 불어넣었다. 존 웨슬리가 독일에 갈 때 함께 간 사람들은 죠지아 때부터 존의 도우미였던 벤자민 잉그햄(Benjamin Ingham)과 존 부로운(John Browne), 죤 홀메스(Johnn Holmes), 리차드 비니 (Richard Viney), 요한 톨치그(Johann Toltschig), 구트로브 하프트만(Gottlob Hauptmann) 등이었다.[9] 저들은 배를 타고 로테르담(Rotterdam)으로 갔다. 그리고 이어서 암스테르담(Amsterdam)으로 갔다. 그들은 메노나이트(Mennonites)와 모라비안들의 친절한 도움을 받았다. 웨슬리는 독일에서 여관들이 그들을 받아주지 않음으로 몹시 당황하기도 했다. 독일의 어떤 도시에는 통행허가증이 없으면 들어갈 수도 없었다. 평화 시절에도 그렇게 하는 독일 관료의 하는 일은 존에게는 적절치 않게 보였다. 그들의 여행은 작은 배로 여행이 가능한 데서는 작은 배를 타고 했고, 그 외에 지역에서는 도보로 했다.

웨슬리와 그의 일행은 진젠돌프 백작과 두 주나 함께 하면서, 그와 그리고 거기 사는 주민들과의 대화의 시간을 가졌다. 웨슬리는 독일어로 그들과 대화하기는 좀 힘들어서, 전적으로 라틴어와 영어로 그들과 대화하였다. 그들과의 대화에서 신학적 차이가 있는 것을 발견하기도 했지만, 웨슬리는 그들의 사랑과 믿음 때문에 기뻤고, 또한 기독교 공동체에서 함께 사는 것이 기뻤다.

할레(Halle)에서는 어거스트 프랑케(August Francke, 1663-1727)의 아들인 프랑케 교수의 도움으로 그들이 경영하는 고아원, 학교, 그외 기

---

9) Journal and Diaries I, *Works*, 18:255. n 7.

관들을 방문했고, 그들의 하는 일에 감명을 받았다. 저들은 라이프지히(Leipzig)에서 드레스덴(Dresden)으로 이동하였다. 그들은 여러 번, 여관에 머무는 일을 거절당하였고, 또한 당국으로부터 심문도 받았다.

8월 1일에, 저들은 그들의 여행의 목적지인 헤른후트(Herrnhut)에 도착했다. 이곳은 원래 보헤미아에서 떠나온 피난민들의 중심지였는데 그때는 보헤미아와 독일의 경계 가까이 있는 진젠돌프의 택지에 있었다. 거기서 웨슬리는 죠지아에서 알았던 모라비안의 지도자를 다시 만나게 되었다. 저들은 또한 모라비안의 최초의 지도자였던 데이비드(Christian David)도 만났다. 웨슬리는 교회들을 방문하며 대화하고, 특히 데이비드가 4번이나 설교하는 것을 듣고 기뻤으며, 그들의 생활을 체험하였다. 웨슬리는 데이비드의 그리스도를 통한 화해라는 마지막 설교를 기록하고 있다. 데이비드는 그 설교에서 "화해는 사람이 하는 일이 아니다. 사람의 노력으로는 안 된다. 의(righteousness)는 믿는 자에게 주어지는 것이고, 사람이 자기 힘으로 의를 이룰 수 없는 것이다"라고 가르쳤다. 이 때 웨슬리는 그들의 메시지를 찬양하고, 데이비드와 의견을 달리하는 것을 기록한 것은 없다. 웨슬리는 그의 독일 방문에 대하여 다음과 같이 기록하였다. "여기서 나는 즐겁게 지낼 수가 있었다. 그러나 나의 주님은 그의 다른 포도원에서 일하라고 부르신다. 그래서 14일 월요일에, 마틴 도버(Martin Dober)와 다른 형제들과 함께 약 한 시간을 걸어서, 이 행복한 곳을 떠날 수밖에 없었다. 오호 언제나 물이 바다를 덮듯이 이 기독교가 이 우주를 덮을 수 있을까."[10]

---

10) Ibid., p.272.

웨슬리는 이 일기의 나머지에서는 헤르후트의 형제들의 간증을 자세히 설명하고 모라비안들의 역사, 그들의 공동체 생활의 규정들, 그리고 공동체를 창설할 때의 문서들을 소개하고 있다. 이 일기의 끝 부분의 6쪽은, 알려지기는 독일에서 돌아올 때까지의 일을 기록했다고 하지만, 일지 2권(Journal II)에는 없고, 일지 3권(Journal III) 앞에 기록되어 있다. 그래서 일지 2권은 독일 여행을 마친 것, 그들의 간증과 공문서를 언급하는 일이 없이 이상하게 마치고 있다. 한 달이 넘어 돌아오는 여행에서 웨슬리는 개신교 신자들이 헤른후트(Herrnhut)를 반대한다는 것을 알게 되었다. 그래서 그는 제나(Jena)에 있는 형제들의 사역을 일 주일 동안 방문하고, 저들은 여행길을 되돌려 9월 16일에 런던에 도착하였다. 웨슬리는 9월 17일에 설교를 다시 하였다. 그는 돌아온 첫날에 세 편의 설교와 성서 공부를 하였다.

4개월의 여행에서 돌아온 웨슬리는 더욱 힘차게 세상 죄와 자신의 죄를 위하여 속죄하신 그리스도를 믿음으로 말미암는 구원을 설교하였다. 그는 이 설교가 개인들에게, 가족들에게 그리고 공동체에게 기쁨을 가져다 주는 것을 볼 수 있었다. 그의 그리스도의 보혈을 통한 구원을 설교함은 부흥을 가져왔다. 그러나 조만간 손상시키는 사람들이 성례전과 의롭게 하는 믿음에 대한 비판으로 페테 레인 단체(Fetter Lane Society)를 혼란스럽게 하였다.

웨슬리는 거의 모라비안에 가입하였다. 루터의 신학을 듣는 가운데, 웨슬리는 그들과 함께 "가슴이 뜨거워지는" 경험을 하였다. 그러나 그의 독일 여행에서 그는 그들의 조직과 지도자의 자질에 대하여 의심을 가지게 되었다. 웨슬리가 교회와 나라를 갱신하고자 함에 있어, 사회 윤리가 모라비안들이 말하는 것보다는 칼빈주의가 전하는 어거스틴 주의가 더 좋다고 생각한 것이다. 페타 레인 단체와의 결별은 휫필드(Whitefield)와 함께 복음전도를 하면서 심화되었고, 마침내 모라비안과는 점점 멀어지게 되었다.

웨슬리는 형무소를 방문하며, 매주 여러 번 설교를 하면서 런던과 옥스퍼드에 있는 협회들(societies)을 키우는 데 돌입하였다. 그는 옥스퍼드에 다시 보강하여 협회를 설립하였다. 그는 자신이 행한 믿음에 대한 설교를 듣고 은혜받은 자들과 가끔 상담하였다. 그는 또한 신학적 논쟁에 끼어 들게 되면서, 많은 교회로부터 점점 환영을 못 받게 되었다.

불안과 부흥운동

웨슬리는 예수의 속죄와 사람의 변화에 대한 믿음을 설교하고 있었다. 그러나 동시에 그에게는 불안한 감정이 있었다. 1739년 1월 4일자 일지에 자신을 책망하는 듯한 글을 썼다. "그러나 나는 예수가 그리스도라고 확실히 아는, 그런 그리스도인이 아니다."[11] 그는 사랑을 느끼지 않은 것으로 해서, 자기는 하나님을 사랑하지 않았다고 주장하였다. 그는 사람들과의 사귐에서는 사랑의 느낌이 있었는데, 그런 사랑의 느낌이 하나님에 대해서는 없다는 것을 알았다고 말하였다. "나는 과연 내가

---

11) Journals and Diaries II, ed. W. Reginald Ward and Richard P. Heitzenrater, *The Works of John Wesley*, vol.19 (Nashville: Abingdon Press, 1990)., p.29.

사랑하는 분과 동행하고 있는가, 나는 당신(you)을 더 좋아 하는가 하나님을 더 좋아 하는가라고 종종 나 자신에게 물어 본다. 내 답변은, 당신(you)을 더 사랑한다고 할 수밖에 없다. 진실로 나는 하나님을 기뻐하지 않는다. 그러므로 나는 사랑한다 하여도 내 마음을 다하여 하나님을 사랑하지 못하고 있는 것이다. 그러므로 내가 하는 모든 사랑은 빗나간 숭배인 것이다."[12]

그는 또 그의 일지에 쓰기를, 그는 성령과 하나님의 평안 안에서의 즐거움을 가지고 있지 않다고 말했다. 그의 엄격한 자아 성찰이 자신이 그리스도인인 것을 부정하게 만든 것이다. 그는 고백하기를, 자기는 그리스도의 영의 열매를 가지고 있지 않다고 단언하였다. 그가 말한 이 모든 주장은 그가 받은 것을 부정하는 생각에서 나온 것이다.

그의 글들을 있는 대로 읽어보면, 웨슬리는 메시지에는 확신이 있어야 한다고 믿고 있었던 것이다. 그런데 그에게는 그 확신이 없었다. 그는 1738년 5월 24일에 올더스게이트에서 그 확신을 분명히 갖게 되었다. 자기를 위한 그리스도의 희생에 대한 확신이 그로 하여금 마틴 루터가 체험한 것과 같은 것을 경험할 수 있게 하였고, 또한 그를 실망시킨 율법주의를 극복할 수 있게 하였다. 어딘지 다른 곳에서 그는 단지 믿음으로 받는 구원을, 10년 동안이나 행위로 구하였다고 말하였다. 그의 일지의 기록을 보면, 그는 자신의 경험을 입증하는 징조들(signs)이 없을 때도, 그의 믿음에 대한 설교는 대단히 효과적이었고 또한 조직적이었다.

웨슬리는 1739년 3월에 브리스톨에 와서 휫필드(Whitefield)의 사역

---

12) Ibid., p.30.

을 인수하라는 초청을 받았다. 그는 런던에서의 사역이 충분하기에, 거기에 갈 의향이 별로 없었다. 그러나 그와 동생 찰스는 하나님의 지시로 성경을 상고하는 가운데 거기에 가야한다고 깨달았다. 페터 레인 협회의 회원들은 그들의 합의한 규정에 따라, 제비뽑기를 통하여 존이 가는 것을 허락하였다. 그리하여 존에게는 새로운 사역의 장이 열린 것이다. 바로 그것이 그의 평생 사역이 되었다.

　웨슬리는 브리스톨에 오라는 초청을 받고, 실제로 브리스톨로 떠날 때까지의 일들을 기록한 그의 일지에 1734년에 그의 아버지에게 쓴 편지를 삽입하였다. 그 편지는 아버지가 에프워스에서의 아버지의 사역을 이어받으라고 한 초청을 거절한 내용이었다. 웨슬리는 1734년에 대학교 생활을 택했다. 그리고 1739년에 죠지아에 가기 직전에 그가 있던 대학교를 떠났다. 이렇게 하는 것도, 한편 어느 면에서는 그 자신의 구원을 구하는 것이었지만, 이로 인하여 그는 순회하는 생활을 하게 되었다. 그의 1744년 8월 24일에 한 설교에서 그때 대학교 생활을 그만두게 된 일을 상기하고 있다. 그는 브리스톨로 가는 것이 "내 생의 새로운 시대"의 시작이라고 언급했다. 이렇게 기록하면서 거기에 아버지의 요구를 거절한 편지를 삽입한 것은 그가 브리스톨로 부름을 받았을 때에 고민했다는 것을 암시하는 것이다.

　그는 브리스톨에서 휫필드와 영혼구원에 대한 대화를 마친 후, 그가 주장했던 "예의 범절과 질서"를 물리치고, 길거리에서와 들판에서 설교하기를 시작했다. 또 여러 단체들의 모임에서도 설교를 하였다. 얼마 안 되어, 그의 집회에는 3천명에서 6천명에 이르는 군중이 모여 들었다. 집회에서 많은 사람이 거듭났고, 사람들이 심한 발작을 일으키는 일도 있었다. 동료들과 친구들은 그의 설교의 내용들에 대하여 불평을 했다. 웨슬리는 그들의 관심을 숙고하고, 그들을 위하여 기도하였다. 그리고 종종 편지를 써서 그들에게 답하곤 하였다. 그러면서 그는 설교를 계속하였다. 1739년 4월 2일에, 그는 벽돌공장에서, 누가복음 4장에 있는 성경말씀을 설교의 본문으로 하여 그들에게 말하였다.

"주의 성령이 내게 임하셨으니 이는 가난한 자에게 복음을 전하게 하시려고 내게 기름을 부으시고 나를 보내사 포로 된 자에게 자유를, 눈 먼 자에게 다시 보게 함을 전파하며 눌린 자를 자유롭게 하고, 주의 은혜의 해를 전파하게 하려 하심이라 하였더라"(눅 4:18-19).

누가에 의하면 예수는 이 성경말씀으로 사역을 시작하였다. 존이 이 말씀을 택한 것은 그가 하고 있는 일에 대한 의식이 바뀌었다는 것을 드러내는 것이다. 이 본문 말씀을 설명하면서, 그는 이 말씀은 예수님이 빚진 자들이나 노예가 해방되는 안식년을 선언하고 계시는 것이라고 하였다.[13] 이틀 후에 설교를 들은 11명을 양육하기 위하여 한 모임(society)를 조직하였다. 그리고 모라비안의 관습을 따라, 남자와 여자는 따로 모임을 가지게 하였다. 그 다음 날, 그는 또 다른 2개의 모임을 조직하였다. 그가 순회하면서 설교하고, 설교를 들은 사람들을 하나의 모임(society)

---

13) John Wesley, *Explanatory Notes upon the New Testament* (New York: T. Mason and G. Lane, 1839), p. 151.

으로 모이게 하여 양육하는 것이 웨슬리의 전 사역의 핵심(heart)이었다. 웨슬리는 옥스퍼드의 메소디스트 클럽에 모라비안의 복음적 증거와 영국교회 안에서의 하나의 운동으로서의 휫필드의 대중 설교를 결합시킴으로써 신기한 종합(synthesis)을 이루었다. 1740년대에 있은 이런 일들에 대한 반발이 놀람과 반대, 또는 폭력으로 나타났었다.

웨슬리의 일지에 있는 기록에 의하면, 죤은 1천에서 4천에 이르는 군중에게 설교를 하였고, 이로 인한 부흥이 브리스톨로부터 퍼져 나갔다. 웨슬리가 하나님은 모든 사람이 구원 받기를 원하신다고 설교함에 부흥이 일어났고, 그 부흥에는 사람이 경련을 일으키는 일, 마귀를 쫓아 내는 일, 사람이 쓰러지거나 소리 지르는 일들이 있었다.[14] 한 달 안에, 메소디스트의 모이는 집(Mehodist meeting house)인 집회소(New Room)가 설립되었다.

휫필드는 웨슬리와 함께 여행하면서, 1739년 7월에 함께 설교를 하였다. 그들의 집회에는 수천 명의 사람이 모였다. 웨슬리를 받아 주지 않는 교회들이 생기기 시작했다. 한 번은 웨슬리가 브리스톨의 보우링 그린(Bowling Green)에서 예수님의 산상수훈에 대하여 설교하고 있는데, 한 불량배가 청중의 한 사람을 체포하였다. 웨슬리는 대헌장에 근거한 영국인의 자유의 이름으로 항의하였다. 군중은 체포를 묵인하였다.

웨슬리의 기록을 보면, 1739년 9월에는 런던에서 1만명 내지 2만명의 청중에게 설교를 하였다. 그 때 그는 메소디스트의 기독교는 일반적으로 알려진 기독교와는 달리 진정한 역사적인 기독교라고 주장했다. 또

---

14) Journals and Diaries II, *Works*, 19:51.

한 그는 도처에서 메소디스트를 나쁘게 말하고 있다고 말하였다.[15] 그의 세 번째 일지를 마감할 때는, 그의 부흥은 활기를 띠고 있어, 청중의 수도 많아졌고 또한 반대도 포악해졌다. 영적인 반대가 영의 감화를 받은 사람들이 고통을 당하고 경련을 일으키며, 또는 마귀 들린 사람이 소리지르는 일들을 보고 일어났으며, 폭도들이 전도자의 생명을 위협하는 일도 있었다.

웨슬리는 한편 내적 종교를 경멸하는 자들과 또한 휫필드의 전도의 효과를 부정하는 자들에 반대하며 휫필드를 옹호하였다. 웨슬리는 휫필드가 어떻게 해서 킹스우드(Kingswood)에 있는 석탄 광부들에게 가게 되었는가를 설명하면서, 다음과 같이 기록하였다.

"하나님의 은혜로 저들의 수고는 헛되지 않았다. 그곳의 상황은 이미 변하였다. 몇 해 전에는 저주와 신 모독의 소리로 울려퍼지던 킹스우드가 지금은 그렇지 않다. 지금은 그곳에는 부정과 술취함, 일도 하지 않고 돈을 유용하는 일로 가득 차 있지도 않다. 지금은 싸움과 전쟁, 떠들썩한 소리와 반감, 시기, 복수로 가득 차 있지 않다. 지금 거기에는 평화와 사랑이 있다. 그곳의 대부분의 사람은 온순하고, 친절하며 말도 잘 듣는다."[16]

1740년대에 웨슬리와 휫필드 간에 있은 편지들을 보면, 웨슬리는 관

---

15) Ibid., p.97.
16) Ibid., p.125.

용하고 충돌을 피하려고 하였다. 1740년 9월 25일에 쓴 휫필드의 편지를 보면 그는 웨슬리가 그리스도인의 완전을 가르치는 것에 반대하여 사람은 죽을 때까지 죄가 남아있다고 주장하였다. 웨슬리는 예정의 문제에 관하여서는 이 문제를 하나님께 맡겨 논쟁을 해결하기를 원하였다. 그러나 이 논쟁은 잠잠해 들지 않았다. 그리고 다음 해까지 그들의 논쟁은 영국과 미국에서 글로 인쇄되었다. 이 논쟁은 교리 문제를 넘어서, 그들이 잘 지낼 때 함께 도와주던 학교들을 돌보고 모금하는 데까지 확대되었다.

메소디스트 모임

피터 보우러(Peter Bohler)는 웨슬리 형제와 신학적 대화를 하고 있으며, 또한 런던과 옥스퍼드에 종교단체들과 밴드(band)들을 조직하고 있었다. 옥스퍼드에 있는 단체들은 중요한 운동으로 발전하지 못하였다. 그러나 런던에 있는 단체의 발전을 보고 보우러는 기뻐하였다.

여기서 말하는 밴드(소그룹, band)은 전에 영국에 있었던 단체들(societies)과 헤른후트(Herrnhut)의 조직 형식을 종합한 것이다. 웨슬리는 각별히 페터 레인 소사이어티(Fetter Lane Society)에서 활동하고 있었다. 거기서 그는 그의 홀리클럽(Holy Club)에서 활동한 경험과 프레데리카(Frederica)와 서배너(Savannah)에서 밴드를 운영한 경험을 활용하였다. 런던에 있는 소그룹(band)들은 5명 내지 10명으로 모이는 것으로, 독일에 있는 밴드들보다 컸다. 밴드의 회원들은 야고보서 5장에 있는 말씀을 따라, 서로 자기들의 죄를 고백하고, 서로를 위하여 기도하게 되어 있다. 일주일에 한 번씩 모임을 갖고 저들의 지내온 신앙 생활을 그룹과 더불어 이야기하였다. 정기적인 모임에 대한 규칙이 있어, 한 달에 한번씩 애찬(love feast)을 가지며, 그룹학습을 가졌다.[17] 보우러의 증언들과 설명 그리고 그의 사랑이 웨슬리로 하여금 종교체험을 깊게 하도록 인도하였다. 또한 그들은 웨슬리에게 조직의 여러 모델을 보여 줌으로, 웨슬리가 후에 그의 복음전도 운동에 활용할 수 있게 하였다. 1738년 5월 24일에 웨슬리가 결정적으로 깊은 은혜를 체험한 것은 바로 올더스게이트에서 그의 친구 제임스 허톤(James Hutton)이 인도하는 소사이어티에서 있은 일이었다.[18] 웨슬리가 1738년에 독일에서 모라비안들의 밴드 속회(Class), 소사이어티들의 조직과 제도들을 더 본 것이, 자신의 운동의 조직과 제도를 만드는데 도움을 주었다. 웨슬리의 메소디스트 소사이어티는 휫필드의 축복으로 조직되었다. 휫필드가 브리스톨에서 설교함으로 인하여서 힘을 얻었다. 처음 메소디스트 소사이어티는 1739년 7월 11일에, 브리스톨에서 유나이티드 소사이어티(United Society)라는 명칭으로 조직되었다고 데이비스(Davies)는 말한다.[19] 1739년에 이르러 파운드리(Foundry)에 런던 소사이어티가 조직되었다.

    브리스톨과 런던에 있는 단체들에 입회하려는 자들에게는 교리에 동

---

17) Martin Schmidt, *John Wesley: A Theological Biography*, vol. I (New York: Abingdon Press,1962), pp.244-45.
18) Rupert E. Davies, ed., *The Works of John Wesley*, vol. 9 (Nashville: Abingdon Press, 1989), p.6.
19) Ibid., p.10.

의하는 서약은 필요 없고, 단지 "앞으로 있을 진노에서 벗어나 그들의 죄에서 구원받기를 원하는 것"[20]만을 요구하였다. 그러나 입회하자 그들은 훈육을 받아야 했다. 밴드는 큰 단체의 한 부분으로 그 단체의 중심이었다. 브리스톨에 있는 소사이어티는 더 발전하여, 새로운 전도처(New Room)의 비용을 모금하기 위하여, 12명가량의 멤버로 구성되는 속회(Class)를 조직하였다. 이것 때문에 훈련과 회원들을 다루기 위하여 또 분반하는 정리가 이루어졌다. 속회(Class)의 회원권의 표를 마련하여 주기도 하고 또는 보류하기도 했다. 밴드와 속회는 계속해서 공존했다. 데이비스에 의하면, 밴드는 연세가 지긋한 웨슬리가 보존하라고 요청하였음에도 불구하고, 1780년대에 이르러 밴드의 중요성이 줄어들었다. 웨슬리는 또 두 개의 그룹을 조직하였다. 하나는 "정선된 그룹(select societies)"로서, 이는 신앙의 성장과 감수성에 있어 가장 뛰어난 사람들로 구성되는 그룹이다. 그리고 또 다른 그룹은 "회개한 사람들의 그룹(penitents group)"으로서, 이는 믿음을 잃어버렸다가 경건을 재건하는 사람들의 그룹이다.[21] 이런 여러 가지 그룹들 또는 기초조직(cell)들이 메소디스트에게 큰 동력이 되었다. 그것들은 아주 귀한 것으로 서로 엉켜 회원들을 격려하고 훈육하는 일을 감당했다. 그것들은 또한 어느 정도, 웨슬리의 감독 하에 있는 순회 전도자들에게도 도움을 주었다. 웨슬리는 지도자들을 선택했다. 그리고 초창기에는 사람들을 회원에 가입시키고 또는 회원자격을 박탈하기도 하였다. 저들은 1740년대의 회원에 앞

---

20) Ibid., p.11.
21) Ibid., p.13.

서 있던 독일인, 영국인들이지만, 분명 존 웨슬리의 그룹들이었다.

시(Poetry)와 사회적 성결

웨슬리의 자녀들은, 그들의 아버지가 그랬듯이 시인들이었다. 존과 챨스는 함께 시집을 출판하였다. 첫 번째 책에는 존이 모라비안들에게서 배우고, 죠지아에서 번역한 독일 찬송가들이 수록되어 있다. 그들은 여러 해 동안 50권의 시가(poetry)집을 출판하였다. 그 중에 7권은 존의 이름으로, 8권은 챨스의 이름으로, 그리고 7권은 두 형제의 이름으로 출판하였다. 그 나머지는 다른 저자들의 것들을 발췌한 것이다.[22] 이 시의 대부분은 일찍이 1739년에 출판되었고, 1778년과 그 후에 알미니안 잡지(Arminian Magazine)에 재판(repint)되었다. 1739년에 두 형제의 이름으로 출판된 시집의 서문에는 그들의 강한 사회적 신념이 담겨 있다. 특별히 그들의 찬미와 시의 일부는 그 안에 신비주의의 요소가 있기에, 저들은 비사회적 종교와 또 그런 것이 우리들이 받아들인 고결한 행위요 특징처럼 보이는 흔적을 조심스럽게 다루어야 했다.[23] 우리들이 할 일은 우리 자신을 세우는 것이 아니다. "주님은 서로 함께 세우라고 명령하셨다." 저들은 계속하여 말하기를, "거룩한 간음자가 복음과 일치하지 않는 것과 같이, 거룩한 은둔자라는 말은 복음과 일치하지 않는다. 그리스도의 복음은 단순한 종교가 아니라 사회적 종교이다. 성결은 단

---

22) G.Osborn,ed., *The Poetical Works of John and Charles Wesley* (London: Wesleyan-Methodist Conference Office, 1868), p. xiii.
23) Ibid., p.xix.

순한 성결이 아니라, 사회적 성결이다. 사랑으로 역사하는 믿음이 그리스도인의 완전의 길이요 넓이요 깊이요 높음이다."[24] 라고 하였다.

웨슬리가 회심한 후, 그렇게 속히 행위를 강조하는 말을 서문에 실은 것은 주목한 만한 일이다. "진실로, 누구든지 형제를 말로만 사랑하지 않고 그리스도가 그를 사랑한 것 같이 사랑하는 자는 그냥 있을 수 없고, 선한 일을 열망하게 된다. 그는 그의 마음에 선한 일들을 위하여 시간을 보내며 함께 하기를 열망하고 가만히 있지를 못한다."[25]

모라비안들의 독일 시가가 특히 웨슬리 형제들이 공동 명의로 출판한 첫 번째 책에 실렸다. 그러나 저들은 사회적 성결을 강조하는 것 때문에 독일 멘토들로부터는 멀어지게 되었다. 메소디스트 운동은 저들의 모라비안 형제들을 물리치는 일이 있을지라도 국가를 개혁하는 일에 전념하고 있었다.

---

24) Ibid., p.xxii.
25) Ibid.

제5장
개혁 운동(Reform)
(1740년대)

모라비안과의 결별

논쟁

진지한 호소

왕에게 쓴 편지

사회 참여

킹스우드의 학교

연애 사건

제 5 장
개혁운동(Reform)
(1740년대)

　모라비안들은 웨슬리에게 믿음으로 하나님의 사랑을 수용할 것을 요구했다. 그는 교회에서 서로 지원하는 일에 단결할 것을 주장하였다. 존은 영국교회와 국가를 개혁하고자 함에 있어 그들과 갈라섰다. 그의 성직의 직무와 그 윤리는 개혁주의의 입장이었다. 기성 교회와 국가는 잘 안 되고 있었다. 그러나 하나님의 나라와 좋은 사회 구조에 대한 비전은 그가 활발한 개혁을 시도할 것을 요구했다. 그의 사역은 구원, 단결, 개혁의 세 가지에 전념하고 있었다. 이 세 가지에 대한 이해 없이는 그의 사역을 이해할 수 없다.

　그의 사역의 이런 면들이 50년 동안 펼쳐졌다. 1740년대에는 그는 교회와 지방의 정치지도자들과 언론으로부터 반대를 받았다. 그리고 또한 폭도들로부터 신체적 위협도 받았다. 1750년대에는 7년 동안의 전쟁으로 인하여 영국 생활에 어려움이 있었다. 웨슬리의 사상과 활동은 이런 세계 전쟁과 국내의 혼란 상황에서 이루어졌다. 1760년대에는 평신도의 전도를 제도화했고, 토마스 맥스웰(Thomas Maxwell)의 반란이 있었다. 그는 1763년에 행한 "관습의 개혁"이라는 설교에서 그의 프로

그램을 설명했다. 그리고 휫필드와 화해하였다. 그의 사회 철학은 그가 죠지 3세(George III)를 인정함으로 확실히 표현되었다. 그는 노예 문제와 1770년대에 있은 미국 혁명에 직면하게 되었다. 그의 생의 마지막 곧 1780년대의 10년은 메소디스트 운동이 성숙해졌고, 웨슬리는 환영을 받게 되었고, 메소디스트 교회는 세계적인 교회가 되었다.

모라비안과의 결별

1740년대의 10년은 웨슬리가 페터 레인 소사이어티에서 떠나오는 것으로 시작하였고, 그 기간은 모라비안과 칼빈주의자들과의 논쟁이 깊어졌다. 웨슬리가 올더스게이트 경험을 통하여 얻은 윤리적 결론은 그의 사상이 모라비안 형제들의 것과는 구별됨을 알게 하였다. 레온 힌손(Leon O. Hynson)은 웨슬리의 올더스게이트에서의 경험이 그의 윤리에 중요한 변화를 가져왔다고 강조하였다. 곧 "올더스게이트 이전의 웨슬리의 사회윤리는 자기 영혼을 구원하고자 하는 깊은 관심에서 생겼다. 그러나 올더스게이트 이후에는 그의 동기는 새로운 애정의 힘에 의하여 일어났고, 그는 그리스도 안에서 알게 된 사랑으로 다른 사람들을 위하여 자신을 바쳤다."[1]

웨슬리는 1740년에 그의 처음 일지(Journal)를 출판하였다. 여기서 그는 브리스톨에 접수된 진술서로부터 흘러나온 평판을 옹호하였다. 윌리암스 선장(Captain Williams)은 노예제도를 찬성하는 자로서, 서

---

1) Leon O. Hynson, *To Reform the Nation* (Grand Rapids: Zondervan, 1984), p.34.

배너에서 웨슬리를 반대하는 도당의 한 회원이었다. 그는 웨슬리가 서배너에서 보석중 행방을 감추었으며 또한 소피(Sophy)를 유혹한 자라고 고발하는 진술서를 제출하였다. 웨슬리는 죠지아로부터 자기가 행방을 감춘 일이 없었다는 것을 증명하는 서신을 확보하였다. 이 일지는 웨슬리가 죠지아에서 행한 사역을 간추려 설명하였고 또한 소피 홉키(Sophy Hopkey)와의 관계를 설명하려는 것이었다.

웨슬리의 1741년의 일지에는 그가 1738년 9월에 영국에 돌아오려고 할 때, 모라비안 교회에 쓴 편지가 들어 있다. 이 편지에서 그는 모라비안들의 믿음과 사랑을 칭찬한 다음에, 그가 주저하는 점 곧 전적으로 동의할 수 없는 일들을 표현하고 있다. 웨슬리는 진젠돌프 백작의 역할이 너무나 크다고 생각했다. 그는 그들의 경솔한 행위와 시간을 낭비하는 것을 비판했다. 그는 그들의 은둔, 교활함, 그리고 숨기는 성격을 반대하였다. 그는 그들이 너무나 많은 경우에 사람의 지혜와 하나님의 계시를 혼돈한다고 생각했다.[2] 이 편지를 실제로 보내지는 않았다. 그의 증언을 보면, 그렇다고, 그가 여러 해 후에 그가 소사이어티에서 그들과 결별하기를 시작할 때까지는 그들에 대한 애정은 없어지지 않았다.

모리비안들과의 논쟁으로 결국 메소디스트가 1740년에 페터 레인 소사이아티에서 떠나게 하였고, 웨슬리가 진젠돌프 백작에게 결별하는 편지를 쓰게 하였다.[3] 웨슬리는 이 편지에서, 모라비안 교회가 가지고

---

2) Journals and Diaries II, ed. W. Reginald Ward and Richard P. Heitzentater, *The Works of John Wesley*, vol. 19 (Nashville: Abingdon Press, 1990), p.221.
3) Letters II, ed. Frank Baker, *The Works of John Wesley*, vol.26 (Nashville: Abingdon Press, 1982), pp. 24-31.

있는 문제들을 하나 하나 열거하였다. 그리고 결론적으로 이 편지의 마지막에서 모라비안들이 가지고 있는 세 가지 큰 잘못을 지적하였다. 즉 자기는 하나님께서 모든 사람이 구원받기를 원하신다고 가르치는데, 모라비안들은 그와는 달리, 만인 구원론(모든 사람이 구원받는다고 주장하는 universal salvation)을 주장한다고 비난하였다. 여기에서 웨슬리는 한편 칼빈주의와 거리를 두며, 또 다른 한편 루터란의 모라비안들과 거리를 두고 있는 것이다. 웨슬리는 또한 모라비안들의 율법무용론, 즉 법을 다 지킬 필요가 없다고 주장하는 것에 반대하였다. 그리고 마지막으로, 그들의 신비적 정숙주의(mystical quietism) 곧 아무것도 하지 않으면서 하나님의 지시를 대망하는 신비적 행위를 지적하였다. 그러나 웨슬리에 대한 모라비안들의 반응은 아주 평화적이었다. 그리고 그들은 웨슬리가 가르치는 완전은 불가능한 것이라고 평가했다.[4]

그 다음 달에 런던의 그레이의 인 워크스(Gray's Inn Walks)에서 웨슬리는 진젠돌프와 저들의 종교적 견해의 다른 점에 관하여 토의하며 다투었다. 웨슬리의 입장에서 보는 중요한 차이점은 모라비안들이 성화(sanctification)를 칭의(justification)에 흡수시켜서, 그 결과로 선행(good works)을 등한시하며 완전으로 나가는 일을 등한히 한다는 것이었다. 웨슬리는 성례전의 능력을 계속 주장했다. 그리고 사람은 자신이 보다 거룩해지며 선해지려고 노력을 해야 한다고 주장했다. 그에 반하여 진젠돌프는 인간은 칭의(justification)에서 구원을 받으며, 그 이상은 없다고 주장했다. 그래서 그 후, 사람은 더 이상 완전해지려고 또는 거

---

4) Ibid., pp.34-35.

룩해지려고 할 필요가 없다고 주장했다. 이 점에서 메소디스트는 진젠돌프와 헤어지게 되고, 적극적 행동주의적인 윤리를 주장하게 된 것이다. 메소디스트는 초기에 행하던 가난한 자와 죄수들을 봉사하는 일을 계속하되, 전과는 달리, 가슴이 뜨거운 가운데 계속하였다. 이런 메소디스트의 특징은 페터 레인 소사이어티에서의 논쟁에서도 나타났다. 이런 특징들은 자유의지와 예정론을 반대하는 철두철미한 가르침에 기초하고 있는 것이다. 그래서 칭의 후에, 계명들을 지켜야 한다고 주장했다. 루터와는 달리, 칼빈이 말하듯이, 의롭다함을 받은 사람이 지켜야 할 주님의 법(Christian law)이 있는 것이다.

  모라비안들은 의롭다함을 받은 사람은 율법을 따르지 않게 되어 있다고 주장했다. 웨슬리는 사도 바울이 골로새서에서 무효하다고 인정한 율법은 유대인들이 지키던 법을 말한 것이라고 이해하였는데, 그는 그리스도인은 여전히 기도, 금식, 성찬식에 참여하는 일, 선한 일, 윤리적으로 살아야 하는 율법을 지켜야 한다고 인정하였다. 1740년 6월 20일 월요일에, 그리스도인은 계명들을 지킬 필요가 없다는 견해를 거절한다고 분명하게 선언하였다. "그런 주장이 얼마나 명백하게 전적으로 전체 신약성서의 가르침과 반대되는가. 신약성서에는 마태복음으로부터 요한계시록에 이르는 책의 여러 곳에 계명들이 언급되고 있다."[5] 그는 계속해서, 마태복음과 요한복음을 인용하면서, 그리스도께서 얼마나 여러 번 계명을 주셨는지를 강조하였다. 도덕무용론으로 생각되는 그들의 도전에, 웨슬리는 "의무의 책임 있는 윤리(command ethic of duty)"로 분

---

5) Journals and Diaries, II, *Works*, 19:155.

명하게 응답하였다.

　모라비안들은 웨슬리에게 가만히 있으면서 주님을 기다리라고 간청하면서, 도전을 계속하였다. 자유의지와 하나님의 값없이 주시는 은혜에 기초해서, 모라비안과 헤어지게 한 적극적 행동주의(activism)는 또한 죠지 휫필드와도 결별하게 만들었다. 이 분리는 일년 반이나 지속되었다. 그리고 웨슬리와 휫필드는 다른 사람들에 의한 분쟁으로 말려 들어가게 되었다. 그들 둘 사이에는 좋은 뜻이 있었으나, 메소디스트와 칼빈주의자들은 분리되고, 영국에 있는 많은 복음적 칼빈주의자들이 떠나, 휫필드의 단골인 헌팅돈(Huntingdon)의 백작 부인의 지도를 받게 되었다. 부흥운동은 설교와 조직을 통하여 기세를 잡아갔다. 그러나 논쟁과 방해 그리고 위협과 신학적 논쟁은 활발하게 움직이는 웨슬리에게는 항상 있었다. 웨슬리는 모라비안들의 가르침을 통하여 많이 배웠고 또한 경험하였다. 또한 그는 모라비안들을 진실로 사랑하였다. 그들과 결별한다는 것은 가슴 아픈 일이었다. 그러나 웨슬리의 운동에는 영국교회, 메소디스트, 칼빈주의자, 모라비안이 있었기에, 거기서 분리가 일어나는 것은 불가피한 일이었다. 그의 일지의 제3편은 웨슬리의 사역 이야기를 계속 기록하고 있다. 그러나 거기에 모라비안과의 결별이 있을 수밖에 없었다는 이유를 설명하려는 목적이 서문에서 시작하여 전체에 기록되고 있으며, 연대에 관계 없이 모라비안들의 가르침을 비판하는 글도 쓰여져 있다.

논쟁

　　1741년-1743년 사이에 웨슬리는 영국과 웨일즈(Wales)를 순회하면서 설교를 계속하였다. 많은 경우에 전에 방문했던 교회에 다시 가서 설교하였다. 그는 그렇게 방문하며, 점검하며, 소사이어티들을 견고히 하는 일로 바빴다. 웨슬리는 휫필드와 함께 캔터베리(Canterbury)의 대주교를 방문했다. 대주교는 저들의 불규칙적인 것을 지적했지만 반대하지는 않았다. 웨슬리가 자기의 옛날 교회를 찾아갔지만, 그들이 환영을 하지 않았다. 한 때, 웨슬리의 누이에 구혼하고, 자기 아버지 밑에서 부목사로 일했던 롬니 목사(Rev. Romney)가 성 안드루(St. Andrew) 교회에서 설교하는 것을 금하였다. 그래서 존은 자기 아버지의 묘(tomb)에 서서 "하나님의 나라는 먹는 것과 마시는 것이 아니요 오직 성령 안에 있는 의와 평강과 희락이라"(롬 14:17)라는 본문을 가지고 설교하였다.

　　이 로마서 14:17에 있는 본문에 대한 그의 신약성서 주해와 설교에서, 그는 하나님의 나라가 참 종교로서 이는 지상에서 의와 평안과 기쁨 안에서 시작한다고 강조하였다. 그는 그의 동생의 새 찬미에서 인용하였다.

　　"영생이 주어졌고,
　　땅 위에는 영광이 있게 되었다."[6]

---

6) Sermons I, ed. Albert Outler, *The Works of John Wesley*, vol. I (Nashville: Abingdon Press, 1984), p.224.

웨슬리는 설명하기를, 영생은 하늘나라가 다소나마 사람의 영혼에 임할 때에, 땅 위에서 시작된 하늘의 나라라고 하였다. 하나님의 의는 하나님과 이웃을 사랑하고, 또한 모든 사람을 사랑하라는 대 계명이 이루어진 것이다. 사랑이란 사람이 모두에게 할 수 있는 모든 선을 행하는 것을 의미했다. 아우틀러(Albert C. Outler)는 여기서 말하는 사랑은 행복주의의 사회화(socialization of eudaemonism) 또는 모든 인간의 행복 증진(promotion of all humanity's happiness)이라고 하였다.[7] 웨슬리는 참 종교를 이렇게 이해하였기에 "하나님의 나라가 가까이 왔으니 회개하고 복음을 믿으라"(막 1:15)는 설교 본문에 있는 말씀에 따라 회개하라고 호소하기에 이르렀다. 이 회개와 믿음은 하나님이 죄를 용서하신 것에 대한 확신으로서, 의롭다함을 받게 하고, 지옥에서 구원을 받게 한다. 그런데 롬니는 그런 믿음은 광신(enthusiasm)이라고 비난했다. 그러나 웨슬리에 있어서는 회개와 믿음은 하나님의 나라에 들어가게 하는 것이었다.[8] 웨슬리는 자기 아버지의 묘비에서 설교한 것을 들은, 그 많은 군중을 생각하고 그렇게 말한 것이다. 그 주간(6월 6-13)에는 매일 저녁 아버지의 무덤에 와서 설교를 하였다. 그 지역에 있는 다른 교회들도 아침에 그가 설교하도록 문을 열어주었다. 그 주의 마지막 주일에 웨슬리는 아버지의 무덤에서 주님의 산상수훈에 대한 설교를 세 시간이나 계속하여 하였다.

1742년 8월 1일, 주일에 존은 자기 어머니를 번힐필드(Bunhillfield)에

---

7) Ibid., p.222.
8) Ibid., p.232.

있는 비국교도들의 묘지에 장사 지냈다. 그는 그의 일지에 그의 어머니는 믿음 안에서 좋게 돌아가셨다고 기록하였다. 또 증언하기를, 자기 어머니는, 그의 아버지, 할아버지, 남편, 그리고 세 아들처럼, 의로운 설교자였다고 하였다. 그의 일지에서, 그의 어머니의 장례를 언급한 다음에, 두 개의 편지를 소개했다. 하나는 그녀가 자기에게 집에서 기독교를 배우도록 가정학교를 운영한 것을 설명한 것이고, 두 번째 편지는, 그녀가 가정에서 예배를 인도한 것을 설명한 것이다. 그녀는 사무엘이 런던에 가 있을 때, 어떤 때는 이백 명이 모여 예배를 드리기도 하였다.

이 부흥운동이 커지고, 이 운동이 사람들의 신앙에 도전하매, 어느 때처럼 격렬한 반대도 일어났다. 영국의 공적인 종교를 도전함으로 인하여, 소사이어티 전체가 도전을 받게 되었다. 초창기에는 폭행을, 때로는 반대하였지만, 일반적으로는 그 지역의 정치 당국에 의하여 허용되었다. 1742년 9월 12일에 웨슬리는 두 눈 사이에 돌로 얻어 맞았다. 그는 흐르는 피를 씻은 후에, 그의 설교를 계속할 수 있었다. 그는 그런 작은 고통이 어떻게 설교를 도왔는가를 설명했다.

이런 육체적인 공격들에 더하여 웨슬리의 사람들은, 모라비안들에 의하여 좌(左)로 빠져 나가고, 휫필드와 헌팅돈 여사에 의하여 우(右)로 빠져나갔다. 이 때 세 그룹 (곧 웨슬리, 온건한 챨스와 모라비안들, 복음적 칼빈주의자들) 사이에 있는 편지는 따뜻하고 동시에 거친 편지들이었다. 이 시절에 믿음의 가족들은 뿔뿔이 헤어지고, 신학적 싸움은 사랑으로 한다고 하지만, 견해의 차이로 분열되었다. 이런 일들은 모두에게 아픔을 가져다 주었다.

1742년에 웨슬리는 다시 윌리암스 선장(Captain Williams)이 웨슬리가 서배너에서 보석중에 행방을 감추었다고 고발한 것을 변호했어야 했다. 웨슬리는 런던의 신문에 공개 편지를 실어 윌리암스의 고발을 부인하였다. 이 때에 죤과 찰스는 런던과 브리스톨에서 저들의 사역을 지도하고 있었다. 그리고 전국을 돌면서 함께 전도를 하고 있지 않을 때는, 그 두 전도 구역(residency)을 번갈아 가며 지도하였다. 저들의 사역을 확장할 필요가 있어, 그들은 뉴캐슬(Newcastle)에서 사역을 시작했다. 그리고 메소디스트 운동에 머물러 함께 일하는 안수 받은 성직자는 별로 없었다.

웨슬리는 윤리에 관하여 생기는 논쟁의 문제들을 가끔 발표하였다. 웨슬리는 1742년에 《메소디즘의 간략한 역사(A Brief History of the Principles of Methodism)》의 저자인 죠시아 터커(Josiah Tucker)에 반대하는 글[9]에서, 세 가지 문제에 대하여 말하였다. 터커는 웨슬리가 믿음만으로 의롭다함을 받는다고 믿으며, 죄없는 완전을 주장하며 모순된 일을 한다고 그를 비난했는데, 메소디즘을 손상시켜려는 의도가 분명히 있었다. 웨슬리는 주장하기를, 이신득의(justification by faith)는 하나님께서 예수 그리스도 안에서 의롭게하는 행위가 믿음을 통하여 받아들여진다는 것을 의미한다고 하였다. 웨슬리는 전에 죄없는 완전에 대하여 글을 썼고 설교한 것을 인정하였다. 그러나 웨슬리는 완전한 자는 무지 때문에 죄를 범하게 되는 일이나, 유혹을 받는 일이나, 또한 죄에 빠져있는 깨진 사회에서 살지 않을 수 있는 일에서 자유롭게 된다고 주장

---

9) John Wesley, "The Principles of a Methodist" (Bristol: Felix Farley, 1742).

한 것은 아니었다. 그가 분명히 말한 것은 거듭난 사람은 그리스도의 마음을 가질 수 있다는 것이었다. 결국, 완전한 사람은 자기의 마음과 뜻과 영혼을 다하여 하나님을 사랑하며, 이웃을 자신처럼 사랑할 수 있을 것이다. 웨슬리는 이것이 성경이 가르치고 있는 진리라고 주장했다. "어셔 대주교(Archbishop Usher)의 말을 빌린다면, 완전한 사람이라는 것은 온전히 거룩해지며, 그리스도 안에서 새로워지고, 그 마음이 하나님의 사랑으로 불타고 있는 사람이다."[10]

웨슬리에게 있어서는, 완전은 모든 생각이나 말 그리고 행동이 하나님을 찬양하는 것을 의미한다. 웨슬리의 비평가들은 완전을 가르치는 것을 비난하는 것만으로도 웨슬리를 충분히 비평할 수 있다고 생각했다. 웨슬리는 완전에 대한 자기의 견해를 충분히 설명했다고 생각했다. 웨슬리는 그의 모라비안과 칼빈주의자들의 반대 사이에 곧 진젠돌프와 휫필드의 반대에 끼어 있는 것이다. 웨슬리는 의롭다함을 받은 그리스도인은 그리스도 안에서 완전하다고 주장하는 진젠돌프나 의롭다함을 받은 사람도 계속해서 죄를 짓는다고 주장하는 휫필드와 함께 가기를 원하지 않은 것이다. 많은 사람은 죄를 계속 짓는다고 생각할지 모르나, 아무튼, 대체로 죄없는 완전의 길은 있었다. 여기에 또 하나의 해답이 있다. 사도 바울은 로마서 5-8장에서, 그리스도인들이 죄의 지배로부터는 구원을 받았으나 계속해서 죄를 짓는다는 것을 인정하고 있다. 인간의 체험도 인간의 생애 안에 있는 죄의 세력은 극복했지만, 아직도 많은 사람은 죄를 짓는다고 암시하고 있다. 개인적으로 또 사회적으로 그리스

---

10) Ibid., p.13.

도인들이 죄를 짓는 것을 인정하지만, 하나님을 사랑하고 이웃을 사랑하라고 요구하는 것은 기독교의 윤리로서 있을 수 있는 것이다. 웨슬리가 찾은 엄격한 윤리를 유지하는 것이 최선의 길이다. 진젠돌프는 사회개혁은 포기하고, 휫필드는 노예제도를 옹호하는 등, 그들의 윤리는 너무나 관대했다. 그러나 이 명령들(injunctions)이, 만약에 예수님이 아람어로 말씀하였거나, 수십년 후에 헬라어로 번역이 되었다면, 문자 그대로 받아들일 필요가 없다. 윤리적으로 엄격한 것과 완전을 주장하는 것은 다른 것이다. 웨슬리는 터커의 비판에 답변하면서, 그의 이웃을 사랑한다는 것을 지키려고 했다. 웨슬리가 다른 경우에는 실패한 것을 인정하지만, 여기서 그가 한 일은 성공한 것으로 인정해야 한다. 그들이 비판한 불일치에 대한 웨슬리의 세 번째 응답에서, 그는 터커가 논의하고 있는 논제들은 진젠돌프 백작의 견해이고 크리스쳔 데이비드(Christian David)가 동의하지 않은 글이라는 것을 제시하였다. 웨슬리는 다른 경우에, 의인(justification)의 의미와 그 참 뜻에 대한 자신의 식견을 말하였다.

  1743년에 웨슬리는 "메소디스트의 특징(the character of a Methodist)"에 대한 팜플렛을 출판하여, 메소디스트들은 의견에서 있어서나, 행동에 있어 다른 그리스도인들과 구별할 수 있는 것이 없다고 말했다. 다시 말해서, 저들은 각별한 사람들이 아니라는 말이다. 그는 메소디스트들은 열심히 하나님을 사랑하고 이웃을 사랑하는 일에 있어 구별되기를 원하였다. 더 나아가 메소디스트는 이 두 사랑을 하면서 동시에 하나님의 모든 계명을 지킨다. "그의 불변의 규정은 이것이다. 당신은 무엇을 말로 또는 행동으로 하든지, 그 모든 것을 하나님 아버지께 감사하면서 주 예수의 이름으로 하라."[11]

웨슬리는 메소디스트를 드러내는 표적으로서 믿음의 열매를 찾기를 원하였다. 아마도 그는 그의 팜플렛에서 기독교의 전통적인 덕목으로 열심과 엄격을 표시하고자 한 것 같다. 사람이 하늘에서 하듯이 땅에서 하여야 할 기도 또한 웨슬리가 열심히 행한 것이다. 이런 모든 도덕적인 명령들은 사람이 이웃을 위하여 가능한 모든 선한 일을 하기를 추구하는 가운데 실현되는 것이다. 웨슬리가 권고하는 도덕적 행위에 생기를 불어넣는 것은 하나님의 사랑이었다.

그는 서둘러 결론을 내리기를 메소디스트는 다른 그리스도인들로부터 구별되기를 원하지 않았다. 메소디스트의 신조(principles)는 모든 그리스도인들이 공동으로 주장하는 것이다. 그러나 메소디스트는, 모두가 그리스도의 마음을 가진 자로서, 마음과 생활에서 믿지 않는 세계와는 구분되기를 원한다고 주장했다. 이 에세이는 에큐메니칼 정신으로 마감하고 있다. "내 마음이 당신에게 올바른 것 같이, 그대의 마음이 올바른가? 그러면 나는 더 이상 문제 삼지 않겠네. 그렇다면, 손잡읍시다. 의견이나 말 때문에 하나님의 일을 망치지 맙시다. 당신은 하나님을 사랑하고 두려워합니까? 그러면 좋습니다. 나는 당신과 사귀기 위해 오른손을 내밀겠습니다."[12]

웨슬리는 복음적 설교를 듣는 사람들 가운데 여러 가지 육체적 반응

---

11) John Wesley, "The Character of a Methodist" (Bristol: Felix Farley, 1742), p.16.
12) Ibid., p.20.

을 일으키는 일이 있음을 알았다. 경련을 일으키는 일, 쓰러지는 일, 그 밖의 현상이 있었다. 이런 것들 때문에 메소디스트는 열광적인 것을 원치 않는 교회 사람들로부터 비판을 받게 되었다. 웨슬리가 보기에는, 이런 육체적인 반응은 그리스도와 사탄과의 영적 전쟁에서 나타나는 현상이다. 이런 영적 다툼의 몇 가지는 웨슬리에게 중요한 결과를 가져왔다.

1743년 첫날에 웨슬리는 돈캐스터(Doncaster)와 에프워스 사이에 있는 길가에서 메소디스트를 반대하는 술 취한 여행객에 의하여 끌려갔다. 에프워스에는 그 다음 날, 웨슬리는 그의 아버지가 교육시킨 바 있는 롬니 목사에 의하여 성만찬에 참여하는 것을 거절당했다. 그래서 웨슬리는 다시 성 안드루 교회 뜰에 있는 자기 아버지의 무덤에서 서서 설교를 하였다.

그럼에도 불구하고, 웨슬리의 설교와 그의 소사이어티에 대하여 친절하게 호응하는 사람들이 계속 있었다. 웨슬리는 설교에 뒤따르는 작업(follow up)이 필요하다는 것을 이해하였다. 그래서 그는 자기가 다시 올 수 없거나 구원을 받아야 할 사람들을 조직하는일이 불가능한 데서는 설교를 하지 않기로 결정했다. 우리가 지금 그의 설교를 읽어 보면, 그들이 그런 반응을 한 것을 이해하기 어렵다. 그의 설교문은 지나치게 감정적이거나 또는 육체적 시위를 일으키도록 계획되어 있지 않은 것 같다. 물론 21세기 미국의 시각(perspective)은 두 세기에 걸친 복음적 설교의 영향을 받고 있다. 이는 그 때에 있은 일이다. 그리고 그 설교가 부흥을 경험한 사람들과 형식적으로 믿은 사람, 믿음이 없는 사람 사이에 영적 분쟁을 일으켰다. 이런 비판들에 대하여 웨슬리는 1743년에 《이성적이며 종교적인 사람들에게 보내는 진지한 호소(An Earnest Appeal to Men of Reason and Religion)》라는 소책자를 출판하여 그들의 비판에 답하였다.

진지한 호소

웨슬리는 이 팜플렛에서 회의론자들과 교회 사람들로부터 비방을 받고 있는 자기의 운동을 정당하게 변호하고 있다. 여기서 그는 메소디스트의 입장을 적극적으로 설명하고 그들의 비판을 반박하고 있다. 죤은 좋은 것을 기뻐하시는 하나님의 선하심을 반영하는 사랑의 종교가 있다는 것을 그들에게 납득시키기를 희망했다. 이 종교는 하나님의 사랑에서 왔고 하나님과 하나님이 창조하신 모든 영혼에 대한 사랑의 호응이었다. 사랑이 하나님의 성품이기에, 이 종교의 첫째 하는 말은 사랑이었다.

두 번째 말은 하나님과 교제할 수 있는 유일한 길인 믿음이었다. 웨슬리는 믿음에 대하여 여러 말로 설명했다. 근본적으로, 믿음은 하나님을 체험할 수 있도록 하나님이 주신 특별한 감각기능(sense)이었다. 믿음은 보이지 않는 것에 대한 명확한 증거였다. 여기서 웨슬리는 대체로 로크(John Locke)의 인식론을 가졌다. 그리고 거기에 자기의 견해를 추가했다. 곧 모든 것은 감각적인 경험으로부터 알게 된다. 그리고 다른 감각으로는 하나님을 사랑하는 영적 세계를 계시할 수 없고, 영적 세계를 인간에게 알게 하는 감각적 기능(sense)은 믿음이었다. 각별히, 하나님의 사랑을 인간의 가슴에 전달하는 것은 믿음이었다. 믿음에 의하여 알게 된 이 사랑으로부터 행복, 미덕, 기쁨, 의, 그리고 평안이 왔다.

웨슬리는 뉴캐슬(Newcastle)에 있는 목사, 런던의 깁슨 감독, 요크(York)의 대 주교, 리크필드(Lichfield)와 코벤트리(Coventry)의 감독 등에 의한 여러 팜플렛에서 메소디즘(methodism)을 비난한 것들에 대해 대답하고 있었다. 그는 열성적이었고 또한 적어도, 군중들이 그에게 열정적으로 호응하였지만, 18세기의 박식한 사람들에게 차분히 나타날 것이 필요했다. 그래서 그는 종교적 열광(enthusiasm)은 종교적 환각에 들어가는 것이라고 정의하였다. 그리고 자기는 성경과 영국교회와 이성적인 진리를 가르치고 있다고 주장하였다. 그는 또한 자기가 교회 밖에서 설교하며, 평신도 지도자를 많이 사용하고 있는 일에 대한 변호도 해야 했다. 그는 주장하기를 설교는 사람들이 있는 데서 할 필요가 있었다고 했다. 존은 또한 비판자들에게, 교회에는 예수와 존 칼빈이 그랬듯이 안수 받지 않은 지도자들도 중요한 역할이 있음을 상기시켰다.

이 문서는, 그 제목이 말하듯이 하나의 호소였다. 특별히 그것은 이성주의에 영향을 받은 18세기의 신자들을 향한 호소였다. 이는 무난한 글들이었다. 그는 다른 종교를 공격하지 않았다. 그리고 성경과 영국교회의 전통을 이성적으로 읽으면 메소디즘과 연관 된 취지를 잘 알게 될 것이라고 주장하였다. 처음의 호소는 간략했고 직설적이었다. 후에 수정하면서, 호소의 글은 더 길어졌고, 또 더 복잡해졌다.

여기에 나타난 윤리를 요약하면, 이웃에 대한 사랑으로서의 기독교 윤리, 곧 모든 사람의 복리(the good)를 추구하는 기독교 윤리를 분명하게 말하고 있다. 이 사랑은 교회에서 십계명을 지킴으로 행하여졌다. 메소디스트는 교회를 떠난다고 하는 비판을 반박하면서 그는 이렇게 기록하였다. "우리가 교회의 관행, 십계명에 있는 율법―바로 교회의 헌장에 본질적으로 잘 반영되고 있는 그 율법, 누구든지 이 율법의 하나라도 범하는 자는 영국교회의 회원이 아니라고 하는 그 율법에서 떠나는가?"[13]

교회 사람들의 이해를 얻기 위해 보내는 호소는 웨슬리의 새로운 사역을 싫어하는 공교회의 자극을 받아, 웨슬리의 생명을 위협하는 일이 있어 더욱 심각해졌다. 이런 공격들은 1743년에 계속되었다. 9월에는 성 아이베스(St. Ives)에서 머리에 구타를 당했다. 10월에는 웬즈베리(Wednesbury)에서 폭도들의 난동에 둘러싸여 생명의 위협을 받았다. 웨슬리의 후원자들 중 여러 명이 두들겨 맞았다. 폭도들이 그를 그들의 집으로 끌고 갔을 때도, 재판관들은 보호해 주지 않았다. 웨슬리는 대신 기도하고, 생각하고, 그리고 피하려고 노력했다. 웨슬리는 폭도들이 조용해지기 전에 여러 번 구타를 당했다. 며칠 후에 재판관은 조종은 하지 않고, 도리어 소란이 있던 일에 대하여 웨슬리를 원망하였다.

뉴캐슬(Newcastle)의 시장에게 신앙의 자유(toleration)를 달라는 호소를 했다. 이 시장은 웨슬리가 샌드 힐(Sand Hill)에서 더 이상 설교하는 것을 금하였다. 웨슬리는 편지를 써서 공손히 순종하였다. 그러나 완곡히 말하기를, 그 폭동은 반란을 일으키라고 돈을 대 준 사람들의

---

13) John Wesley, "The Appeals to Men of Reason and Religion and Certain Related Open Letters," in *The Works of John Wesley*, vol. 11, ed. Gerald R. Cragg (Nashville: Abingdon Press, 1989), p.82.

잘못 때문이었다고 하였다. 웨슬리는 당신이 소란을 조정한 것을 제외하고는, 내가 군중들을 조용하게 하였고, 그들은 공손히 내 설교를 들었다고 시장에게 말하였다. 그는 또 헌팅돈(Huntingdon)의 백작 부인이 교회에 참석을 못하는 뉴캐슬에 있는 죄인인 석탄 광부들에게 설교를 해달라는 유언에 의하여 자기가 왔다고 말하였다. 많은 사람들이 자기의 사역의 결과, 많은 사람이 술을 안 마시게 되었고, 저주하는 말도 덜하고, 안식일을 범하는 일도 적어졌다고 증언할 것이라고 웨슬리는 주장하였다.[14]

왕에게 쓴 편지

1744년에 메소디스트에 대한 박해가 웨슬리를 괴롭혔다. 저들은 그 해 6월에 있은 첫 회의에서, 모라비안과 휫필드에 대한 애착이 있음에도 불구하고 메소디스트를 그들로부터 구별되게 하는 근본적 신학적 문제들을 토의하였다. 프랑스와의 전쟁이 그들에게 깊은 영향을 주었다. 메소디스트 사역자들은 죠지 2세에 의하여 직업없는 떠돌이로 인정되어 징발의 대상이 되었다. 한 예로서, 1745년에 웨슬리가 체포되었다가 풀려난 일이 있었다. 메소디스트들은 독일에 있는 육군 가운데서 저들의 전도활동을 할 수 있었다. 웨슬리는 편지를 써서 군인들에게 사역하는 존 하이임(John Haime)을 격려하였다. 하이임은 죠지 2세가 영국

---

14) John Wesley, "Letter to the Mayor of Newcastle," in Letters II, ed. Frank Baker, *The Works of John Wesley*, vol. 26 (Nashville, Abingdon Press, 1982), p.101.

군을 인도해 프랑스를 이긴 데팅겐(Dettingen)에서의 전쟁의 맹렬함은 보았다. 영국 군주가 친히 군대를 인솔해 전투에 참여하는 것은 이번이 마지막이었다.

프랑스와의 전쟁은 스튜어트 왕조의 왕을 사칭하는 자(Stuart Pretender)가 영국으로 돌아가는 것을 프랑스가 지지한다는 소문 때문이었다. 웨슬리는 자신과 자기 운동에 대한 자코바이트(Jacobite, 망명한 영국 왕)와 로마 가톨릭의 편견으로부터의 비난을 해명할 필요를 느꼈다. 3월 5일에 왕에게 드리는 겸허한 편지를 써서, 자신의 로마 가톨릭 신자들과 비국교도들과의 관계를 부인하였다. 그는 왕과 왕가에 충성할 것을 서약했다. 그리고 메소디스트의 목표는 "정의와 자비, 그리고 진리, 하나님의 영광과 사람들의 평강과 친선"[15]을 촉진하는 데 있다고 주장하였다. 그는 또 말하기를, 성경이 허락하는 한 메소디스트들은 왕을 따를 것이고, 또한 양심에 따라 높은 지위에 있는 사람들을 공경할 것이라고 말하였다. 왕을 위하여 기도할 것을 약속하면서 편지를 끝냈다. 존 웨슬리의 죠지 2세를 향한 열성은 그가 죠지 3세를 공경하는 것만큼 높을 수는 없었을 것이다. 그러나 1745년에 있은 스튜어트(Stuart)의 귀환으로 그는 군주제 지지에 관여하게 되었다. 이 편지는 존이 자코바이트 편이었던 것처럼 해석하는 자들을 반박하고 있다. 존의 어머니 수산나, 그리고 그의 형 사무엘은 자코바이트를 지지했다. 그러나 이 문제에 있어서는 존은 아버지의 아들이었다. 그래서 그는 하노베리안 가문

---

15) Journals and Diaries III, ed. W. Reginald Ward and Richard P. Heitzentater, The Works of John Wesley, vol 20 (Nashville: Abingdon Press, 1991), p. 16.

(Hanoverian house)에 대한 충성스러운 지지자였다. 챨스의 충고를 들어, 죤은 이 편지를 보내지 않고 그냥 버렸다.

앞에서 말한 대로, 웨슬리는 1744년 8월 24일에 옥스퍼드의 성 마리아 교회에서 설교를 하였다. 그 후로 웨슬리는 거기서 설교를 못하게 되었다.[16] 그러나 웨슬리는 링컨 대학에 머물러 있었고, 그가 1751년에 결혼을 하고 그의 펠로우쉽(fellowship)의 직책을 사임할 때까지 대학으로부터 봉급은 받았다.

크리스마스 이틀 전에 죤은 아팠고, 많은 코피를 흘렸다. 그 다음 날, 저녁 기도시간까지 기진맥진해 있었다. 그러나 그는 하나님의 임재를 경험하였다. 그 다음 날, 곧 크리스마스에 그는 다시 하나님과 아주 가까이 있는 것을 느꼈다. "그래 하나님은 하루 종일 내 앞에 계셨다. 하나님이 나의 모든 장소에서 계셨다. 그래서 나는 잠자리에 들 때, 진실로 나는 하루를 잘 지냈다라고 말할 수 있었다."[17]

1744년이 웨슬리가 타격을 받은 해였다면, 1745년은 그가 자주 돌과 진흙으로 얻어 맞는 해였다. 더 심각한 것은, 그의 반대자들이 죤이 사칭자(Pretender)와 협정하고 있다고 비난하는 말을 돌렸다. 1745년에 스코틀랜드 사람들이 반란을 일으켰고, 온건한 왕자 찰리가 돌아와 왕권을 두고 싸울 때, 웨슬리는 그의 전도사역이 성공적이었던 뉴캐슬과 석탄광부들이 있는 북쪽으로 서둘러 가서 설교하며 영국사람들이 침략을 격퇴하라고 격려하였다. 반란이 있는 동안, 웨슬리는 제임스 웨스

---

16) Ibid., p.37. n.78.
17) Ibid., p.47.

트 각하(Honorable James West)에게 편지를 써서, 2백명의 군인을 동원하고 그들을 메소디스트의 부과금으로 유지하겠다고 제안하였다. 챨리 왕자의 성공이 프랑스와 가톨릭의 영향을 증가시켰다. 그리고 웨슬리는 그 두 가지 일에 대하여 극도로 걱정하였다. 그가 1745년 10월 26일에 뉴캐슬의 시장에게 쓴 편지에서, 자기가 시를 방어하는 사람들에게 설교하겠다고 제안하였다. 죤은 방어하는 사람들의 사기가 부족한 것에 대하여 걱정하였다. 그는 시장에게, 1745년 5월 11일의 전투에서 자기의 도우미인 죤 하이임(John Haime), 윌리암 클레멘트 그리고 죤 에반스(John Evans)가 용감했던 것을 말하면서 행한 설교 메시지에 의하여 영향을 받은 사람들의 견실함을 확인시켜 주었다. 웨슬리는 1746년 쿠로돈 전투에서 참 왕(Pretender)을 지지하는 스코틀랜드 사람들에 대해 승리를 감사하는 기도회에 참석하였다. 웨슬리는 평화를 사랑했고, 예수의 산상수훈의 정신에서 평화를 이루는 일에 열심을 내라고 권면하였다. 그리고 전쟁이 일어났을 때, 발생할 강탈자들의 패배를 심각하게 생각하였다. 웨슬리가 정의로운 전쟁(just war)이라는 규준을 적용해, 전투 후에 영국 사람들이 스코틀랜드 고지인들을 학살한 것은 잘못한 것이라고 판단한 기록은 없다.

사회 참여

웨슬리가 1749년에 쓴 "메소디스트에 대한 설명(Plain Account of the Methodists)"을 보면, 교회기구와 사회 복지사업 간에는 협조

(unity)가 있었음이 분명하다. 웨슬리의 소사이어티의 조직에 있는 속회(Classes), 밴드(band 소그룹), 정선된 사람의 밴드(select band), 그리고 회개한 사람들의 밴드(penitent band)의 기구들이 소사이어티의 임원들의 지도하에 실제로 구제 사업을 하였다. 그 자료를 보면, 웨슬리는 성장하는 소사이어티의 조직과 규칙을 닥치는 상황의 요구를 해결하기 위하여 그 상황에 적합하게 조정하고 있었음을 알 수 있다.

웨슬리는 소사이어티의 빈민 구제를 위한 자금을 홀로 관리할 수 없음을 알게 되었다. 그래서 간사들(stewards)을 임명하여 그들로 하여금 필요한 사람들에게 돈을 분배하도록 하였다. 이 제도는, 가끔 필요가 많아서 빚을 지게 하는 경우도 있었지만, 만족할 만 했다. 그는 1749년에 100 파운드의 빚을 졌다고 했다. 간사들은 병환자를 방문할 수가 없었다. 그래서 병자를 방문하는 문병객(visitors)을 세웠다. 그리고 도시(city)를 두 구역으로 나누어, 두 문병객이 각 구역을 돌보게 하였다.

그러나 얼마 되지 않아 빈민들의 병을 돌보는 일이 많아졌다. 그래서 웨슬리는 병원(medical clinic)을 설립하여 그곳에서 약제사와 외과 의사로 하여금 봉사하게 하였다. 또 웨슬리는 자신이 약국을 세워 여러 해 동안 의료업을, 비용이 지나치게 많이 들게 될 때까지 운영하였다. 웨슬리는 또한 홀로 생활할 수 없는 가난한 사람들과 과부들을 위하여 집(poor house)도 세웠다. 메소디스트의 전도자들은, 마을에 있을 때는 그 그룹의 사람들과 함께 식사를 하였다. "나 자신도, 마을에 있는 다른 전도자들이 그랬듯이, 가난한 사람들과 함께 같은 음식을, 같은 식탁에서 먹었다. 우리들은 그런 가운데서, 이것이 우리 아버지의 나라에서 우리가 함께 밥을 먹을 것의 증표로 알고 기뻐했다."[18]

얼마 동안은, 그는 지금도 존재하고 있는 킹스우드 학교(Kingswood School)에 더하여 자기 집에 있는 다른 학교도 지원하였다. 이 학교는 아주 가난한 자들의 자녀들을 위한 학교였다. 그리고 비용은 기부금으로 지불하였다.[19] 그가 학생들이 행실에서, 종교적 성품에서와 또한 글 읽기와 쓰기, 산수에서 성취한 것을 설명하는 것을 보면, 그는 학생들의 배우는 것과 자아 향상에 대한 깊은 열정과 신념을 가지고 있었다.

이 자료를 보면, 사회개선의 마지막 조치로 순환시키는 융자 자금(loan fund)을 설치하여 가난한 사람들을 전당포 주인으로부터 보호하는 일을 하였다. 그가 간사들의 한 일을 조사해 보니, 일 년 동안에 250명이 도움을 받은 것으로 나타났다. 웨슬리는 더 많은 사람들이 이 자금(fund)을 지원하는 일에 참여할 것을 간청하였다. 그리고 그는 소사이어티의 자금도 이 봉사를 위하여 사용하였고, 또한 자기 자신의 필요한 것도, 빈민들이 이를 통하여 도움을 받았듯이 자신도 이 자금을 이용하였다고 말하면서 이 내용을 끝내고 있다. 그는 종교단체들을 은근히 비판하면서, 추단하기를 애초에는 모든 교회의 수입은 그렇게 사용되었다고 하였다. 그는 촉구하기를 모든 교회의 자금은 교회 책임자들에 의하여 빈민들을 위하여 계속 사용되어야 하며, 그렇지 않으면 하나님의 심판을 받게 된다고 하였다. 그는 이 사업을, 자금을 의복과 음식, 아이들의 교육, 집을 지어주는 일, 진료소를 세우는 일, 적은 융자금을

---

18) Rupert E.Davies, ed., *The Works of John Wesley*, vol. 9 (Nashville: Abingdon Press, 1989), p.277.
19) Ibid., p. 278.

만들기 위해 마련하는 일과 병합하였다. 이런 병합된 사역은, 어느 교회도 할 수 있는 완전한 모델이 되었다. 후에 다른 봉사들도 하게 되었다. 1749년에 이르러서는 하나의 완전한 프로그램이 자리 잡게 되었다. 악한 세대에 있어, 사회 구제(social relief)를 위한 완벽한 프로그램을 위해서는, 그 때나 지금이나, 또 다른 일들이 요구된다. 또 그리스도인들이 이런 일을 함에 있어서는 더 다른 정책이나 요구사항을 발견하게 될 것이다.

웨슬리는 1740년 후반기의 공적 생애를 사람이 할 수 있는, 아니 모든 사람에게 할 수 있는 모든 선한 일을 하는 모티브(motifs)를 가지고 살았다. 웨슬리가 가난한 사람과 사업을 시작하는 사람들을 위하여 융자재원(loan funds)을 처음으로 마련한 사람은 아니었다. 그러나 작은 융자재원을 마련하여 그를 무이자로, 메소디스트의 속회원들의 통제와 사회적 연대책임 하에 운영할 때, 이는 매우 효과적이었다. 모든 구제 사역은 관용과 수령인들을 자극하는 종교적 신념에 의하여 행하여졌다.

비용이 너무 많이 들어서 진료소들(medical clinics)은 문을 닫았지만, 그렇다고 건강을 위한 사역을 포기하지 않았다. 그는 건강을 위하여, 운동 삼아 걸으며, 음식을 절제하고, 와인이나 약한 정도가 아닌 강한 술을 끊을 것, 그리고 규칙적으로 잠을 자고, 청결하게 할 것을 권하는 일을 결코 멈추지 않고 종합적으로 접근을 하였다.

웨슬리는 1746년에 《원시적 의술(Primitive Physic)》이라는 책을 출판하였다. 여기서 그는 여러 질병들을 위한 거의 3백 개나 되는 민간들이 쓰는 약제를 추천하였다.[20] 이 책에서 그는 그가 존경하는 의사 죠지 체인(George Cheyne)의 글들을 받아 기록하였고, 거기에 자신이 읽은 것, 경험, 그리고 신뢰할 만한 증거들을 덧붙여 기록하였다. 이 책을 기고함에 있어, 자기의 할아버지, 증조 할아버지가 전해준 가정에서의 이야기도 계속하여 썼다.

이렇게 그가 약품, 치료, 융자 재원, 학교 등으로 사회봉사를 하는 일들은, 웨슬리에게 있어서는, 이웃을 사랑한다는 근본 윤리를 모두 드러내는 것이었다. 그러나 이 시절에 웨슬리의 관심은 육체적인 필요를 돕는다는 것 이상이었다. 그는 자기를 따르는 사람들과 그 외의 사람들과 정치에 대하여 상담도 하였다. 그는 왕에게 충성하는 것처럼 생각되는 후보자들을 추천하기를 주저하지 않았다. 심지어 그의 전도자들이 그들의 설교에서 왕과 왕의 정책을 옹호하는 것도 허락하였다. 그 때 왕은 실제로 교회의 머리이며, 하나님의 형편에 따라 봉사하는 자였다. 또한 왕은 메소디스트를 박해자들로부터 보호해 준 재판관과 동일한 위치에 있었다. 죤은 교회 정치에서 성직자의 위계제와 일치하는 군주제도를 몹시 좋아하는 것을 넘어서, 투표를 정직하게 하라고 강권하였다. 그는 자신의 투표를 팔아먹거나, 공직을 위한 후보자들로부터 음식이나 음료를 받아 먹지 않는 것이 중요하다고 말하고 또 글을 썼다. 이 때도, 그는 아직도 의회원을 선출하는 대학교 몫의 투표권을 가지고 있었다. 이런 문제에 있어, 웨슬리는 고교회인이었고, 그의 아버지가 그랬듯이 왕을

---

20) John Wesley, *Primitive Physic: or An Easy and Natural Method of Curing Most Diseases*, 24th ed. (London:G. Paramore, 1790).

지지하는 사람이었다.

1746년에 존은 그의 설교집(Sermons on Several Occasions)의 첫 권을 출판하였다. 1750년에 가서, 두 권의 설교집을 출판하였다. 그래서 3권의 설교집에 40개의 설교가 수록되었다. 그의 많은 설교는, 이 설교집에 있는 것을 포함하여, 팜플렛의 형태로, 또한 단 한 편의 설교로 출판하여 배포시켰다. 웨슬리는 이 설교들과 그가 쓴 신약성서 주석이 메소디스트 운동의 지표가 되기를 희망하였다. 그의 첫 번째 설교들, 곧 믿음에 관하여, 진정한 기독교, 진부한 기독교에 대한 도전, 성서적 기독교, 칭의, 의, 그리고 이런 종류의 설교들은 그의 독특한 신학적 관심을 나타내고 있다. 그가 그의 신학을 설교의 형태를 통하여 공개하는 것은 그가 순회하는 복음적 설교자로 소명을 받았다는 것을 생각나게 한다. 유사하게, 그의 윤리도 그가 1748-1750년에 설교 형태로 쓴 13편의 산상수훈 설교에 있는 엄중한 일신상의 요구들에 잘 담겨있다. 이 설교들은 100번 이상이나 이전에 이용한 것이다. 그가 1725년에 두번 째 한 설교도 산상수훈의 설교인데, 이 설교는 그가 자기 아버지의 무덤에서 1742년에 행한 설교들 중의 하나였다.

킹스우드의 학교

킹스우드에 있는 학교는 웨슬리가 세운 학교이다. 그가 열심히 도울 때 그 학교는 활기차게 운영되었다. 불행하게도, 복음 순회전도로서의 소명을 우선하기 때문에 그 학교를 자주 방문할 수는 없었다. 그는 학교를 방문하여 학교의 일을 바로 세우는 일을 종종 하였다. 웨슬리가 채용한 처음의 두 교장은 아주 나빴다. 저들은 학교 돈을 횡령한 후, 도로에서 강도질을 하다가 체포되었다. 로버트 램지(Robert Ramsey)는 형벌을 받았고, 그윌람 스노우드(Gwillam Snowde)는 아마도 웨슬리의 청원 때문에 국외로 추방되었다.

1749년에 출판한 글을 보면, 학교의 운영 방책은 수산나 웨슬리의 방법과 죤 웨슬리가 옥스퍼드에서 배운 것의 합성물이었다.[21] 거기에는 수산나의 엄격한 금욕적 계획과 죤의 생애에 영향을 준 책들을 공부하는 것이 있었다. 그는 학생들이 옥스퍼드를 나온 사람들보다 더 훌륭하게 되기를 의도하였다. 이 학교는 기숙사에 입사하여 그가 모든 프로그램을 끝마칠 때까지는 어떤 휴가도 얻어 떠나지 않겠다는 학생들만 받아들이곤 했다. 입학하는 학생은 6세로부터 12세까지의 아이들이었다. 죤은 이 학교를 만약 자기의 아이들이 있다면, 그들을 입학시킬 학교로 생각하였다. 그리고 이 학교는 자기의 전도자들의 아이들을 위한 학교로 운영하였다.

희랍어, 히브리어, 불어를 배우고, 영어에 능숙하게 되게 하는 것이었다. 그 외 다른 중요한 과목은 산수, 역사, 지리, 수사학, 논리, 윤리학, 음악, 기하학, 대수학, 물리학 등이었다. 이런 읽기의 목록은 웨슬리가 다룬 책들을 반영하고 있다. 곧 그의 어린이를 위한 교훈(Lesson for Children)으로 시작하여, 그가 좋아한 책들, 초대 신도들의 몸가짐(The

---

21) John Wesley, "A Short Account of the School in Kingswood Near Bristol" (Bristol: Felix Farley, 1749).

Manners of Ancient Christians), 초대 교회(Primitive Christianity), 천로역정(The Pilgrim's Progress), 그리스도를 본받아(Imitation of Christ), 할리버톤의 생애(The Life of Mr. Haliburton), 기독자의 완전(Christian Perfection), 진지한 명령(Serious Call), 일리아드(Iliad), 창세기(Genesis)를 읽은 것을 반영하고 있다. 학생들은 (웨슬리가 일어나는 시간인) 새벽 1시에 일어나고, 그리고 그 날에는 노는 시간이 계획되어 있지 않았다. 금요일에는 웨슬리가 하는대로 오후 3시까지 금식하는 것도 계획에 포함되어 있었다. 오후 8시에 아이들은 잠자게 되어있었다. 만약에 복음적 회심이 일어났다면, 전 교육 계획은 어떤 교육 계획이 할 수 있는 것보다도 더 많은 존 웨슬리와 같은 사람이 나올 수 있게 했을 것이다. 하루의 일과가 그렇게 엄격하게 계획되었기 때문에, 에프워스 목사관에서 있었던 은혜의 시간도 용납되지 않은 듯 싶다. 그 계획에는 이상하게도 한 가지가 빠진 것이 있다. 즉 웨슬리가 옥스퍼드에 있을 때 사회 봉사를 경험하였는데, 여기에 자발적인 사회봉사를 포함시키는 것을 미처 생각하지 못하였다. 지금 말하는 교육 계획은 그가 1749년에 출판한 글에 의한 것인데, 그의 일지를 보면 실제로 행한 것에는 가끔 다른 점도 있었다. 아이들은 그 규칙들을 쉽게 바꾸지 않았다. 그리고 정해진 봉급이 저명한 교장을 초래할 만큼 많아 보이지 않았다. 학교 기숙사의 여사감인 34세의 사라 리안(Sarah Ryan)과의 문제 때문에 그의 아내가 나가버리는 등의 곤경을 겪었는데, 그에 더하여 학교는 웨슬리에게 많은 고통을 안겨 주었다.

연애 사건

1748년 총회에서 웨슬리의 결혼에 대한 금욕주의적 견해는 너무나 지나치다고 그를 설득하였다. 그래서 그는 결혼에 대한 과거의 생각을 떠나서 좀더 온건한 자세를 취하게 되었다. 그러나 자신의 금욕주의를 물리치지는 못했다. 하나님을 사랑하고 위협받고 있는 청중의 영혼들을 사랑하는 한 자기의 성직(vocation)을 결코 버릴 수 없었던 것이다. 그가 1738년에 회심하여 하나님을 완전히 사랑하게 된 이후도 그는 결코 낭만적으로 생각할 수가 없었다. 여자들은 그에게 매혹되었다. 그러나 일 년에 말을 타고 7,500 마일을 여행하며, 일 주일에 18번 정도의 설교를 하는 그의 생활은 연애(romance)를 할 시간을 허락하지 않았다. 음프리 리(Umphrey Lee)는 그가 1747년에 한 여행을 간략하게 소개하고 있다.[22] 1월에는 웨슬리는 브리스톨 근처에서 설교하고 있었다. 2월에는 링컨쉬어(Lincolnshire)에 있었다. 그리고 3월에서 5월까지는 요크쉬어(Yorkshire)와 미드랜드(Midlands)를 왕래하며 여행했다. 6월에는 런던과 브리스톨, 프리마우스(Plymouth)을 왔다 갔다 하였다. 7월에는 콘월(Cornwall)에서 정기적으로 설교를 하였다. 8월에는 웨일즈(Wales)와 아일랜드를 순회하고 9월에 웨일즈에 돌아왔다. 그 해의 마지막 3개월은 런던과 그 주변에서 지냈다. 그의 성직과 그의 이웃 사람들의 영혼에 대한 하나님의 사랑은 그에게 여자의 사랑이 필요하다는 것을 1748년까

---

22) John Wesley, "An Account of an Amour of John Wesley," in Umphrey Lee, *The Lord's Horseman*(New York: Century Co., 1928), pp.267-351. 이하는 생략함(역자).

지 느끼지 않게 하였다.

    그렇다면 그는 사랑에 빠지지 않을 것으로 생각하지만, 그러나 그는 몹시 아프게 되었다. 사실은 그가 여자에 의하여 간호를 받으며 건강을 회복하고 있을 때, 그에게는 세 번이나 마음에 애정이 생긴 일이 있었다. 그가 서서히 건강을 회복하고 있을 때, 과부로서 메소디스트 운동에서 일하고 있는 그레이스 머레이(Grace Murray)에게 결혼할 것을 거의 약속하였다. 웨슬리는 그녀의 결혼 승낙을 얻었다고 생각했다. 그러나 오래전에, 소피 홉키(Sophy Hopkey)와의 경우에서 그랬듯이, 그는 주저했다. 그녀는 웨슬리와 더불어 여행을 갔다. 그러나 그는 그녀와 체셔(Cheshire)에서 헤어졌다. 거기서 그녀는 웨슬리의 전도자들의 한 사람인 존 베넷(John Bennet)과 약혼을 하였다. 그러나 겨울 동안에 그녀는 마음이 흔들려서 봄에 브리스톨에 있는 존 웨슬리를 찾아 왔다.

    그녀와 함께 아일랜드에 전도하러 가면서, 존과 그레이스는 더 깊은 사랑에 빠졌다. 저들은 결혼을 굳게 약속했다. 그러나 존은 여전히 약속을 미루면서 말하기를, 이 일에는 (1) 동생 찰스가 동의해야 하고, (2) 존 베넷과 의견을 같이해야 하고, 그리고 (3) 메소디스트 소사이어티가 이 결혼을 지지해야 한다는 조건을 붙였다. 이런 모호한 것 때문에 20세기의 메소디스트 역사가들은 과연 존과 그레이스가 법적으로 결혼을 했는가 안 했는가를 논쟁하게 되었다.[23] 그레이스는 그런 조건들이 충족되

---

23) Frank Baker는 웨슬리와 Murray가 1749년에 두 번이나 서약을 한 것은 1748년에 그녀가 약혼한 것보다 더 구속력이 있는 것으로 보았다. 그러면서 Baker는 모든 것을 두루 살펴 볼 때, 웨슬리는 Murray를 자기의 법적 아내로 믿었다고 결론을 내렸다.(Methodist History, October 1977, p. 43). 이하는 생략(역자).

는 것을 일 년 이상은 못 기다리겠다고 말하였다. 그래서 18세기의 영국의 법에 관계 없이, 그녀나 존이 결혼했다고나 또는 완전히 결혼하기로 약속했다고는 생각하지 않았다.

존이 괴로워하며, 그레이스의 종교생활에 대해 장황하게 글을 쓰고 있으며 또한 결혼 문제로 그녀를 생각하고 있을 동안, 그레이스(Grace)는 존과 몰리 프란시스(Molly Francis)와의 관계에 대한 험담을 들었다. 존은 그가 한 서약 때문에 위기를 조성하고 있다는 것을 어렴풋이 알고 있었던 것 같다. 그러나 그는 설교할 의무를 지켜야 했었다. 그래서 그는 자신의 애인을 붙잡지를 않았다.

찰스는 이 싸움에 격렬하게 끼어들었다. 그는 그레이스를 속여 그녀를 존 베넷에게 소개하였다. 그리고 베넷에게 결혼하라고 설득하였다. 그레이스와 베넷은 결혼하였다. 찰스는 그의 형 존을 만나 베넷의 약혼을 파기시키고, 자기보다 신분이 낮은 사람과 결혼하려고 계획하고 있어, 메소디스트 운동이 박살날 위험에 처했다고 존을 맹렬하게 비난하였다. 존을 위로하고 있는 죠지 휫필드나 존 넬슨도 찰스가 비난을 퍼붓고 있는 것을 막을 수가 없었다.

존이 정식으로 그레이스, 존 베넷 그리고 찰스를 용서하였음에도 불구하고, 그는 여러 해 후 베넷이 죽은 후에 런던에서 다시 한 번 그레이스를 보기를 원했다. 베넷은 결혼한 후에 웨슬리 진영을 떠나 칼빈주의자가 되었다. 찰스는 그런 간섭을 한 다음에는, 과거와 같이 존과 가깝게 지낼 수가 없었다. 결국 찰스는 결혼을 하고, 순회 사역을 그만두고 런던에서 살았다. 그리고 존이 영국교회로부터 너무 멀리 멀어져 나가고 있다고 주의를 주었다.

웨슬리는 이 관계에 관하여 글을 썼다. 이 책의 출판은 널리 알려지지 않았고 메소디스트의 전설에도 있지 않지만, 그 때의 웨슬리의 학생들에게는 알려져 있었다. 분명히 존 웨슬리와 존 베넷은 다 그레이스가 자기들과 약혼하고 있다고 믿었다. 그레이스는 허둥지둥 하면서 누구든지 먼저 결혼하자는 사람과 결혼할 의도를 가지고 있었던 것 같다.

물론 그녀의 생각과 의도를 정확히 알기는 어렵다. 우리는 단지 존이 말하는 그녀의 생각들을 알고 있을 뿐이다.[24] 그녀는 존 웨슬리의 복음전도사역을 돕는 자요 또한 집안일을 돌보는 여자였다. 그러므로 그녀는 웨슬리의 지배 하에 있었고, 그를 두려워했다. 존은 여행의 동반자요 동역자인 그녀에게서, 그가 장차 자기의 부인에게 있었으면 하는 속성들이 있음을 발견했다. 또 한가지는 그녀는 처음에는 횟필드의 설교에 의하여 그리고 다음에는 웨슬리의 설교에 의하여 높은 종교의식을 가지고 있었다는 것이다. 그녀는 웨슬리의 설교를 들을 때, 그녀는 쓰러져서 신음소리를 냈다. 그 후 두 여자의 도움을 받아 집으로 돌아갔다. 그녀의 그런 회심은 회심 후 몇 해 있다 바다에서 죽은 그의 남편과의 관계에 긴장상태가 생기게 하였다. 그래서 그녀는 존 웨슬리의 충고에 따라 뉴캐슬에 있는 어머니의 집으로 이사갔다.

여기에 사랑을 꽃피우고 또는 잃어버리는 일을 끝나게 하는 일들이 시작되었다. 그녀는 과부로서, 그에게는 웨슬리보다 많은 결혼의 경험이 있었다. 그러나 영적인 일이나 실제 문제들에 있어서 웨슬리는 소사이어

---

24) Lee, *The Lord's Horseman*.

티의 카리스마적인 지도자였다. 그래서 그녀는 기본적으로 웨슬리가 충고하는 것을 행하였다. 그녀는 잠시 웨슬리의 집에서 다른 사람들과 함께 살았었고, 그리고 얼마 동안은 뉴캐슬에 있는 그녀의 어머니와 함께 살았다. 저들이 함께 여행을 함으로 소사이어티 안에서 분쟁과 험담이 일어났었다. 죤은 그녀의 죤 브리돈(John Brydon)과의 관계를 반대하며, 그녀가 그와 함께 여행하지 않도록 하였다. 후에 죤 브리돈와 결혼을 하여 종교적 열심이 약해지매, 그레이스는 자신을 원망하였다. 죤 웨슬리가 그녀를 잃게 된 때, 그는 그레이스가 10년 동안 자기를 사랑했음을 알고 있었다고 고백하였다. 기록을 보면, 웨슬리는 1742년 10월에 그녀에게 뉴캐슬에 돌아가라고 충고했다. 만약에 그가 말하는 10년이 정확하다면, 그녀의 남편이 아직 살아 있을 때, 그녀의 회심의 때에도 그(웨슬리)를 사랑하고 있었다는 의미이다. 그녀의 회심과 그 후의 그녀의 영적 성장은 하나님을 위한 사랑과 하나님의 사자를 위한 사랑을 통합한 데서 온 듯 하다.

두 사람 간의 성적 관계(expression)에 대하여서는 억측이 있을 뿐이다. 웨슬리는 이에 대하여 말한 적이 없다. 그러나 죠지 휫필드는 죤 베넷에게 자기는 그레이스를 웨슬리의 아내로 알았다고 말하였다. 저들의 관계에 대한 웨슬리의 기록을 보면, 다른 사람들이 그녀를 웨슬리의 안주인(mistress)이라고 보았다고 했다. 죤의 기록에 의할 것 같으면, 웨슬리의 전도자들 가운데 한 사람이 웨슬리가 그의 매춘부를 뉴캐슬 밖으로 내쫓기를 원했다고 비난했다. 웨슬리는 다른 사람들의 이런 판단들을 소개하면서 그것들을 부정하지 않았다. 이에 현대인의 생각에는,

존이 한 때는 성직자의 필요에 따라 성직자의 독신주의를 버렸고, 그녀와 오랫동안 여행을 하였지만 그녀와 깊은 관계를 갖지 않았고, 서로 약혼의 서약을 거듭했다고 가정한다. 이제까지 존 웨슬리는 철저하게 훈련된 사람이었다. 그럼에도 불구하고 그레이스와의 경우에 있어서는, 모든 상황이 완전한 것도 아니고 의로운 것도 아니었다. 웨슬리는 그의 동생이 그녀에게 존은 그녀와 결혼하지 않을 것이라고 말한 것에 대해, 그를 원망하였다. 그녀는 그 말을 들은 후 존 베넷의 청혼을 받아들였다. 웨슬리는 그의 애인, 전도자 그리고 찰스의 배신으로 인하여 낙담하였다. 그는 슬픔 가운데, 리즈(Leeds)에서 뉴캐슬로 가면서, 긴 시(poem)를 썼다. 그는 종종 하나님을 위한 사랑으로 인간적 사랑을 자제했고, 슬픔 가운데 하나님의 사랑으로 되돌아갔다. 웨슬리는 그 해에 예수의 산상수훈에 대한 설교를 출판하면서, 본인의 성직을 다시 수행하였다.

제6장
산상수훈
(Sermon on the Mount)
(1748-1750)

혼인 예복에 관하여

산상수훈

제 6 장
산상수훈(Sermon on the Mount)
(1748-1750)

웨슬리의 산상수훈에 관한 설교가 그의 윤리에 중요하다는 것은, 그가 이 설교들을 설교집에 수록하여 출판할 때까지 무려 100회 이상이나 설교하였다는 사실로 입증된다. 더욱이 이 산상수훈에 대한 설교는 총회가 채택한 메소디스트의 교리규준 가운데 하나인 표준 설교의 3분의 1을 차지하고 있다. 이 산상수훈은 웨슬리에게 있어서는 순수한 종교의 규범이며, 하나님에 의하여 주어진 것이다. 이 설교는 구원의 길을 가리키고 있다. 그러므로 웨슬리에 있어서는, 이는 현대 신학자들이 말하는 옳은 실천의 길(the way of orthopraxis), 곧 그리스도 안에서 구원의 길을 택한 사람들을 위한 옳은 행동의 길이라고 부를 수도 있다.

웨슬리에 있어서 그리스도인의 윤리는 성경에 근거한 것이다. 성서적 윤리가 절대적이다. 성경이 가르치는 도덕적 교훈에는 그릇된 것이 없다. 그리고 이 윤리의 배경에는 하나님의 권세가 있다. 문제는 성경을 해석하는 데 있다. 해석은 저자의 시각(perspective)을 발견하려는 것이 아니라, 성경을 그 명백한 가르침에 따라 성경이 성경을 해석하게 하는 방법을 사용함으로써 하나님의 뜻을 발견하려는 것이라야 한다. 당시의

18세기의 해석법을 참고하듯이 교회의 전통적인 해석법도 참고하여야 한다. 그러나 핵심적인 일은 하나님의 뜻을 발견하는 것이다. 웨슬리는 하나님의 뜻에 대한 분명하고 자세한 설명이 산상수훈에 있다고 본 것이다.

차츰 발전하는 웨슬리의 기독교 윤리관에 대하여는 앞에서 개관하여 보았다. 이는 다음과 같이 간략하게 정리해 볼 수 있다. 즉 올더스게이트 이전의 수년간은, 하나님이 요구하시는 성결을 추구하는 것이었다. 1738년에 있은 각성 후에는 사람을 행동으로 이끄는 믿음의 중요함을 강조하였고, 그 다음에는 그의 생각이 성숙하여져서 "사랑으로 역사하는 믿음"을 주장하였다. 이 제3기의 입장은 그가 1790년에 행한 "혼인 예복에 관하여(On Wedding Garment)"라는 설교와 1748-1750년에 쓴 산상수훈 설교에서 기독교 윤리를 폭넓게 설명한 것에 잘 나타나 있다. 그의 13개의 강론은 설교와 비슷하다. 그러나 그것들은 산상수훈에 대한 에세이(essay), 즉 설교와 같은 에세이이다.

혼인 예복에 관하여

웨슬리의 8쪽에 쓰여진 이 짧은 설교의 절반은 마태복음 22:12에서 언급하고 있는 혼인 예복이 무엇을 말하는가를 다루고 있다.[1] 여기서 웨슬리는 마치 강의 시간에 그릇된 해석들을 제거하고 있듯이, 여러 해석

---

1) "On the Wedding Garment" in Sermons IV, ed. Albert C. Outler, *The Works of John Wesley*, vol.4 (Nashville: Abingdon Press, 1987), pp.140-48.

들을 제쳐놓고 있다. 그리고 그는 말한다: 물론, 구원에 필요한 혼인 예복은 성결이다. 그리스도의 성결과 개인의 성결이 지옥 불에 던져지는 것으로부터 인간을 구원한다. 그리고 웨슬리는 로마 가톨릭의 형편 없는 혹평(bashing)을 두 단락에서 다루었다. 그는 로마 가톨릭이 성자들(saints)에게 드리는 기도에 의존하는 것은 우상 숭배라고 여겼다. 또한 그들이 이단자들을 정당한 종교에 반대한다고 해서 박해하는 것도 물리쳤다. 그는 또한 개신교에서 행해지고 있는 박해와 사소한 일을 가지고 신자에게 부담을 주는 일도 비난했다. 사람이 정직하고 온건하고 세상에 유익을 줄 수 있겠지만, 그는 여전히 성결한 것은 아니다. 사랑이 나오게 하는 이 성결에 대하여서는 산상수훈에 대한 강론에서 자세히 다루었다.

구원에 필요한 혼인 예복은 하나님의 형상으로 새로 지음을 받은 영혼이다.[2] 이는 하나님의 계명들을 지키는 것, 특히 "너는 마음을 다하여 너의 하나님을 사랑하고 네 이웃을 네 몸같이 사랑하라"는 계명을 지키는 것이다. 한마디로 말해서, 성결은 "그리스도 안에 있었던 마음"을 갖는 것이며, 또한 "그리스도께서 걸으신 것처럼 걷는 삶이다."[3] 그리고 웨슬리는 계속하여 말하기를, 이것이 그가 60년 동안 아무 변경 없이 지켜온 입장이라고 하였다. 여기서 60년이라는 것은 그가 올더스게이트에서의 경험 이전부터 곧 그가 초기에, 옥스퍼드에서 모든 것은 하나님 사랑과 이웃 사랑에 달려 있다고 설교한 때부터라는 의미이다.[4] 옥스퍼드

---

2) Ibid.,p.147.
3) Ibid.
4) "The Circumcision of the Heart(마음의 할례)" in Albert C. Outler, ed. *The Works of*

와 그리고 지금, 그의 생의 마지막이 가까운 시기에, 그는 이 설교가 글로 남기는 마지막 설교가 될 것일지도 모른다고 생각하면서, 기독교가 가끔 율법무용론(antinomianism)으로 표류하는 것을 반대한 것이다.

웨슬리는 이 설교가 후에 그의 알미니안 잡지(his magazine the Arminian)에 실릴 것이라고 알고 있었다. 이 설교의 결론은 그의 윤리를 다음과 같이 요약하고 있다.

"이 모든 것을 집약하면 이런 것이다: 사랑의 하나님은 그가 지으신 모든 영혼을 구원하시기를 원하고 계신다. 이를 하나님은 말씀으로, 그리고 또 자기를 믿는 사람이 영생을 얻을 수 있도록 자신을 희생하신 그의 사랑하는 아들에 의하여 계시된 구원을 선포하셨다. 그리고 이것들을 위하여 하나님은 세상의 처음부터 하나님의 나라를 준비하셨다. 그러나 하나님은 하나님의 나라를 받아들이라고 강요하지 않으실 것이다. 이를 하나님은 사람 자신의 의지에 맡기셨다. 하나님은 말씀하신다: "볼지어다. 내가 네 앞에 생명과 죽음, 축복과 저주를 두었노니 생명을 택하라 그리하면 네가 살리라." 내 은혜로 성결을 택하라. 이것이 영생의 길, 유일한 길이니라. 하나님은 크게 소리치신다. "거룩하라 그리고 행복하라; 이 세상에서도 행복하고 앞으로 올 세상에서도 행복하라." "그대의 영원한 집은 거룩해야 한다." 이것이 어린 양과의 혼인 잔치에 초대받은 모든 사람의 혼인 예복이다. 혼인 예복을 입어 그들은 벌거벗은 것으로 발견되지 않을 것이다: 저들은 저들의 옷을 빨았고, 그들의 옷은 어린 양의 피로

John Wesley, vol. I (Nashville: Abingdon Press, 1984), pp.401-16.

희게 되었다." 그러나 마지막 날에 혼인 예복 없이 나타난 사람에 대하여는, 심판자로서의 하나님이 말씀하실 것이다. "이들을 바깥 어두운 데로 내어 쫓으라. 거기서 그들은 울며, 이를 갈게 될 것이다."

1790년 3월 16일, 메딜레이(Madeley)에서.[5]

이 결론에 대한 보충 설명을 1748-1750년에 웨슬리가 쓴, 예수의 산상수훈에 대한 그의 강론에서 하고 있다. 웨슬리가 보기에는, 마태가 연대순으로 첫 복음서를 기록하였다. 마가, 누가, 요한은 마태가 누락한 것들을 기록하고, 메시지를 그들의 시대, 장소, 종교적 상황에서 전달하면서 마태를 보완하였다. 결국, 다른 저자들은 마태복음에서 이미 산상수훈을 자세히 소개했기 때문에 반복해서 소개할 필요가 없다고 봤다. 그래서 마태가 쓴 산상수훈이 독특한 것이다.

산상수훈

일반적으로 21세기의 성서 해석자들은 산상수훈이 마태복음의 저자가 최초로 구성한 것이라고 말하지만, 웨슬리는 산상수훈은 하나님의 연설(God's speech)이라고 믿었다. 웨슬리는 복음서의 저자의 자료들, 즉 마태복음 5-7장에 예수님이 하신 말씀을 얼마나 많이 간직했는가에 대하여 걱정하지 않았다. 웨슬리에게 있어서는, 이는 산에서 예수를 통한 하나님의 가르침으로서, 복음적 삶의 길을 상세히 설명하신 것이다.

---

5) "On the Wedding Garment(혼인 예복에 관하여)," *Works*, 4:148.

이 설교에는 생활하는데 필요한 모든 것이 설명되어 있다. 사실 웨슬리에 의하면, 이 설교에는 진정한 기독교를 부패하게 하는 것을 예방하는데 필요한 모든 것이 들어있다. 아마도 이것이 웨슬리가 이해하고 있는 하나님이 주신 윤리에 대한 가장 신뢰할 만한 자료일 것이다. 1748-1750년에 쓴 설교는 웨슬리의 생의 중반에 쓴 설교들이다. 웨슬리가 이 산상수훈 설교를 가지고, 그가 젊었을 때 한 것처럼, 계속하여 설교하였지만, 그는 이 설교들을 한번 기록하여 출판한 다음에는 그 설교들을 다시 개정할 필요를 느끼지 않았다. 웨슬리에게 있어서는, 산상수훈 설교는 언제든지 주님의 교훈을 받고자 하는 모든 사람을 위한 것이다.

웨슬리에 의하면, 마태복음 5장에서는, 종교의 진정한 특성(summary)이 묘사되어 있다. 그리고 사람들의 잘못을 논박했다. 6장에서는 신앙인들이 행동함에 있어서의 새로운 규정들이 설명되어 있고, 7장에서는 그릇된 종교 행위에 대한 주의가 기록되어 있다.

강론 I, 겸손(Humility)

"심령이 가난한 자는 복이 있나니 천국이 그들의 것임이요"(마 5:3)라는 말은 인류를 소외시킨 죄에 대한 하나님의 용서를 겸손하게 받아들임을 의미한다고 해석했다. 웨슬리가 설교한 구원의 근본 메시지에 의하면 이것은 자만(pride)에 대한 해독제이다. 그래서, 이 것이 그리스도인의 생활의 시작이다. 여기서 '가난하다'는 말은 물질적인 빈곤에 대하여 말하는 것이 아니다. 그러나 물질적으로 부자라고 해서 자만한 사람은 구원을 못 받을 것이다. "이것은 그리스도 안에서 우리를 구원하시는 하나님의 사랑을 느끼는 데서 나오는 참되고 순수한 크리스천의 겸손이다."[6]

두 번째, 산상수훈 "애통하는 자는 복이 있나니"(마 5:4)라는 말은 구원받은 것을 알고 있던 사람이 전에 한때 알고 있던 하나님의 임재에 대한 확신이 없음으로, 슬퍼하는 사람들의 상태라고 해석했다. 이렇게 애통하는 사람들은 그리스도의 임재로 다시 기쁨을 얻게 되리라는 것을 가정한다. 여기에 나타난 두 번째의 의미는 타락했고 고통받은 세상을 위한 동정에서 그리스도인이 애통한다는 것이다. 이 첫 번째 산상수훈은, 이렇게 구원받은 다음에 하나님의 임재를 못느껴 애통하는 사람, 또 불신자들의 구원 못 받음을 생각하며, 그들의 상태 때문에 애통하는 사람들에게는 하나님의 축복이 있을 것이라고 약속하면서 이 첫째 설교를 마무리했다. 모두가 지옥의 절벽에서 살고 있기에 하나님의 임재가 없다고 생각되면, 먼저 자신을 위하여 애통하라고 호소했다. 그리고 자신이 안전하다면 이웃 사람들의 위험 상태를 위하여 애통하라고 호소했다.

이 설교는 산상수훈에서 말하는 겸손과 애통을 전도하는 설교의 맥락에서 설명하였다. 그것들은 여전히 덕목으로 인지되고 있다. 그러나 웨슬리의 복음 메시지의 내용에 의존한 덕목이다. 웨슬리가 5년 후에 발행한 그의 신약성서 주해에서, "복이 있나니"라는 말을 "행복하리"라고 다시 번역을 했다. 이런 변경은 그의 종말론이 현재에서의 종말론이라는 것을 다분히 드러낸 것이다. 진정한 행복이 지금 살고 있는 신자에

---

6) "Upon Our Lord's Sermon on the Mount, I", *Works*, I:482.

게 허락되어 있다는 것이다.

강론 II. 의(Righteousness)

두 번째 강론은 "온유하고 의에 주리고 목마른 자는 복이 있나니"라는 말씀을 설명하고 있다. 그리고 긍휼히 여김을 받는 축복을 바울이 말하는 사랑의 관점에서 해석하고 있다. 온유한 자에게 주시는 축복은 하나님께서 모든 일을 완성하였을 때, 땅을 기업으로 받을 자들에게 주시는 축복이다. 그리고 하나님께서 온유한 자를 위하여는 이 땅에서 필요한 모든 것도 공급하신다. 온유는 그리스도인에게 주어지는 축복으로, 온유는 사람 사이에 인내하게 하며, 하나님의 뜻에 복종하며 모든 사람에게 관대하게 만든다. 이 온유는 죄에 대하여는 성내지만, 사람에 대하여는 일체 성내지 아니한다. 하나님과 친하게 교제하고 있으면서, 다른 사람에 대하여 계속 성내고 있을 수는 없다. 웨슬리는 산상수훈의 이 말씀은 온유를 먼저 행동으로 옮길 것을 권유하고 있는 것으로 이해했다. 그래서 원수와 화해하기를 구하여야 한다. 온유한 자가 땅을 기업으로 얻는다는 것은 곧 하나님이 그들의 필요한 것을 공급하신다는 뜻이다. 저들이 받은 것으로 만족하기에, 저들은 이미 땅을 기업으로 얻은 것이다.

자만, 불친절, 노여움이 사라진 것을 가지고, 마태는 의에 주리고 목마름에 대한 축복을 하나님을 사랑하고 이웃을 사랑하는 태도로 말한 것으로 웨슬리는 이해하였다. 웨슬리에 있어서는 의를 추구한다는 것은 결국 순결해져서 하나님과의 교제를 갖게 되는 보다 높은 의를 추구한다는 것이다. 세상 종교는 첫째로 남에게 해를 끼치지 않고, 어려운 사람을 도와주며, 교회의 은혜의 수단들을 사용하는 것으로 다 된 것으로[7] 생각하지만, 우리는 보다 높은 의(higher righteousness)를 추구하여야 한다는 것이다.

강론 III. 화평하게 하는 자

산상수훈은 마태복음 5:8-12에서, 마음이 청결한 자, 화평하게 하는 자, 의를 위하여 박해를 받은 자들이 받을 축복에 대하여 언급하고 있다. 이 강론은 두 가지 사랑의 계명에 관한 것으로 시작하고, 그 계명이 하나님의 사랑에 의존하고 있음을 설명하고 있다. 20 페이지에 걸친 이 강론은 성결을 권하는 것으로 마무리하고 있다. 웨슬리에게 있어서는, 성결로 나가는 사랑에 의하여 해석된 이 산상수훈이 예수의 종교의 본질적인 특질(essentials)인 것이다.

마음이 청결한 자가 받은 축복은 곧 하나님을 이해하고 하나님과 친밀한 교제를 가진 것을 의미한다. 웨슬리는 마음이 청결한 자는 친구와 대화하듯이 하나님과 대화한다고 말한다.

웨슬리는 그의 강론에서 이혼을 금하지 않았다. 그러나 저들의 상대가 간음함으로 인하여 이혼한 사람들 말고는, 누구나 재혼하는 것을 금지하였다. 여기서 이런 그의 견해는 일부 영국교회 감독들의 의견을 따른 것이다. 그러나 재혼 문제에 있어서는 그들보다는 덜 엄격하였다.

맹세에 대한 그의 견해는 중립적인 입장을 취하였다. 그는 맹세를 금

---

7) "Upon Our Lord's Sermon on the Mount, II", *Works*, I:496.

지한 것은 거짓 맹세와 일상적으로 하는 맹세를 금지한 것이지, 판사 앞에서 하는 맹세를 금한 것은 아니라고 해석하였다. 실상은, 예수님이나 바울도 맹세한 바가 있다는 것을 말하고자 한 것이다.

그는 마음의 종교에 대하여 설명함에 있어 다음과 같은 아름다운 글로 마무리하고 있다.

"이 말씀을 통하여 우리의 복된 주님이 우리에게 거듭 강조하시는 교훈의 요점은 이것이다. 즉 하나님은 만물 중에 계시다는 것과 우리는 모든 피조물을 통해서 창조주를 볼 수 있다는 것과 또 우리가 하나님을 떠나서 어떤 일이나 무엇이나 한다면 이것이야말로 실제적 무신론자라는 것이다. 그러나 참으로 장엄한 생각을 가지고 하늘과 땅, 그리고 하나님의 거룩한 손으로 지탱하고 있는 만물을 관찰하면, 이것들은 하나님의 손 안에 있는 것으로서, 그가 친히 그 중에 계시어 유지 보전하시며 그 속에서 그것들이 동작하게 하시고 계심을 알게 된다. 그러므로 참된 의미에서 하나님은 우주의 영이시다."[8]

"화평하게 하는 자는 복이 있나니"라는 말씀은 주로 사람이 다른 사람을 위하여 할 수 있는 모든 선을 행한다는 의미로 해석을 하였다. 이는 힘을 다하여 선한 뜻이 이루어지며, 평화가 보전되며 또는 회복되는 것을 의미한다. 자기 사랑(self-love)이 화평케 하는 일에 원수로 이해하였다. 이 산상수훈이 의미하는 바 본질적인 것은 공동의 선을 추구하는

---

8) "Upon Our Lord's Sermon on the Mount, III", *Works*, I:516-17.

것이다.

웨슬리는 화평케 하는 과정에는 박해가 따른다는 것을 인정하였다. 진지한 종교생활에는 박해가 불가피하게 따른다. 모든 그리스도인은 의를 추구함에 있어 박해가 있을 것을 각오해야 한다. 특별히 저들은 화평케하는 자들로서 박해를 받았다.

그리스도인들은 박해를 받으려고 하지는 않지만, 박해가 있을 것을 기대해야 한다. 웨슬리는 그 당시에는 일반적으로 죽이는 박해는 없고, 단지 괴롭히며 비방을 당하게 하는 박해가 있음을 묘사하고 있다. 그는 다시 온유함에 관하여 언급하면서, 모든 사람을, 심지어 원수까지도 사랑해야 한다고 말하고 있다. 그의 강론은 예수님의 엄한 가르침들을 직접 적용하는 것으로 가득 차 있다.

웨슬리의 경제 윤리도 나타나 있다. 아무에게도 빚지지 말라. 너의 가족을 돌보아라. 그리고 남은 것은 가난한 사람들에게 주어라. 이 예수 그리스도의 순수한 종교의 이름으로 완전하라고 호소하면서 이 설교를 마무리하고 있다.

강론 IV. 사회적 종교

마태복음 5:13-16에 대한 강론은 듣는 자들이 소금과 세상의 빛이 되어 다른 사람들이 선한 일을 식별하고 하나님 아버지를 영광스럽게 할 수 있도록 할 것을 권하고 있다. 이 설교는 변화하여 하나님을 닮은 신자의 성격을 솔직하게 언급하고 있다. 이 설교에서 웨슬리는 그리스도인의 생활은 선한 일을 행하는 공적 생활이라는 것을 명백히 논증하고 있다. 그는 이 본문의 말씀을 통해 세상을 부정하는, 개인주의적인 해석을 못마땅하게 생각한 것이다.

이 강론의 요점은 첫째로, "기독교는 본질적으로 사회적 종교이고, 기독교를 고립된 종교로 만든다면 이는 기독교를 파멸시키는 것이 된다"[9] 는 것을 설명하고, 둘째로, 기독교를 숨은 종교로 만들면 안 된다고 주장하고, 셋째, 마지막으로, 그는 사회적 종교의 실질적인 적용과 그 타당성을 설명하는 것이다. 그와 같이 이 강론은 선한 일을 하는 것을 찬양하고 모라비안들의 정숙주의로 가는 경향을 반대하는 것이다.

웨슬리는 "종교적 은거생활"을 갖기 위하여 얼마 동안 은거하는 일을 반대하지 않는다. 기도하기 위해 또는 영적 회생을 위해 은거하는 기간은 일반적으로 중요한 문제가 될 수 없다. 기독교의 성격은 사회적이라야 한다. 그리스도인은 빛과 소금으로 행동하여 다른 사람들에게 영향을 끼쳐야 한다. 기독교의 덕행은 다른 사람들과 상호 관계를 갖는 데서 오는 것이다. 여기서 그는 링컨 대학에 가서, 많은 친지들과 친근한 친구가 되지는 않지만, 그들과 관계를 갖고자 결정한 일을 반영하고 있는 것이다.

화평하게 하는 자는, 온유한 자가 그랬듯이 다른 사람들과 교제하여야 한다. 그것은 사회적 접촉을 요구하는 하나의 선행으로 해석한다. "화평하게 하는 일 그리고 선한 일을 행하는 것은 참 기독교에 있어야 할 또 하나의 분야인 것이다."[10]

---

9) "Upon Our Lord's Sermon on the Mount, IV", *Works*, I:533.
10) Ibid., p.534.

예수님이 가르치시는 선행은 공개적인 만남에서 이루어져야 할 뿐 아니라, 또한 공개적인 증거를 통하여 다른 사람들이 하나님을 알게 되고 빛으로 인도되도록 하는 것이다. "사랑은, 빛이 그렇듯이 숨겨질 수 없다. 너희가 여러 가지 선한 일을 위해 사랑을 할 때 나타나는 사랑은 아무리 적은 것이라도 숨겨질 수 없다."[11] 물론 웨슬리는 선행은 구원이나 본질적인 가치를 추구하기 위한 것이 아니고, 하나님께 영광을 돌리기 위해 하는 것이라는 점을 분명히 말하였다. "너의 마음에 있는 빛은 선한 일 곧 경건의 일과 자선의 일에 비치게 하라."[12]

강론 V. 도덕 법

마태복음 5:17-20에 대한 강론에서, 웨슬리는 도덕적 실천을 강조하고 있다. 웨슬리는 마태를 따라, 예수가 종교적 도덕률에 있어 개혁가가 아님을 강조하고 있다. 모세의 도덕률 모두를 틀림없이 지켜야 한다. 그리고 그리스도인들은 예수의 가르침에 따라 서기관이나 제사장들보다 더 의로워야 한다.

웨슬리는 모세가 성전에서 행하는 의식의 형식과 제사드리는 일에 대하여 가르치신 의식적 법(ceremonial law)은 예수께서 파기하셨다고 가르쳤다. 예수께서는 성전을 존중히 여기시고, 성전에 관한 의식의 형식이나 법을 폐지하셨다는 기록이 없는데, 그가 그렇게 말함은 특별한 교훈이다. 웨슬리의 시대에는 성전은 없어졌고, 그래서 예수님 시대

---

11) Ibid., p.539.
12) Ibid., p.548.

와 같지 않았다. 만약에 예수께서 성전에 관한 모든 규정을 파괴하셨다면, 예수는 웨슬리가 유감으로 생각하는 과격한 종교 개혁가였을 것이다. 여기에 웨슬리의 입장이 매우 난처하게 된다. 왜냐하면 그는 도덕적 법, 특히 십계명을 지키기를 원한다. 그리고 그는 레위기나 신명기에 있는 것 중 많은 것들은 영국의 사정에 적합하지 않음을 알고 있기 때문이다. 웨슬리는 이것들은 하나님이 모세를 통하여 주신 것으로 믿는다. 그러므로 이것을 폐기할 수 있는 분은 예수님뿐이다. 그런데 불행하게도 예수님께서 폐기하셨다는 증거가 별로 없다.

오늘의 관점에서 볼 때, 모세가 죽은 뒤 여러 세기까지도, 그가 보지도 못한 도시에 세워지지 않을 성전을 위한 규정을 만들었다고 믿는 것은 불합리한 것이다. 마찬가지로 모세가 신명기에서 제정한 도덕적 법의 대부분도 모세가 아무것도 몰랐던 주전 7 세기(seventh century B.C)의 나라와 상황을 위한 것이었다. 웨슬리가 성경의 출처에 대한 가정을 가지고, 율법을 도덕적 법과 성전에 관한 법, 두 가지로 나눈 것은 독특하다. 그의 시대에는 그리 알려져 있었지만, 웨슬리에 있어서는 구약에 있는 도덕적 법은 인류 모두가 "시간과 장소나, 어떤 상황에 상관없이"[13] 지킬 의무가 있는 것이다. 그는 그의 설교에서 어떤 법들이 우리가 지켜야 할 도덕적 법이라고 생각한다고 정확하게 말하지는 않았다. 그러나 상세한 법조문은 언급 안 했지만, 그 설교에서 도덕을 엄격히 다루고 있는 것은 분명하다. 그는 빈민에게 구호품을 주는 일, 성경을 연구하는 일, 금식하는 일, 성찬식에 자주 참석하는 일, 기도하는 일들을 강력하게

---

13) "Upon Our Lord's Sermon on the Mount, V", *Works*, I:552.

권하고 있다.

웨슬리는 율법들 가운데 어느 법을 영원한 것으로 보느냐를 자세히 설명하지 않은 채, 이 강론을 끝냈지만, 이 강론은 여전히 적절하다. 웨슬리에게는 이 모든 법이 복음이요, 이는 하나님 사랑과 이웃 사랑을 위한 것이다. 웨슬리는 자진해서 온유하며 의를 위하여 고난을 당하고자 하는 마음의 종교를 열심히 권하였다. 하나님을 열망하는 것이 "영원한 영광"[14]을 위하여 살기를 심각하게 추구하는 그리스도인의 표시이다.

강론 VI. 주기도문

마태복음 6:1-15에 대한 웨슬리의 강론은 두 가지 제목, 곧 빈민 구제와 주기도문을 다루고 있다. 마태는 빈민을 구제하는 것 이상의 것에 대하여 언급하고 있지만, 웨슬리는 구제를 확대하여 사랑으로 하는 모든 선한 일로 설명했다. 구제는 사람의 칭찬을 받기 위해 하면 안 된다. 또한 이는 사람과 지상에서의 보상을 기대하면서 행하면 안 된다. 웨슬리는 할 일이 더 많다고 생각한다. 그는 강력하게 권하기를, 굶주린 자에게 먹을 것을 주며, 병든 자와 감옥에 있는 사람들을 방문하고, 교육을 받지 못한 자들을 가르치고, 죄인들을 책망하고, 선을 행하는 자, 자비의 일을 하는 모든 사람을 격려하라고 확실하게 말했다. 이 모든 일을 웨슬리는 실천하고 있었다. 그는 이런 모든 일을 은밀하게 하라고 강하게 권하지는 않았다. 이런 일을 하는 동기는 하나님의 영광을 위하여 하는 것이지만, 때로는 사람들을 하나님께로 인도하기 위하여 보이게 할 필요

---

14) Ibid., p.571.

도 있다.

마태의 주기도문에 대한 웨슬리의 해설도 마찬가지이다. 기도를 한다는 것은 매우 중요한 일이다. 마태는 은밀한 기도에 관심이 있는 듯하지만, 웨슬리는 이 기도는 회중에서 또는 개인적으로 드리는 기도라고 해석했다. 마태는 여러 말로 하는 기도나 반복하는 기도를 책망했지만, 웨슬리는 어떤 때는 기도를 반복할 수도 있고, 기도의 길이를, 그것이 의미 있는 말로 생각되는 한, 제한하기를 원치 않았다. 마태가 말한대로, 하나님께서는 사람이 구하기 전에 그가 필요로 하는 것을 알고 계시기 때문에, 간구의 내용은 주로 듣는 회중(hearer)을 위한 것이다. 웨슬리는 주기도문을 해설함으로써 기도에 대한 해설을 마치는데, 그의 해설은 마태의 기도에서 그랬듯이 6배나 길다.

기도에 대한 웨슬리의 해설은 여러 면에서 연구할 가치가 있다. 특별히 윤리를 연구함에 있어 대단히 중요하다. 웨슬리에게 있어서는 이는 그리스도인의 생활을 요약한 것과 같다. 주기도문은 우리가 위하여 기도하여야 할 모든 것을 포함하고 있다. 주기도문은 우리들이 원하는 모든 것을 포함하고 있다. 우리는 우리가 기도할 수 없는 것들을 원하면 안 되기 때문이다. 이 기도문은 하나님과 다른 사람들에 대한 의무도 포함하고 있다.

웨슬리는 이 기도를 성숙한 기독론과 충분히 개진 된 삼위일체 교리의 관점에서 해석하고 있다. 이 점에서 웨슬리는 다른 성경 구절과 그 후에 개진된 신학들을 삽입시킴으로써 마태의 해설을 능가하였다. 특별히, 사도 요한의 사랑의 신학의 복음으로 하나님 아버지를 이해하는 발판을 마련하였다. 앞에 있는 간구 -"당신의 이름을 거룩하게 하시며", "당신의 나라가 임하게 하시며", "당신의 뜻이 하늘에서 이루어진 것과 같이 땅에서도 이루어질지어다."라는 간구를 실천주의자의 개념에서 다루었다. 웨슬리는 많은 사람이 "단 한가지 표현, 즉 복종을 위하여 탄원하고, 하나님의 뜻을 행할 준비가 되어 있도록 간구하는 것을 들을 것이다."[15]라고 말했다. 그러나 웨슬리에 있어서는 이것이 핵심이 아니다. 그는 "하나님의 뜻이 하늘에서 이루어진 것과 같이 땅에서 이루어질지어다"[16]라고 말하면서, 하나님의 뜻을 실제로 이루기 위해 우리가 기도하는 만큼 우리 기도는 소극적(passive)인 기도가 아니다. 적극적인(active) 기도이다. 천사들이 기쁨으로 완전하게 그리고 계속하여 그리 하듯이, 이 기도를 드리는 우리들도 그리 하여야 한다. 천사들이, 이것이 하나님의 뜻이기에, 홀로 행하듯이 모든 사람도 땅에서 하나님의 뜻을 일으켜야 한다.

웨슬리는 주기도문에 있는 "죄(trespasses)"를 하나님께 지은 빚(debts)으로 번역하였다. 이 말은 하나님으로부터 사죄를 받은 응답으로 나에게 잘못한 사람을 용서할 의무가 있음을 의미하는 것이다. 유혹이 올 것이다. 그러나 하나님의 도움으로 극복될 것이다. 그리고 기도하는 사람은 유혹에 빠지지 않도록 위하여 기도해야 한다. 이 주기도문을 해석함을 보면, 하나님을 위한 사랑과 전적 신뢰가 쫙 깔려 있다. 윤리적인 면에서 볼 때, 가장 두드러진 주제는 하나님의 뜻이 이루어지기 위해

---

15) "Upon Our Lord's Sermon on the Mount, VI", Works, I:582.
16) Ibid., p.583.

기도할 것을 긴급히 행하라는 것이다.

강론 VII. 금식과 적선

마태복음 6:16-18에서 마태복음은 금식하는 사람은 사람들에게 금식하고 있다는 것을 보이기 위해서가 아니라, 하나님께 향하여 금식하라고 명하고 있다. 이런 금지사항은 기도하는 사람과 구제하는 사람에게 내려졌던 금지사항과 아주 유사하다. 이런 일들은 비밀로 하라는 것이다. 비밀로 한다는 것이 웨슬리에게 있어서는 그리 대단히 중요한 것이 아니다. 웨슬리는 이 본문을 금식을 하되 지나치게 하지 않는 자기 경험을 통하여 해석하고 있는 것이다. 그는 또한 이것을 믿음과 선행은 동반한다는 것을 다시 주장하는 기회로 활용하고 있다. 종교는 내적이다 또는 외적이다고 말할 수 없다. 종교는 이 두 가지 면을 다 가지고 있다.

그는 구약성서와 신약성서 그리고 교회 역사에서 논의되고 있는 금식에 대하여 논하고 있다. 그는 영국교회가 교회 달력에 금식하는 날을 표시해 놓고 있음을 특히 언급하였다. 금식의 시작은 회개나 깊은 슬픔 때문에, 사람이 먹는 것도 잃어버린 데서 기인된 것이라고 했다. 또 사람들은 감각적인 유혹을 억누르기 위해 또는 범죄한 일에 대한 스스로 벌하는 의미로 금식을 하거나 또는 기도를 돕기 위하여 금식하였을 것이다.

웨슬리는 금식에 관하여서도 엄격한 윤리를 적용하였다. 왜냐하면 구제사업, 기도, 금식 등, 이 모두를 어떻게 행할 것을 예수님이 말씀하였기 때문에, 그것들을 행할 의무가 있음을 이 설교에서 말하고 있는 것이다. 또한 금식을 비밀로 행한 것을 보신 주님으로부터의 상이 있을 것이다.

　웨슬리는 그의 설교에서 자신이 금식한 것을 언급하지 않았다. 이 모든 설교를 통하여, 그는 자기 자신이 한 것을 언급함 없이, 자기가 경험한 것에 관련시켜 문제를 설명하고 있다.

　이 설교를 끝냄에 있어, 그는 자기의 주제 하나를 내세우고 있다. 즉 금식은 하나님을 향하여 하는 것이지 자기를 위한 것이 아니다. 그리고 금식은 기도와 관련되어야 하고, 자선을 위한 행위를 필요로 한다라고 주장했다. 웨슬리는 이사야 58:6-11을 인용하면서, 적절한 금식은 억압 당한 자를 자유케 하며, 배고픈 자를 먹이며, 가난한 자를 돌보는 것이어야 한다고 외쳤다.

강론 VIII. 부에 대한 반대

　웨슬리의 영성은 시종일관하다. 그의 영성은 재물을 하늘에 쌓고 땅에 두지 말라는 마태의 말에 대한 그의 강론 VIII 에서도 현저하게 나타나 있다. "네 보물 있는 그 곳에는 네 마음도 있느니라"(마 6:21). 웨슬리는 부자가 되려고 하여 재물을 계속 추구함으로 인하여 생명과 영생을 낭비하는 그리스도인들을 걱정하고 있는 것이다.

　자본주의가 시작하는 이 때에, 웨슬리는 탐욕을 영적 죄라고 공격하였다. 진실로 사람이 하나님과 재물을 동시에 추구한다는 것은 불가능한 일이다. 그래서 기독교 윤리와 상거래와의 관계를 여러 가지로 고려한다는 것은 시작부터 파탄을 일으켰다. 재물을 추구하는 것과 예수 그리스도를 추구하는 것은 정반대가 되는 것이다. 웨슬리는 이를 알아서 가르쳤다. 부를 탐내는 일을 반대하는 그의 변론은 마태복음 6:19-23에서 얻은 영감에 의한 것이다.

이는 생의 지향하는 목적과 관계되는 일이다. 만약에 생이 하나님께 초점을 맞추고 있다면 그 사람은 이해와 성결, 행복에 몰두할 것이다. 만약에 돈을 벌기 위해 하나님에게서 떠나면, 그는 무지와 죄로 인하여 암흑에 빠질 것이다.[17] 그는 여기서 유럽의 그리스도인과 아프리카와 미국의 이교도들을 비교하고 있다. 일반적으로 어느 도덕성이 다른 도덕성보다 더 좋아 보이지 않는다. 그러나 부(wealth)를 추구하는 일에 있어서의 도덕 문제는 다른 것 같다. 이 문제에 있어 이교도들이 도덕적으로 앞서고 있다. 본래부터 아프리카나 미국에서 태어난 사람은 재산 축적하는 일을 자제하기를 아주 잘한다. 그런데 유럽의 그리스도인은 부를 축적하는 일을 도덕적으로 꺼리지를 못한다. 맥스 베버(Max Weber)가 말하는 20세기의 개신교 유럽 사람들의 특징을, 웨슬리는 18세기의 유럽사람들에게서 발견하였다. 웨슬리는 베버가 자본주의 정신의 본질이라고 하는 것을 설명하기 보다는, 비난하였다.

웨슬리는 많은 그리스도인들이 부를 축적하지 말라는 하나님의 계명에 주의를 기울이지 않는 것을 보았다. "저들이 주의하여야 할 것이 또한 원래의 희랍어에는 기록되어 있다."[18] 이는 오늘에 있어서도 그럴 것이, "세상에 이 재물 축적보다 더 우리의 정신을 빼앗는 일은 없다고 할 것이다."[19] 그리스도인이 세상에 폐를 끼치면서 부를 추구하는 것 이상

---

17) "Upon Our Lord's Sermon on the Mount, VIII", *Works*, I:616.
18) Ibid., p.618.
19) Ibid.

더 어리석은 일이 어디 있겠는가?

웨슬리는 금지되어 있는 것을 분명히 하기 위해, 우선 금지되어 있지 않는 것을 상세히 설명하였다. 그의 경제 윤리에 의하면, 그리스도인은 빚이 없고, 자기의 가족을 충분히 부양하며 또한 집안에 있는 과부나 어린이를 위한 자원을 마련하게 되어 있다. 상속을 주는 일에 있어, 이는 생활에 필요하기에 주는 것이지 호사하라고 주는 것이 아니다. 그리고 상속을 받은 자는 할 수 있는 대로 근면하게 일하여야 한다. 사치하고 나태하라고 상속을 주어서는 안 된다. 또한 재물은 사람이 세상에서 사업을 하는 데 필요한 자원으로 주어야 한다.

재물을 위에서 언급한 필요 이상으로 얻으려는 것은, 웨슬리에게 있어서는 절대로 금지되어 있다.[20] 어떤 때는 자신이 추구한 이상으로 부자가 되는 경우도 있을 것이다. 그럴 때는 모든 힘을 다하여 필요한 사람들에게 풍부하게 주어야 한다. 재물의 위험은 대단한 것이다. 하나님 때문에 구원은 가능하지만, 재물은 치명적인 함정이다. 웨슬리는 재물을 추구하지 말라는 하나님의 계명을 위반하지 않도록 그리스도인을 권고하느라고 많은 논의를 펼쳤다. 그는 재물이 어떻게 재물을 가진 사람들에게 큰 해를 끼쳤는가를 말한 윌리엄 로우(William Law)의 말도 인용하였다.

웨슬리는 또 "가난한 자, 굶주린 자, 헐 벗은 자를 강탈하고 과부와 고아들을 학대하여, 저들이 빈곤과 고통과 저들이 피할 수 없는 어려움

---

20) Ibid.

을 당하게 함으로"[21], 하나님의 나라에 들어가기 어려운 부자들을 책망하였다. 가난한 자를 강탈하는 것은 곧 하나님을 강탈하는 것이다. 그래서 그들은 하나님의 정죄 아래 있는 것이다.

웨슬리는 책망하는 말로 이 설교를 끝내지 않았다. 그는 마지막으로, 가난한 자를 도울 수 있는 사람들에게, 힘 닿는 대로 자비를 베풀라. 그리고 억압당한 자를 옹호하고, 병든 자를 고쳐주고, 감옥에 있는 자를 돌보아 주라고 요구하였다. 이 강한 설교의 마지막 말로 마태복음 25장 마지막에 나오는 "내 아버지의 축복을 받은 그대들이여, 와서 천지 창조 때부터 너희를 위하여 준비한 이 나라를 차지하라."고 하였다.

강론 IX. 반 맘몬

마태복음 6:24-34에 대한 이 강론은 앞에 나온 재물을 추구하는 위험에 관한 주제의 계속이다. 그러나 이 강론은 "너희는 하나님과 맘몬을 함께 섬길 수 없다"는 강조를 "그러므로 내일을 염려하지 말라"에 연결시켜 전개하고 있다. 맘몬(Mommon)은 밀톤(Milton)의 말에 의하면, 돈의 신(god of money)을 상징하는 시리아의 신(Syrian god)을 의미한다. 또는 부(riches)를 상징하는 아람어를 상기시키는 희랍의 작품에서 왔는지도 모른다.[22]

하나님을 섬긴다는 것은 전적인 헌신을 의미한다. 그러나 돈을 얻으려고 애쓰는 것은 억제하면서 전념하는 것이다. 웨슬리에 있어서는 이

---

21) Ibid., pp.628-29.
22) Outler, *Works*, 1:634, n. 10.

둘은 함께 할 수가 없다. 맘몬을 섬긴다는 것은 재물을 의지하며, 세상을 사랑하고, 세상의 방법을 따르며, 세상을 순종한다는 것을 의미한다. 그리스도인은 나태를 증오하면서, 건전한 사업을 할 수 있다. 그러나 재물을 얻기 위하여 전념하는 것은 피하여야만 한다. 그렇지 않으면 하나님의 사랑을 잃을 것이다. 가정과 자녀들을 돌보며, 필요한 사업을 하는 것은 권장한다. 양심적인 사업가들은 별로 심각하게 생각하지 않고도,[23] 웨슬리의 사업에 수반하는 길고 진지한 생각을 인정하면서, 웨슬리의 말에 위안을 발견할 수 있을 것이다.

그러나 이 설교가 끝날 무렵에, "그러므로 내일 일을 염려하지 말라"는 테마에 돌아온다. 사람에게 꼭 필요한 것은 공급될 것이다. 필요한 것에 대해 지나치게 염려하면 마귀를 섬기게 되어, 거꾸로 지옥으로 돌진하게 된다. 아주 적합하고 신중한 자들과는 반대로, 웨슬리가 보기에 자기의 설교를 들은 많은 메소디스트들이 표류하고 있는 중산계급의 시민들이 지금 살고 있다. 과거는 지나갔고, 미래는 모른다. 미래는 당신을 위하여 안 올 지도 모른다. 그러므로 "너는 오늘에 살아라."[24] 현재를 향상시켜라. 현재만이 당신의 것이다. 은혜스럽고 우리를 자유케 하는 그리스도 앞에서 현재 살아야 한다. 이 강론의 마지막 세 쪽에서, 현재 그리스도 안에 있는 자유가 과거를 질서있게 돌아보게 하고 또 메소디즘과 연결지어 미래를 계획하게 일을 하게 하는 것 같다. 현대의 말로 표현하면, 이것이 삼위일체 신앙과 지옥의 공포를 생각하는 겸손한 사람들

---

23) "Upon Our Lord's Sermon on the Mount, IX", *Works*, I:640.
24) Ibid., p.641.

에게서 생긴 기독교의 실존주의이다. 이 강론을 마침에 있어 삼위일체의 축복을 언급한 강론이 몇 개 안 되는 데, 이 강론이 그 중의 하나이다.[25] 이 강론에서 믿음의 상징들 가운데, "지금(now)"이라는 말을 찬양하고 있는 것을 알게 되었을 것이다.

강론 X. 윤리의 황금률

웨슬리가 보기에 예수께서는 마태복음 7장에서, 순수한 종교의 내적 문제, 곧 마음가짐에 대해 말씀하시다 이제 종교를 방해하는 일에 대하여 말씀하신다. 이 마지막 4개의 강론 앞에 있었던 9개의 강론보다 상당히 짧다. 첫째 제목은 다른 사람을 잘못 비판하는 유혹에 관한 문제이다. 웨슬리는 여기서 남을 잘못 비판한다는 것은, 생각을 삼가야 할 것을 억제하지 않고 비판하는 것이라고 해석했다. 우리는 사랑 없이 비판하는 것을 억제하여야 한다고 말하였다. 잘못된 비판은 죄 없는 사람을 단정하는 것이 될 수 있으며 또는 필요 이상으로 많은 죄를 부가하거나, 또는 충분한 증거 없이 사람을 정죄하는 것이 될 수 있다. 웨슬리는 식별력이 부족함을 다그치는 것이 아니다. 왜냐하면, 그는 다음에 나오는 "거룩한 것을 개에게 주지 말라"는 말씀을 기독교의 깊은 신앙을 들어도 이해 못할 것으로 생각되는 사람들에게는 말하지 말라는 권고로 해석하고 있기 때문이다. 그는 예수님이 여기서 판단도 하고 또한 적절하게 순수한 종교를 보호하라고 가르치고 있다고 해석하고 있는 것이다. 난잡한 폭도들에 의하여 괴로움과 공격을 당하고, 돌에 맞고, 모욕을 당

---

25) Ibid., P.649.

하여 온 웨슬리를 소심한 사람이라고 비난할 수는 없다. 그는 저들의 영혼을 구원하고자 하면, 또는 그가 늘 쓰는 말로, 저들을 불길 속에서 나무 그루터기를 건져 내듯 구해 내려면",[26] 그들에게 미움을 받을 것을 각오했다. 여전히 예수의 권세를 가진 자로서, 조심스럽게 증거해야 하고 사랑으로 판단하여야 한다.

웨슬리는 "구하라 그리하면 너희에게 주실 것이요 찾으라 그리하면 찾아낼 것이요 문을 두드리라 그리하면 너희에게 열릴 것이라"는 마태복음의 말씀을 설명한다. 이 말씀은 웨슬리가 가지고 있는 확신이다. 사람은 근면하게 하나님께 자기의 필요한 것을 구하여야 한다. 자선 사업을 함에도 그리하여야 한다. 여기서 웨슬리가 그렇게 기도하라고 권할 때, 이는 사랑에 의해 지배된 것이다. 웨슬리에 의하면, 사실상 사랑에서 구하는 기도가 아닌 기도는 자신에게 저주를 초래할지도 모른다.

웨슬리는 이 강론을 다음의 말씀으로 결론짓는다. "그러므로 무엇이든지 남에게 대접을 받고자 하는 대로 너희도 남을 대접하라 이것이 율법이요 선지자니라"(마 7:12).

웨슬리는 이 말씀은 "자비와 공의의 황금률"[27] 이라고 명명하였다. 또한 "이것이야 말로 주님이 이 땅에서 실현하시고자 하시는 종교의 전체이다."[28] 라고 말할 수 있다.

얼핏 보면, 여기서 웨슬리는 환원주의자로서 계몽주의 윤리학자처럼 말하는 것 같다. 여기에 인정 많은 공명정대의 규칙이 종교가 말하는 것

---

26) "Upon Our Lord's Sermon on the Mount, X", *Works*, I:658.
27) Ibid., p.660.
28) Ibid., p.661.

이고 주님이 인정하는 것이다. 얼마나 많은 선량한 사람 또는 선하기를 원하는 사람들이 이 윤리의 황금률이 기독교의 신앙에 필요한 모든 것이라고 파악하고 있는가? 그는 하나님의 사랑이 없이는 아무도 이 규칙을 완전히 지킬 수 없다고 복음적 결론을 내린다. 예수 그리스도를 믿는 것이 하나님의 사랑으로 가는 길이다. 마태가 이것이 율법이요 선지자니라고 한 것은 사랑의 규칙을 의미한 듯하다. 성경 본문은 그렇게 말하고 있지 않다. 그러나 웨슬리는 그렇게 말한다. "이것이 율법이요 선지자라"는 표현이 다른 곳에서 이중 계명(곧 하나님을 사랑하고 이웃을 사랑하라는 계명)을 말할 때 사용되었다. 이는 거의 구별할 수 없을 만큼, "네 이웃을 네 몸과 같이 사랑하라"는 말과 비슷하다. 그러나 이중 사랑의 계명 순에서 그렇게 말함으로 이 계명을 마태의 경우보다 더 하나님의 뜻에 아주 가깝게 연관시킨다. 그리고 이에 대해 웨슬리가 내린 결론을 시사하는 바는 없다. 웨슬리가 여전히 이것을 공정한 인정 많은 비평에 연결시키는 것은 모든 도덕성에 시사하는 바가 많다.

강론 XI. 지옥

"생명으로 인도하는 문은 좁고"(마 7:14)에 대한 강론은 지옥에 관한 설교로서, 강론들 가운데 가장 짧다. 마태는 여기서 지옥을 말하지 않았다. 그러나 그가 말하는 "멸망"은 당연히 지옥을 의미한 것이라고 웨슬리는 생각했다. 다른 설교들 가운데 일부는 지옥을 생명의 길을 잃은 자들에 대한 형벌로 언급하고 있다. 그러나 이 짧은 설교는 지옥 문제를 아주 모질게 다루고 있다. 다른 중요한 테마도 본문에는 없다 즉 좁은 문으로 들어가기를 힘쓰라는 탄원도 없다. 여기 "힘쓰라(strive)"라는 말은 누가복음의 유사한 본문에서 온 것이다. 그러나 웨슬리는 이 말을 듣는 자들이 실행하라고 강권하는 일에 사용하였다.

좁은 길은 모두에게 선한 일을 행하며 그리스도를 위해 고난을 당하는 "성결"의 길이다. 생명의 길로 가는 사람은 적다. 그런가 하면 많은 사람이 지옥으로 가는 길로 들어간다. 그리고 그 많은 사람과 그들의 하는 것을 보고 신자가 생명으로 가는 좁은 길에서 빠져나오려는 유혹을 받는다. 이 설교는 비교적 직설적으로 본문을 해석하여, 지옥에 관하여 말하고, 생명으로 가는 바른 길을 택하라고 긴급히 요청하고 있다. 지옥으로 가는 길은 넓고 많은 사람이 그 길을 추구하고 있고, 하늘나라로 가는 길은 좁고 그 길로 가려면, 지옥으로 가는 집단에 대항할 수 있는 훈련된 삶이 요구된다.

강론 XII. 예언

12번째인 이 강론은 앞서 말한 좁은 길에 대한 주제를 계속 다룬다. 그리고 마태복음 7:15-20은 거짓 예언과 그 예언의 부실함을 다루고 있다. 청교도에 의하면 예언은 믿음을 말하는 것이지, 단순히 미래에 대한 예언이 아니다.[29] 이는 사람에 대한 하나님의 생각을 말하는 것이다. 참 예언의 말씀은 하나님에 대한 사랑과 이웃 사랑이 생기게 한다. 그렇지 않다면, 이는 거짓 예언이다. 거짓 종교 지도자들은 평범하다. 그리고 많은 사람이 잘못 가고 있다.

---

29) Outler, Ibid., p. 675.

거짓 예언자들은 양의 옷을 입고 많은 사람을 지옥으로 인도하는 이리들이다. 웨슬리는 거짓 교사들을 비난하며 말하기를 저들에 대하여는 지옥이 저들은 인간의 영혼을 죽인 자라고 단언할 것이라고 했다. 거짓 교사는 속이는 자들이다. 저들은 사랑, 평안, 이해를 약속하며 사람들을 그릇된 길로 인도한다. 웨슬리는 듣는 자나 독자들에게 거짓 가르침이라고 의심되는 사람들을 조심하라고 간청했다. 그들을 사랑의 잣대로 시험할 뿐 아니라, 성경의 말씀을 가지고 시험해 보라고 권하였다. 이런 시험보다 이상으로, 거짓 교사는 그들의 실패를 보고 알게 될 것이다. 거짓 메시지가 그리스도인들에게 건전한 성장을 낳게 할 수는 없을 것이다.

강론 XIII. 권세와 사랑

웨슬리는 산상수훈에 대한 그의 글을 끝내려고 한다. 이 설교는 짧다. 여기서 웨슬리는 하나님이신 선생의 권세가 이 설교들 배후에 있다는 것을 다시 말하고 있는 것이다.

마태복음 7:21-27에 대한 강해 전체에서, 그는 성경 전체를 사용하여 예수님이 이 설교에서 가르치신 것을 따르기 위해 이 구절들을 해석하고 있는 것이다. 성경은 그 전체가 하나님의 권세를 가지고 있기에, 웨슬리는 성경을 이용하여 다른 성경구절을 해석할 수 있는 것이다. 첫째로, 그는 종교의 가르침이 성결 안에서 하나님 사랑과 이웃 사랑 아닌 데로 인도하는 것은 부적절하다고 말했다. 만약에 사람이 하나님과 이웃을 참으로 온전히 사랑하며 예수의 길을 따른다면, 그 기반은 견고하고 반석 위에 세워진 것이다. 예수를 따른다는 의미는 믿음과 선행을 추구하는 것이다. 집을 반석 위에 세우는 것과 모래 위에 세우는 것의 대조는 그가 말하는 천국과 지옥의 대조와 완전히 같다.

이 마지막 설교는 새로운 주제를 제시하는 것이 아니고, 계속하여 말한 주제들을 생기를 가지고 지키라고 간청하고 있는 것이다. 그는 다음과 같이 말한다.

"한마디로 말해서, 당신의 신앙이 마음에서 우러나오게 하시오... 진실하시오. 당신의 생각과 말과 행동이 커다란 절벽 끝에 서 있고, 당신과 모든 사람은 영원한 영광으로 들어갈 수도 있고, 아니면 영원한 불 가운데로 들어갈 수 있다는 확신으로부터 흘러나오게 하시오... 하나님과 온 인류를 사랑하시오. 이와 같은 정신으로 모든 일을 하시오. 당신의 행위로 당신의 믿음을 보여주시오. 하늘에 계신 아버지의 뜻대로 행하는 자가 되시오. 지금 이 땅에서 당신이 하나님과 동행한다면, 미래에는 그와 함께 영광 가운데서 통치하게 될 것이오."[30]

웨슬리에게 있어서, 산상수훈은 그리스도인이 실제로 생활하는데 대한 가이드(guide)이다.[31] 이 설교들은 믿음에 있어 웨슬리의 모라비안 멘토들이나 루터란의 선구자들이 인정하는 것보다, 더 많은 사회적 문제를 다루고 있다. 칼빈주의자들의 윤리는 십계명에 더 의지하려는 경

---

30) Upon Our Lord's Sermon on the Mount, XIII", *Works*, I:698.
31) Tore Meistad, *Martin Luther and John Wesley on the Sermon on the Mount* (Lanham, Md.Scarecrow Press, 1999), pp.311-15를 보라.

향이 있다. 그런가 하면 웨슬리의 윤리는 산상수훈에서 강조되고 있는 사랑의 변화시키는 힘을 의지하고 있다. 이 사랑의 윤리는 그 특이성이 부족하다고 비판을 받고 있으나, 칼빈을 따르는 모든 사람에게는, 그 윤리가 십계명을 포함하고 있고, 존 웨슬리의 사랑의 윤리는 설교에서 자세하게 표현되고 있다.

제7장
결혼과 전쟁
(Marriage and War)
(1750s)

결혼

결혼생활이 약화되다

신약성서 주석

순수한 기독교

전쟁

십계명

이 시기를 마감하면서

결혼과 전쟁(Marriage and War)
(1750s)

결혼

웨슬리는 1749년 10월 3일로부터 그레이스 머레이(Grace Murray)를 잃은 아픔을 그의 시에 묻어 두었다. 마침내 그는 결혼하기를 결심하고, 부유한 프랑스의 신교도인 과부 메리 버자일 부인(Mrs. Mary Vazeille)를 만났다. 그들이 만난 일자는 알려지지 않았다. 그러나 챨스 웨슬리는 그녀를 1749년 7월에 만났다. 그는 그녀를 슬픈 여자로 여겼다. 대부분의 웨슬리의 전기작가들은 이 결혼은 잘못된 것이고, 웨슬리의 아내는 싸우기를 좋아하는 성급하고 차가운 여자라고 생각했다. 결국 웨슬리와 그녀는 많은 싸움을 하였다.

1756년에 숙명적인 1751년 2월을 다루고 있는 그의 일지(Journal)를 출판하였다. 거기에는 결혼에 대한 이야기가 없다. 일지를 출판하기 위하여 편집할 때에, 웨슬리가 문서에서 결혼을 지워버린 것이다. 사실 출판하지 않은 이 일지의 원고에는, 1751년 12월에 결혼은 불행한 것이었고, 웨슬리의 아내는 질투심이 많았다고 표현하고 있다. 속결한 결혼은 두 사람을 비참하게 만들었다.

웨슬리가 1751년 2월 10일 주일에 런던 다리(London Bridge)에서 얼음 위에서 미끄러져, 발목이 삐었다. 그 때 메리 버자일이 드레드니들 길(Threadneedle Street)에 있는 그녀의 집에서 일주일간 웨슬리를 간호했다. 그 주가 끝나는 날, 곧 2월 17일 아니면 18일에 저들은 결혼을 하였다. 상처에서 회복되는 기간에는 독서, 대담, 기도, 그리고 히브리어 문법과 어린이들을 위한 교훈이라는 책을 쓰는 일을 하면서 지냈다고 그는 기록하고 있다. 17일 주일에 웨슬리는 다시 설교했고, 3월 4일에 브리스톨(Bristol)로 떠났다.

한 웨슬리 학자는 웨슬리가 결혼한 후 첫 주일에 스피탈필드(Spitalfields)에서 설교했다고 인정하지 않을 수 없다고 했다. 그곳에서 웨슬리의 운동에서 배회하던 많은 사람들이 다시 돌아오겠다고 증거하였다. 이 집회에 대하여 웨슬리는 다음과 같이 기록하였다.

"어찌하여 우리들은 그렇게 쉽게 서로 절망하는가. 모든 것을 바라는 사랑이 없어 그렇지."[1]

벌써 그는 그의 결혼을 절망하고 있는 것인가? 고린도전서 13장 7절의 말씀은 사랑이 없이는 우리는 아무것도 아니요, 그리고 사랑은 모든

---

1) Journals and Diaries III, ed. W. Reginald Ward and Richard P. Heitzenrater, *The Works of John Wesley*, vol.20 (Nashville, Abingdon Press, 1991), p. 379.

것을 참으며, 또한 모든 것을 바란다고 강조하고 있다. 이 말씀은 또한 사랑은 언제까지나 떨어지지 아니한다고 약속하고 있다. 그런데 웨슬리는 벌써 떨어지고 있는 것인가? 고린도전서 13장의 말씀은 결혼식에서 사용하기를 좋아하는 말씀이다. 또한 고린도전서 13장은 웨슬리가 사랑의 철학과 사랑의 의미를 결정하는 데 중요한 말씀이었다. 웨슬리에게 있은 세 번의 중요한 사랑 사건은 모두 그가 병에서 회복되도록 간호해 준 여인과의 사이에서 일어났다. 웨슬리는 발목이 치료되기 전에 벌써, 그는 결혼하는 어리석음을 깨닫고 있었던 것 같다. 그러나 그는 그 때만은, 결혼을 하면 보다 유용하게 일할 수 있겠다고 생각했다. 웨슬리는 결혼의 상호 의존성이나 또는 사람이 사이 좋게 지내지 못할 때 오는 미움 같은 것을 분명히 생각하지 못했던 것 같다.

웨슬리의 아내는 자립 능력이 있었다. 그녀에게는 과부의 생활보호금으로 만 파운드의 돈이 있었고, 결혼함으로 인하여 그녀와 그녀의 네 자녀를 위하여 년 300 파운드의 수입이 있었다. 휫필드는 이는 좋은 결혼이라고 생각했다. 그러나 그는 그 때 벌써 결혼 생활에 성공적이지 않을 것처럼 보였다. 웨슬리의 가족은 그녀를 잘 받아들일 수 없었다. 메소디스트들은 계속 일어나는 싸움에서 존의 편을 들었다.[2]

옥스퍼드 대학교의 규칙에 따라, 웨슬리는 결혼함에 따라 링컨 대학의 교수직을 사임하였다. 대학교를 사임함에 따라, 찰스와의 합의에 의하여 이미 적어진 수입이 또 줄어들었다. 찰스가 결혼할 때, 죤이 찰스에

---

2) See Richard Heitzenrater, *The Ellusive Mr. Wesley* (Nashville, Abingdon Press, 1984), pp. 174-94 for Wesley's Letters to Mary and others.

게 자기의 책에서 나오는 수입에서 일년에 100 파운드 정도를 도와 주겠다고 약속을 하였었다. 죤은 결혼하기 전보다 더 빈곤이 다가왔었다.

웨슬리는 또한 정서적으로도 빈곤하였다. 웨슬리가 1751년 3월에 그의 아내에게 쓴 편지들은 애정이 넘치는 것이었다. 그러나 우리가 그가 다른 여자들에게 쓴 편지에서 보았듯이, 웨슬리의 편지는 열정적인 것은 아니었다. 그는 결혼한 메소디스트의 전도자들이 결혼하기 전에 하였듯이, 같은 여행전도를 해야 하고 또한 같은 수의 집회를 해야 한다는 분명한 규정을 어기지 않으려고 하며, 성가신 일을 조정하고 있는 듯 하다. 사실상 저들은 마치 결혼을 하지 않은 것처럼 일하여야 한다고 그는 말하였다. 메리의 프랑스의 신교도는 다른 하나의 큰 기독교의 그룹으로서 그들은 박해를 받을 때 야외 설교를 하였다. 웨슬리는 그녀를 부추겨 더 많은 종교활동을 하게 하였지만, 그녀는 그녀 나름대로 생각이 있어, 노상에서(on the road) 웨슬리와 함께 고생하기를 원했다. 그러나 웨슬리는 노상에서 그녀가 투덜거리는 것 때문에 곤란했다. 그녀에게는 투덜댈만한 이유가 있었다. 숙박시설은 불확실했고, 길은 험하고, 그리고 폭도들이 그녀를 위협했다. 웨슬리는 자기와 머레이(Murray)와 함께 한 아일랜드 여행에서 되돌아올 때, 조금도 불평하지 않던 그레이스 머레이(Grace Murray)를 기억했다.

두 사람의 성격의 충돌 그리고 순회전도의 가혹함 때문에 그녀는 점진적으로 여행을 포기하게 되었다. 웨슬리의 지배하는 내성, 그리고 그의 가부장적인 행동은 또한 성숙하고 독립적인 과부를 화나게 하였다. 그가 오래 떨어져 있는 일, 그리고 다른 여자들과의 애정 관계는 그녀를 질투하게 만든 것으로 이해할 만하다. 헨리 필딩(Henry Fielding)은 종교적 동정에서 생겨난 애정이 이성 간의 관계를 따뜻하게 할 수 있다고 관찰하였는데, 그의 적절한 표본이 바로 웨슬리의 경우였다. 한번은 몰리(메리)가 자주 구타한다고 알려졌다. 죤의 친구가 말하기를, 그는 몰리(메리)가 작은 죤의 머리칼을 잡고, 방에서 그를 질질 끌고 있는 것을 보았다고 한다. 그를 놓아주었을 때는, 그녀의 손에 하얀 머리칼이 한 주먹이 잡혀 있었을 것이다.

이 부부의 언쟁들과 또 메리가 부부간의 불화를 떠벌리는 일 때문에 죤은 심히 괴로워했다. 백 주년 기념으로 낸 죤 웨슬리 전집의 편집자는 결혼에서 오는 스트레스가 그가 1753년에 심히 아팠던 일과 연관이 있다고 생각했다. 그의 일지는 그가 결혼을 했다고 생각되는 그 교회에서 아팠다고 암시하고 있다. 그리고 "만약에, 추측하고 있은 대로, 죤 웨슬리가 매닝의 교회(Manning's Church)에서 결혼을 하였다면, 그가 혼란(disorder)을 겪은 것은 아주 이해할만 하다. 왜냐하면 그의 부부관계의 어려움은 그의 사회적 환경에서 그를 어렵게 만들었고, 그를 정신적으로 지치게 만들었기 때문이다."3

웨슬리는 1753년 10월에 병상에 눕게 되었다. 그러나 그는 힘이 미치는 대로 설교를 계속하였다. 11월 26일에 이르러서는 그의 병세가 악화되었기에 그는 자기의 묘비명(epitaph)을 썼다.

---

3) Journals and Diaries III, *Works*, 20:481.

"여기에

존 웨슬리의 몸이 누워 있다.

그는 타는 불 가운데서 건져낸 타다 남은 나무로서,

그 나이 55세가 되던 해에 쇠약하여 죽었던 자,

빚을 갚고 나니 남은 것은 10 파운드도 안 된다.

간구하옵나니,

하나님이여 나에게 자비를 베푸소서, 무익한 종이로소이다."

그는 비문이 필요하다면, 이것을 자신의 무덤 위에 놓으라고 지시하였다.[4]

여기서 웨슬리는, 자신이 말한 바가 잘못 인식될까 봐, 불 가운데서 구원받은 일에 쓰던 말을 다시 사용하였다. 그의 부모가 하신 일이나 자신의 당한 일이 아모스와 스가랴가 구원을 가리켜 사용한 말, "타는 불 가운데서 건져낸 타다 남은 나무"라는 표현을 인용한 것이다. 이 표현은 회개한 죄인에 대하여 그가 사용하는 말이다. 웨슬리는 구원에 관하여 말한 다음 이어서 돈의 사용에서 성실하여야 한다는 것을 다루었다. 그러고 나서 그는 마태복음에 나오는 거절 당한 무익한 종을 용서하여 줄 것을 탄원하였다. 자기 자신의 구원을 믿으며, 그는 그 무익한 종이 밖에 어둠에서 이를 가는 것에서 구원될 수 있도록 자비를 베푸실 것을 조용히 탄원하였다.

휫필드는 1753년 12월 3일에 존에게 편지를 써서, 그를 예수와 승리

---

4) Ibid., p.482.

를 거둔 그의 사랑에 맡겼다. 횟필드는 웨슬리가 살아 있으면, 그 주 안에 방문하기를 희망했다. 그는 웨슬리가 살고 있는 그곳에서 그를 보기를 희망했을 것이다. 그러나 그렇지 않아서, 그에게 그냥 마지막 존경을 표시하였다. "내 마음은 애석하게도 너무 너그럽다. 눈물이 너무 빨리 흘러내린다. 내가 생각건대, 당신은 너무 허약해서 나의 상세한 말을 들을 수도 없을 것 같다. 당신의 바로 밑에, 그리스도의 영원하신 팔이 거기에 있기를 빈다."[5]

홀리클럽에서부터의 소년기의 친구들은 교리적 문제 때문에 소원해졌지만, 중년에는 사랑으로 합쳤다. 웨슬리는 4개월 동안 설교를 쉰 후에는 건강이 회복되어, 횟필드보다 오래 살았다. 약 한 달 전에, 웨슬리는 그의 동생 찰스가 횟필드와 타협하여 일하지 않는 것에 대하여 그를 책망하였었다. 그는 찰스가 횟필드와 같이, 10년 동안이나 그와 연락 없이 지낸 것을 비난하였다. 이 편지는 찰스와 그의 가족과 메리 웨슬리 부인(Mrs. Mary Wesley) 사이에 불화가 있었음을 드러내고 있다. 웨슬리는 그의 건강을 회복하는 기간을 신약성서 강해(Notes upon the New Testament)를 준비하는 데 사용하였다.

웨슬리는 킹스우드 학교의 안주인으로 세 번이나 결혼한 사라 리안 부인(Mrs. Sara Ryan)을 임명하였다. 이와 같이 평판이 좋지 않은 여자가 킹스우드에서의 식사 시간을 주관하였다. 이는 웨슬리 부인이나 다른 사람들에게 무례한 일이었다. 웨슬리가 보기에는 그녀의 회개는 진

---

5) Letters II, ed. Frank Baker, *The Works of John Wesley*, vol.26 (Nashville: Abingdon Press, 1982), p.533.

정한 것이었고, 또 섬세하고 종교적 사람이었다. 웨슬리는, 1월 4일에 그녀가 킹스우드에 와서 함께 있은 후, 1758년 1월 20일에 그녀에게 애정 어린 사사로운 편지를 썼다. 웨슬리 부인이 그의 외투 주머니에 봉하지 않은 채 있는 그 편지를 발견하였다. 그리고 그로 인해 웨슬리를 비방하고 그녀는 떠나버렸다. 그 편지 안에 있는 몇 마디 말이 질투심 많은 여자가 불만족한 결혼생활에서 떠나게 할 수 있었던 것이다. 죤은 그 편지에서 사라가 재난을 당했을 때에 있었던 그녀의 심정과 원한을 언급하며, 그녀의 일들이 좋게 달라지기를 바란다는 뜻을 다음과 같이 썼었다.

"그 저녁에 당신의 모습은 몹시 흔들린 것처럼 내게는 결코 보이지 않았다. 그 때 그대의 영혼은 대단히 괴로웠다. 그리고 상반되는 감정, 사랑, 슬픔, 욕망, 또는 실망하는 모습들을 그대의 표정에서 쉽게 읽을 수 있었다. ....그대와 글로 또는 말로 하던, 그대와의 대화는 나에게는 말할 수 없는 축복이다. 하나님을 생각하는 것 없이 그대를 생각할 수는 없다. 다른 일들이, 가끔 나를 하나님께로 인도한다. . . . 그러나 그대는 곧장 나를 하나님의 면전으로 가게 한다."[6]

메리는 죤이 사라에게, 자기에게 보다도 더 정열적인 편지를 썼다는 분명한 증거를 가지고 있었다. 메리는 또한 웨슬리와 사라(Sarah) 사이에 있은 사랑 사건에 대한 상세한 증거도 가지고 있었다. 다른 경우에는,

---

6) *The Works of the Rev. John Wesley*, A.M., vol.12 (London: John Mason, 1830), p. 205.

존이 그의 동생의 아내 살리(Sally)를 그의 정부로 만들고 다른 사건도 가졌었다고 웨슬리를 거칠게 비난하기도 했다. 이런 일 모두는 그녀가 감당하기에는 너무나 컸다. 그리하여 그녀는 존을 떠났다.

웨슬리는 다시 사라 리안에게 편지를 써서, 그의 아내가 다시 돌아오지 않는다고 맹세하며 떠나갔다고 알렸다. 그는 일지에 그녀가 돌아오기를 바라지 않는다고 기록하였다. 더 놀라운 것은, 그녀가 왜 떠났는지를 모르겠다고 기록했다는 점이다. 그는 사라에게 메리가 자기가 설교하는 동안, 자신이 사라에게 쓴 편지를 발견하고, 그 때문에 마음이 상했다고 설명하였다. 웨슬리가 묘사하는 바에 의하면, 그녀의 태도는 여러 해 동안 보지 못했던 것이었다. 웨슬리의 편지는 사라가 자기에게 쓴 편지도 언급하고 있다. 그러나 그 편지들은 없어졌다. 아마 웨슬리 부인이 없앴을 것이다. 그 나머지 사라에게 쓴 존의 편지들은 그녀의 복잡한 감정을 치유하며, 그에 대한 영적 충고로 읽힐 수 있을 것이다. 우리는 확실히 알 수 없지만, 웨슬리는 다시 사라의 감정을 흔들거리고 있는 듯 하다. 그는 사라로 하여금 자기를 의존하게 했고 정서적으로 자기를 따르게 하였다. 이에 몰리(메리)는 웨슬리의 곁을 떠나버렸다. 그의 편지들은 그의 정신의 불안정한 상태를 드러내고 있었다.

웨슬리의 사랑의 윤리는 정의의 구조가 추가되어 있어야 했다. 이 여인들, 곧 소피, 그레이스, 사라는 웨슬리로부터의 보호가 필요했었다. 그가 그들의 영적 지도교사가 되고자 했다면, 그는 자신에 대한 그녀들의 애정의 느낌을 조작하지 않았어야 했다. 그러나 그는 자기 자신을 잘 모르는 상태에 있었고, 자기가 하는 일을 잘 이해 못 하고 있었던 것 같다.

결혼생활이 악화되다

웨슬리 부인은 떠났다가 며칠 후에 돌아왔다. 그녀는 여러 번 더 떠날 수 있었을 것이다. 웨슬리가 1758년에 그녀에게 쓴 친절한 편지가 있다. 그 편지에서 그녀가 자기 누이를 환대하여 준 데 대하여 감사하였다. 아직도 그는 그녀에게 충고하며, 자기에게는 자신의 친구를 선택할 권리가 있다는 것을 강력히 주장했다. 그는 사람들이 그가 7년 동안 원하는 사람들과 대화한 것에 대하여 쓸데없는 말다툼을 하여 온 일에 대한 불평을 말하였다. 1759년에 쓴 편지에서는 더 불평하고 있다. 특히 그녀가 자기의 문서들을 가져간 일에 대하여 불평하며, 그녀는 그에 대하여 회개하라고 요구했다. 이 몇 달 동안은 밖에서 일했다. 어떤 때는 하루에 50 또는 60마일을 말을 타고 여행했으며, 매일 하루에 세 번씩 설교하였다. 그는 런던에 오는 편지들을 그녀를 통하여 받아 보았다. 그리고 그가 먼저 읽고, 다시 그녀에게 보내곤 했다. 그는 메소디스트와 관계가 있는 여자들에게 애정이 넘치는 편지를 계속하여 썼다. 1759년 10월에 웨슬리는 그녀가 자기의 문서를 가져가는 일에 대하여 또한 그녀의 의심이 많은 성격, 중상, 자기 가족에 대해 친절하지 않음, 거짓 비난, 그녀의 나쁜 태도에 대하여 불평을 하였다. 그리고 그녀의 성격을 개선하도록 그녀를 가르쳤다.

1760년 봄에 그는 그녀에게 결혼식 때 한 서약을 지킬 의무가 있다는 것을 상기시켰다. 그리고 "모든 불순종의 행동은 결과적으로 하나님과 왕에게 또한 그대의 사랑하는 남편에 대해 반항하는 행동이다"[7]라고 써서 보냈다.

웨슬리는 6개월 동안 여행했던 아일랜드에서, 브리스톨에서 있을 총회에서 그녀를 만날 것을 기대하면서 그녀에게 편지를 썼다.

"나는 모든 사람과 특히 당신과 평화롭게 살기를 원해요. 만일 내가 당신에게 좋은 유모가 있게 할 수 있다면, 그리고 당신이 내 뒤에서 나에게 대한 악담을 하지 않는다면, 나에게는 항상 당신이 나와 함께 있는 것 이상으로 즐거운 일은 없어요. 당신은 근면하고, 검소하고, 그리고 뛰어나게 꼼꼼하고 깨끗하고, 인내심과 재간도 있어요. 내가 아플 때 친절하게 나를 도와주었어요. 그래서 나는 여전히 당신을 사랑해요. . . 하나님이 기뻐하시는 일이면, 우리 다시 만나요. 우리 영구히 만납시다."[8]

1771년 1월 23일의 일지를 보면 웨슬리 부인은 돌아오지 않겠다고 맹세를 하면서, 뉴캐슬(Newcastle)로 떠났다. 그러나 그녀는 돌아왔다. 그리고 1772년 여름 한동안 함께 있었다. 현재 남아 있는 편지를 보면, 저들은 그 후로도 종종 만났던 것 같다.[9]

1771년 12월 9일에 그녀에게 쓴 웨슬리의 편지는 그녀가 웨슬리를 비난한 편지에 대한 회신이었다. 이 편지에서 그는 그녀가 자기를 때리고

---

7) John Telford, ed., *The Letters of the Rev. John Wesley*, A.M. (London: Epworth Press, 1931), p.89.
8) Ibid., p. 102.
9) Ibid., 6:321-22.

또는 자기의 머리털을 끌어당겼다는 이야기를 부인하였다. 그는 그것은 어리석은 이야기라고 물리쳤다. 그러나 아직도 많은 웨슬리의 전기에서는 그렇게 이야기하고 있다. 그는 자기는 그런 나쁜 태도와 신랄한 말을 하는 어떤 사람도 알지 못한다고 간단히 말하였다. 그는 그녀의 질투심에 대한 비난은 옳다고 생각했다. 그는 또 자기가 그녀의 재산을 빼 쓰려고 했다는 그녀의 비난을 부인했다. 그는 그녀가 자기의 문서를 가져가고, 그리고 그를 문맥을 벗어나 잘못 인용하곤 하는 것을 비난했고, 다시 그녀의 그릇된 질투심을 비난했다. 그는 그녀가 자기에 대한 애정을 갖고 있다는 것을 의심했다. 그렇지만 그는 전적으로 그녀를 사랑한다고 주장하나, 그런 주장은 그가 다른 여자들에게 쓴 편지 때문에 분명히 부인되고 말았다.

그는 두 번, 곧 한 번은 스노필드에서, 그리고 그 후에 파운드리(Foundry)에서 그녀를 뒤흔든 적은 있다고 인정했다. 그러나 그가 그녀를 때린 적은 없었다고 했다. 이 편지의 두 번째 페이지는 금전상 문제로 논쟁이 있었다는 것을 언급하고 있다. 그녀는 아직도 5천 파운드의 부동산을 가지고 있으면서, 일년에 50 파운드를 요구했다. 그러나 죤은 빚이 있었다. 그래서 그는 그녀의 그 요구를 거절했다. 그는 그녀에게 그녀가 원할 때는 언제나 돌아올 수 있고, 아니면 화해의 문을 영구히 닫을 수도 있다고 말하였다.[10]

1774년 7월 15일에 요크(York)에서 보낸 두 번째 편지는 전에 있었던

---

10) Transcribed copy of letter to Molly Wesley, 9 December 1771, in London's Museum of Methodism.

같은 비난들, 즉 질투, 성냄, 그의 문서와 편지를 슬쩍 훔친 일, 그리고 재정상의 논쟁 등에 관한 비난을 되풀이 하며 말하고 있다.[11] 이 편지를 보면, 저들이 결혼한 후 몇 주(week)가 지난 후 그녀는 킹스우드에서 처음으로 심한 짜증을 냈다. 웨슬리는 힘껏 자기 방식으로 노력을 했지만, 좋은 관계를 회복할 수 없었음을 인정하였다. 이 편지 끝에 가서, 그는 그녀에게 겸손하고 그리고 자기의 특권을 침해하지 말라고 가르쳤다. 그는 그녀를 부드럽게 대하고, 그리고 그리스도께서 교회를 사랑하셨듯이 그녀를 사랑한 것을 보여주겠다고 약속했다.

최종적으로, 1777년에 몰리(메리)에게 쓴 마지막 편지로 알려진 이 편지에서, 그는 저들의 나이를 생각하면, 아마도 이 땅에서 다시 만날 것 같지 않다고 말하였다. 그는 그녀가 자기의 명성을 더럽힌 것과 종교에 해를 끼친 일을 비난하였다. 그리고 그녀에게 작별의 말을 하였다.[12]

메리 웨슬리(Mary Wesley)는 1781년 10월 8일에 사망했다. 그의 일지에 기재된 표제가 그리 짧을 수는 없었다: "11일 금요일에, 나는 런던에 왔다. 거기서 내 아내가 월요일에 죽었다는 이야기를 들었다. 그날 저녁에 그녀는 묘지에 묻혔다. 나는 이 소식을 하루 이틀 후에야 들었다.[13]

---

11) Transcribed copy of letter to Molly Wesley, 15 July 1774, in London's Museum of Methodism. Also in Telford, Letters, 6:98.
12) Telford, Letters, 6:321-22.
13) Journals and Diaries IV, ed. W. Reginald Ward and Richard P. Heitzenrater, The Works of John Wesley, vol. 23 (Nashville: Abingdon Press, 1995), p.225.

신약성서 주석

1753년에 브리스톨 핫웰스(Bristol Hot-Wells)에서 웨슬리가 병에서 회복하고 있는 동안, 그는 희랍어 신약성서의 번역과 그에서 얻은 의견을 벵겔의 신약성서 주석(Bengelius's Gnomon Novi Testamenti)의 글들을 번역한 것과 병합하는 일을 마치었다.[14] 그는 또한 헬린(Heylin), 구위세(Guyse), 도드리지(Doddridge)의 책들도, 그 자료의 출처를 밝히지 않고 사용하였다. 그는 그의 신약성서 주석이 학자들을 위한 것이 아니라 단지 영어만 읽는 사람들의 참고서가 되기를 의도하였다. 사실, 그는 많이 배우지 못한 설교자들이 설교의 표준으로 이 주석을 사용하기를 권하였다.

웨슬리는 자기가 번역한 본문이 최상의 것으로 생각해, 주석에 자기 번역문을 병합시켰다. 웨슬리는 모든 그리스도인은 널리 알려진 친절한 스승을 가지고 있고, 그의 말씀을 싸움의 무기로 사용되면 안 된다는 것을 알고, 논쟁을 피하려고 시도하였다. 성경 자체에 관하여 말하자면, 이는 하나님께서 사람에게 말씀하신 것이다. 웨슬리에 의하면, 성경은 아주 깊은 것을 포함하고 있지만, 성경은 또한 쉽게 이해할 수 있는 것이다. 하나님께서는 자기의 사신에게 말하듯이 말씀하셨다. 그러나 그것을 정확히 이해하기 위해서는, 웨슬리는 그 말씀의 강조하는 점, 적용, 성향들을 살펴보기를 원했던 것이다.[15]

---

14) John Wesley, *Explanatory Notes upon the New Testament* (Bristol: Graham and Pine, 1760), p.v.
15) Ibid., p. vii.

산상수훈에 대한 주석은 웨슬리가 초기에 행한 산상수훈에 대한 많은 설교들을 뒷받침하고 있다. 그가 산상수훈에서 '복이 있나니'라고 한 것을 '행복하나니'라고 번역한 것은 그가 신약성서에 있는 기쁜 소식에서 행복을 발견한 그의 정신을 반영한 것이다. 그는 성경에 있는 어려운 구절들이, 그리스도인의 믿음과 사랑의 행동이 행복으로 가는 길이라는 그의 확신에 장애물이 되는 것을 허용하지 않았다. 자기의 설교를 듣는 자들은 신약성서에 있는 사랑의 메시지의 진리를 이해할 수 있으리라는 믿음이 칼빈주의자들의 전도 협력자들을 떠나게 했다. 그는 신약성서 주석의 책 바로 전에 칼빈주의자들의 예정의 교리를 반대하는 글을 출판하였었다. 그는 신약성서 주석에서 칼빈주의자의 글도 인용하였다. 그러나 그들의 글이 예정론을 옹호하였다면, 그들의 글은 삭제하였다. 1750년대의 메소디스트와 칼빈주의자들 간에 일어난 분열은 1760년대, 그리고 1770년대에 이르면서 더 논쟁이 심하게 지속되었다. 그의 전도자들 가운데 일부는 메소디스트 연회를 떠나 칼빈주의자가 되었다. 일부 칼빈주의자들은 메소디스트가 되었다. 그가 영국교회를 부정하였을 때는 장로교회들이 종종 웨슬리의 설교를 허용하였다. 1750년대에서의 복음적 칼빈주의자들과 메소디스트 사이의 관계는 유동적이어서, 마치 웨슬리와 휫필드의 관계와 같았다.

메소디스트주의 안에 알미니안과 칼빈주의자들이 함께 있는 것은 대단히 불안했다. 전도의 지도부가 있게 될 초창기부터, 휫필드와 웨슬리는 예정론에 대하여 언쟁했었다. 존이 가끔 논쟁을 일으켰다. 또 어떤 때는 휫필드가 논쟁을 시작했다. 휫필드가 헌팅돈의 귀부인(Lady

Huntingdon)과 연합함으로 칼빈주의자들이 용기를 갖게 되었다. 존의 헌팅돈 사람들과의 관계는 평소에는 부자연스러웠다. 그러나 협력이 되었던 기간도 있었다. 찰스는 헌팅돈에 있는 칼빈주의자들과 보다 쉽게 어울릴 수 있었다. 심각하게 불화를 일으키는 쟁점은 예정과 완전에 관한 문제였다. 존은 1750년대에 이 두 문제에 대해 연설했다. 예정에 대한 언쟁, 즉 웨슬리가 후에 메소디스트주의의 역사에 대한 반성에서 말했듯이, 만인을 위한 구원과 특수한 개인만을 위한 구원 간의 언쟁이 1741년에 이미 메소디스트를 갈라지게 했다.

1752년에 《조용히 숙고해 본 예정론(Predestination Calmly Considered)》이라는 책을 출판하였다. 이 글에서 그는 하나님의 은혜는 불가항력적이라는 확신을 가진 종교적 출발에 대한 호의적인 말로 시작하였다.[16] 그는 어떤 사람에게는 하나님의 은혜가 불가항력적이라는 것을 인정하지만, 하나님의 은혜가 모든 사람에게 그렇다는 것은 부인하였다. 그 은혜를 체험한 사람은 그 은혜가 불가항력적이었다고 생각하고, 무조건적으로 생명으로 예정되었다고 믿게 될 수 있었을 것이라고 그는 생각하였다. 웨슬리는 논의하기를, 하나님에 의한 선택(Election)을 믿는다는 것은 필연적으로 하나님에 의한 유기(遺棄, Reprobation)를 필요로 한다고 하였다. 어떤 사람만이 하나님으로부터 구원으로 정해졌다고 믿는 것은 또한 다른 사람은 멸망으로 하나님이 정하셨다는 것을 의미한다. 웨슬리에 의하면, 선택을 원하는 사람들이, 유기(멸망)는 하나님이 정하신 것이 아니라고 한다면 말의 조리가 서지

---

16) John Wesley, "Predestination Calmly Considered"(London: Foundry, 1752).

않는다.[17]

웨슬리의 논리는 성서적이다. 그는 성서에서 무조건적인 예정은 발견할 수 없었다. 그는 사람이 구원을 받느냐 못 받느냐는 그들이 그리스도께 믿음으로 성실하게 응답하느냐 아니면 불성실하게 응답하느냐에 달려 있음을 발견하였다. 영원한 벌을 받은 사람은 그리스도를 통한 구원에 대한 하나님의 약속을 믿을 수가 없는 것이다. 웨슬리는 하나님은 온 인류를 사랑하였고 모든 인류를 구원하시기를 원하신다는 것을 성경을 통하여 알았고 또한 믿었다.

다음의 두 주장은 그의 윤리에서 나온 것이다. 첫째, 하나님이 어떤 사람을 영원히 지옥 불에 떨어뜨리기로 정했다고 하는 것은 하나님의 정의와 일치하지 않는다. 두 번째, 이중 예정론을 믿는다는 것은 도덕 표준들을 포기하게 만드는 것이다. 사람은 자기 구원이 결국 보장되었다고 생각하면서, 야단법석을 떨며 믿음과 의를 뒤로 미룰 수가 있다. 또는 그와 반대로, 자기 영혼이 멸망으로 예정되었다고 믿는다면, 그에게는 구원과 성결한 삶을 추구할 동기가 없게 된다. 웨슬리는 또한 율법무용론이 저들이 불가항력적인 은혜를 믿도록 하며 또한 죄를 대항하지 못하게 한 것을 알고 있었다.

웨슬리는 만약에 이 유기의 교리(Decree of Reprobation)가 옳다면, 성서가 틀린 것이라고 해야 할 것이다. 그는 이 교리는 파괴적인 것이었다고 믿기에 이 교리를 반대했다. 영혼을 구원하기 위하여 영국의 전역을 누비며 다니게 한 그와 같은 사랑이 그로 하여금 이 가르침을 반대

---

17) Ibid.

하도록 하였다. 이 교리에 대한 아주 강한 견책이 이 에세이의 끝 무렵에 쓰여져 있다: 이 절대 이중예정론의 교리가 죽음의 셋방으로 자연히 인도한다.[18]

그리고 그는 그리스도인이 하나 되어 이 악령을 반대하며, 매일 "은혜와 우리 주 예수 그리스도를 아는 일에 있어 성장할 것을 탄원하면서 이 글을 끝냈다. 그 다음 해에 출판한 책에서, 그는 그리스도 안에서의 성장이 어떤 것인가를 보다 상세하게 설명하였다.

순수한 기독교

웨슬리가 쓴 책, 《순수한 기독교에 대한 평의한 해설(*A Plain Account of Genuine Christianity*)》은 옥스퍼드의 성 마리아 교회에서 한 이별 설교를 떠올리게 한다.[19] 그는 묻는다: 참 그리스도인들은 다른 사람들과 구별될 수 있는가? 그는 구별될 수 있고, 저들은 자기들에게 일어났던 일을 고백했기 때문에, 저들의 증언도 신뢰할 수 있다고 생각한다.

그리스도인의 표적들은 하나님의 영광 앞에 낮은 자세를 취하는 것, 하나님을 의지하고 신뢰하는 것, 이웃을 자기를 위해서가 아니라, 포괄적인 사회적 사랑으로 사랑하는 것, 인내, 겸손, 진실함, 사회적 책임, 그리고 하나님 안에서의 행복 등이다. 이런 바람직한 특징들이 참 그리스

---

18) Ibid., p.81.
19) John Wesley, "A Plain Account of Genuine Christianity" (Dublin: S. Powell, 1753).

도인을 구분하는 것이지, 특정한 의견이나 예배 양식으로 구분하는 것이 아니다.

기독교의 교리는 "이런 특징을...가장 생생하게 감격적으로 묘사하고 있다."[20] 이는 또한 이런 특징이 그리스도인에게서 나타날 수 있다고 약속하고 있다. 이는 또한 약속인 동시에 이런 특징을 나타내라는 명령이다. 하나님은 이 하나님의 법을 그리스도인의 마음 깊은 곳에 넣어 두실 것이다. 기독교는 위에서 말한 그 모든 것은 믿음을 통하여 달성된다고 말한다. 믿음은 하나님의 힘으로서, 영을 생기 있게 하여 영적 세계를 보게 한다.[21] 특별히, 자기가 그리스도를 통하여 하나님과 화해되었다는 것을 알게 한다. 웨슬리에 있어서는 이런 개인적인 인식은 일반 지식보다 더 설득력이 있다. 그의 내적 확신은 지금 주어진 것이다. 이것은 1,700년 전에 있었던 역사적 사건에 대한 지식의 문제가 아니다. 이는 새롭고 지금의 생생한 지식이다. 웨슬리는 이런 특징이 옳다고 생각되면, 그리스도인에게 그것의 원천에 대하여 물어보라고 하면서, 이야기를 끝낸다. 전에는 보지 못하였던 그가 지금은 본다는 것은 시력이 회복 되었다는데 대한 최선의 증거이듯이, 옛날의 죄에서 해방된 그리스도인들 자체가 새 생명에 대한 최선의 증거인 것이다.

우리는 이 책에서 웨슬리의 성격 윤리(character ethic)의 기색이 있음을 볼 수 있을 것이다. 그러나 성격이라는 것은 종교적으로 변화된 사람의 모습, 곧 생명의 힘을 받은 새로운 존재를 의미한다. 그리스도인의

---

20) Ibid., p.9.
21) Ibid., p.10.

생활에 의하여 생겨진 성격은 또한 명령을 받은 것이다. 이 온전한 성격은 하나님의 사랑에 의하여 에워싸였고 사랑할 의무가 있다. 성격에 대한 이런 논의는 웨슬리가 일상적으로 하는 양식이 아니다. 그리고 이를 논의할 때는, 규범적인 논의와 연관되어서 하는 것이다. 여기서 윤리의 다른 체계를 논의함에 있어, 단지 아리스토텔레스와 웨슬리가 사용한 몇 마디 말이 있을 뿐, 아리스토텔레스의 윤리를 연상케 하는 것은 별로 없다. 웨슬리는 이 성격을 말하자면, 신약성서에서 말하는 표적이라고 증언했다. 정말로 웨슬리는 실패한 결혼 생활의 아픔 그리고 그리스도인들이 계속해서 서로 싸우는 데서 오는 괴로움을 알고 있었다. 싸움이라는 것이 그의 마음에서 떠난 적이 없었다.

전쟁

전쟁의 역사가들은 웨슬리가 알고 있는 전쟁들은 비교적 온건한 것이었다고 본다. 지난 세기에 유럽에서 있었던 종교적 분쟁들은 맹렬하였다. 19세기에는 프랑스의 혁명에서 무서운 이념적 분쟁이 있었고, 미국에서는 잔인한 시민 전쟁이 있었다. 18세기에 유럽에서 있었던 분쟁은 자기들의 육군과 해군을 보존하기를 원하였던 군주들에 의하여 일어난 분쟁들이었다. 일반적으로 말해, 그 때의 군주들은 큰 전투를 통하여 비극적인 손실을 모험하는 것보다, 전술적인 책략을 통하여 적절한 승리를 얻고자 했다. 놀랍게도 저들은 전쟁의 규칙을 지켰다. 그리고 유럽에서는 일반적으로 시민들과 직접 싸우는 것을 피하였다. 군주들과 장군들은 때로는 그 싸움의 목적들을 온건하게 지켰다. 그러나 웨슬리의 전쟁에 대한 비판은 온건하지 않았다. 웨슬리는 전쟁은 인간의 죄악성을 그대로 드러낸 것이라고 말하였다. 이 일은 웨슬리만이 그리 말한 것이 아니다. 전쟁은 "시민과 종교의 기반을 크리스천 세계와 이방세계에서 완전히 무너뜨렸다."[22]

로브손(Eric Robson)은 18세기 초반에 있은 전쟁들은 결혼, 또는 결혼생활의 실패와 연관되어 있다는 것을 지적하였다. 물론 왕조들의 싸움 배후에는 국제 세력의 경쟁이 잠복하고 있었다. "이 세기 앞의 반세기에 있었던 세(3) 큰 전쟁, 곧 폴란드의 전쟁, 스페인의 전쟁, 그리고 오스트리아 왕위계승 전쟁(Austrian Succession)은 모두 결혼이 실패했고 또는 복잡하게 얽혔을 때 일어났다."[23]

웨슬리에게 있어, 가정의 혼란상태와 그로 인한 분노는, 국가에 죄 때문에 싸움이 있듯이, 인간의 같은 상태에서 유래된 것이었다. 그의 65 페이지의 소책자에서 그는 이신론자들(deists)과 철학자들의 인간의 죄에 대한 낙관적인 견해를 반대하였다. 그는 《인간성의 존엄성(The Dignity of Human Nature)》이라는 책에서, 인간이 얼마나 존엄성 없이 살고 있는가를 실제로 설명하였다. 인간의 친밀한 국제관계에서 인간들은 죄로 말미암아 약속을 파기하곤 하였다.

라인홀드 니버(Reinhold Niebuhr)가 세계 2차 대전 때 쓴 그의 ≪인

---

22) John Wesley, "The dignity of human nature" (1762), p.41. 여기 있는 말의 일부가 그의 "The doctrine of original sin"에 쓰여 있다.
23) Eric Robson, "The Armed Forces and the Act of War" in *New Cambridge Modern History*, ed. J. O. Lindsay (Cambridge: University Press, 1970), p.167.

간의 성격과 운명(The Nature and Destiny of Man)≫[24]라는 책에서 그랬듯이 웨슬리의 《인간성의 존엄성》도 현실주의(realistic)였다. 두 책에서 공격하고 있는 대상은 그 시대의 낙천주의자들(optimists)이었다. 니버는 기독교의 자유주의 신학자로서 인간의 진보(human progress)에 대한 자유주의 개념을 혹평하였다. 웨슬리는 기독교의 이성주의자로서 이성주의의 진보적인 낙천주의를 공격하였다. 기독교는 현실주의라야 한다. 그렇지 않으면 구원이 필요치 않게 된다. 웨슬리나 니버에 있어, 인간 존재와 성격에 대한 현실주의는 그들의 경험론(empiricism)에 의하여 주장하게 된 것이다.

웨슬리의 전쟁에 대한 비난의 글은 1754년에 있은 프랑스 전쟁과 인디언 전쟁의 돌발로 격하게 되었다. 1756년의 외교적 큰 변혁에 따라서, 프랑스, 오스트리아, 러시아, 스웨덴을 반대하기 위해, 오스트리아와 영국의 동맹이 프로이센과 영국의 동맹으로 바뀌면서, 전쟁은 7년간의 전쟁이라고 말하는 1차 세계전쟁으로 변질하였다. 이 전쟁은 유럽에서, 대서양에서, 카리브해에서, 인도 해양에서, 태평양에서, 인도, 필리핀 그리고 새로운 세계에서 격심하게 계속되었다.

웨슬리는 프랑스의 전쟁 포로들에게 옷을 공급하기 위해 모금을 하였다. 그리고 1759년 10월 26일에는 Lloyd's Evening Post에 글을 써서 그들에 대한 돌봄이 허술함을 항의하였다. 그의 전도자들이 전쟁 복무에 강제로 징집되었다. 1759년에 스톡톤(Stockton)에서 폭도들이 그와

---

24) Reinhold Niebuhr, "The Nature and Destiny of Man", 2 vols. (New York, Charles Scribner & Sons, 1941-43)."

함께 여행하고 있는 존스(Joseph Jones)와 알우드(William Alwood)를 체포하였다. 여러 사람이 일어나 폭도에게 돌을 던지며, 그 주동자의 머리를 깼다. 그리고 존의 동반자들은 풀려났다. 전도는 대륙과 미국에 있는 영국 군인들을 위해 이루어졌다. 그리고 웨슬리는 영국과 아일랜드에 있는 군부대에서 가끔 설교를 하였다.

그는 프랑스가 영국과 아일랜드를 침략하려는 계획을 걱정하였다. 1756년에는 그가 한 국회의원에게 편지를 써서, 메소디스트의 돈으로 200명의 지원병을 모집하여, 런던 요새에 있는 군용품을 지키게 하고, 그 안에서 보초로 봉사하게 하겠다고 자원하였다. 그 전에 휫필드와 상의할 때는 500명을 이야기 하였는데, 그 일을 혼자 진행하면서 그는 200명을 지원하겠다고 자원하였다. 그러나 그 계획은 받아들여 지지 않았다. 이런 그의 노력과 그가 전에 했던 찰스 왕자의 침략에 대한 공격적인 응답을 보아서, 존 웨슬리를 반전론자(pacifist)로 해석하려는 것은 잘못이다.[25] 웨슬리는 전쟁을 미워하고, 메소디스트들은 활발하게 화평케 하는 자들이 되기를 기대하지만, 그는 그리스도인들이 국방(defense)에 참여해야 할 필요가 있음을 이해하였다.

그는 다른 사람들의 글을 보고 배운 전쟁의 원인(causes)을 분석하며 말하였다. 그들이 말하는 전쟁의 원인은 통치자들의 야심, 정치인들의 부패, 종교적 차이, 그리고 취향의 문제 등이다. 1차 세계대전에서 보았듯이, 전쟁으로 다른 나라를 지배하게 되기도 한다. 어떤 때는 전쟁이

---

25) Wesley published an extraction of the writing on the Ten Commandments by Bishop Hopkins, which explicitly affirmed just war teaching, and his own writing on the Sermon on the Mount allows for just defense.

한 왕자가 너무 강해서 보여서 일어나기도 하고, 어떤 때는 왕자가 너무 약해서 일어나기도 한다. 어떤 때는 욕심 때문에 또는 국경 문제로 인하여 일어나기도 한다. 어떤 때는 유럽인이 아닌 사람들의 국토를 빼앗기 위해 일어나기도 한다. 웨슬리는 말하기를 무슨 원인 때문이었는지 간에, 전쟁의 결과는 이성과 인간성을 위반하여 수천 명을 죽게 한다고 하였다. 웨슬리는 전쟁을 반대하는 자신의 논리를 명확히 하기 위하여 수천 명의 죽음을 목격한 사람의 증언을 인용하였다. 전쟁을 계속하는 한, 인류가 주장하는 미덕과 인간 이성은 부당하게 손실된다. 그는 이성을 가지고 있었다면, 전쟁은 일어나지 않았을 것이라고 무종교인들도 알고 있었다고 말하였다.[26]

웨슬리는 그가 알고 있는 영국사람 중에 흔히 있는 무식함을 묘사하였다. 그는 다른 곳에서는, 우상 또는 이슬람의 독재 군주국 하에 살고 있는 많은 세상 사람들의 비애감을 묘사하였었다. 지금 그는 스코틀랜드의 고지지방의 주민과 아일랜드인이 얼마나 무지했고, 또한 얼마나 무지함이 영국 편에도 있었던가를 말하고 있는 것이다. 웨슬리는 계몽운동의 시대라고 하는 그 때에도 영국사람의 대부분은 읽을 줄도 모르면서 죽어갔다는 것을 알고 있었다.

이 에세이는 그 전체가 계몽운동에서의 인도주의의 낙천주의를 공격하고 있다. 전쟁에 관하여는 그는 코울리(Mr. Cowley)의 울적한 생각들(ruminations)을 따랐다. 그러나 그는 그렇게 말하면서, 국가들이 전쟁을 자주 하는 현실적인 이유들을 설명하였다. 그 이유들을 제시하면서,

---

26) Wesley, "Dignity of Human Nature", pp. 41-45.

그는 그리스도인들이 서로 죽인 일에 대하여 깊이 슬퍼했다. 그의 슬픔은 종교가 전쟁을 억제하지 못한 것에 대한 것뿐만이 아니었다. 그는 저들의 종교적 판단이 종종 바로 강탈하는 살인의 이유였다는 것을 잘 알고 있었다. 케네스 왈츠(Kenneth Waltz)가 전쟁하는 이유들을 인간성과 국가 그리고 국제질서의 이 세 가지 분야에서의 실패 때문이라고 설명한 것을[27] 견주하여, 웨슬리는 전쟁의 원인을 그의 첫째 분야에서는, 인간의 비참한 성격에 뿌리박고 있는 것을 다루고, 두 번째 분야에서는 전쟁을 돕는 단일 민족국가(nation-state)의 결함을 다루고 있다. 세 번째 분야에서는, 그는 국가 간의 관계가 교란해졌다는 것이 세계 일차 대전에서 잘 드러났고, 더 나아가 인간 존재의 본질이 무질서하다는 것을 말하였다. 그리고 케네스 왈츠가 제삼의 분야에서, 전쟁의 원인으로서 국제적 무법상태를 말했는데, 웨슬리는 이 점은 강조하지 않은 것 같다. 그러나 1756-1763년과 같은 때의 국제적인 무질서는 사람들의 본성 때문에 그런 것이었지 그외 아무것도 아니라고 말하는 것은 불합리 한 것처럼 보인다. 웨슬리는 그리스도가 재림하시기 전에 국제적 질서가 회복되고 유토피아가 온다는 꿈을 가지고 있지 않았다. 전쟁, 죄, 그리고 낙천적인 인도주의에 대한 웨슬리의 견해는 라인홀드 니버의 기독교 현실주의와 같이 현실주의적이었다.

웨슬리는 브레레우드(Mr. Brerewood)의 분석표를 따라 세계를 30개 구역으로 나누었다. 그 중 19구역은 무종교 구역, 6개 구역은 이슬람

---

27) Kenneth N. Waltz, Man, *the State and War: A Theoretical Analysis* (New York. Columbia University Press, 1959).

구역, 그리고 5개 구역을 기독교 구역으로 간주했다. 그리고 그는 1750년대의 10년간은 이 30개 모든 구역에서 종교와 도덕이 실패한 것에 대하여 아주 통감했다. 그가 읽은 책에서, 그는 온 세계의 어느 국가에서도 인간의 고귀함을 거의 발견할 수 없었다. 이 점에 있어, 종교와 도덕의 부재에 대한 비판을, 그가 미국의 본토인들을 몰랐듯이, 직접 아는 바 없는 아세아인과 아프리카인들을 향하여 하였다. 후에는, 아프리카의 로맨틱한 저자들의 영향을 받아, 그는 온순한 아프리카인의 감상적인 모습을 말하기도 하였다. 이 시기에 그가 아프리카인에게 가졌던 애정은 아프리카인에게 세례를 베풀며, 그들의 종교적 민감성을 언급함에서 나타났다. 그는 그 대륙이 변하고 그 결과 개선되기를 희망했다. 노예제도를 폐지하는 운동에 적극적으로 참여하는 일이 1770년대에 전개되었다. 그의 "인간성의 존엄"과 "원죄에 대한 교리"에 있는 글을 보면, 이 모든 것은 아담의 죄로 말미암아 저주를 받은 것이다. 그에게 있어서, 기독교는 등불이었다. 그런데 그리스도인들이 살면서 다른 사람들의 그 비참한 상태에서 벗어나게 하지를 못하였다. 그리스도인들이 서로 싸움으로 저들은 하나님으로부터 소외되게 되었다. 그의 인간성에 대한 현실주의는, 그리스도인은 하나님의 은혜를 받아들여야 하듯이 도덕적 훈계를 받아야 한다는 칼빈주의자의 유전을 주장하였다.

십계명

웨슬리의 명쾌한 윤리적 가르침은 십계명보다는 예수의 산상수훈에 근거하고 있다. 그는 십계명을 교회의 도덕률로 지킬 것을 강조하였다. 그러나 십계명에 대한 설명의 글은 별로 기록한 바가 없다. 그러나 그는 홉킨스 감독(Bishop Hopkins)의 책을 발췌하여,《십계명에 대한 간략한 강해(A Short Exposition of the Ten Commandments)》[28]를 1759년에 출판하였다. 그는 홉킨스 감독의 책을 대단히 칭찬하였다. 그러기에 그가 발췌하고 편집하여 발행한 내용을 그가 인정하고 있다고 생각하는 것은 당연하다. 이 감독의 글은 분명히, 웨슬리가 모라비안과 칼빈주의자들에게 잠재하고 있다고 생각하는 율법무용론에 대한 교정 (antidote)이었다.

웨슬리는 그의 서문에서 네 가지를 지적하여 말하였다.[29] (1) 구원은 사랑으로 역사하는 믿음의 성결을 요구하였다. (2) 성결은 하나님이 직접 모세에게 주시고 교회에 전해 내려온 십계명에 의하여 요구되고 있다. (3) 이전의 저자들은 믿음이 어떻게 마음에 율법으로 쓰여진 사랑의 근거(foundation)였다는 것을 적절하게 설명하지 못하였다. (4) 웨슬리는 선언한다. 홉킨스 감독은 그리스도에 대한 믿음에 기초한 모든 계명의 문자적 영적 의미를 정확하게 설명하였다. 사랑이 모든 율법의 목적이다. 믿음 없는 사랑을 말하는 종교는 하나의 죽은 시체이다라고 웨슬

---

28) John Wesley, *Preface and Extracts of A Short Exposition of the Ten Commandments: Extracted from Bishop Hopkins* (London: G. Paramore, 1792).
29) Ibid., pp.iii-iv.

리는 말하였다.

  웨슬리가 주장하는 대로, 감독은 사랑에 대하여 설명하되, 그 사랑을 하나님을 경외하는 것과 조화 있게 설명하였다. 그는 모세의 십계명을 영국 교회의 모든 도덕률에 기초해서 해석하였다. 예로 네 부모를 공경하라는 계명을 해석함에 있어, 그는 여러 페이지에 걸쳐 가정과 교회 그리고 연방에서의 윗 사람(government)에 대한 명령을 설명하고 있다. 상전과 종의 의무에 대한 주교의 세 페이지에 걸친 설명은- 21세기의 시각에서 볼 것 같으면- 언제나 적절한 것으로는 보이지 않는다. 그의 설명은 엘리트 감독의 계급의 편견으로 가득 차 있다. 물론 십계명에 대한 모든 해설은 그 때와 장소 그리고 그 문맥을 반영할 것이기에 사소한 차이가 있을 것이다. 그러나 무엇이 꼭 지켜야 할 율법인가를 분명히 안다면, 그 문제는 정리될 수 있다.[30] 감독은 영국교회의 율법주의로 기울어지고 있는 듯 하다. 웨슬리가 출판한 그 발췌문은 웨슬리가 의도한 바대로, 모든 율법은 생기 있는 믿음을 활기 띠게 하는 사랑을 나타내는 일을 하여야 한다는 것을 충분히 설명하지는 못하였다. 웨슬리는 그의 신약성서 주석에서 감독의 중압적인 도덕주의보다는 덜 엄하고 신선한 정신을 나타내고 있다.

---

30) *The Author hopes his Ultimate Imperative: An Interpretation of Christian Ethics* (Cleveland: Pilgrim Press, 1999) succeeds in exposition and illustration of the Ten Commandments without becoming "legalistic."

이 시기를 마감하면서

웨슬리는 1758년 그리고 1759년에는 영국에서의 일상적인 순회를 하는 것뿐 아니라 또 다시 아일랜드, 웨일즈, 스코틀랜드를 방문했다. 이 10년간의 마지막 2년에는 반대하며 폭동을 일으키는 일이 전보다는 적었다. 아일랜드의 리머릭(Limerick)에서 있은 총회에 14명의 전도자가 참석했다. 아일랜드에서 그가 설교할 때 참석하는 사람의 대부분은 로마 가톨릭 신자들이었다. 한 번은 그는 올리버 크롬웰(Oliver Cromwell)장군의 옛날 캠프에서 설교를 하면서, 캠프가 세워진 그 좋은 목적을 칭찬하였다.

1759년 말에, 그가 야외에서 설교를 할 때 회중에 귀족 한 분이 있었다. 그는 부자들 가운데 몇이 구원을 받았으면 좋겠다고 생각했다. 그것은 다른 사람을 전도하기 위해 그러면 좋겠다고 희망했던 것이다. 그러나 그는 25년간 해왔듯이, 개인적으로는 가난한 자들에게 복음 전하기를 선호하였다.

그는 사랑의 완전과 인간 죄에 관한 글을 저술하는 것으로 이 시기를 끝냈다.[31] 그의 글들은 성경과 건전한 이성에 기초하여 쓰여졌고, 야콥 뵈메(Jacob Bohme)와 같은 신비주의자의 노작이나, 또는 기독교 신앙의 의미를 설명한 다른 글들은 별로 이용하지 않았다. 웨슬리는 그 당시 유식한 성직자라고 전국에 소문난 존 테일러 박사(Dr. John Taylor)의

---

31) 죄와 사랑의 완전에 대한 논의가 웨슬리의 신학적 윤리의 중심이다. 이에 대하여는 제 9장에서 자세히 다룰 것이다.

가르침에 항의하여 죄에 대한 긴 글을 썼다. 테일러가 웨슬리의 글에 회답하지 않으매, 웨슬리는 그에게 긴 편지를 써서 회답하라고 요구했다. 그러나 테일러는 이는 웨슬리와 테일러 간의 사사로운 일이라고 미루면서 공개적인 회답을 피하였다. 웨슬리는 말하기를 이는 사사로운 일이 아니고, 죄에 대한 교리가 올바르게 이해되어야 하기 때문에 아주 긴급한 일이었다고 하였다. 왜냐하면 만약에 죄의 능력이 최소한 것으로 평가되면, 그때는 칭의와 성결에 대한 교회의 모든 이해가 잘못되기 때문이다. 구원에 대한 교회의 이해는 인간의 소외됨에 대한 평가와 서로 관련되어 있었다. 그러므로 이 문제는 주요한 것이었다.

전쟁이 계속되매, 웨슬리는 캔터베리(Canterbury)에 있는 군인들과 브리스톨 근처에 있는 전쟁 포로들에게 설교하였다. 그는 계속해서 프랑스 전쟁 포로들을 위한 의복을 마련하기 위해 모금을 했고, 그들을 보다 좋게 대우하라고 탄원했다. 그가 야외 설교자로서 진정 어떠했는가를 이년 간 여러 번 곰곰이 생각해 보았다. 그도 안정된 방에서 설교하고 좋은 강대상을 좋아했지만, 가난한 사람들은 그런 장소에 오지 않았을 것이라고 생각하였다. 결국 가난한 사람들을 그들이 있는 곳에서 구원하기를 노력하고, 그리고 죄수들을 방문하고 야외에서 설교하는 것이 그의 운명이었다. 웨슬리의 열정은 영혼들을 영원히 불타는 지옥에서 구원하는 데 있었음을 의심할 여지가 없지만, 그의 종교는 현실도피가 아니었다. 그의 종교는 하늘나라의 시민과 이 땅의 사회에 시민, 이중 시민으로 거듭나게 하는 것이었다. 이 시기의 마지막에는 그는 순회하면서, 두 가지 관심을 기록하였다. 그는 그의 설교에 대한 반응과 메소디스트 소사이어티의 건전함에 매우 중대한 관심을 가지고 있었다. 그는 자기 설교에 호응한 사람 가운데 많은 사람이 타락할 수 있음을 알고 있었다. 이들을 변화시키는 방법은 이들을, 연대책임 하에, 다른 진지한 그리스도인들과 연결하는 일을 통하여서였다. 사회적 연대책임을 위하여는 설교를 통하여 깨우치는 것이 요구되었다. 그리고 계속 성결로 성장하기 위해서는 사회적 연대가 필요하였다.

1760년대로 들어서면서, 웨슬리의 운동은 성숙해 지고 있었고, 폭도의 폭력 행위는 줄어 들었고, 여러 소사이어티는 번영하고 있었다. 그의 결혼생활은 넝마가 되었고, 그리스도인이 그리스도인을 죽이는 나쁜 전쟁은 계속되고 있었다. 다음 시기 초에, 죠지 2세가 죽고 죠지 3세(George III)가 왕이 되었다. 왕에 대하여는 그를 왕으로 존경하여야 한다고 하면서, 웨슬리는 사회-정치 철학에 관한 책을 저술하며 정치 정책에 대하여 논평하는 일에 전념하였다.

제8장
성숙한 시기
(Maturation)
(1760s-1770s)

신학적 윤리에 관한 글들

그리스도의 완전 예정론

학문적인 연구

영국 역사 구약성경 주석

여자가 설교하는 문제

경제 윤리

제 8 장
성숙한 시기(Maturation)
(1760s-1770s)

　존 웨슬리는 1760년대 1770년 시기에는 사회 윤리, 특히 경제 윤리, 정치적 자유, 노예 제도에 관한 중요한 수필(essay)을 저술하였다. 사회 윤리에 관한 글은 8장에서 다루겠고, 나머지 정치적 자유는 9장에서, 그리고 노예제도에 관한 글은 10장에서 따로 다루겠다. 이 모든 수필은 메소디스트 운동의 성숙함뿐만 아니라 웨슬리 자신의 성숙함을 드러내고 있다. 이때에는 웨슬리가 70명이나 되는 순회 전도자들을 지휘하고 있었으며 많은 채플을 주관하고 있었다. 그리고 그는 알려진 훌륭한 사회 지식인이었다. 그의 글들은 단지 의견을 발표하려는 의도에서 쓰인 것이 아니라 지도하기 위하여 쓰인 것이다. 그래서, 영국교회 안에서 성장하고 있는 단체를 주관하고 있는 복음 전도자에 의하여 쓰인 이 글들에 대해서는 책임이 있다.

　이 수필들은 웨슬리의 성숙한 지도력을 반영할 뿐 아니라, 더 나아가 새로운 세상, 영국 왕의 역할, 그리고 영국과 프랑스의 전쟁을 드러내 보인다. 웨슬리는 프랑스를 방문한 적이 없다. 그는 프랑스 말을 좋아하지 않았다. 그리고 프랑스의 가톨릭교를 두려워했다. 몇 해 전에 있었던 보니의 혁명(the revolution of Bonnie)은 영국의 안전을 위협한 후에 찰리 왕자(Prince Charlie)를 그 지위에서 떨어지게 하였다. 웨슬리는 하노버 왕가(Hanoverian dynasty)에 충성했고 특별히 1760년에 왕좌에 오른 죠지 3세(George III)를 좋아했다. 컴버랜드(Cumberland)의 하노버 왕가의 공작(Duke)의 지위 하에 있는 하노버 왕가의 군인들은 1746년 쿨로덴(Culloden)전투에서 패배하고, 프랑스계의 고지대인들의 살육과 가톨릭의 위협 때문에 몹시 괴로워하고 있었다. 그러나 웨슬리의 한 프랑스 장군과의 만남은 매우 우호적이었다. 그는 또한 프랑스 전쟁 포로들을 돌보며, 영국 내에 있는 포로수용소의 환경을 개선하기 위해 모금하는 일을 많이 하였다.

죤은 아일랜드에서 6개월 동안 순회하면서 친히 전쟁을 만났다. 죤은 캐릭퍼거스(Carrickfergus)에서 그곳에 점령하고 있는 프랑스 장군 카비낙(Cavignac)과 한 집에 함께 있은 적도 있었다. 프랑스 해군은 단지 식량을 구하고 있었기 때문에, 짧은 전쟁 후에 그 마을을 점령하는 것은 단기간이었다. 캐릭퍼거스를 떠난지 5일 동안 전투는 잇따라 일어났고, 그 전투에서 프랑스 해군은 패배당하여 삼백 명이 죽었다. 그 가운데는 해군 사령관 두롯(Thurot)도 있었다. 그의 그 장군과의 대화는 종교에 대한 것뿐 아니라 일반적인 일들에 대한 것이었다고 죤은 기록하고 있다. 웨슬리는 그 장군의 진정한 종교에 대한 견해는 자기의 견해와 같았다고 기록하였다.

신학적 윤리에 관한 글들

웨슬리는 감사하게 생각하고 있는 왕과 정치적 관계를 맺고 있는 이 시기에 사회 철학가로서 두각을 드러내고 있었다. 그러면서도 그는 중요한 다른 글들을 계속 저술했다. 그는 다시 그리스도인의 완전과 예정의 문제를 취급하여, 그 문제들에 대한 숙고한 연구 결과를 출판하였다. 이 그리스도인의 완전과 예정에 관하여는 수산나로부터 배운 입장을 지켰다. 심지어 목사의 직무에 있어, 여자가 설교하며 지도하는 문제에 대해서도 돌아가신 그의 어머니의 영향이 있었음이 보인다. 구약성서에 대한 그의 글에는 그의 아버지의 영향이 있음이 명백하다. 그리고 웨슬리가 쓴 《영국의 역사(History of England)》에는 사무엘의 역할도 조금 있었던 것으로 보인다. 여기서 그들이 영국교회와 그의 열정적인 정치적 의견을 삽입시키려고 이바지한 것을 볼 수 있다. 웨슬리의 과학에 관한 글들은 그의 옥스퍼드 대학교 학생 때 쓴 것으로 보인다. 그의 석사학위 논문의 제목은 "동물들의 추론하는 능력에 관하여(on the reasoning powers of animals)"였다.

이런 모든 요인, 즉 영국 제국주의, 죠지 3세, 전쟁, 신학적 생각들, 광대한 지적 저술, 영국교회 안에서의 개혁 운동의 지도력 등은 웨슬리가 그의 사회철학 또는 사랑의 기독교 사회윤리를 말할 때, 그가 어떻게 했는지를 이해하는 데 도움을 주고 있다. 그의 윤리의 동기와 규범은 은혜로 주신 하나님의 사랑과 규범으로 주신 (하나님 사랑과 이웃을 사랑하라는) 계명에 근거하고 있었다. 사회를 논하는 표현(말투)은 그가 영국 역사를 이해하는 데서 얻은 그 시대의 사회 사조에서 취해진 것이 많았다.

그리스도인의 완전

웨슬리는 옥스퍼드에서의 홀리클럽 때부터 그리스도인의 완전을 추구했고 설교하였다. 그의 어머니는 존이 어릴 때부터, 그리스도인의 완전에 대한 청교도와 영국국교회의 가르침에서 얻은 완전의 교리를 그에게 가르쳤다. 존 피터(John L. Peters)는 그의 책에서 웨슬리 시대에 영국 사람들이 생각하고 있던 그리스도인의 완전에 대한 견해의 배경을 자세히 설명하고 있다.[1] 웨슬리 자신도 그가 초기에 강조한 완전은 제레미 테일러(Jeremy Taylor), 토마스 아 켐피스(Thomas a Kempis), 윌리엄 로우(William Law)들이 강조한 것이라고 했다. 아마도 가장 큰 영향은 널리 알려진, 윌리엄 로우의 책, 《그리스도인의 완전에 대한 논문(Treatise on Christian Perfection)》에서 받았을 것이다. 로우가 철저하고 진지한 그리스도인의 생활을 강조한 것이 웨슬리가 1725년에 종교생활을 보다 진지하게 하려는 데 도움을 주었다. 로우에 있어서는 그리스도인의 완전은 세속적인 정신에서 그리스도의 정신으로 극적으로 전환하는 것을 의미하였다. 그 책의 마지막 장(chapter), "그리스도인의 완전을 권고함(an exhortation to Christian perfection)"에서, 그는 고린도

---

1) John L. Peters, *Christian Perfection and American Methodism* (New York: Abingdon Press, 1956), pp.15-18.

전서 13장에서 요구하고 있는 모든 면에서의 전적인 사랑을 권하고 있다. 웨슬리는 초대 교부들의 글을 읽음으로, 그리고 성경, 특히 요한일서를 공부함으로 더욱더 고무되어 그리스도인의 완전에 대한 이해를 깊게 하였다. 웨슬리의 생각에는, 영원한 율법, 거룩하라는 계명, 죄를 극복할 수 있다는 약속, 그리고 전적으로 사랑하라는 말씀, 믿음의 확신 등의 진실성(present reality)이 의미하는 바는, 거듭난 사람은 그리스도인으로서 완전의 생활을 할 수 있다는 것을 의미하는 것이었다. 성경과 교회의 전통, 특히 신비주의의 전통에는, 죄는 전적으로 극복될 수 있다는 견해를 격려하는 말들이 많이 있다. 이는 죄를, 웨슬리가 종종 말한대로, 의지적으로 하나님을 거역하는 것으로 이해한다면 맞는 말이다.

웨슬리는 모라비안들이 가르치는 대로, 완전은 은혜로 순간적으로 주어지는 것으로 믿었지만, 그는 또한 점진적으로도 얻어질 수 있다는 견해도 주장한 것 같다. 그는 칼빈주의자들이 완전은 오로지 죽은 후에야 가능하다고 하는 견해에 반대했다. 또한 완전은 연옥(purgatory)에서 얻어질 수 있다는 견해도 반대했다. 그러면서 그는 완전은 이생에서도 얻을 수 있는 것이라고 주장했다. 존 피터와 헨리 랙크(Henry D. Rack)에 의하면, 그의 종합에는 가톨릭과 개신교의 식견(insight)의 팽팽한 긴장이 명백히 있었다.[2]

웨슬리는 종종, 메소디스트 설교자들이 완전을 강조하는 것을 빠뜨려, 메소디스트 운동을 쇠퇴시킬까 봐 걱정하였다. 그러나 1760년대에

---

2) See Henry D. Rack, *Reasonable Enthusiast: John Wesley and the Rise of Methodism*(Nashville: Abingdon Press. 1992)를 보라.

완전을 강조하는 부흥이 일어났다. 수백 명이 기독교의 사랑의 완전을 경험한 것을 간증했다. 그러나 완전에 대한 열광적인 표현들은 다른 문제들이 생기게 하였다. 이런 일로 웨슬리는 걱정하게 되었다.

런던에서의 죠지 벨(George Bell)의 열광과 거친 설교를 웨슬리는 조사하게 되었다. 그리고 벨과 웨슬리가 보기에는 너무나 도에 지나쳤다고 생각되는 완전을 설교하는 다른 사람들을 만났다. 죠지 벨은 웨슬리의 친한 친구인 토마스 맥스웰(Thomas Maxwell)과 제휴하고 있었다. 그런데 맥스웰도 웨슬리의 엄한 견책을 받고 있는 사람이었다. 이래서 몇 전도자는 메소디스트를 떠나게 되었고, 런던의 신도회에 분열이 있게 되었다. 벨과 맥스웰이 웨슬리가 강조하는 완전을 이단으로 몰리게 함으로, 런던에서의 완전에 대한 설교 때문에 메소디스트는 심한 비판을 받게 되었다.

죠지 벨은 이 세상의 종말이 1763년 2월 28일에 온다고 예언함으로 많은 사람을 혼란케 하였다. 벨은 체포되어 투옥되어서 그 종말을 기다렸다. 웨슬리는 그런 예언의 어리석음에 대해 설교했다. 그러나 많은 사람이 불안해하였고, 얼마는 런던을 떠났다. 웨슬리는 그들의 어떤 장점은 인정하지만, 그들의 자만심, 예언하는 것들, 그리고 열광주의를 반대하였다. 웨슬리는 그런 지나친 설교자들 때문에 교회의 규율과 권위가 있어야 하겠다고 생각했다. 그리하여 전도자들이 모인 회의에서 설교자들을 위한 여러 규율의 규정들을 정하고, 웨슬리의 4권의 설교집과 신약성서 주석을 메소디스트 교회에서 설교하는 자들을 위한 지침(guide)으로 세움으로써, 1763년에 그 교회의 규율(that discipline)이 작성되었다. 그 회의에서 윌리엄 그림샤우(William Grimshaw)를 웨슬리 형제의 후임자로 임명하여 메소디스트의 재산에 관련된 일들을 돌보게 하였다. 그 회의 후에 얼마 안 되어 그가 죽음으로 승계자의 문제는 정해지지 못하였다.

같은 해에 웨슬리는 23쪽의 《신자 안에 있는 죄에 대한 논설(A Discourse on Sin in Believers)》를 출판하였다. 이 글은 의롭다 함을 받은 그리스도인에게는 죄가 없다고 주장하는 사람들을 반대하여 쓰인 설교이다. 웨슬리는 육은 부패하였기에, 구원받은 자 안에서도 죄의 세력이 미친다고 하였다. 그리스도인 안에서 죄가 지배하지는 않지만, 여전히 그리스도와 싸우고 있는 것이다. 진젠돌프 백작은 그릇되게 그리스도인은 죄가 없다(sin-free Christian)는 새로운 개념을 소개하였다. 이에 대해 웨슬리는 "그러나 무슨 교리이든지 새로운 것은 틀린 것일 것이다. 고대 종교(the Old Religion)만이 참된 종교이다."[3]라고 하면서 그 개념을 강하게 반대하였다. 웨슬리는 또한 성경과 이성을 이용하여 그 개념을 반대했다. 그리고 그에 대한 경험도 언급했다. 웨슬리는, 자기가 그리스도인의 완전을 각별히 강조하는 것은 직접적으로 언급 안 하면서, 아직도 허덕이고 있는 그리스도인의 한 모습을 생생하게 표현하였다.

웨슬리가 완전을 강조하는 것이 그가 신학에 끼치는 유일한 공헌 가운데 하나였다. 그러나 그것이 온전히 성공하지는 못하였다. 이 강조는

---

3) John Wesley, "A Discourse on Sin in Believers"(London: Foundry, 1763). p.11, italics in original.

하나님을 전적으로 사랑하며 이웃을 자기와 같이 사랑하는 의미에 집중시켰다. 이는 이미 의롭다 함을 받았다고 해서, 윤리를 무시하는 데로 빠져들어 가는 열광주의 그리스도인들을 보호하기 위한 것이었다. 그의 이 운동은 은총으로 인한 칭의의 운동일 뿐 아니라 은총으로 인한 성결의 운동이라고 특징 짓게 하였다. 그러나 이는 신자 안에 있는 죄라는 글에서 제지했어야 했던 열광주의자들을 격려하는 일이 되었다. 그 책자에서 죄로 인해 괴로워하는 사도 바울의 이야기는 그가 전에 1741년에 성화에 대하여 설교형태로 쓴 글에는 없었다. 웨슬리는 그 이유를 설명하기를, 그 때는 기브손 감독의 제의에 의하여 그때 생각들을 출판한 것이었기 때문이라고 하였다. 그러나 그 설교는 그 후에 별로 유보하거나 수정할 것이 없었다. 그 때 그는 이렇게 기록했다. "그 때는 (완전해지면), 그리스도인들은 이 세상에서 모든 죄에서, 모든 불의에서 구원을 받는 것이다: 그들은 죄를 짓지 않을 만큼 완전한 것이고, 악한 생각과 악한 성격들에서 자유로워진 것이다."[4]

그는 그리스도인도 실수할 수 있고, 그런 실수는 하나님의 법을 범한 것이 될 수 있다고 인정했지만, 이 앞의 출판물에서는 그리스도인은 의식적으로 또는 무의식적으로도 죄를 짓지 않는다고 말한 것 같다. 그는 성경의 여러 구절을 통하여 이런 견해에 이르렀다. 그 후에, 그는 이 견해를 완전에서 죄에서 자유를 얻었다고 주장하는 사람들의 진실한 간증에 근거하여 옹호하였다.

---

4) John Wesley, "Christian Perfection", in *John Wesley*, ed., Albert Outler (New York: Oxford University Press, 1964), p.270.

그는 편지에서 가끔 말하기를, 완전이라는 것은 "너의 마음과 생각과 영혼, 모든 것으로 하나님을 전적으로 사랑하고 또 이웃을 자신과 같이 사랑하라"는 사랑의 계명을 의미한다고 하였다. 생명 있는 종교의 핵심으로 사랑을 주장하는 것이 그리스도인의 생활에 대한 타당한 이해이다. 그러나 그것이 완전을 의미한다는 것은 아니다. 그는 어떤 때는 말하기를, 그는 사랑을 말할 때처럼, 완전이라는 말을 강력히 주장하지는 않았다고 하였다. 이 글들을 보면 그는 완전이라는 말을 사용하지 않아도 된다고 했을 것 같다. 신약성서에서는 완전이라는 말은 적절한 표현이 아니었다. 이 말을 계몽운동자들이 사용하며 과장했다. 그러나 웨슬리는 지혜롭게 그런 낙관적 견해를 억제하며 사용하라고 했다. 많은 윤리의 문제들은 다른 가치를 얻기 위해서는 한 가치는 잃어버릴 것을 요구하고, 또한 완전이라는 말은 사람이 시간과 공간에서 불가능한 것을 전적으로 이룬다는 것을 의미하기 때문에, 완전이라는 말은 윤리에서는 사용하기 어려운 말이다.

1765년에 《성서적 구원의 길(The Scripture Way of Salvation)》을 출판하였다. 이는 보다 성숙한 설교로서, 이 설교에서 그는 성결한 사람은 전혀 죄가 없고(totally sinless) 안전하다는 주장을 피하였다. 성화와 칭의는 모두 믿음으로 받는 은혜였다. 구원은 이 둘을 포함하는 것이며, 이는 현재에서의 축복이었다. 곧 "여기에는 상대적인 변화뿐 아니라 실제 변화가 있는 것이다."[5] 사랑이 죄를 완전히 몰아내지 못할 것이다. 사람이 죄가 극복되었다고 느꼈기 때문에, 따라서 모든 죄가 영원히 없어

---

5) John Wesley, "The Scripture Way of Salvation", in *John Wesley*, p.274.

졌다는 것을 의미하지 않는다. 그러면 여기에서 그가 말하는 완전은 무엇인가? 그는 말하기를, 이는 완전한 사랑 곧 "자만, 자기 고집, 분노, 불신을 몰아낸 완전한 사랑"이라고 하였다. 따라서 1765년에 말한 성화(sanctification)는 사랑을 생기게 하는 믿음에 달려있다. 그리고 그는 죄가 패배 되었어도, 죄는 아직도 신자에게 달라붙어 있을 수 있다는 것을 인정하였다. 그는 엄한 도덕적 행위를 양보 없이 유지했다. 그리고 이 교리가 열광적인 주창자들이 이전에 드러냈던 그런 교만을 나타내게 하는 경향으로부터 그의 교리를 지켜 정리하였다. 웨슬리는 "죄에서 구원받았다"는 말을 두 가지 방법으로 사용하기를 원했다. 하나는 믿음에 의하여 죄의 지배로부터 구원받았다는 것을 의미한다. 간단히 말해, 죄의 파괴적인 결과들이 은혜로 인하여 영적으로 말살되었다는 것이다. 그는 또한 죄가 극복되었다고 말하고 싶었다. 그러나 그의 생각이 성숙해 지면서, 그는 죄가 실제로, 전적으로 극복될 수 없음을 보았다. 그러나 그는 어떤 그리스도인들이 하듯이 또는 다른 사람이 하듯이 이는 아무 상관없다고 말하면서, 죄가 있어도(with sin) 편히 산다는 것을 인정할 수가 없었다. 어떤 사람들에 있어서는 죄가 순간적으로 극복되었고 다른 어떤 사람들에 있어서는 점진적으로 극복되었다고 하지만, 공통적인 것은, 죄의 세력이 진정한 모든 그리스도인에게 있어서는 사랑을 나타낸 믿음에 의하여 받은 은혜로 말미암아 깨졌다는 것이다. 물론, 사랑은 선한 일들을 하게 하였고, 그런 일들이 효과적으로 죄를 계속하여 극복하는 일이었다.

이런 모든 것을 완전과 관계하지 않으면서도 표현할 수 있었을 것이다. 그렇다고 해도 칼빈주의 비판가들을 조용하게 만들 수는 없었을 것이다. 그러나 완전을 언급하지 않으므로, 그들이 비판의 표적을 맞히는 데는 좀 어려워졌을 것이다. 완전이라는 말없이, 종말론적 열광주의자들이 전혀 죄 없는 상태를 주장하는 일은 어려워졌을 것이다. 물론 사랑은 완전주의자들이 즐겨 쓰는 말이다. 그러나 하나님의 은혜 안에서의 그리스도인의 도덕 생활을 격려하기 위해 과장되게 쓸 필요는 없다. 하나님과 이웃을 전적으로 사랑하는 것을 말하는 완전은 여전히 하나님의 은혜로 용서를 받는 것을 포함한다. "완전은 어떤 것인가? 이 말은 여러 가지 뜻이 있다: 이는 완전한 사랑을 의미한다. 이는 죄를 몰아내고, 영혼 전체와 마음을 채운 사랑이다. 이는 항상 기뻐하고 쉬지 않고 기도하며 범사에 감사하는 사랑이다(살전 5:16-18)."[6]라고 웨슬리는 기록하였다.

그의 "성서적 구원의 길"이라는 설교는 균형이 잡혀 있는 설교이다. 이 설교는 죄의 집요함을 잘 설명하고 있다. 게다가 한층 더, 사랑의 능력과 그리스도인의 생활에서의 자비 역할을 말하고 있다. 또 이 설교는 죄의 실체를 인정하는 반면, 그리스도인의 영혼의 내적 삶에서 강하게 역사하는 속죄의 능력을 말하고 있다.

칼빈주의자들이, 웨슬리는 사람들로 하여금 환멸감을 가지게 하고 또한 일관성이 없다고 하는 그들의 비난 때문에 1758년 브리스톨 총회에서 논란이 일어났다. 웨슬리는 설교자들에게 완전에 대해 어떻게 말할까를 조심하라고 경고하였다. 이를 위하여 그는 《그리스도인의 완

---

6) Ibid., p.275.

전에 대한 생각들(Thoughts on Christian Perfection)》을 출판하였다. 이 소책자는 그 문제에 대하여 명백하게 설명한 책 가운데 하나이다.

다시 한 번 웨슬리는 완전에 대하여 명백하게, 완전은 "마음과 생각과 영혼과 힘을 다하여 하나님을 사랑하는 것"이라고 말하였다. 그러나 아직도 결점과 실수가 있다고 인정하였다. 이런 것들을 다른 이들은 죄라고 부르고 싶어 할지 모르나, 웨슬리는 죄라고 부르지 않았다. 웨슬리는 "죄없는 완전(sinless perfection)"이라는 말을 사용하지 않으려 했다. 그러나 그는 이 세상에 있는 사람들 가운데는, 그들 안에 사랑이 아주 실재하기에 의지적으로(voluntarily) 죄를 짓지 않은 사람도 있다고 믿었다.[7] 그는 이 은혜를 받은 사람들이 있다는 것을 내가 믿지 않았다면 나는 완전에 대한 설교를 중지하였을 것이며, 다른 사람들과 같이 사람이 죽을 때까지는 죄가 남아 있는 것이라고 주장하였을 것이라고 말하였다.

1762년에 그는 《메소디스트의 위대한 교사들에게 준 주의와 지시들(Cautions and Directions Given to the Greatest Professors in the Methodist Societies)》[8]을 써서 다시 한 번 완전의 교리를 분명히 하려고 노력했다. 이 글에서 웨슬리는 메소디스트 안에 과격한 사람들이 있음을 언급했다. 이들은 죽지도 않으며 잘못을 범할 수도 없다고 믿는 사람들이었다. 또 그들은 신자를 찾아가 그들도 또한 완전하다고 설득하였다. 어떤 사람들은 자기들은 특별한 영을 소유하고 있기에 죄를 범할

---

7) Wesley, "Thoughts on Christian Perfection," p.284. 이하 생략(역자).
8) Wesley, "Thoughts on Christian Perfection," p.299.

수도 없고 타락할 수도 없다고 믿었다. 웨슬리는 이런 열광주의에 유혹된 사람들에게 여러 가지 경고를 주었다. 웨슬리는 그들에게 자만심과 그의 시녀인 열광주의를 조심하라고 촉구하였다. 모라비안들이 주장하는 율법무용론은 위험했다. 그는 그들에게 "태만의 죄를 조심하고 깨어 있으라. 하나님을 구하고 분열을 피하고, 의견이 다르다고 해서 서로 헤어질 것을 생각하지 말라. 화를 내는 일을 피하라. 그 화가 다른 사람이 너에게서 떨쳐 나가도록 할 수 있을 것이다."라고 주의를 주었다.

맥스웰의 탈퇴와 웨슬리의 글들이 비판자들을 잠잠하게 하지 못 했다. 항상 같은 메시지를 설교했다는 웨슬리의 주장은 그의 추종자들을 한 캠프에 머물게 하려는 일만큼이나 설득력이 없었다. 완전에 대한 가르침이 그들을 함께 모이게 할 수 없었다. 완전은 하나님께 절대 복종하는 것과, 이웃의 유익을 위해 극적으로 일하는 두 가지의 사랑을 의미한다고 강조하는 것이, 메소디스트 신도회 안에서는 더욱더 설득력이 있었을 것이다.

웨슬리는 물론 위의 이야기에 동의하지 않을 것이다. 그는 완전에 관하여 쓴 많은 글을 합쳐 하나의 해설집으로 편집하였다. 이 책의 제목을 《그리스도인의 완전에 대한 평이한 해설(A Plain Account of Christian Perfection)》이라고 했다. 이 글에서 우리는 그가 부인하려고 노력하는 주장에 변화가 있음을 볼 수 있다. 완전을 과장해서 말하는 것을 웨슬리는 원치 않았다. 그는 "이 교리가 퍽 남용됐다."고 했다. 믿음으로 받는 칭의의 교리도 그랬다. 그러나 그것이 이 교리나 그 외 다른 성서적 교리를 포기하는 이유가 될 수 없다. 어떤 사람이 말했듯이, "당신이 당신의 아기를 씻을 때, 물은 버려도 아기는 버리지 말라."[9]

웨슬리는 신자에게 은혜에 대한 확신이 있게 될 때, 거기에는 질적인 변화가 있음을 보았다. 그는 결코 완전을 그의 소유물처럼 주장하지 않았다. 웨슬리는 많은 사람이 완전한 상태에서 타락했다는 것을 인정하였다. 그러나 그는 인간이 완전을 향하여 성장하여 나가게 되어 있다는 것을 포기할 수 없었다. 그는 하나님의 나라가 오고 있는 것을 믿었다. 그리고 사람들은 사랑하는 일을 할 수 있다는 것을 알고 있었다. 그는 기독교 윤리를 주창하는 한 사람으로서 신약성서가 높은 도덕을 요구하고 있다는 것을 주장했다. 죄를 극복하는 완전에 대한 그런 신중한 강조를 일부 성경 구절들이 드러내고 있다. 이런 성경 구절과 또 다른 구절들을 현실적으로 말함으로써 이 교리에 대한 반대를 어느 정도 누그러뜨리게 할 수 있었다. 엄격한 도덕 생활을 강조하는 것은 문제가 없지만, 이웃을 사랑하라니까, 이웃 사람을 보호하기 위해 경찰관이나 재판관을 활용하려고 할지도 모르겠다. 그래서 그 사랑이 선을 위해 우리가 악한 방법을 사용하게 할지도 모른다. 그러므로 우리는 아마도 사도 바울과 같이, 죄의 세력은 우리가 죄의 지배를 극복하였을 때에도 여전히 영향을 끼치고 있어, 이 세상에서는 우리가 하나님과 이웃을 극적으로 사랑하겠다는 의지뿐만 아니라 용서받음에 의해 살 것이라고 고백하는 것이 더욱 현명할 것이다.

웨슬리의 완전에 대한 온화한 해석은 윌리엄 로우의 해석 곧 완전을

---

9) John Wesley, *A Plain Account of Christian Perfection* (London: Epworth Press 1952), p.107.

종교적 진실성과 하나님의 법을 의식적으로 무시하지 않고 사랑으로 행동할 수 있는 것이라고 해석하는 것과 비슷하다. 아우틀러(Outler)가 말했듯이, 웨슬리가 완전이라는 말을 흠 없는 상태(faultlessness)로 해석하려고 하지 않았다는 것은 그가 완전을 될 수 있는 대로 다른 견해와 타협할 수 있도록 온화하게 해석했다고 볼 수 있다. 오늘의 현실주의자인 라인홀드 니버(R. Niebuhr)는 예수의 사랑의 계명과 산상수훈도 현실주의적 성격뿐만 아니라 완전주의의 성격도 있다고 주장할 것이다. 그런 사랑은 오늘날에도 가능하지만, 또한 그것이 도덕적 모호함에 빠질 수도 있다고 인정하는 웨슬리의 그런 온화한 입장은 경험상으로도 올바르며 또한 엄격한 도덕주의를 위해서도 경의를 표할 만한 것처럼 보인다. 그러나 이는 칼빈주의 비판자들에게는 받아들여지지 않았다. 또한 웨슬리도 칼빈주의자들의 예정론과 정책에는 동의하지 않았다.

예정론

그의 책 《영국의 역사》는 권리 장전(Bill of Rights)과 윌리암 왕(King William)의 합법적 왕위에 대해서는 약간 주저한 것을 볼 수 있지만, 장로교와 자코바이트(곧 망명한 왕 제임스 2세를 지지하는 사람들)에게 대한 동정은 없었음을 나타내고 있다. 웨슬리는 미국 혁명 때의 죠셉 갈로웨이(Joseph Galloway)에 관한 작은 책을 출판했다. 그 책에서 그는 그 혁명은 주로 장로교인과 회중교회인의 공모에 의한 것이고, 영국교회와 메소디스트 그리고 퀘이커 교도는 그 혁명을 반대했던 것으로 보고 있다.[10] 영국에서 웨슬리를 몹시 비평하는 많은 칼빈주의자들은 미국의 독립운동과 영국에서의 변화를 지지하는 자들이었다. 그래서 이 정치적 싸움은 어느 정도 웨슬리안과 칼빈주의자들 간에 있는 자유의지와 예정 문제에 대한 신학적 분쟁과 연관되어 있었다.

존의 아주 친한 친구들 가운데 일부는 칼빈주의의 예정론자들이었다고 말하는 것은 생색내는 것이 아니다. 메소디스트 신도회의 초기에는 장로교 전도자들과 메소디스트 전도자들이 함께 섞여 있었다. 죠지 휫필드는 죤 웨슬리에 대한 우정을 결코 버리지 않으려 했을 것이다. 챨스 웨슬리는 헌팅돈 여사(Lady Huntingdon)와의 가까운 관계를 유지하고 있었다. 그녀는 예배당 대신하여 하나의 신학교를 세우고, 존이 좋아하는 신학자요 그의 이인자인 존 플레쳐(John Fletcher)를 임명하여 그 신학교를 지도하라고 하였다. 그녀는 런던의 12 다운니 길에 있는 그녀의 집에서 메소디스트 전도자들의 첫 번째 총회를 열게 하였다. 그리고 1770년에 휫필드가 죽은 후에도 존에게 조언하고 그를 지지하였다.

휫필드와 죤 웨슬리는 예정교리에 관해서 의견이 달랐지만, 저들은 홀리클럽 때부터 친구로 지냈다. 그리고 그들의 편지에서 그들은 완전한 화해로 되돌아가기를 희망하고 있었다. 웨슬리가 휫필드를 추모하는 설교도 하였지만, 그것이 휫필드의 예정론을 따르는 자들의 입장을 아주 바꾸게 하지는 못하였다. 또한 휫필드가 무대에서 사라진 후에도, 헌팅돈 여사는 그녀의 예배당들을 웨슬리안 운동에 사용하지 못하게 하

---

10) Joseph Galloway, *Reflections on the Rise and Progress of the American Revolution* (London: Foundry, 1780).

였다.

　이 신학적 논쟁 때문에 일어나는 또 하나의 심각하고 중요한 일은 웨슬리안 설교자들과 회원들이 예정의 교리에 설득되어, 웨슬리 그룹에서 떠나려고 하고, 웨슬리는 그런 세력들을 통합하느라고 애쓰는 일이었다. 죤은 저들이 칼빈주의를 지지함으로 성결에서 더 이상 성장하지 않은 것을 보았다. 사실, 저들은 그리스도인의 훈육에서 떨어져 나간 사람들이라고 역설하였다. 1770년대부터 그가 죽은 1791년까지, 미국 혁명 기간 동안 웨슬리안의 공격을 받으면서 겪었던 분쟁의 괴로움이 있다 해서 그의 죤 칼빈에 대한 존경과 신뢰가 약화되지는 않았을 것이다. 죤 웨슬리는 그의 칼빈주의 부모의 영향을 벗어나지 않았고, 메소디스트의 윤리와 칼빈주의의 윤리는 비슷하게 엄격했고, 약간 금욕주의적인 형태를 지니고 있었다. 그러나 칼빈주의자들은 낙천적으로 보이는 완전의 교리를 반대했어야 했고, 웨슬리안들은 결정적인 예정론을 반대했어야만 했다.

　웨슬리는 사람이 무엇을 결정함에 있어 때로는 하나님의 역사가 아주 강해서, 그런 결정이 불가항력적이었다고 보일 때가 있음을 인정했다. 그런 경험 가운데, 이 일은 사람의 의지적 선택 이상의 일이였다고 믿을 수 있다는 것도 인정했다. 그의 사역 초기에는, 칼빈주의자와 같이, 어떤 사람은 그런 방법으로 선택되었다고 용인했다. 그러나 후에는 그의 글에서 그런 양보는 빼버렸다.

　1774년에 웨슬리는 죠나단 에드워드(Jonathan Edwards)와 "필연성에 대한 생각(Thoughts upon Necessity)"에 관하여 논쟁한 적이 있었다. 에드워드는 웨슬리에게 말하기를, 사람이 필연성 하에 한 일을 가지고 그것을 의지적으로 했다고 한다면, 그것은 말이 안 된다고 하였다. 이에 웨슬리는 다음과 같이 응답하였다.

"당신이 생각하기를, 그들의 의지가 불가항력적으로 압박을 당했기 때문에, 그래서 저들은 이렇게도 저렇게도 할 수 없었다고 한다. 그렇다면, 그에게 행동에 대해서 책임을 물을 수 없고 또한 그 의지에 대해서도 책임을 물을 수가 없다. 저들이 그렇게 하는 것이 불가결한 것이었다면, 거기에는 책임이 따르지 않는다. 저들에게 의지(will)와 자유가 없다면, 거기에는 도덕적 선이나 도덕적 악이 있을 수 없게 된다. . . .이런 점에 유의하지 않은 것이 에드워드가 전적으로 잘못 생각하고 있는 일이다."[11]

웨슬리는 그런 필연성의 가르침은, 그것이 에드워드의 주장이든, 웨스트민스터의 고백, 초대 이방인들, 현대의 이신론, 기독교의 주장이든, 이 가르침은 인간의 자유와 인간의 존엄성을 파멸시키는 것이 된다고 생각하였다. 그런 가르침은 하나님의 심판이나 심판자이신 하나님의 정의를 있을 수 없게 만든다. 웨슬리의 입장은 하나님의 보상과 형벌을 말함에서는 자유가 전제되어야 한다는 것이다. 여기에 윤리는 웨슬리의 신학적 입장과 중요한 관계가 있음을 나타난다. 자유가 없다면, 하나님의 정의, 심판, 속죄 그리고 사죄(forgiveness)에 대해 이야기를 할 수 없게 되고 만다. 이런 "끔찍한 결정들(horrible decrees)"이 창세 전에 있었

---

11) John Wesley, "Thoughts upon Necessity" (London:R. Hawes, 1774), pp. 22-23.

다면, 그 결정으로 모든 것이 정해졌을 것이고, 따라서 성경에 있는 하나님과 인간 간의 이야기, 복음적 부흥에 관한 이야기들은 웃음거리가 되고 만다. 웨슬리는 성경을 근거로 해서 주장하기를, 능력과 사랑의 하나님은 악을 치유하셨다. 따라서 인간의 양심은 악을 치유하지는 못해도 그를 알 수 있게 되었다. 그러나 하나님은 인간에게 행복을 강제로 주시거나, 인간을 강제로 비참하게 하시지는 않는다. 인간은 선택의 참 자유를 가지고 있었다.[12]

이 년 후에, 웨슬리는 칼빈주의자들의 파리 신앙고백서(1559), 그리고 돌트(1618), 웨스트민스터(1646)의 신앙고백서를 다시 검토해 보았다. 그리고 그는 성경에서 무조건적인 선택을 발견할 수 없었고, 자기는 그런 교리를 믿을 수 없었다고 고백하였다.[13] 그리고 그는 인간의 선택의 자유를 말하고 있는 성경구절들을 여러 페이지에 종합하여 정리하였다.

웨슬리는 그가 1777년에 쓴 짤막한 글에서 하나님의 창조에서의 역사와 통치와 인간을 심판하는 일에서의 역사를 구별하였다. 창조에 있어서는 하나님은 그의 결정(decree)에 의하여 모든 것을 창조하셨다고 생각하였다. 그러나 하나님의 인간 심판은 인간의 자유를 전제로 하였다. 하나님의 통치하시는 일에 있어 인간은 자유로운 존재로 창조되었다. 웨슬리는 하나님의 정의는 인간은 자유의 힘을 가지고 있다는 것을 전제한다고 주장했다 "세상에 대한 심판을 올바르게 할 것이다. 하나님은 피할 수 없는 일을 한 것에 대해서 사람을 처벌하시지 않을 것이다."[14]

---

12) Ibid., p.33.
13) John Wesley, "Predestination Calmly Considered" (London: R. Hawes, 1776),
14) John Wesley, "Thoughts upon God's Sovereignty" (London: R. Hawes, 1777), p.10

라고 하였다.

메소디스트는 헌팅돈 여사의 압력을 받아 타협하여 해결해 보려고 하여, 1760년의 총회 회의록을 손질하여 행위를 통한 성화를 암시하였다. 그러나 존 플레쳐(John Fletcher)는 1760년의 회의록 내용을 옹호하고 나섰다. 그래서 논쟁이 여러 칼빈주의 신학자들과 유능한 메소디스트 학자들 사이에서 벌어져 나갔다. 젊은 교구장이요, "만세 반석(Rock of Ages)"의 작사자인 어거스터스 탑레이디(Augustus Toplady)는 잘 알려진 칼빈주의자였다. 그러나 그와의 논쟁은 논리와 성경, 그리고 종교적 경험에서 벗어나, 인신공격으로 변질하고 말았다. 탑레이디는 기롤라모(Zanchi Girolamo)의 《예정에 관하여(De Praedestinatione)》를 번역하여, 《웨슬리를 위하여(More Work for Mr. Wesley)》라는 제목을 붙여 출판하였다. 웨슬리는 상대의 수에 넘어가, 그 책을 12 페이지로 간추려 《간추린 절대 예정의 교리(Doctrine of Absolute Predestination Stated and Summarized)》라는 제목을 붙여 1770년에 출판하였다. 이에 탑레이디는 응답했고, 또한 메소디스트의 워커(Nathan Walker)는 예정론을 공격하며 응답하였다. 그는 또한 웨슬리가 탑레이디를 공격한 그의 글(doggerel)도 옹호했다. 웨슬리는 다른 사람들과 합세하였다. 웨슬리는 탑레이디를 공격하면서, 그가 번역한 예정론의 글의 일부를 첨가하였다: "(짐작컨대) 20명 중의 한 사람은 예정되었고, 20명 중의 19명은 유기되었다. 예정된 사람은 무슨 일을 하든지 구원을 받을 것이고, 유기된 사람은 그가 할 수 있는 일을 하여도 지옥에 떨어질 것이다."[15]

---

15) John Wesley, "Doctrine of Absolute Predestination Stated and Summarized"

탑레이디가 모욕적 언동에 대해서 논쟁을 계속 추구하기를 원했을 때, 웨슬리는 거절했다. "나는 탑레이디 씨를 잘 안다. 그러나 나는 굴뚝 청소부들과는 싸우지 않는다. 그는 너무나 더러운 작가라 나는 참견하지 않는다. 내 손가락을 더럽힐 뿐이다."[16]

논쟁의 내용과 논리의 이면에는 칼빈주의가 율법무용론으로 변하고 성결을 강조하지 못하게 할 것을 염려하는 메소디스트의 입장이 깔려 있었다. 칼빈주의가 차츰 발전함에 따라, 메소디즘이 그랬듯이 도덕적 율법주의의 유혹을 받았다. 필시 웨슬리가 그에 대해 걱정할 필요는 없었다. 칼빈주의 메소디즘이 행위로 인한 칭의(works righteousness)로 빠져들어갈까 봐 걱정하였다. 아마 그런 유혹도 있었다. 사실 두 운동은 그들이 미국에 있게 되면서, 행위로 인한 칭의로 부지중에 가고 있었다. 자유를 강조하기 때문에, 메소디즘은 (자유와 도덕주의를 강조하는) 펠라기우스 쪽으로 기울어지고 있었다. 이것은 펠라기우스-어거스틴의 변증법(Pelagian-Augustinian dialectic)으로서 서방 정통교회(Western Orthodox church)에 있어서는 극히 중요하다. 칼빈주의는 논법에 있어 어거스틴 쪽(예정론, determinism)으로 가고 있었다. 칼빈주의자들은 영국교회와 메소디스트에 있는, 많은 알미니안들보다는 더 1640년대와 1770년대의 혁명을 지지하고 있었다.

웨슬리는 여러 해 동안 잡지를 출판하기를 원하고 있었다. 칼빈주의자들이 잡지를 통해 비판하여 오기에, 웨슬리도 또한 잡지를 통해 그들

(Bristol: William Pine 1770) p.12.
16) John Telford, *The Letters of the Rev. John Wesley*, A.M., vol. 5 (London:Epworth Press, 1931), P.252.

의 비판에 대해 회답을 하고 싶었다. 그 일을 하게 되면서, 그 잡지의 이름을 예정론을 반대한 유명한 학자, 알미니우스(Arminius)의 이름을 따, 알미니안 잡지라고 불렀다.

웨슬리는 이 알미니안 잡지를 1778년 1월부터 출판하였다. 이 잡지에는 그는 여러 학자들, 알미니우스, 루터, 베델 감독(Bishop Bedell), 피터 자코(Peter Jaco) 등 여러 사람의 이야기를 다루었다. 이 잡지는 시, 인물의 이야기, 편지들, 그리고 칼빈주의를 반대한 여러 개의 에세이를 싣고 있다. 이 잡지의 목적은, 최선의 에세이들을 출판함으로서, 하나님의 모든 사람을 위한 사랑과 모든 사람을 모든 죄에서 구원하고자 하는 하나님의 마음을 천명하는 데 있었다. 이 잡지의 메시지와 정책은 웨슬리에 대한 공격을 특집기사로 다루고 있는 칼빈주의자의 잡지, 〈복음과 정신계(the Gospel and the Spiritual)〉를 직접 반대하는 일이었다.

1778년에 발행된 이 잡지의 처음 몇 권은 웨슬리가 하나님의 만인을 위한 구원, 값없이 주시는 하나님의 은혜, 자유의지 등에 관한 교리를 정리하는 데 도움을 준 야곱 알미니우스(Jacob Arminius)의 생애에 관한 기사를 계속 실었다. 이 잡지는 또한 알미니우스의 교리를 거부한 칼빈주의자들의 돌트 회의(Synod of Dort)의 기사도 길게 실었다. 그리고 마틴 루터의 생애도 실었다. 이 잡지의 제5회에서는 죤 칼빈이 세바스티엔 카스텔리오(Sebastien Castellio)와 미카엘 서베루스(Michael Servetus)를 박해한 기사도 실었다. 이 잡지에는 웨슬리 가족의 편지들, 시 그리고 찬미들도 있다. 이 모든 것들은 모두에게 값없이 주시는 하나님의 은혜를 주장하며, 칼빈주의를 반대하는 글들이다. 수산나의 초기에 쓴 편지에는 이중예정을 반대하는 글이 있다. 아마도, 그런 테마는 "구원은 절대 예정에 달려있지 않다(Salvation Depends not on Absolute Decrees)"[17]라는 제목으로 실린 시에 잘 나타나 있다.

웨슬리가 완전과 예정론에 관한 신학적 논쟁에서와 경제, 자유, 노예제도에 관한 에세이서 보인 강한 윤리적 강조는 그의 사상이 인본주의와 계몽운동의 흐름에 있음을 나타내고 있다. 그러나 웨슬리를 단순히 인본주의자(humanist) 그리고 계몽운동가(Enlightenment)라고 하지는 말아야 할 것이다. 그에 대하여 더욱 정확하게 말하려면, 기독교 인본주의자 또는 훌륭한 기독교 계몽운동의 대표자라고 하여야 할 것이다. 그의 성숙한 글들은 이성 시대에서의 옥스퍼드에서 공부한 기독교 학자임을 드러내고 있다. 만일 내가 웨슬리가 1760년-1770년대에 쓴 글 전부에 대한 분석을 말한다면, 오히려 그의 윤리를 분명히 설명하는 일을 산만하게 할 수 있을 것이다. 그러나 그의 자연, 역사 그리고 구약성경에 관한 글들은 학자의 수준의 것이라 할 수 있다.

학문적인 연구

자연철학(Natural Philosophy)

웨슬리의 자연계(nature)에 대한 사랑과 과학에 관심이 있어 자연과학에 대한 책들을 자주 읽었다. 그리고 지진 지대와 새로 알게된 동물들의 그 신기한 것들을 연구했다. 불행하게도, 웨슬리가 동물들의 생각

---

17) *Arminian Magazine I* (London: J.Fry & Co., 1778).

하는 능력에 관하여 쓴 그의 석사 논문은 현존해 있지 않다. 그는 1760년대에 자연과학에 관하여 세 권의 책을 출판하였다. 그가 출판한,《창조에서의 하나님의 지혜에 대한 해설 곧 자연철학 개론(*A Survey of the Wisdom of God in the Creation or a Compendium of Natural Philosophy*)》은 발췌한 책이다. 그렇지만 그 이상이다. 이 책의 제목에 밀턴(Milton)을 인용하여 책의 목적을 표현하였다: "이것들은 영광스러운 일들, 선의 근원이신 전능하신 하나님이 하신 일이다. 이 우주는 당신의 것, 그렇게도 매우 아름다운 것! 그러니 당신이 얼마나 놀라운가!"[18]

웨슬리는 자연의 인과관계에 대한 고찰도 없이 아주 정확하지는 않지만, 알고 있는 대로의 자연계(Nature)에 대한 해설서를 출판하기를 원했었다. 그 일을 하기 위하여, 웨슬리는 독일 에나(Jena)에 철학 교수로 있는 존 부데우스(John F. Buddeus)가 라틴어로 쓴 책을 번역하였다. 그 책에 그는 부데우스의 책을 편집하면서, 첨가하고 빼면서, 존 레이(John Ray), 윌리암 더함(William Derham), 올리버 골드스미스(Oliver Goldsmith)의 글들도 첨가했다. 그는 또한 챔버(Chamber)의 사전, 곧 이상한 자연의 현상에 대한 해설과 인간 정신을 표현하는 예술에 있는 삽화들이 있는 사전(Dictionary)에서 새로 발견한 것들도 첨가하였다. 그는 인과관계(causes)에 대한 이해 부족함을 인정하고, 그의 글은 주로 사람들에게 잘 알려진 사실들에 제한시켰다. 이렇게 함으로, 그는 하나님의 위대하심과 인간의 무지를 더 알게 되기를 기대했다. 그는 그렇

---

18) John Wesley, *A Survey of the Wisdom of God in the Creation or a Compendium of Natural Philosophy* (Bristol: William Pine, 1763), p. i.

게 계몽된 한 시대의 자랑스러운 발견들이 거의 가치가 없는 것으로 여겨졌다. 그는 인간들의 자만을 겸허하게 하고 하나님의 놀라운 권능을 드러내기를 소망했다.

존은 가난한 사람들의 건강에 관한 관심이 있어, 과학에 관심을 두게 되었다. 그가 일찍이 쓴 책, 《원시 시대의 의학(The Primitive Physic)》은 여러 병에 대하여 민간들이 말해온 처방들을 모아놓은 것들이었다. 어떤 민간 치료가 효과가 있었다는 증언이 있어 도움이 되었다. 이 책에는 그가 증언들을 믿었다는 이야기 또는 어떤 때는 민간이 전해온 이야기를 믿은 우직함도 나타나 있다. 그러나 웨슬리는 단지 민간전승(folklore)에만 의존하지 않았다. 그는 여러 질병을 전기충격을 가하여 치료하는 것을, 자신에게 또는 다른 사람들에게서 실험해보았다. 그는 그런 실험을 할 뿐 아니라, 전기로 물리치료도 하였고 전기의 근본적인 특성에 관한 글도 많이 읽었다.

신학과 과학과의 관계, 동물의 생각하는 기능, 의학에서의 민간 치료법의 효과, 그리고 (건강을 위해 전기를 사용하는 등) 과학기술을 운용하는 일들에 대한 웨슬리의 깊은 관심은 21세기에 사는 우리에게도 영감을 준다. 그의 식견들이 현대의 추론들과는 일부 차이가 있지만, 그의 대담함은 대단한 것이다. 웨슬리는 역사와 자연계는 하나님의 우주에 속한다고 보았다. 역사와 자연계는 서로 작용하였다. 그리고 그는 그것들을 아주 분리하지 않았다. 아마도 후 근대 신학(postmodern theology)은, 웨슬리 뒤에 신학이 분리했었던 역사와 자연계를 재결합시킬 필요가 있을 것이다.

영국 역사

웨슬리는 많은 영국 역사가들이 역사를 아주 자세히 기록했지만, 역사를 신중하게 해석한 것에 대한 평가 없이 기록한 것을 비난했다. 그는 또한 영국의 일반 역사에서 역사의 주관자이신 하나님에 대한 언급이 없는 것을 유감으로 여겼다. 그는 정평있는 역사의 글들을 발췌하면서, 영국 역사의 재료에서 불필요한 것들을 뺐다. 그는 편견을 버리려고 노력했다. 그리고 역사가 그렇게 명백한 진리를 편견 없이 사랑하는 사람들에게 전해지기를 희망했다. 마지막으로, 그는 책의 서문에 하나님이 역사와 자연계의 주권자인 것을 드러내기를 원했다고 기록하였다. 그는 자기의 책은 "아직도 기독교 세기라고 불리는 시대의 기독교 역사(Christian History)"[19]가 될 것이라고 말했다. 그러나 이 책의 글들에는 하나님이 섭리하시며, 또는 심판하시며 역사에 간섭하셨다는 기록이 많지 않았다. 그래서 그 책도 세속 역사라는 인상을 남겼다. 영국 초기에 많은 왕국이 일어서고 망하는 일들이 하나님의 손에 의하였다는 흔적이 역사에 나타나 있지 않다. 아마도 그의 역사 자료로서는, 그가 불평하였듯이, 그렇게 할 수밖에 없었던 것 같다.

앤 여왕(Queen Anne)으로부터 죠지 2세까지를 다룬, 제4권은 웨슬리 자신의 시대를 서술하고 있다. 거기서 웨슬리의 가정과 그의 사역은 대단히 정치적으로 괴롭을 당하고 있던 시절을 말하고 있다. 웨슬리는

---

19) John Wesley, *A Concise History of England: From the Earliest Times, to the Death of George II*, vol. I (London: R. Hawes, 1775), p.ix.

한 발을 가난한 사람들에, 그리고 다른 한 발을 국왕의 정치에 들여놓고 있는 영향력 있는 학자로 잘 알려져 있다. 그의 선조들은 교회의 정치적 소란에서 받는 고난 이상으로 그들의 사역에서 고난을 겪었다. 그의 아버지 사무엘은 정치적 수완이 있다는 평가를 얻지 못하였다. 그러나 그는 런던에서의 교회 회의를 통하여, 힘 있는 중재자들과 접촉하고 있었다.

웨슬리가 발췌하고 편집한 《영국 역사》에서 그는 각주에다 그의 아버지가 (의회에 대한 왕권의 우위를 주장한) 토리당(Tory)의 대변자, 헨리 사체베렐(Henry Sacheverell) 목사를 변호한 글을 누설하였다. 1710년에 국회 앞에서 사체베렐을 재판함으로 폭동이 일어났고, 국교회를 따르지 않는 사람들의 집합소들을 불태웠다. 그리고 앤 여왕이 새로운 선거를 요구하는 근거를 마련해 주었다. 재판의 결과로 사체베렐은 국교 반대자들에 대한 명예훼손죄, 큰 범죄와 경범죄로 형을 받아, 3년 동안 설교하는 일을 금지당했고, 그의 편협한 두 편의 설교는 집행자에 의하여 불태워졌다. 그의 역사책은 음모 사건에 의하여 토리당이 (왕권에 반항하여 개혁을 주장한) 휘그당원인 장관들을 내각에서 내어쫓고, 결국 한때 벨기에(Belgium)에 있는 프랑스에 대해 큰 승리를 거둔 바 있는 akf보루의 군주(the Duke of Marlborough)의 몰락을 가져오게 하였다. 웨슬리는 4권의 2장 마지막에서, 전쟁과 약탈을 한 군주에게 재정적 보상을 준 일에 대해 다음과 같이 논평을 함으로써, 그의 윤리를 겉으로 나타냈다.

"전체로 보아서, 그는 용도를 밝힐 수 없는 공금 523,000 파운드를 받았다. 그리고 아마도 그는 약탈로 4,000,000 파운드와 증서를 받았을 것이다. 그러나 만약 그가 그 자신의 영혼을 잃었다면, 그는 다시 가난뱅이가 된다."[20]

다른 곳에서, 웨슬리는 자기 아버지가 샤프 대주교(Archbishop Sharp)에게, 여왕께서 스튜어트 왕조를 지지하고 사임하는 일을 생각해 본 적이 있었느냐고 물어보시라고 요청한 바가 있다는 것을 말하고 있다. 그런데 여왕은 대주교의 질문에 부정적 답변을 했다고 웨슬리는 기록하고 있다.

역사 자체는 전통적인 형식으로 기록되어 있다. 역사는 한 군주의 시대에서 다른 군주의 시대로 한 장(chapter)씩 옮겨가며 기록되어 있다. 그의 책은 주로 전쟁, 국제간의 외교에 집중되고 있다. 이 책들에는 궁궐, 사법기관, 의회의 음모가 사회, 문화 그리고 지성적 역사에 끼친 손해 등을 치우쳐 다룬 것이 지배적이다. 웨슬리로 말하자면, 투키 두시디데스(희랍의 유명한 역사가 Thucydides)나, 또는 거절당한 마키아벨리(이태리의 정치가 Machiavelli)가 인정할 법한 현실주의적 정치적 식견들(assumption)을 드러내고 있다. 예로써, "국가들 간의 조약들에 관해 언급할 때는 그들이 의무를 지켰느냐 아니면 위태롭게 했느냐를 거론하는 일 외는 더 이상 길게 다루지 않았다. 그리고 우월한 위치를 취한 국가들에 있어서는 정치적 신뢰란 없었다."[21]고 지적하였다. 또한 "이런 전쟁에서 승리한 장군들은 전쟁으로 인한 폐허가 어떻다는 것을 알게

---

20) John Wesley, *Concise History*, vol. 4. (London: R. Hawes, 1776), p.102.
21) Ibid., p.286.

되고도 인간의 고난을 증가시키는 일을 했다."[22]고 지적하였다.

이 역사책들은 웨슬리가 그의 시대 곧 그의 출생으로부터 1760년까지의 역사를 어떻게 이해하고 있었는가를 알기 원하는 사람들에게 도움을 주고 있다. 그러나 이 책들은 보완되어야만 한다. 왜냐하면 그는 자기의 일지의 여러 군데에서, 영국의 제국주의와 세상의 많은 사람을 영국의 무역에 복종시킨 일에 강경한 반대를 드러내고 있기 때문이다. 또 다른 한편, 그는 그 책에서 칠년 간의 전쟁(세계 전쟁) 후에 영국이 우월했다는 것도 기록하고 있다: "그때, 영국이 세계 각 곳에서 행한 일들은 놀라운 것이었고, 또한 영국이 한 일들은 그 전에 어느 국가가 행하였던 것보다 더 위대하였다는 것을 고백하지 않을 수 없다."[23]

기록된 역사의 글들은 물론, 웨슬리의 것이다. 그러나 가끔 빠진 것들이 독자들의 눈에 띄는 일이 있는 듯하다. 예를 들어서, 그는 1750년대 중반에 있었던 캐나다 정복에 대해 아주 관심이 많았다. 그래서 두켄스내(Duquesne, 지금의 Pittsburgh) 근처에서 부래독 장군(General Braddock)이 패배당한 것을 아주 자세히 기록하고 있다. 그러나 미국의 독자는 그가 죠지 와싱턴(George Washington)이 카우론 데 주몬빌(Coulon de Jumonville)의 암살과 피츠버그 근처의 네세시티 요새 (Fort Necessity)에서의 항복에 관한 이야기를 빠뜨린 것을 그저 좋아할 것이다. 웨슬리는 특별히 기록하기를, "저들(프랑스 군인)이 북부에서 로렌스 장군(General Lawrence)과 싸우고, 와싱턴 대령(Colonel

---

22) Ibid., p.287.
23) Ibid., p.290.

Washington)은 남부에서 싸워 전쟁을 승리로 끝냈다. 그러나 이를 후세에 자세하게 전할 필요는 없다."[24]라고 하였다.

여기에서의 웨슬리의 정치적 해설은 그가 《간략한 영국 역사》에서 그랬던 것보다는 더 정치를 하나님의 역사를 통치하시는 섭리에서 사려해 보려는 경향이 있다.

구약성경을 다룰 때는, 하나님의 섭리를 그의 《간략한 영국 역사》에서 언급한 것보다 더 자세히 다루었다.

구약성경 주석

웨슬리는 신약성서 주석을 출판한 지 십 년 후에, 구약성서 주석을 출판하였다.[25] 이 책은, 그가 될 수 있는 대로 짧게 쓰는 것을 목표로 하였다고 거듭 거듭 말했지만, 무려 2,713 페이지나 되는 큰 책이다. 이 주석은 각 페이지의 절반은 본문이 차지하고, 그 나머지는 흠정역 성서(Authorized Version)의 성구를 해석한 것이 차지하였다. 그는 매튜 헨리가 강해한(Matthew Henry's exposition) 주석 책을 발췌하되, 그의 예정론적인 주해는 빼고, 주석을 쓰기 시작했다. 그러다가 점점 자기의 의견으로 바꾸어 갔다. 다음은 풀의 주석(Matthew Pool's notes)을 참고하다가, 거기에 헨리의 주석을 가하고, 마침내는 자기 자신의 주석을 첨가해 나갔다. 그는 자신이 (희랍어에는 능통하지만) 히브리어에는 능

---

24) Ibid., p.248.
25) John Wesley, *Explanatory Notes upon the Old Testament* (Bristol: William Pine, 1765)

통하지 못한 것을 인정하였다. 우리가 짐작건대, 그는 히브리어를 논의할 때는 헨리와 풀의 설명을 따라 자기의 신학으로 삼았다. 그래서 그는 창세기 1장에 나오는 히브리어 엘로힘(Elohim)을 기독교가 말하는 삼위일체라고 번역하였다. 그는 또한 때때로 다른 저자의 글들을 발췌한 것도 수록하였다. 이 책에는 이런 모든 것이 함께 엮어져 수록되어 있어도, 독자는 어느 것이 웨슬리의 것이고, 헨리의 것이고, 풀의 것이고, 또 다른 사람의 것인지를 분간 못하고 읽게 된다. 그런 것이 이 책의 성격이다. 그러면서 이 책의 제목을 쓴 곳에 그의 이름을 저자라고 기록하였다. 물론, 그런 방식은 오늘의 학문 세계에서는 용납 안 될 것이다.

그는 될 수 있는 대로 본문을 쉽게 그리고 문자적으로 번역하고 해석하려고 하였다. 그는 이 책의 부피가 커짐으로 이 책을 사는 사람들에게 부담이 되는 일로 인하여 당황했다. 그는 원가가 높아지며 책의 권수가 많아지는 것을 걱정하여, 각 권의 속 표지에 웨슬리의 사진(A Print of Mr. Wesley)을 무료로 포함하겠다고 약속했다. 그는 또 돈은 그에게 관심사가 아니었다고 말하였다. "돈이 나에게 무엇인가? 하나의 똥이요 석탄 부스러기이지. 나는 길가에 있는 수렁을 사랑하듯 돈을 사랑한다." 1765년 판이 출판될 때, 세 권이었다. 그러나 그 책의 더 많은 것이 청약자들에게 보내졌을 수 있었을 것이다.

성경을 읽는 법에 관하여 그는 권하기를, 아침과 저녁에 성경의 한 장씩 읽도록 하되, 율법과 복음을 조화시키도록 하라고 하였다. 그리고 기도와 명상을 하면서 읽도록 하여라. 그리고 읽을 때, 성경의 중요한 교리, 곧 죄, 믿음, 신생, 내적 외적 성결을 생각하며 읽을 필요가 있다고 하였다. 맡은 일은 막중하다. 그래서 62세 되는 에딘버러의 설교자가 다음과 같이 말하는 고민에 동정이 간다. "그동안에, 나는 가장 어려운 일을 맡고 있다: 어깨에 큰 부담을 느낀다. 이런 어려움을 미리 알았더라면, 나는 이 일을 맡지 않았을 것이다. 나는 밤낮 일을 한다. 내가 좋아하든 아니든 나는 계속 일을 해야만 한다. 그렇지 않으면, 그 인쇄 기계는 곧 정지될 것이다."[26]

구약성서 주석은 신약성서 주석만큼 영향을 끼치지는 못하였다. 그래서 이 책은 표준 교리에 포함되지 않았다. 웨슬리는 주로 신약성서를 가지고 설교하였다. 그의 전도자들도 그를 따라서 그리 하였다. 1780년대에 와서, 그 방대한 구약성서 주석의 남은 재고가 절반이나 되므로 총회에서 그 책의 가격을 절반으로 내렸다.

그의 기독교 인본주의자로서 그가 이룩한 방대한 학문적 일들은, 웨슬리의 순회 전도 그리고 전도사역에 수반하여 결과적으로 생긴 조직적인 사회활동 다음의 부차적인 것들이었다. 웨슬리의 설교자들의 안수 문제는 총회에서 계속 논의되었다. 그리고 교리, 정책, 재정에 관한 문제들도 계속 논의되었다. 이런 논의들에 대한 해결은 오늘에 있어서는 별로 중요하지 않다. 그러나 여자가 설교하는 문제에 관하여는 21세기에도 여전히 논란의 대상이 되고 있다.

---

26) Ibid., p. 1.

여자가 설교하는 문제

1761년에 사라 크로스비(Sarah Crosby)는, 다른 많은 여자가 하듯이, 속회(class) 모임에 여러 번 참석하였다. 그녀는 속회에 30명이 모일 것으로 기대했으나, 200명이 참석하였다. 거기서 크로스비는 설교(public speaking)하였다. 그녀는 그때 하나님의 임재를 느꼈다. 그래서 그녀는 찬송을 인도하고 그들과 함께 기도하고, 또 그들에게 간증하였다. 그녀는 다른 공집회에서도 그렇게 하였다. 이는 성공적이었다. 그녀는 웨슬리에게 편지를 써서, 이렇게 새로이 하는 일에 대한 그의 조언(advice)을 구했다. 웨슬리는 다음과 같이 회답하였다. "내가 생각하기는, 지금까지는 그대는 지나치게 행동하지 않았다. 더구나 그대는 그 이상 더 잘할 수도 없었을 것이다." 웨슬리는 그녀에게 메소디스트는 여자 설교자(women preachers)를 허용하지 않는다고 청중에게 알려주라고 하였다. 그리고 그녀에게 충고하기를, 다른 여자들이 했듯이, 그녀는 그들에게 웨슬리의 신약성서 주석을 말하거나 출판된 설교를 읽어줌으로 자기 이야기를 시작할 수 있을 것이라고 하였다. 메소디스트 총회는 여자들에게 설교하는 권한을 허락하지 않았다. 그러나 사라는 죽을 때까지 그렇게 계속하였다. 타이어맨(L. Tyerman)은 여자로서 설교한 자로, 한나 해리슨(Hannah Harrison), 보사케(Miss Bosanquet), 호랄(Miss Horral), 뉴맨(Miss Newman), 메리 바렛(Mary Barrett), 그 외 다른 여자의 이름을 기재하고, 말을 마감하기를 "줄 잡아 말해, 웨슬리는 그것을 묵인하였다."²⁷고 하였다. 시인이요, 사전 편집자요, 견실한 교인이며 웨슬리 가정의 친구인 사무엘 죤슨 박사(Dr. Samuel Johnson)는 여자가 설교하는 일에 대해 아주 심한 말을 하였다. "각하! 설교하는 여자는 마치 뒷다리로 걸어가는 개와 같습니다. 이는 잘된 일이 아니지요. 그래도 그리 행하여지고 있는 것을 보고 당신은 놀랄 것입니다."²⁸ 여자가 설교하는 일에 대한 반대는 난폭했다. 웨슬리가 1769년에 크로스비에게 쓴 편지에서, 그녀가 집회를 가질 때, 설교 본문을 미리 광고하지 말고, 그녀의 모임을 기도 모임이라고 하면서 주목들을 기도로 돌리게 함으로 그녀가 설교하고 있는 사실을 감출 수 있을지 생각해 보라고 조언하고 있다.

사라 크로스비는 한동안 사라 리얀(Sarah Ryan)과 함께 살았다. 그리고 그녀의 죤과의 편지는 몰리 웨슬리(Molly Wesley)의 분노를 자아냈다. 웨슬리의 경리과장이요 친구인, 블랙웰(Ebenezer Blackwell)도 이 일을 걱정하였다. 그녀는 웨슬리의 축복 아래 복음전도 집회를 효과적으로 행한 첫 번째 메소디스트 여자 설교자였다고 레슬리 화이트(Leslie White)는 기록하였다.²⁹ 저들은 설교자들이라고 불렸다. 때로는 메소디스트의 공문서에 설교자들(preachers)이라고 기재되고 있다. 아

---

27) L.Tyerman, *The Life and Times of the Rev. John Wesley, M.A.,* (London: Hodder & Stoughton,1870), p. 399.
28) Samuel Johnson, quoted in James Boswell, *The Life of Samuel Johnson, ed., John Canning* (London: Methwin, 1991), p.91.
29) Leslie White, *More About the Early Methodist People* (London: Epworth Press, 1949], pp.136-76. See Earl Kent Brown, *Women of Mr. Wesley's Methodism* (Lewiston, N.Y.: Edwin Mellen Press, 1983).

마도 가장 유명한 여자 설교자는 죠지 엘리오트(George Eliot)의 "아담 베다(Adam Bede)"[30]에서 말하고 있는 엘리자베스 에반스(Elizabeth Evans)였을 것이다. 그녀는 화려한 옷을 입지 않고, 자신의 믿음과 마을 시민의 사랑으로 그 일을 진행해 나가며, 하나님으로부터 설교하라는 소명을 느끼는 지경까지 이르렀다. 그녀는 그의 집회에 오는 여자와 함께 차를 타고 가면서, 사람들이 무엇이라고 말하든지 간에, 자기는 설교하라는 하나님의 인가를 받았다고 생각하였다. 메소디스트 신도회가 여자가 설교하는 것을 인가했는가라고 질문하면, 그녀는 대답하기를, "금지하지 않는다"[31]고 하였다.

존 웨슬리는 몇 명의 여자 설교자를 명시적으로 격려하였다. 그래서 그들은 웨슬리가 죽기까지는 공적인 억압을 피할 수 있었다. 웨슬리는 그의 친한 친구인 사라 말레트(Sarah Mallet)가 설교하는 것을 정식으로 인정하였다: "우리는 사라 말레트가 우리 회원임을 보증한다. 그리고 그녀가 메소디스트의 교리를 설교하고 우리 모임(our discipline)에 참여하는 한, 그녀가 우리 단체에서 설교하는 일을 반대하지 않는다."[32]

이 공식 허가서가 웨슬리와 1787년 맨체스터에서 있은 총회를 대신하여, 죠셉 하퍼(Joseph Harper)에 의하여 그녀에게 전달되었다.[33]

그녀는 웨슬리의 마지막 편지가 그가 죽기 며칠 전에 다른 사람에 의하여 전달되기 전까지, 계속해서 웨슬리의 애정 어린 충고의 편지를 계

---

30) White, *More About the Early Methodist People*, p.159.
31) Ibid., p.163.
32) Ibid. The reference in White is to Z. Taft. *Holy Women* (London: Kershaw. 1825-28), 1:84. It is not in Telford's Letters and is not known to be extant.
33) Ibid., p. 170.

속 받고 있었다.

웨슬리는 성경과 자기가 알고 있는 관습(tradition)도 여자가 설교하는 것을 인가하지 않았다는 것을 알고 있었다. 그러나 그는 저들이 하나님의 부름을 받은 일에 대한 간증을 들었고 또한 저들의 설교의 결과도 탐지하여 알았다. 그래서 웨슬리는 처음에는, 저들이 하나님의 부르심을 받은 것은 여자들의 설교를 금지한 일반 규칙의 예외(exception)로 취급하였다. 경험으로 얻은 지식에 의하여 그의 반대는 누그러졌고, 1787년에 공식으로 인가하며, 그가 제한하던 모든 것을 제거하였다. 이 경우, 그가 중요한 교회 정책과 윤리 문제에 있어서의 평등을 찬성한 것은 그가 이해한 성경의 견해와 전통보다 실제 경험으로 얻은 지식에 더 무게를 둔 것이다.

그 후에도 메소디스트는 여자가 설교하는 것을 금지하고, 20세기 이전까지 여자에게 성직자 안수를 허락하지 않음으로 이 문제에 대한 웨슬리의 예언자적인 지도자의 자질을 무색하게 만들었다. 그의 신도회의 일 이외에 그가 크게 관심 가졌던 사회윤리 문제 중 하나는 가장 등한히 여겨왔던 경제 윤리(economic ethics)에 관한 것이었다. 이 과제에 대한 웨슬리의 가르침의 일부는 인정받아 왔으나, 다른 한편, 이 과제는 일반인과 학자들에 의하여 냉대를 받아 왔다.

경제 윤리

1760년에 출판한 웨슬리의 표준 설교집에 "돈의 사용에 대하여(The

Use of Money)"라는 설교가 있다. 웨슬리는 여러 번 돈에 대한 설교를 누가복음 16장 9절 말씀, "내가 너희에게 말하노니 불의의 재물로 친구를 사귀라 그리하면 그 재물이 없어질 때에 그들이 너희를 영주할 처소로 영접하리라"를 본문으로 하여 설교하였다. 죤은 돈에 대한 올바른 이해와 관리가 필요하다는 것을 알았다. 그리스도인은 돈을 섬기면 안 되게 되어 있다. 그 우상이 하나님을 섬기는 것을 방해하기 때문이다. 사람은 돈을 용의주도하게 다뤄야 한다. 웨슬리는 돈을 절약하며 살았지만 인색하게 살지는 않았다. 그의 결심은 하나님을 위하여 열심히 일하는 것이었다. 그런 면에서, 그는 "일할 것을 강조하는 윤리(work ethic)"의 주창자였다. 그러나 그가 일하는 것을 주장한다고 해서, 그가 웨버토니(Weber-Tawney)가 주장하는바, 구원과 일(work)을 연결시키는 주장을 한 것은 아니었다. 그는 다른 사람을 위하여 선을 행하는 사랑을 규정하는 윤리를 말한 것이다.

웨슬리는 지금까지 돈이 시인들, 연사들, 그리고 철학가들에 의하여 거부당하고, 심지어 돈이 악의 원천이라고 여겨왔다는 것을 잘 알고 있다. 그러나 웨슬리는 그렇지 않다고 했다. "돈을 사랑하는 것이 악의 뿌리임을 우리는 알고 있지만, 돈 자체가 악한 것은 아니다"[34]라고 하였다. 웨슬리는 이 세상이 강한 상업가들과 큰 토지를 가진 자들에 의하여 지배되고 있음을 알고 있다. 그리고 그는 하층의 사람들과 가난한 사람들을 섬기기를 선호하였지만, 경제를 부정하지는 않았다. 그는 상업이 어

---

34) "Use of money", in *Sermon II*, ed. Albert C. Outler, *The Works of John Wesley*, vol 2 (Nashville: Abingdon Press, 1985), p. 268.

떻게 선한 일을 위하여 사용될 수 있는가를 가르치기도 했다. 웨슬리는 여분의 자본을 축적하는 일은 허용하지 않았다. 이 설교는 세 부분으로 구성되어 있다. 그는 이 설교를 원고를 보지 않고 여러 번 하였다. 우리는 기록된 설교를 봐도 잘 이해할 수 있다. 그래서 이 설교는 그 설교의 원고나 원고의 개요를 보지 않고도 쉽게 구두로 전할 수 있다. 이 설교의 개요는: "네가 할 수 있는대로 돈을 많이 벌라(Gain all you can)", "네가 할 수 있는 대로 많이 저축하라(Save all you can)", 그리고 "네가 할 수 있는대로 많이 주어라(Give all you can)"[35] 이다.

네가 할 수 있는 대로 돈을 벌라는 말은 달리 적합하게 표현할 수 있다. 곧 사람이 일하되 자기 건강이 위태롭게 되도록 해서는 안 된다. 또한 그리스도인은 속이는 일, 기만, 또는 부패와 연루된 직업은 그만두어야만 한다. 사람이 이웃을 해치지 않으면서 일을 하고, 다른 사람의 상업을 해치지 않아야 한다. 이웃 사람의 건강을 상실케 하면서 돈을 번다는 것은 윤리적으로 할 수 없는 것이다. 웨슬리는 변질한 술을 만들거나 판매함으로써 이웃을 죽이고자 하는 자들에 대하여 격분하였다. 그런 자들은 저주를 받았고 최하층의 지옥에 던져졌다. 다음으로 그는 의사들이, 돈을 벌기 위하여 환자들의 고통을 연장하기 위해 그들의 의술을 잘못 사용하는 일을 비판하였다. 또한 그는 악한 오락을 마련함으로 또는 음식이나 술 또는 오락을 지나치게 하게 하여 사람을 유혹함으로 영혼을 해치는 사람들을 비판하였다. 정직한 사업은 이웃을 사랑하면서, 될 수 있는 대로 돈을 버는 것이라야 한다. 장사는 건전하게 해야 한다.

---

35) Ibid., p.271.

일한 방법은 상식과 연구를 통해 향상하도록 해야 한다.

두 번째로, 사람은 될 수 있는 대로 많이 저축해야 한다. 그러므로 무익한 지출은 피하여야 한다. 낭비는 하지 말아야 한다. 삶에 있어 사치는 낭비로 생각되고 있다. 값비싼 집과 가구는 자만심을 갖게 하는 것이니, 그런 것을 가지려고 하지 말아야 한다. 좋은 옷도 입으려고 하지 말아야 한다. 아이들을 위하여서 필요치 않은 돈은 낭비하지 말아야 한다. 자기 가족을 돌보되, 낭비가 없도록 하여야 한다. 그리고 자기 상속자에게 돈을 넘겨주는 일도 조심스럽게 다루어 그 일이 그들에게 유혹이 안 되도록 해야 한다.

마지막으로, 여기에서의 목표는 돈을 거저 나누어 주는 것에 있다. 그러므로 사람은 자기 가족과 가난한 사람에 대해 책임 있는 청지기로 행동하여야 한다. 사람이 가지고 있는 것은 하나님이 주신 것이다. 그러므로 하나님의 뜻대로 나누어주어야 한다. 탐욕과 낭비가 그리스도인의 생활에서는 안 된다. "하나님께서 당신에게 맡겨주신 모든 것을 믿음의 식구들과 모든 사람을 위하여, 할 수 있는 모든 선한 일을 행하는 데 사용하라. 이것은 의로운 자의 지혜" 중에서 중요한 것이다.[36]

이 설교는 웨슬리 자신의 경제 윤리였다. 여기서 그는 경제적으로 잘 살기를 추구하는 자의 모습을 드러내고 있다. 그가 경제문제를 언급하고 있는 것을 볼 때, 그의 견해는 근대적이며, 합리적이고, 공격적인 것이었다. 그래도 잘못에 대하여는 신중하면서도 관대하였다. 낭비와 헤픈 소비, 유해한 직업에 대한 그의 비평들은, 웨슬리나 후대 사람들이

---

36) Ibid., p.280.

알았던 것보다 더 정의로운 윤리를 위한 견고한 윤리적 통찰이었다.

약 십년 후에, 런던의 신도회에 있는 여섯 명의 친구들이 가난한 사람들의 어려움을 돕기 위해 하나의 새로운 방법을 택했다. 저들은 신도회 밖에 있는 가난한 사람들을 돕기 위해 일주일에 한 페니(penny)씩을 헌납해 하나의 기금(common fund)을 만들기로 약속하였다. 그런데 저들의 속회 지도자가 이 새로운 구제방법을 승인하지 않음으로 논쟁이 생겼다. 절반가량의 사람들은 지교회에 속하지 않고, 도와줄 친구도 없는 사람들에게 도움을 일정하게 주기를 원하였다. 1777년에 이 논쟁이 웨슬리에게 위탁되었다. 웨슬리는 저들의 의도와 계획이 가치가 있다고 판단하고, 자기 자신도 그 일에 참여하겠다고 약속하면서 즉각적으로 시행하도록 하였다. 1790년에 그는 이 "낯선 친구들의 신도회(Strangers Friend Society)"를 위한 규정을 작성하여 주었다. 그것이 결국 메소디스트가 정기적으로 행한 자선 사업이 되었다.

존 터너(John Turner)의 책,《웨슬리의 실용주의 신학(*Wesley's Pragmatic Theology*)》도 웨슬리의 사회 활동을 다루고 있다.[37] 웨슬리는 사랑으로 가난한 사람들을 도와주는 일에 전념하였다. 그리고 도와주는 방법은 아주 실용적으로 선택하였다. 그가 "낯선 친구들의 신도회"를 인가할 때에, 가난한 사람들의 고통을 완화하기 위한 여러 가지 가능한 방법을 자세히 조사하였다. 가난한 사람들을 위한 그의 사랑은 저들의 진정한 필요를 충족시켜 주는 것이며, 저들 개인과 영혼에 대한

---

37) John M. Turner,"Wesley's Pragmatic Theology," in *Window on Wesley: Wesleyan Theology in Today's world*, ed. Philip R. Meadows (Oxford: Applied Theology Press, 1997).

깊은 동정이었다. 그는 1729년의 홀리클럽(Holy Club) 때부터 가난한 사람들을 방문하여 오고 있었다. 이 클럽이 하는 일은 가르치는 일, 죄수들을 방문하는 일, 물건과 옷들을 마련해 주는 일, 빚을 갚아주어 감옥에서 풀려나오게 하는 일, 복음 전도, 저들이 전도할 수 있도록 조직하여 주는 일들이었다.

홀리클럽의 엄격한 훈련을 받은 후계자들은 50년 동안이나 가난한 사람들을 방문하고 그들에게 전도하였다. 그 반 세기 동안 영국과 영국 사람은 더 부유해졌다. 나라의 무역은 확대되었고, 인구는 증가하였고, 산업화가 시작되고 있었고, 경제 정책은 영국 사람들에게 더 나은 생활을 약속하고 있었다. 그러나 일부 사람들은 도시화 때문에, 또는 농촌 지방에서는 사람들이 빠져나가, 더 가난해짐으로 인하여 더 고통을 당하고 있었다. 메소디스트는 가난과 싸우기 위하여 훌륭한 전략들을 모두 사용했으나 저들 가까이 있는 써클(circle) 이외는 많은 일을 수행할 넉넉한 재정이나 사람이 없었다. 모든 속회(class)에서 나와 함께 일한 메소디스트의 대부분은 여자들이었고 대부분 남자는 기능공으로 일하는 사람들이었다.

도시들과 마을에는 사람들이 아주 많아 붐비었다. 그들이 사는 집은 안정되지 않았다. 그리고 부자 기능공들보다 하층에 사는 가난한 사람들은 오두막집과 판잣집에서 살고 있었다. 하수 시절이 안 되어 있어, 물 때문에 질병이 돌곤 하였다. 의료치료는 거의 없고, 사람들은 미신에 빠지고 있었다. 길은 포장이 안 되어 있어 마을로 가는 길은 비가 오면 수렁으로 변하였다.

로버트 휴그(Robert Hughes)는 영국에서 죄수들을 미국과 호주로 이주시키는 일을 행한 도시의 상태들을 서술하면서, 런던의 상태를 간추려 말하였다.[38] 런던에 사는 주민들은 아주 무식했다. 아주 가난한 사람들은 힘들게 살면서 어떤 때는 동물의 고기를 집어다가 연료와 양식을 삼기도 했다. 열심히 일한 사람들은 튜더 왕조 시대에 얼마간의 보호를 받았다. 그러나 직업상의 위험은 근본적으로 해결되지 않았다. 재목을 톱질하는 사람들은 재봉사가 하듯이 아무렇게나 되는 대로 톱질을 하였다. 금속제품을 다루는 사람들은 공기를 오염시키는 일을 하였다. 유리를 부수는 직공들은 규폐증(silicosis)으로 고생하고, 미용사들은 금속 먼지를 다루기 때문에 폐병으로 고생했다. 노동자들은 하루에 14시간 노동하는 일과 무직 사이를 왔다 갔다 해야 하였다. 어린아이들은 매를 맞으면서 긴 시간 일을 하면서 고생했다. 의사들은 증언하기를 그런 상황이 당시의 사회와 아이들을 위해서 용납되었다고 한다.

명예 혁명(Glorious Revolution)으로 인해 네덜란드 사람이 오면서, 호밀로 만들고 향나무 베리로 맛을 가미한 진(gin, 독한 술)을 일반 대중들이 마셔, 그들의 아편제(마취제)가 되었다. 이 술은 값이 저렴하고 쉽게 구할 수 있었다. "한 페니를 주면 술에 취하고, 두 페니이면 완전히 취한다"라고 폭도들이 말하며 현실도피를 하게 되었다. 죄인계층인 폭도들에 대한 공포가 생겼다. 이에 지도층은 범죄에 대한 벌칙을 강화함으로 대처하였다. 폭도들은 가끔 정치적 지역에 올 수 있었다. 그러나 이것이 때로는 무서운 폭동을 일으킬 수 있게 하였다. 경찰은 잘 조직되

---

38) Robert Hughes, *The Fatal Shore* (New York:Alfred A. Knopf, 1987), pp.22-23.

어 있지도 않았고, 그 역할도 잘 하지 못하였다. 아이들은 손수건을 훔친 것으로도 교수형에 처하게 할 수 있었다. 그러나 공개적으로 교수형을 집행하였으나, 억지 수단과 형 집행을 공개하는 것으로서는 별 효과가 없었다.

믿는 사람은 모두 구원하신다는 메소디스트의 메시지는 사람을 변화시킬 것이라고 기대된다. 메소디스트의 문헌들은 저들이 예수를 받아들임으로 자유와 힘을 얻었다는 사람의 간증으로 가득 차 있다. 그리고 거듭난 사람은 곧 신도회에 가입케 하여 서로 돕고 함께 일하게 하였다. 만약에 신도회가 영국교회로 하여금 그 재력을 가지고 참여하도록 할 수 있었더라면, 가난한 사람들을 위한 그 중요한 사업은 눈에 띄게 잘 되었을 것이다. 그러나 1779년까지는 영국 국교는 메소디스트의 선례를 따르지 않았음이 분명하다. 메소디스트가 국가 전체에 영향을 끼칠 수 있는 일은 영국교회가 함께 그 일에 힘을 써주어야 가능할 수 있었다. 메소디스트는 사회적 활동도 하였다. 그러나 메소디스트 운동은 근본적으로 종교 운동이었다. 사회에 영향을 끼치는 종교의 잠재력은 첫째로 그들의 종교적 결과들에 달려있었다. 1688년에 법으로 가톨릭을 제외한 모든 종교에게 신앙 자유가 허락되었다. 그러나 18세기 영국 인구의 육 퍼센트에 해당하는 비국교도들에게는 정치적 직분이나 대학교, 그 외 높은 지위는 갖지 못하게 되었다. 비국교도들은 또한 특별 세금을 냈다. 그러나 관용을 주장하는 존 로크(John Lock)의 이성주의와 부분적인 종교전쟁들로 인하여 관용이 전개되고 있었다. 그렇지만 비국교도들은 왕과 교회를 전복시킨 정치적-종교적 모임들에서 패배당하였다.

그래서 저들은 새롭게 재건된 영국교회로부터 고난을 겪었다. 가톨릭교회와 옛 영국교회는 주로 농업 단지와 런던 랭케스터에 있었다. 국교를 반대하는 개신교도들보다는 더 압력을 받는 존재지만, 그들은 자코바이트 반란 때를 제외하고는 별로 박해를 받지 않았다.

아마도 인구의 90퍼센트는 영국교회 곧 국왕이 세운 교회에 충성하였다. 성직자가 교육, 도덕, 그리고 자선 사업에서 지도자 역할을 하였다. 감독들은 영국 상원(House of the Lords)에 의석을 가지고 있었다. 그리고 교회의 장으로서 사회적으로, 또한 정치적으로 책임이 있었다. 교회는 국가의 종교로서 사회와 국가의 복지와 법을 지키는 일에 참여하고 있었다. 영국 국교를 반대하는 것은 곧 영국을 반대한 것이었다. 18세기의 영국은 개혁하고 싶어 하지 않았다. 17세기의 혁명들로 만족하는 듯 보였다. 영국교회는 예배 의식도 개선하려고 하지 않았다.

교회에 출석하고, 훈육을 받고 공중도덕을 지키라고 강요하던 교회 간부들의 역할도 이 세기에서는 차차 사라져갔다. 교회의 강제성이 약해짐에 따라, 자발적인 교회 단체들이 생겨나서 신앙생활을 권고하고 있었다. 예로서, "기독교의 정통을 촉진하기 위한 단체(The Society for Promoting Christian Knowledge, 1698)", "복음을 전하기 위한 단체(The Society for Propagation of the Gospel, 1701)", "예의범절의 개선을 위한 단체들(the Societies for the Reformation of manners, 1690-1730)"이 생겨서 문서들을 출판하고, 선교 사역을 하고 사회개선을 도모하였다.[39] 이렇게 시작된 사역들은 결국 웨슬리 부흥 사역의 일부가

---

39) Rack, *Reasonable Enthusiast*, p.10.

되었다.

약 15,000명이나 되는 사람이 사제(priest)로서 10,000교구에서 봉사하였다. 그들의 대부분은 전문가들로서 맡은 바 임무를 충실히 이행하였다. 하나님의 부르심을 받아 일한다는 개념은 복음 부흥에서 또는 개신교 전통에서 사용하듯이 영국교회에서는 기대하지 않았다. 어떤 성직자는 사치스러운 생활을 하고 저들의 의무를 게을리했지만, 대부분 성직자는 저들에게 주어진 임무를 성실하게 이행하였다. 영국 농촌에서는, 많은 성직자가 자신들과 가족을 부양하기 위하여 농사를 지었다. 나온 통계를 보면 18세기에 교회 출석과 성만찬에 참석하는 사람들의 숫자는 줄어들었다. 헨리 래크에 의하면 농촌 교회에서는 일 년에 성만찬을 세 번 또는 네 번 시행하였다.[40] 이때 교회에서의 예배는 성찬 예식보다 설교가 중심을 차지하고 있었다. 물론, 교회 생활과 하루하루의 신앙생활 그리고 교회의 예배 양식, 관심사는 교구에 따라서 달랐다. 그러므로 적당한 기록도 많지 않고 하여 전국의 종교 생활에 대한 공통된 양상을 말하기는 힘들다.

웨슬리는 널리 여행하며 누구보다도 영국 사람의 종교 생활을 밀접하게 접해 보았기에, 이 시대의 종교 생활을 웨슬리만큼 잘 관찰한 사람은 아마도 없을 것이다. 웨슬리의 기도와 논쟁에서 영국 사람들을 위한 그의 종교적 강렬한 소망이 그의 일지나 편지들에 생생하게 표현되어 있다. 17세기와 비교하여 보면 18세기는 성례전주의는 약해지고, 보다 이성주의, 도덕주의로 나가는 경향이 있음이 특징이었다. 그러나 이런

---

40) Ibid., p.14.

것들도 거부되었다. 이때는 뉴턴의 과학(Newtonian science)을 믿음과 조화시키려 하고, 로크의 이성주의(Lockean rationalism)를 믿음의 근원과 연결시킬 필요가 있었다. 그러나 이는 이신론(deism)과 정통신학 간의 싸움은 전혀 아니었다. 복음적 부흥이 있기 전에 여러 가지 경향이 맞서고 있었다. 그러다가 그것들이 웨슬리와 그의 추종자들안에서 또 신학적 반대자들 안에서 새로운 방법으로 결합되었다.

웨슬리의 측근에서는 기본적인 종교 메시지에 잇따라 교육을 실행하였다. 속회 모임에서의 기본적인 종교 교육과 학교를 세우는 일, 저렴한 문서들의 출판, 저렴한 전도지의 배부, 주일학교를 세우는 일들 모두가 교육을 진척시켰다.

재정 면에서는 융자 기금(loan funds)을 만들어, 빚에서 벗어나도록 도와 주며, 또 물건을 살 수 있도록, 그리고 수입이 되는 기업을 시작할 수 있도록 도와주었다.

웨슬리는 또한 경제사정의 변화로 해고되는 사람들을 도와주기 위해 직업 센터들(centers of employment)을 만들었다.

웨슬리가 참견한 세 번째 큰 분야는 무료 의료원들을 마련하고 약을 무료로 공급하며, 민간의학 치료법에 관한 책을 출판한 일이었다. 웨슬리는 병자의 건강을 위하여 기도할 뿐 아니라, 의학에 관한 연구를 계속하고, 물리치료를 권하기도 하였다.

웨슬리가 가난한 사람들을 위하여 한 일들을 요약한다면, 사랑의 복음 메시지를 가지고 인간의 존엄성과 소망을 회복시키며 메시지를 통하여 사회를 단결시키는 일이었고, 또한 교육과 중요한 인격형성과 보건사업을 통하여 국가의 변화와 조정을 도모하는 일이었다. 이런 노력들은 참으로 특징적이었다. 그러나 1773년에 불경기가 닥치매, 웨슬리는 국가의 경제적 정책에 대한 충고를 하였다. 그런 일은 그의 경제와 자유에 대한 국가적 과제로서 노예제도를 반대하는 운동과 병행되었다. 웨슬리는 그의 "공급의 결핍에 대한 소고(Thoughts on the Present Scarcity of Provisions)"에서 왜 궁핍과 실직이 영국을 괴롭히도록 내버려 두는가를 질의하였다.[41] 왜 식량이 그리 비쌌는가? 웨슬리는 다음과 같이 해명하였다. 즉 중요한 투자금을 딴 데로 돌려 국가의 부채가 너무 많았다. 부자들은 지나치게 사치스러운 생활을 하고, 노동자들에게 또는 투자를 위해 충분히 돈을 쓰지 않았다. 불필요한 군의 방비시설 그리고 군인들의 생활보조금의 과다 지출들이 국가의 비용을 증가시키고 또한 국가의 채무를 늘리고 있었다. 마지막으로, 마차를 이용하는 교통수단은 비효과적이었다. 거기에 사용되는 말이 너무 많아서 너무 많은 곡식을 소비하고 또 곡식값을 계속 올리고 있었다. 그리고 고급 말을 프랑스에 수출함으로 시장에서 다른 동물들을 구입하게 하고 또한 곡식을 너무 많이 소모하게 하였다. 게다가 증류주 양조장 사업은 곡식의 공급을 지나치게 함으로 인해 곡식값을 상승시키고 있었다.

일반적으로 사람들이 웨슬리의 생각과 노력을 칭찬했지만, 그의 경제학은 거들떠보지도 않았다. 최근의 한 학자는 말하기를 그의 권장하는 말은 자본주의 세계에서보다는 상업하는 사회에 적합한 것이었다고 하

---

[41] John Wesley, "Thoughts on the Present Scarcity of Provisions" (London: R. Hawes, 1773). 이 책의 제목에 웨슬리의 이름이 없다. 그러나 Rack나 다른 사람들이 이 책의 저자는 웨슬리라고 인정한다.

였다.[42] 웨슬리의 소책자는 아담 스미스(Adam Smith)의 자본주의 서적들보다 삼 년이나 앞서 나왔다. 그리고 그의 세계는 자본주의와 중상주의가 혼합된 시대였고 또한 과도기였다. 불필요한 군인의 생활보조금을 삭감하여 세금을 낮추고, 그렇게 함으로 국가의 빚을 절감한다는 웨슬리의 프로그램에 대하여 최근에 재검토한 결과 그의 입장은 동정심이 있는 새로운 자유주의 운동으로 볼 수 있다고 하였다. 교통 제도에 있어 (개인이 큰 마차를 타고 사치스럽게 여행하는 등) 불필요한 면에는 세금을 증액하는 것이 신중하게 적용된다면, 국가의 정책으로 택할 수 있을 것이다. 국가의 곡식 공급에 있어, 곡식의 값을 내리는 조치가 특징적으로 미국 경제의 강점이요 인간에게는 축복이 되었었다. 그러나 농민들을 위하여 적절한 값을 찾는다는 것은 쉬운 일이 아니다. 많은 자유주의, 공산주의 사회에서는 경제와 도덕의 이유로 술의 거래를 규정하고 때로는 못하게 하였다. 여기에 웨슬리의 생각은 결코 시대에 뒤진 것으로 보지 않는다. 맨스프레드 마르콰드(Manfred Marquardt)가 웨슬리의 경제에 대한 권장을 비판한 이면에는 그가 웨슬리는 정말 사회주의자가 아니었다는 생각 때문에 그랬던 것 같다.[43] 웨슬리는 정말 사회주의자는 아니었다. 그의 경제학은 주로 (어려운 사람들의 상태를 개선하도록 일을 해보자는) 기독교 실용주의였다. 분명히 해방신학의 붕괴는 웨슬리의 사회적 신학을 해방신학의 선구자로 보는 현대 해석을 떨쳐버

---

42) Kenneth J. Collins, *A Real Christian: The Life of John Wesley* (Nashville: Abingdon Press,1999), p.122. . . . .David Deeks, "Economics from a Wesleyan Perspective," in *Windows on Wesley*.

43) Manfred Marquardt, *John Wesley's Social Ethics: Praxis and Principles*, trans. John E. Steely and W. Stephen Gunter (Nashville: Abingdon Press, 1992).

렸다. 단지 웨슬리가 노예제도 폐지를 주장함을 해석함에 있어서만 그리 말한다. 노예제도 폐지를 주장함은 시대에 맞지는 않지만, 해방신학으로 보일 수 있을 것이다. 그러나 동시에 이는 기독교의 현실주의 또는 개혁주의의 윤리적 열매라고 해석할 수 있다. 웨슬리의 경우에 있어서는 이는 현실주의와 개혁 사상을 가진 복음적-영국교회 신학이었다.

1779년을 마감하는 총회는 런던 신도회의 인원이 감소된 것을 지적하고 있다. 다음 십년은 점점 교회처럼 되어 가며, 칼빈주의와의 논쟁을 계속하고 있는 신도회의 부조화를 해결했어야 했다. 그러나 1760년대~1770년대의 정치 사회적 과제는 메소디스트 운동의 성숙한 지도자요 기독교 사회 윤리의 스승으로서의 웨슬리에 관한 연구를 마무리 짓는 일이라고 생각된다.

제9장
자유
(Liberty)

권력에 관하여

자유에 대하여

미국 식민지

제 9 장
자유 (Liberty)

웨슬리는 1768년부터 1782년까지, 기독교 정치철학에 관한 몇 개의 소책자를 발행하였다. 정치문제에 관해 쓴 120쪽의 소책자는 존 윌크스(John Wilkes)의 반란 기간 동안의 자유 문제와 미국 식민지의 혁명 때의 자유 문제가 거의 같은 분량으로 쓰여져 있다. 그리고 1774년 중반에 《노예제도에 관한 소고(Thoughts upon Slavery)》를 출판하였다.

웨슬리는 자유에 대한 의미를 분명히 하려고 하였다. 그리고 그는 윌크스 집단과 미국 혁명론자는 자유 개념과 분리해서 생각하려고 시도했다. 웨슬리의 자유의 개념은 사무엘 존슨(Samuel Johnson)의 견해와 가깝다. 그에 관하여 자기 글에 묘사하기도 했다. 또한 존 로크보다는 에드먼드 버크(Edmond Burke)의 개념과 가깝다. 웨슬리는 1688년의 명예 혁명의 완성이 영국 사람들에게 전에 알지 못했던 자유를 더 갖게 하였고, 또한 미국 식민지 주민들이 자유를 누리게 했다고 믿었다. 자유라는 것은 자기의 생활을 관리하며, 종교나 재산 문제에 있어서의 강요에서 벗어날 수 있는 기능을 의미한다. 종교적 자유는 하나님이 주신 것이다. 따라서 각 사람은 자기의 영혼을 돌보는 책임이 하나님 앞에 있다.

사람이 자기의 재산을 사용하는 일이나 생활을 스스로 결정하는 일은 물론, 국가가 부과하는 세금과 법에 따라 제한을 받는다. 그러나 웨슬리의 생각에는 이런 것들은 영국에서는 별로 중요한 제약이 아니었다. 영국사람들은 다른 나라 사람들보다는 큰 자유를 누렸다. 웨슬리는 이 자유는 지켜져야 하지, 자유를 관념적으로 주장하여 폭민 정치나 혁명으로 이어져 위협을 받게 해서는 안 된다고 생각하였다. 웨슬리는 특별히 저들이 군주의 노예였다고 생각하는 영국인들의 시절 내내 냉소적이었다. 웨슬리가 보기에는 아프리카 사람들에게 자유가 없는 것은 영국사람들이 자유의 제재를 받고 있는 것과는 비교가 안 된다. 정말로 그렇다. 아프리카의 노예들은, 그들도 자유로워야 하지만, 분명히 자유를 가지고 있지 않았다.

규정된 자유가 그의 정치적 현실주의에 의하여 강화되었다. 웨슬리는 정치적 지식이 현명한 행동에 적절한 지침을 마련해 주지 못함으로, 그에 따른 과격한 행동에 대하여는 회의적이었다. 대부분의 정치학의 이론은 한 편을 지지하는(one-sided) 것으로 여겨졌다. 정치적 행동은 반대 세력을 끌어당기고 또는 밀치고 하여 종종 예기치 못한 결과를 낳게 하기도 했다. 대부분의 정치 활동은 자기 또는 자기 당의 이익을 위해 행하여졌다. 대부분의 정치 활동은 저들의 정치적 목표에 의존하고 있기에, 정치적 행동을 자기 맘대로 하기는 힘들었다. 웨슬리의 정치적 소책자는 동기도 미심쩍고, 확실한 정치과학도 없고, 위험한 반체제의 시대에, 군주권(monarchy)과 영국의 진정한 자유를 지켰다. 웨슬리가 자유 때문에 개선하고 변화시키고자 한 노력은 특별히 그가 노예제도를 폐지하고 가난한 사람들을 위하여 경제적 개선을 하기 위해 애쓴 일에서 알려졌다.

웨슬리의 그 에세이는 철학적이었다. 그 글은 지성인들의 정치적 연구를 소개하고 있다. 이 에세이의 첫 부분, 1768년부터의 "국가의 현 상태에 대한 생각들(Free Thoughts on the Present State of Public Affairs)"은 죠지 III세를 변호하는 것이었다. 에세이의 많은 부분은 죠지 III세의 통치를 런던에서의 폭동과 또한 미국 혁명주의자들로부터 변호하는 것이었다. 그는 "내가 들었고 또한 확인한 바에 의하면, 왕 죠지는 왕 찰스가 대우 받았듯이 대우를 받아야 했었다."[1]고 명백히 기록하였다. 웨슬리는 그의 왕이 끌어 내려지거나 사살되는 것을 원치 않았다.

과격한 도전에 직면하여 웨슬리가 보수적 경향을 취한 것은 그의 자유에 대한 사랑과 권력에 대한 존경에 기초해서 그리했을 것이라고 이해할 수 있다: "웨슬리가 1772-82년 기간에 제정된 질서를 지지한 것은 자신의 재산과 적합하게 수정된 토라당의 법에 기초를 두고 있었을 뿐 아니라 또한 영국사람들이 즐겼던 권리들을 인정함에 기초를 두고 있었다. 또한 그렇게 됨에는 반-프랑스, 반-가톨릭의 감정이, 특별히 1778년에 명백히 있었다는 것으로 이해된다."[2] 바로 그 때에, 웨슬리는 은연중에 국교, 즉 일반적으로 영국에서는 국가와 하나의 존재로 여기고 있는 국교의 권위를 전복하고 있었다.

타당한 권한에 대한 그의 존경은 군주나 교회에 대한 과격한 변화를

---

1) *The Works of John Wesley*, vol. 11 (Grand Rapids: Zondervan, 1958), p. 16.
2) David Hempton, *The Religion of the People: Methodism and Popular Religion c. 1750-1900* (London: Routledge, 1996), p.82.

의미하는 것이 아니었다.

권력에 관하여

웨슬리는 모든 기독교 정치학자들이 그랬듯이, 권력은 하나님께로부터 온다고 믿었다. 그는 또한 많은 기독교 학자들이 근대시대까지 그랬듯이, 지상에서의 최고의 권력은 보통 한 사람에게 주어진다고 믿었다. 웨슬리는 그의 정치에 관한 논문들의 기본이 되는 책,《권력의 기원에 대한 사고(Thoughts Concerning the Origin of Power)》에서 정치체제로서는 군주제도(monarchy)를 선호하였다. 그는 통치에는 세 가지 형태 곧 귀족정치, 민주주의, 군주주의가 있다고 말했다. 그의 생각으로는, 민주주의는 희랍과 로마에 있었는데, 얼마 안 되어서 없어졌다고 생각했다. 웨슬리의 동시대에 계몽운동을 한 몽테스키외(Montesquieu), 루소(Rousseau) 등은 작은 나라에서는 공화정치의 형태(Republican forms of government)가 좋을 것이라고 생각했다. 실제로 스웨덴, 제네바, 스위스는 공화국이었다고 볼 수 있을 것이다.

그의 에세이의 나머지는 하나의 주장, 곧 모두가 동등하다, 저들은 통치를 받는 일에 동의해야 한다. 그리고 권력은 국민으로부터 나온다고 주장하는 사상을 반대하고 있다. 그의 공격은 "누가 국민인가?"라는 질문으로 시작했다. 여자나 어린이들도 국민이라고 한다면, 그들도 투표하여야 할 것이다. 그러나 저들은 투표하지 않았다. 더구나 일년에 40 실링(shilling)의 수입이 있는 공민만이 영국에서는 투표할 수 있었다. 영국에서 투표할 수 있었던 사람은 전체 인구 800만 명 가운데 50만 명 뿐이었다. 다른 사람들은 법에 의하여 제외되었다. 그런데 그 법은 그들이 만든 것도 아니고 또한 정식으로, 또는 기꺼이 동의한 것도 아니었다. 그런 것은 분명히 국민에 의한 정부가 아니었다. 더 나아가 웨슬리는 논하기를, 영국에서는 국민에 의하여 선출된 통치자가 있었던 일이 없다, 역사를 보면 그렇게 선출된 경우는 거의 없다고 하였다. 그는 앞의 세기에 나폴리(Naples)에서 국민에 의하여 선출된 일을 언급했다. 그래서 그의 판단으로서는 권력(power)이 국민으로부터 온다는 역사적 증언이나 이론은 없었다. 오히려 권력은 하나님으로부터 온 것이었다. 그의 견해는 스튜아트(Stuarts)가 주장한 대로 왕권은 하나님이 주시는 것이라는 견해에 가까워졌다. 그는, 그의 마음에서는, 이미 정부는 국민들의 동의로 세워진다는 로크의 개념도 멀리 던져 버렸다. 수산나 그리고 아마 그의 동생 찰스 웨슬리도 그의 에세이를 보고, 자코바이트의 정당성을 알아 지지할 수 있었을 것이다. 그러나 존은 아버지를 따라, 그리하지 않았다. 그는 군주였던 사람의 왕권의 합법성을 인정하였다. 그의 정부에 대한 학설은, 그가 "권력은 하나님으로부터 오는 것 이외는 없다"[3]라고 결론 내렸듯이, 아주 신정주의(theocratic)였다.

메소디스트가 심한 박해를 받게 되므로 웨슬리는 왕에게 충성을 더 하게 되었다. 종교의 자유가 군주에 의하여 유지가 됨을 안 웨슬리는 또한 왕의 보호를 희망하였다. 웨슬리는 가끔 돌로 얻어맞기도 하였다. 그

---

3) "Thoughts Concerning the Origin of Power," in *The Works of the Rev. John Wesley*, A.M., vol.11, 3rd ed. (London: John Mason, 1830), p.53.

는 메소디스트의 전도자들이 두들겨 맞고 있는 것도 알았다. 그는 저들이 강제로 군대에 징집되는 것을 반대하였다. 그는 메소디스트의 가옥들이 불태워지고 약탈당하는 것도 보았다. 그는 피하지 않으면 반 메소디스트 폭도들의 손에 의해 고난을 겪게 되어 있었다. 웨슬리를 박해하는 자들 가운데 몇이 웨슬리는 가톨릭이라고 헐뜯었다. 그래서 웨슬리는 로마의 법왕을 지지하지 않는다고 1744년에 공개적으로 선언하였다. 그리고 국왕에게 편지를 써서 자기는 가톨릭과는 다르다고 말하였다. 1744년에 그를 가톨릭이라고 비난한 것은 치안 방해죄에 해당하여야 할 것이다. 보내지지는 않았지만, 웨슬리가 쓴 그 편지는 자기 그룹은, 한편으로 로마교의 교리를 몹시 싫어하면서, 정의와 자비, 진리, 하나님의 영광, 평화 그리고 선한 일을 추구하는 충실한 개신교 신도들(Protestants)이라고 선언하였다. 그리고 군주에게 재정적 후원과 기도, 그리고 양심에 따라 행동하겠다고 약속하였다.[4]

자유에 대하여

존 웨슬리의 자유에 대한 비판과 검토는 1760년대와 1770년대에 있었던 윌크스당의 폭동들(Wilkite riots) 때문에 하게 되었다. 존 윌크스(John Wilkes)는 왕 죠지 III세를 반대하는 과격한 런던 사람들에 의한 소동에 가담한 사람이었다. 윌크스는 왕을 중상한 죄로 형벌을 받아 교

---

4) Journals and Diaries III, ed. W. Reginald Ward and Richard P. Heitzenrater, *The Works of John Wesley*, vol. 20 (Nashville: Abingdon Press, 1991), p.16.

도소에 투옥되었었다. 그러나 윌크스가 석방되매, 군중들은 "윌크스와 자유(Wilkes and Liberty)"를 외쳤다. 여러 해 동안 간헐적으로 그렇게 노래를 불렀다. 폭도들은 윌크스가 국왕을 대체하자고 주장한 글, "북쪽 영국인(North Briton)"을 공개적으로 불태우는 것을 항의하였다. 윌크스는 의회에서 추방되어 파리(Paris)로 도망갔다. 그러나 그가 돌아오자, 그는 다시 영국 남쪽에 있는 미들섹스(Middlesex)에서 의회원으로 선출되어서, 런던의 폭동을 일으켰다. 윌크스는 다시 교도소에 갇혔다. 이로 인해 더 많은 폭동이 일어났다. 이 폭동은 군인들에 의한 11명의 사망자를 냈고 많은 사람을 다치게 하며, 1768년 5월 10일에 끝났다.

그가 교도소에서 석방되매, 폭동이 또 일어났다. 그는 다시 의회에서 거절을 당하였다. 그로 인하여 의회와 런던시는 어려움을 겪었고, 런던 시장이 감옥에 가게 되었다. 왕 죠지 III 세가 항의의 표적이 되었다. 그리고 그 폭동이 있은 지 삼년 후에 윌크스는 런던 시장이 되어, 폭동을 또 일으켰다. 윌크스는 다시 의회에 참석하게 되었고, 그와 관련된 폭동은 점차 약해져 갔다.

수년 후에 가톨릭의 빈민구제 법이 반포되면서 소동이 일어났다. 이번에는 개신교 단체들이 부추겨서 소동이 일어났다. 일 주일 동안 계속된 이 소동에서 285명의 폭도가 죽었고 거의 200명이 다쳤다. 그 후 재판을 받아 25명이 교수형에 처해 졌다. 이는 웨슬리 시대에 있었던 가장 험악한 런던폭동이었다. 윌크스의 반란으로 생긴 무질서는 런던을 불안하게 만들었고, 1780년에 있었던 더 험악한 폭동들을 일으키는 상황을 조성하였다. 왕 죠지의 경우를 왕 찰스의 경우와 비교하듯이, 윌크스의 상태를 영국 혁명과 비교하면서, 웨슬리는 윌크스의 반란은 세속적인 것이었고 앞의 폭동은 부분적으로 종교적인 분쟁이었다고 지적하였다. 종교적 분쟁은 사 년 후에 다시 폭동으로 나타났다. 이 두 폭동은 또한 폭도들이 부자들의 재산을 표적으로 삼으면서, 다분히 사회계급 간의 적대행위로 드러났다.[5]

존 웨슬리는 평화와 질서를 사랑하며 군주제도를 선호하기에 존 윌크스의 반란에 반대하였다. 웨슬리는 윌크스의 추종자들이 주장하는 자유를 반대하는 글을 썼다. 웨슬리는 종교적 양심을 따르며, 재산을 영국의 전 세대보다 더 적절하게 활용함으로 더 자유를 누릴 수 있다고 생각했다. 그는 자기가 원하는 중요한 자유들을 가지고 있었다. 웨슬리는 사람을 죽이는 자유를 외치거나 남의 재산을 취하기 위한 자유, 또는 여자를 범하기 위한 자유를 외치듯이, 자유를 반항적으로 주장하는 것을 비웃었다. 자유는 특별히 영국에서 강하게 주장하는 바 인간의 요구이다. 웨슬리는 윌크스의 반란에서 외친, 그 자유에 대한 일반화된 민중의 외침은 철학적으로 검토해 보아야 한다고 생각하였다. 웨슬리는 자유를 조사해 본 결과 자유에는 여러 가지 다른 의미가 있는 자유가 있다고 하였다. 곧 우리가 거절하여야 할 자유로서, 사람을 죽이는 자유, 약탈하거나 도둑질하거나 강간하는 자유가 있는가 하면, 또한 우리가 주장하여야 할 자유로서, 소유물에 대한 자유, 종교의 자유가 있다. 웨슬리는 자유를 주장함에 있어, 로크가 사회는 정부를 따라야 한다

---

5) George Rude, *The Crowd in History: A Study of Popular Disturbances in France and England 1730-1848* (New York: John Wiley & Sons. 1964), pp. 52-62.

고 한 그릇된 통념은 반대하였지만, 일반적으로 로크의 철학(Lockean philosophy)의 견해를 따랐다.

최근에 찰스 왕 때에 발표한 통일령(the Acts of Uniformity)과 비밀집회를 억압하는 법들이 종교와 자산의 권리를 제한하였다. 그런 것 때문에 죤의 할아버지가 어려움을 겪었다. 그러나 죠지 I 세와 죠지 II 세 때는 이런 권리들이 보호되었다. 웨슬리 때에 와서는, 영국사람이 원하는 자유는 있게 되었고, 그 자유는 폭도들이 외치는 자유로부터 보호를 받아야 했었다. "영국에서는 우리는, 종교를 갖던지 안 갖던지, 종교를 선택할 완전한 자유를 가지고 있지 않는가? 그러므로 영국에서 사람들이 목소리 내어, 큰 소리로 종교의 자유를 달라고 외치는 것은 파렴치한 것이다."[6] 저들은 이해가 부족한 것이다. 웨슬리는 이런 모든 자유를 찬양했다. "이에 대하여 하나님과 왕에게 감사하자."[7]

1768년에 출판한 책,《자유로운 소신(Free Thoughts)》에서는 정치적 논평을 신중하게 자제하고 있는 것은 주목할 만하다. 물론, 그런 자제가 그가 정치에 참여하고 있는 사람들보다 자기들이 더 잘 안다고 확신하는 사람들을 경시하는 것이 되었다. 그는 정치는 복잡한 것이고 정치 행동의 원인도 잘 알 수 없는 것이라고 간주했다. 정치는 정확히 알 수 없는 많은 사실에 의하여서 그 특색을 나타낸다. 사건들도 정치적 관심이나 감정에 의하여 변질되는 경우가 많기에, 사건들의 출처도 신뢰할 수 없었다. 그는 말하기를, 더구나 자기는 정치 전문가가 아니었고 또한 정

---

6) "Thoughts upon Liberty," Works, 11:41.
7) Ibid., p.45.

치하는 사람들도 알고 있지 않았다고 하였다. 그러나 하나의 영국사람으로서 정치적 견해를 가질 권리가 있다고 주장했다. 그는 어느 정당이나 정치적 입장에 신세를 지고 있지 않기 때문에, 자기가 생각하는 대로 자유롭게 의견을 말할 수 있다고 생각했다. 그는 자기의 솔직한 견해를 말할 수 있었다. 그러나 그는 아무것도 확신하지 않았다.

웨슬리는 왕 죠지 III 세는 영국사람으로서 또한 그리스도인으로서 왕의 할 일을 했다고 하면서, 그 왕을 비판으로부터 방어하였다. 그는 왕의 가정생활 그리고 그리스도인으로서의 그의 생활을 칭찬하였다. 사람들이 그 왕은 정치를 다루는 기술이 없었다고 문제 삼았지만, 그는 도리어 왕이 악한 마키아벨리(Machiavelli)가 권한 대로의 정치를 하지 않은 것에 대하여 도리어 왕을 칭찬하며 논박했다.[8] 그는 왕을 중상하는 것은 크게 반역하려는 기미가 있어 그럴 것이라고 말하고, 맨스필드 판사의 윌크스를 의회의 의석(his seat)에서 박탈하는 긴 연설을 인용하였다. 그는 시민들은 특별히 명확한 정치적 판단을 내릴 수 없다고 생각했다. 그는 윌크스가 프랑스의 돈을 받고 행동했던 것으로 의심하였다. 어떻든 간에, 윌크스는 자기의 야심을 따라 행동한 것이다. 그리고 웨슬리는 정부가 폭도들의 요구에 항복하지 않은 것은 잘한 것이라고 하였다. 웨슬리는 의회를 해산하였다 해도 보다 좋은 의회가 선출될 것이라고는 기대하지 않았다. 그는 또한 정부에 많이 기대하지도 않았다. 그는 분명히 이상적이요 완벽한 정부를 기대하지 않았다. 그는 질서를 방해하

---

8) 웨슬리가 그의 글에서 매키아벨리를 언급할 때는 늘 그를 주 정적으로 말했다. 그는 죠지아에서 마키아벨리를 연구한 후에 (1737년 2월 24일), 마키아벨리는 지옥에서 나온 사람이라고 하였다.

는 자들을 신뢰하지 않았다. 그는 격렬한 폭도들 때문에 국가를 걱정하였다. 그의 마지막 말은, 영국은 하나님 앞에 겸손하여야 한다는 것이었다.

윌크스의 중대국면이 끝나면서 자유라는 이름 아래 두 가지 일이 전개되었다. 윌크스는 내무 대신이 그를 잘못 투옥시켰다는 것에 대한 승소에서, 4,000 파운드의 보상금을 받았다. 윌리암 피트(William Pitt)는 의회의 아주 엄격한 권력을 비판하면서, 윌크스를 체포한 전반적인 이유가 틀렸었다고 공격하였다. 윈스톤 처칠(Winston Churchill)에 의하면, 판사들의 자유, 정부의 권력, 언론의 자유에 대하여 언급하면서 그 사건을 다루었다. 처칠은 윌크스에 대한 반응들이 영국사람들에게 불법적인 체포로부터의 자유, 그리고 출판의 자유를 증대시켰다고 믿었다.[9]

자유의 이름으로 중상하고 반란을 일으키는 것을 반대하는 글을 1772년에 썼는데, 그와 같은 논리는 1776년에 있었던 미국 혁명을 반대하는데 적용될 수 있었다. 미국 식민지에서는 그들의 정부가 잘못된 정부(mis-government)라 하여 문제가 있었다. 그러나 그는 자유를 위한 혁명이 그 문제를 해결하는 최선의 방법은 아니라고 생각하였다.

미국 식민지

찰스 웨슬리는 1737년에 영국으로 돌아오는 길에 보스턴(Boston)에

---

9) Winston S. Churchill, *A History of the English Speaking Peoples*, vol. 3 (New York: Dodd, Mead & Company, 1957), pp. 167-68.

서 혁명의 거친 소리를 들었다. 죤은 왕 죠지 III세 때에, 미국 식민지에 대한 분노가 상승하는 것을 보았다. 1763년에 맺은 파리 평화 협정은 한 세기 동안 계속되었던 영국과 프랑스 간에 분쟁을 잠시 쉬게 하였다. 캐나다를 영국 왕국에 추가시켰던 전쟁의 비용을 위하여 세금을 올리려는 시도는 1776년에 있은 식민지민들의 반란을 준비하게 하였다. 식민지인들에 대한 프랑스의 지지와 도움이 결국 루이스 16세(Louis XVI)의 프랑스 의회가 세금을 올리도록 하여, 식민지인들이 미국의 독립 전쟁에 있어 영국을 이기고 승리하도록 하였다. 루이 16세의 시도가 프랑스 혁명에 불을 붙였다. 그리고 그것이 결국 다시 프랑스와 영국의 전쟁이 다시 있게 하곤 하였다.

죤은 또한 식민지에서의 시끄러운 일들은 결국 영국의 왕 죠지 III 세를 반대하는 것으로 해석했다. 처음에 그는 의회가 식민지 주민들의 요구를 들어주고 그들의 주장을 완화시키라고 간청하였다. 죤의 글, "자유로운 생각들(Free Thoughts)"을 보면, 1768년에 그는 식민지 주민들을 동정했던 것처럼 보인다. 그는 죠지 III 세를 반대했던 죠지 그랜빌(George Grenville)의 식민지 주민을 다루는 태도를 비난하였다. 미국 사람들의 요구의 일부는 법적으로 정당하며 또한 정정당당하게 제시되었다고 여겼다.[10]

웨슬리의 글, "우리 미국 식민지 주민들에게 조용히 드리는 말씀(A Calm Address to Our American Colonies)"을 보면, 그는 1775년에 와서는 그의 생각을 완전히 바꾼 것으로 보인다. 실제로, 상황은 미국 사

---

10) "Free Thoughts," *Works* II:24.를 보라.

람들이 전적으로 반항하는 것으로 변하였다. 또한 사무웰 죤슨(Samuel Johnson)이 쓴 "과세가 폭정이 아니다(Taxation No Tyranny)"라는 글을 보고, 식민지 주민들에게 세금을 징수하는 것은 정당하다고 생각되어 그렇게 쓴 것이다. 반대자들은 웨슬리가 죤슨의 글을 표절했다고 비판하였다. 웨슬리는 다시 출판한 이 글에서, 자기의 글의 출처를 밝히고, 또한 죤슨이 자기가 그의 글을 이용하여 불평하는 미국 사람들을 비판한 것을 기뻐했다고 말하였다. 웨슬리는 이 글, "우리 미국 식민지 주민들에게 조용히 드리는 말씀" 한 권을 한 페니(a penny)에 팔았다. 국가는 이 글을 무료로 일반에게 분배하였다. 그리하여 이 글이 100,000 권 이상이나 분배되었다.

웨슬리의 글, "조용히 드리는 말씀"이 죤슨의 글을 표절했다는 주장으로 웨슬리를 반대하는 일이 많이 일어났다. 그들은 웨슬리가 이 글을 쓴 것은 모순된 행위일 뿐 아니라 생활보조금을 벌기 위하여 쓴 것이라고 비난하였다. 웨슬리는 미국 식민지에 대한 자기 생각을 바꿨다는 것을 인정하였다. 이에 아우구스투스 톱레이디(Augustus Toplady)는 웨슬리를 공격할 기회를 놓칠 수가 없었다. 그래서 그는 24 페이지가 되는 소 책자, 《늙은 여우의 거짓말과 그 특성(An Old Fox Tarr'd and Feather'd)》를 출판하고, 그 책의 삽화에, 성직자의 옷을 입고 있는 여우의 그림을 붙였다. 그리고 그는 "작고 왜소한 올챙이와 같은 웨슬리가 정치계에서 높고 큰 고래가 되기를 원한다고 선언하였다."[11] 그는 웨

---

11) L. Tyerman, *The Life and Times of the Rev. John Wesley, M.A.* (London: Hodder & Stoughton, 1870), p.190.

슬리를 저작의 절도요 판단을 잘못하고 있다고 비난하였다. 존 플렛쳐(John Fletcher)와 토마스 올리버스(Thomas Olivers)는 출판물을 통하여 웨슬리를 변호하였다. 웨슬리는 《로이드 석간(夕刊)(Lloyd's Evening Post)》에 편지를 보내, 자기는 독립과 전쟁을 부르짖는 민중의 외침을 잠잠케 하려는 의도였다고 자신의 동기를 변호하였다. 그는 모든 사람이 미국 사람들이 과세(taxation)에서 면제해 달라고 주장함은 정당한 이유가 아니고 단지 선동을 위한 핑계였다는 것을 알 수 있으리라고 믿었다.

웨슬리는 수상과 식민지를 주관하는 관리에게 편지를 써서, 자기의 염려를 말하면서, 미국 사람들에게 군사력 사용을 보류할 것을 호소하였다. 이 편지들에서 웨슬리는 미국 사람들이 전적으로 잘못이라는 자기 견해를 말하지는 않았다. 그는 군사력을 쓰면 전쟁으로 번질 것이고, 그 전쟁은 승리하기 쉽지 않으리라고 염려하였다. 그는 미국 사람들은 쉽게 패배당하리라 생각하는 사람들과는 달리 주장하였다. 그리고 그는 유럽 나라들이 미국 사람 편에 가담하는 것을 경고하였다. 그리고 영국 군인들이 그들의 형제 같은 미국 사람들을 죽이고 있을 때, 그들이 영국을 침략할지도 모른다고 경고하였다. 또한 영국 안에서 반란이 일어날 수도 있을 것이라고 염려하였다. 그는 일년에 사 천에서 오 천 마일을 여행하므로, 사람들이 격노하고 있음을 알고 있었다. 그는 말하기를, 선동적인 글들이 난무했고, 왕에 대한 존경은 사라졌다고 하였다: "그리하여 처음으로 그를 경멸하였다. 그리고 큰 반란이 일어날 준비가 되어 있었다. 이것이 저들의 지금의 상태이다. 저들은 한 지도자를 원한다."¹² 그가 보기에는 정치문제에 추가해서 두 가지 경제 상황이 혁명을 일으키게 하는데 작용을 한 것 같다. (1) 산업이 쇠퇴했고 (2) 상품 값이 너무 비싸다. 배고픈 실업자들은 식량을 약속할 수 있는 사람에게는 누구에게나 참여할 것이다.¹³

웨슬리는 그의 편지를 마침에 있어, 군사력을 사용하지 않고, 신중히 하나님을 신뢰할 것을 호소하며, 또한 부자들의 지나친 사치가 시정되어야 한다고 호소하였다. 그는 아마도 이미 늦은 것 같다고 걱정하였다. 아마도 주님이 나라를 멸하려고 정하신 것 같다. 그의 마지막으로, 국가의 대신들은, 민중에 의하여 패배당한 왕들, 특히 르호보암(Rehoboam), 필립 II 세(Philip II), 챨스 I 세(Charles I)를 기억하라고 경고하였다.

경제적 불경기, 전쟁에서의 패배, 시민들의 고통, 지배층의 분열 등이 혁명의 원인이었다. 그리고 웨슬리가 긴급한 경고를 하며, 적절한 화해 정책을 쓰라고 주장한 것은 옳았다. 영국은 1745-1746년에 군인들을 런던의 145마일까지 진입시킨 자코바이트 주장자들과의 시민전쟁을 경험했다. 웨슬리가 1746년의 쿨로덴 전투(the battle of Culloden)의 결과를 쓴 글에서 시민전쟁에 대한 그의 염려를 볼 수 있다. 영국 사람은 1640년대에 있었던 혁명을 기억하기에, 국내에서 어리석은 일이 일어나는 것을 피하는 행동을 할 것이다. 그러나 그런 기억이 저들의 자기들의 형제와 같은 미국 사람들과의 동맹을 유지하기에는 불충분했다. 전쟁은

---

12) Ibid., p.199의 글을 인용함.
13) Ibid.

시민전쟁, 혁명, 독립전쟁으로 이어지게 되어 모두가 다 하나의 싸움이 될 것이다.

웨슬리는 시민전쟁이 다가옴을 느끼면서, 미국 사람들의 주장을 한 층 더 공격하였다. 평화를 추구하는 영국 군주제도 지지자인 그에게 있어서는, 분쟁을 일으키는 것은 국가를 분열시키고, 왕을 위협하며, 전쟁을 일으키는 것으로, 그의 뜻을 위반하는 것이었다.

그러나 같은 때에, 그의 주의를 끌게 하는 일들이 있었다. 그 중 중요한 것은, 노예 제도에 관한 일이었다. 그는 1774년에 《노예 제도에 관하여(Thoughts upon Slavery)》을 출판하여, 노예들의 자유에 대한 문제를 언급하고선, 존슨의 "과세가 폭정이 아니다(Taxation No Tyranny)"를 공격한 것에 맹렬하게 반응하였다. 그에 반대하는 자들은 의원 선출권(representation)을 주지 않고 과세하는 것은 바로 노예제도라고 기록하였다. 실제로 영국에서는 많은 사람이 투표권이 없다. 그렇다고 저들이 노예가 아니다. 그의 생각에는 저들은 자유인이다. 그는 정부하에서 우리는, 의회에 우리를 대표한 의원이 있든 없든, 법을 지킬 의무가 있으며 또한 세금을 낼 의무가 있다고 주장하였다.

그는 다시 미국에 사는 아프리카 사람들의 실제 형편을 논의하면서, 말하기를 "저들이 바로 노예이다"라고 하였다. 영국 사람과 미국 사람은 저들이 원하는 곳으로 가고, 저들이 하고 싶은 대로 예배를 드리며, 또한 저들의 노동에 대하여는 돈을 받는 것, 이런 것이 자유라고 그는 말하였다. 그는 많은 영국인이 자기 부동산을 소유할 수 없다. "그런 처지에 있으면서, 투표권도 갖지 못했다. 그렇다고 저들이 노예가 아니다. 저들은 세상에서 아주 자유로운 사람들이다."[14]

웨슬리는 반항하는 식민지 주민들을 지지하는 주장을 공격하였다. 웨슬리는 몽테스키외 남작(Baron Montesquieu)을 결코 칭찬하지 않았다. 그가 1775년에 쓴 소책자에서 영국에서는 모든 사람이 투표의 권리를 가지고 있다고 주장하는 그를 변덕스러운 몽테스키외라고 말했다. 웨슬리는, 알아 본 증거에 의하면, 그렇지 않다고 주장하였다. 그는 영국의 의회는 과세할 권한이 있으며 또한 법을 지키라고 요구할 권리가 있다고 하였다. 웨슬리는 말하기를 자기가 투표한 것으로 그가 의회에 대표로 간다는 것은 매우 드문 일이라고 하였다. 그럴 것이, 법 대부분은 그가 태어나기 전에 통과된 것들이다. 그러므로 그 법에 동의한 바가 없다. 태어난 사람은 국가에 복종하여야 한다. 그러므로 웨슬리의 신학은 국가에 대한 수동적 순종을 말하고 있는 것이다. 웨슬리는 식민지 주민들이 영국사람의 권리들을 가지고 있었다는 것에 동의하였다. 그러나 저들이 의회에 대해 투표하지 않은 식민지로 옮겨 감으로 인해 그 권리들을 상실하였다고 말하였다.

그리고 웨슬리는 의회가 과세의 전례를 만들면서 식민지에 부과한 세금들을 열거하기 시작했다. 그는 또한 영국은 공정하게 식민지를 프랑스와의 전쟁에서 보호하기 위해 새로운 세금을 부과할 수 있다는 주장을 거듭하였다.

웨슬리의 글의 항목 11은 식민지의 탈퇴를 염려하는 또 하나의 그의 두려움을 드러내고 있다. 그는 식민지에서 반란이 일어나는 것은 영국

---

14) "A Calm Address to Our American Colonies," Works 11:81.

에서 군주제도를 반대한 세력들 때문이라고 보았다. 거기에는 군주제도를 자유공화국으로 바꾸기를 원하는 사람들이 있었다. 그는 자유공화국이 된다 하여도 이득이 없을 것이라고 믿었다. 싸움의 결과로 영국이나 식민지에서 자유공화국이 된다는 것은 웨슬리에게는 불쾌한 것이었다. 웨슬리는 미국과 영국에 대한 사랑을 고백하며, 평화와 왕을 존경할 것을 호소하였다.

1776년에 와서는 식민지 주민들의 요구는 독립을 주장하는 것으로 변했다. 저들은 여전히 독립을 주장하는 것을 자유를 요구한다는 것으로 숨기고 있었다. 웨슬리는 식민지 주민들은 자유를 가지고 있다고 말하면서, 그들의 독립 요구는 정당하지 않다고 하였다. 웨슬리가 보기에는, 영국 사람과 미국 사람들이 누리고 있는 자유 이상으로 자유를 요구하는 것은 현실을 무시하며, 무법상태를 노리는 것이었다. 사람이 정부에 관여할 권리를 가지려면, 남자는 21세 이상이 되어야 하고, 여자나 어린이는 20세가 되어야 했다. 그는 그의 소책자에서 권력의 근원은 하나님 안에 뿌리를 두고 있다고 한 것을 거듭 말하였다.

같은 해 2월 5일에, 웨슬리는 "평화를 사랑하는 한 사람에 의하여(By a Lover of Peace)"라고 알려진, "진지한 대 영국 주민에게 드리는 적절한 말씀(A Seasonable Address to the More Serious Part of the inhabitants of Great Britain)"이라는 글을 썼다. 그는 분열이 이미 시작되었고, 시민전쟁이 눈앞에 다가온 것을 보았다. 하지만 그는 이성과 평화를 소리쳐 요구했다: "한 나라를 분열시키는 것은 악한 일이다. 그에서 아주 무서운 일들이 생길 것이다. 그리고 악한 일들이 필연적으로 연속하여 따를 것이므로, 난무하는 것은 칼과 화재, 약탈, 기근일 것이다."[15]

시민전쟁은 집들을 파괴할 것이며 사람들을 죽일 것이다. 이는 미국에서 뿐 아니라 또한 영국에서도 맹위를 떨칠 것이다. 이 사람들이 서로 죽이매, 아마도 제삼자가 나타나 간섭하고 전리품을 차지할 것이다. 전쟁의 대가가 그렇게 높았다는 것은 전쟁을 일으킨 사람들이 지혜가 아주 없었다는 것을 드러낸 것이다. 그는 시민전쟁을 반대하여 쓰여진 가장 통렬한 메시지의 하나인 글을 인용하였다. 그가 선택한 인용문은 시민전쟁을 심사숙고하고 있는 크리슈나(Krishna)에 있는 인도의 힌두교(Bhagavad Gita)의 장엄한 광경을 회상케 하는 것이었다.

"보라. 이 평야에 수천 명의 용감한 마을 사람들이 모여있다. 저들은 아주 부드러운 아내들과 자녀들의 애정을 느끼면서, 또한 사려 깊고 인간미가 있는 일들을 가지고, 마을 사람들을 동정하면서 이곳에 모였다. 곧이어, 너의 눈을 들어 좀 떨어진 데에 있는 고관들을 보라. 저들도 험한 미국 땅에 이민 온 지 불과 몇 해가 된 우리 형제들, 살과 뼈를 같이 한 형제들이다. 저들도 아내들과 자녀들과 그리고 마을 사람들에 대한 부드러운 감정을 가지고 있었다. 보라, 저들은 서로 발전하여, 모든 죽음의 도구를 가지고 있다. 그러나 저들이 무엇을 하려고 하는가? 머리와 마음으로 서로 쏘려고 하는가?. 서로 찌르고 도살하려고 하는가? 서로 서둘러 영원한 불 속으로 들어가려는지 걱정이다. 왜 그러는가? 서로에게 무슨 해를 끼쳤는가? 왜 형제가 형제와 전쟁하려고 하는가? 이

---

15) *Works*, 11:119.

런 것은 이방 나라에서나 보는 것이다. 진실로 이런 것은 우리 안에서는 지독한 악이다. 오! 어떻게 정계의 투사가 실각하였는가! 어떻게 현명한 자의 지혜가 사라졌는가! 어찌 어리석음과 광기의 물결이 우리에게 임했는가!"[16]

힌두교(Bhagavad-Gita)에서의 시민전쟁에 대한 명상은 신경쇠약과 종교적 환상을 낳게 하였고 또한 구원에 대한 하나의 건전한 추구를 하게 하였다. 웨슬리보다 약 150년 후에, 간디(Gandhi)가 인도에서 평화주의를 주장하였다. 여기서 웨슬리는 그 식민전쟁을 심사숙고하면서 평화를 주장하였다. 지금 여기서, 누구를 비난할 것 없이, 단지 종교적으로 민감한 영혼이 평화를 부르짖고 있는 것이다.

전쟁이 그렇게 비참한 것을 발견한 그는 전쟁의 원인을 영국의 죄에서 찾게 되었다. 무슨 무거운 죄를 그리 지었기에, 국가가 피와 분열의 심판을 받게 될 것인가? 그 원인은 영국에 매우 중요한 경건 생활이 없었음이었을 수도 있겠다. 그러나 그는 영국에서는 경건 생활이 나아지고 있다고 짐작했다. 그래서 그는 영국이 노예 매매를 하고 있고, 극동에서 특히 인도에서의 제국주의 탓으로 돌렸다. 식민지의 전쟁을 부채질하는 논쟁은 당파 간의 문제였을 수도 있다. 그러나 웨슬리는 그 배후에는 국가의 죄가 있었기 때문이라고 믿었다. 특히 "우리가 아시아, 아프리카 그리고 미국에서 흘린 피 때문이라고 믿었다." 그는 독자들에게 저들의 이웃 사람들의 죄를 보지 말고 자신들의 죄를 보라고 요구하였다. 싸움에서 물러설 뿐 아니라 회개를 해야 한다. 그는 금식하고, 예배하며

---

16) Ibid., p.125.

회개할 것을 소리쳐 요구했다. 설사 이런 일들이 효과가 없어 파괴가 계속되었다 하더라도, 그들의 겸손과 봉사는 기억될 것이라고 독자들에게 단언하였다.

그 해 내내 웨슬리는 미국 반항자들의 행동하는 것을 목격했고, 그리고 영국 배에 대한 망신스럽고 속이는 그들의 공격에 대한 이야기를 반복하여 말하였다. 그는 노예들을 실은 영국 배가, 그곳에는 전쟁에 팔려온 노예들을 매매할 장터가 없어서, 할 수 없이 리버풀(Liverpool)의 한 부두에 매어두게 된 장면을 보고 기뻐했다. 그는 정치에 관한 편지를 써서 영국 지도자들에게 싸움을 협상하여 끝내도록 하라고 요구하였다. 1778년 2월 17일에 그는 "국가의 상태에 관하여 영국 주민들에게 드리는 진지한 말씀(A Serious Address to the Inhabitants of England with Regard to the State of the Nation)"이라는 글을 써서, 사람들에게 전쟁이 곧 영국의 멸망이 아니었다는 것을 말하였다. 이 소책자에서 그는 글로스터(Gloucester)의 주임 사제(dean)인 조시아 터커(Josiah Tucker)의 논의와 주장을 따라갔다.[17] 터커는 전체 주민이나 농업, 어업, 조세에 있어 그리고 국가의 부채와 시골의 상태도 안전하다는 것을 설명했다. 웨슬리는 주민들을 차분하게 하는 일을 논의하여 보기를 원하였다. 그는 전쟁 중에, 공황 상태를 예방하고 정부를 지지하게 하는 일을 여러 번 하였었다.

웨슬리가 보기에는 영국의 현실 상태가 재난의 원인은 아니었다. 그

---

17) Journals and Diaries VI. ed. W. Reginald Ward and Richard P. Heitzenrater, *The Works of John Wesley*, vol. 23 (Nashville: Abingdon Press, 1995), p. 176. n 75.

는 터커가 제시한 사실들을 보고, 문제를 종교적으로 보며, 저들의 신성 모독에 대하여 영국을 비판하였다. 웨슬리는 저들의 말이 다른 사람들보다 더 하나님을 모독하고 있는 것을 보고, 영국 사람들은 하나님을 두려워하여야 한다고 주장하였다. 웨슬리는 다른 나라들도 그렇지만, 영국은 게으른 나라라고 생각하였다. 저들은 거룩한 이름을 불손하게 사용함으로, 크게 죄를 짓고 있다고 웨슬리는 생각하였다. 하나님을 두려워하여야 하는데, 영국 사람들은 그들의 말에서 하나님을 경멸하고 있다. 그러므로 저들은 저들의 일들의 나쁜 결과를 두려워하여야 한다: "우리들의 큰 도시에서 단지 며칠 만 지내본 사람은 누구든지 무분별하게 그리고 어리석게 하나님을 욕되게 하는 것이 영국 나라의 실제 특징이라는 증거를 많이 발견할 것이다."[18] 웨슬리는 영국은 하나님과 화해하고 그가 주신 모든 것에 대하여 감사하라고 요청하였다. 그는 니느웨(Nineveh)의 회개를 언급하면서, 구약 성경에서 저자들이 이스라엘에 대한 심판을 설명한 것처럼, 그의 시대의 실질적 데이터를 합리적으로 설명하면서 하나님께서 영국을 심판한 것을 지적하였다.

몇 달 후, 곧 1778년 5월 10일에, 그는 리메릭(Limerick)에서 아일랜드 주민들에게 편지를 써서, 그들에게 평온을 천거하였다. 그는 영국이 전쟁 때문에 전에 몇 달 동안 혼란에 빠졌던 것을 인정하였다. 그는 워싱턴의 군인들(Washington's army)의 주장의 일부는 과장된 것인 줄 알라고 독자들에게 촉구하였다. 그는 또한 프랑스의 영국 침략에 대한 두려움을 고려하지 않고 무시하였다. 그는 영국이 프랑스나 스페인과

---

18) *Works*, 11:148.

전쟁한다면, 견디어낼 수 있을 것으로 생각하였다. 그는 스페인은 주저할 것이고 포르투갈은 영국과 싸우기 위해 스페인과 결합하지 않을 것으로 추론하였다. 그는 예비군과 아일랜드 정부가 질서를 지키기에는 충분하다고 생각했기 때문에, 아일랜드 공모자들을 두려워하지 않았다. 두려워해야 할 분은 하나님이었다. 그러나 존은 이때에도 하나님은 영국을 멸하려고 하셨다고는 생각하지 않았다. 소돔을 구하기 위해 열 명이 있어야 했는데, 영국에는 선량한 사람이 더 많았다. 전체로 보아서, 영국에는 경건한 사람이 늘고 있으며, 또한 예루살렘에서 그랬듯이 영국에서는 선지자들을 죽이지 않고 있었다. 영국이 하나님과 평화롭게 있는 한, 걱정할 필요는 없었다.[19]

그 후 1778년에 웨슬리는 " 미국에서 하나님이 그 후에 하신 일(The Late Work of God in North America)"이라는 글을 설교 형식으로 에스겔서 1장 16절, "그 바퀴의 모양과 그 구조는 황옥 같이 보이는데 그 넷은 똑같은 모양을 가지고 있으며 그들의 모양과 구조는 바퀴 안에 바퀴가 있는 것 같으며"를 본문으로 하여 출판하였다.[20] 그의 간단한 소개의 말에, "바퀴들 안에 바퀴"는 하나님의 섭리의 여러 가지 면을 가리키고 있다고 하였다. 섭리는 숨겨져 있지만, 하나님이 미국 식민지의 역사 안에서 그의 섭리가 어떻게 역사하셨는가를 설명해 주고 있는 것이다.

첫 번째 바퀴는 미국에서의 그의 죠지아 선교로 시작한 복음적 기독교의 활동을 말하는 것이다. 새 영국은 죠나단 에드워드(Jonathan

---

19) Ibid., p.154를 보라.
20) "The Late Work of God in North America" in Sermons III, ed. Albert C. Outler, *The Works of John Wesley*, vol.3 (Nashville: Abingdon Press, 1986), pp. 594-608.

Edwards)와 죠지 휫필드의 설교를 통해 일깨워져서, 메소디스트는 성장해 회원이 3천명에 도달했다. 그러나 미국이 부유해짐에 따라, 그들은 사치해졌고, 자만해졌고, 게을러졌고, 부정해져서 진정한 종교 활동이 방해를 받았다.

두 번째 바퀴는 같은 시대에 독립정신의 성장을 말한다. 그는 죤 위더스푼(John Witherspoon)이 대륙 회의(Continental Congress)에서 행한 연설을 인용하여 미국 사람들의 목표는 진정한 독립이었다는 것을 설명했다. 그러나 웨슬리는 미국과의 무역을 차단하는 것은 미국 사람들의 자원과 자만심, 그리고 반항적인 정신을 감소시킬 것이라고 생각하였다. 웨슬리는 하나님의 섭리는 미국 사람들이 겸손과 근면, 그리고 절제로 돌아오도록 할 것이라고 생각했다. 그래서 결과는 위더스푼의 의도와는 다르게 될 것이라고 생각했다. 독립 정신은 미국 땅을 군대로서 침략하고 가난하게 함으로써 극복될 수 있었을 것이다. 웨슬리는 이 모든 일에 있어, 하나님께서 미국 사람들에게 복을 내리시며 독립 주장의 단축을 원하신다고 생각했다. 그 결과로, 저들은 축복된 생활을 할 것이며, 이 동란 전에 저들이 즐겼던 진정한 영국의 자유의 축복을 받게 될 것이다.[21] 이것이 하나님의 자녀들의 영광스러운 자유라고 웨슬리는 말하였다.[22]

이 설교에서 웨슬리가 말하는 것은 각별하고 유일하게 그의 경험과 전망에서 나온 것이다. 하나님의 섭리에 대한 그의 견해는 그대로 이루

---

21) Ibid., p.607.
22) Ibid., p.608.

어지지 않았고, 위더스푼의 말과 주장은 잘 되었다. 이 위대한 칼빈주의 신학자와 알미니안 신학자의 말의 결과가 프랑스의 가톨릭 군대의 요크타운(Yorktown)에서의 개입에 달려 있다는 것은 참으로 이상하다. 큰 사건들은 아마도 그 사건 상황의 사실에 따라 신학적으로 해석할 수도 있을 것이다. 그러나 변화하는 무력 전쟁의 와중에서 그런 해석을 시도한다는 것은 분명히 경솔한 것이다.

프랑스와 스페인의 연합 함대가 1779년 6월에 (영국의 남해안 앞바다에 있는) 와이트 섬(Isle of Wight)을 침략하려고 위협했다. 그에 대해 웨슬리는 저들이 정당하다면, 저들의 하는 일은 순탄할 것이라고 사람들에게 말하였다. 프랑스와 스페인의 연합은 영국의 준비가 나쁜 것과 같이 조직이 엉망이었다. 그리고 그 연합 함대는 착륙하여 교전함 없이 떠나버렸다. 그 해에 있은 전도자들의 모임에서, 전도자들은 모두 함께 뜻이 있는 듯이, 관계되는 정부들을 자극하지 않기로 하였다.

웨슬리는 그가 1782년에 발행한 일기, 《기독교 성직자가 정치에 대해 선교하는 의무가 어디까지 인가? (How far is it the Duty of a Christian Minister to Preach Politics?》를 통하여 같은 메시지를 계속하여 말했다. 그가 발표한 견해는 그가 윌크스 사건(Wilkes affairs) 때 말한 것과 같았다. 즉 아주 불가능한 것은 아니지만, 공공 관리들의 동기나, 그들의 생각을 자세히 안다는 것은 어려웠다. 더 나아가, 분명한 것은, 전도자들의 의무는 "예수 그리스도와 십자가에서 돌아가신 예수를 전하는 것"이었다. 그러나 왕을 그릇되게 비방하는 것들을 반박하는 것도 또한 전도자들의 의무였다. 대체로 전도자들은 정치 문제에 대하여는 침묵하였다. 그러나 왕이, 또는 정부가 부당하게 비난을 당하고 있고, 또한 전도자가 그 일을 잘 알고 있다면, 전도자는 그 그릇된 주장들을 반박해야 한다. 그렇게 설교하여야 할 경우는 매우 드물 것이다. 전도자의 "중요한 임무는 하나님을 향한 회개와 우리 주 예수 그리스도에 대한 믿음을 설교하는 것임을 항상 기억해야 한다."[23]

존은 그저 소책자를 써서 그의 전도자들로 하여금 왕을 지지하라고 격려한 것뿐 아니라, 그는 또한 다른 (왕을 지지하는) 애국자들의 글을 편집하여 출판하였다.[24] 게다가, 그는 특히 존 플레처(John Fletcher)와 토마스 올리버스(Thomas Olivers)에게 요청하여, 자기가 군주제도와 의회를 옹호하는 것을 반대하는 톱레이디(Augustus Toplady)와 칼렙 에드워드(Caleb Edwards), 그리고 그 외 사람들을 반격하게 하였다. 웨슬리 출판부는 정치에 관하여 자세히 설명한 소책자들을 출판하여, 그것들을 그의 전도관에서 영국 전국에 팔았다.[25]

웨슬리의 군주제도와 국교를 지지하는 정치철학은 미국 식민지에서의 반란에서 칼빈주의자들의 견해와 계몽운동에 의하여 타도되고 말았다. 웨슬리의 통합이 영국에서는 유효했는데, 오랫동안 계속된 미국

---

23) *Works*, 11:155
24) Anonymous(무명의), *An Account of the Rise and Progress of the American War*(London: n.p., 1780), Charles Wesley's personal copy at Wesley's London House, 56 pp., and Anonymous, *Reflections on the Rise and Progress of the American Rebellion*(London: J. Paramore, 1780), copy at Wesley's London House.
25) Anonymous, *An Extract of a Letter to the Right Honourable Lord Viscount Howe on His Naval Conduct in the American War* (London: J. Paramore, 1781). Anonymous, *An Extract from a Reply to the Observations of Lieut. Gen. Sir William Howe* (London: J. Paramore, 1784).

에서의 전쟁에서는 그렇지 못하게 되었다. 정치체제에 있어 계몽주의와 칼빈주의가 결합한 견해는 웨슬리가 이해할 수 있었던 것보다 더 창의적이었다. 그러나 노예제도를 극복함에 있어서는 그들의 견해가 복음적 영국교회 주장보다는 덜 창의적인 것이 증명되었다. 그리고 프랑스에서는, 칼빈주의의 현실성이 없는 계몽운동은 곧 웨슬리가 미국을 위하여 염려하고 있는 재앙을 초래할 것이다. 웨슬리의 자유에 대한 입장은 미국의 식민주민들이 요구하고 있는 그런 정치 참여를 요청하지 않았다. 웨슬리의 운동은 다른 정책들이 요구하는 방법과는 다른 방법으로 영국과 미국에서 자유를 확대하는 데 공헌할 것이다.

제10장
노예제도
(Slavery)

노예 매매

"노예제도에 대한 소신"에 있는 윤리

제 10 장

노예제도 (Slavery)

웨슬리 형제의 미국 죠지아 초기 선교는 실패였다. 그러나 거기에서 그들은 격렬한 18세기의 세 가지 큰 재앙을 직접 접할 수 있었다. 대영제국은 미국의 토착민들을 전멸시키면서, 자기 영토를 늘리고 있었다. 그리고 아프리카 사람들을 강제로 노예로 끌어다가 미국에서 팔았다. 웨슬리는 미국에서의 식민지화에서 오는 재앙들을 심각하게 알아채지 못하고 있었다. 그리고 미국의 토착 주민들이 전멸하는 것을 보면서도, 그것을 조직적으로 또는 예언자답게 집중하여 비판하지를 못하였다. 그러나 아프리카 사람들을 노예로 만들고 수출하는 것을 안 후로는 그것을 공공연히 비판하였다. 그는 영국이 미국 이외의 다른 나라에서 하는 대영제국의 정책을 비난하였다. 웨슬리가 그의 국가의 이 두 가지 중요한 정책을 공공연히 비난한 것은 일반적으로 웨슬리를 정부가 하는 일을 지지하는 자로만 이해하였던 해석을 분명히 반증하는 것이다.

노예 매매

웨슬리는 노예제도를 끝내라고 호소하면서, 그의 나라의 부요한 사람들, 특히 리버풀(Liverpool)에 있는 사람들이 하고 있는 삼중의 무역 곧 영국에서 아프리카와 미국으로 그리고 다시 영국으로 거래하는 무역을 반대하였다. 1566년부터 존 호킨스(John Hawkins)가 아프리카 흑인들을 급습하여 잡아 노예로 만들면서, 영국은 아프리카 사람들을 약탈하고 있었다. 그에 대해 웨슬리는 그런 악행은 법과 역사가 정당화하지 않았다고 주장했다.

웨슬리가 노예제도 폐지를 주장한 그의 신학은 해방신학과 가깝다. 그는 이런 품위를 떨어뜨리는 경제 단체에 대해 쓴 글에서, 해방의 윤리를 끌어다 논의하였다. 그의 열정과 행함은 그런 악마와 같은 노예제도는 폐지하여야 한다는 데 있었다. 이 점에 있어, 미국의 해방신학의 창시자가 웨슬리를 비판한 것이 얼마나 아이러니한 것이었는가. 미국 감리교의 저명한 신학자인 제임스 콘(James Cone)이 "존 웨슬리는 노예를 부리는 일에 대하여는 별로 말한 바가 없다"라고 했는데, 그는 아마도 웨슬리가 노예제도에 대하여 쓴 글을 읽지 않았던 것 같다. 그는 그의 글에서, "우리에게 온 웨슬리는 백인, 철저한 영국 사람으로, 영국 사람을 노예무역을 하는 깡패들로 알고 있는 흑인들에는 어울리지 않은 것 같다"고 말하고, 또 지적하기를 "웨슬리의 설교나 다른 글에서도, 노예제도가 웨슬리에게 하나의 화급한 문제가 되고 있었다는 인상을 받지 못한다고 하였다."[1]

거대한 노예무역을 정확히 파악하기는 힘들다. 미국으로 수출한 노예의 숫자는 논란 중이다. 다른 두 개의 공론에 의하면 삼 세기 동안에 미국으로 수입한 노예의 수는 천만 명으로 추산하고 있다.[2] 그리고 다른 믿을 만한 정보에 의하면 아프리카에서 학대를 받고 절반 이상이 죽었다고 추산하고 있다.[3] 18세기의 범죄는 그 규모에 있어 20세기의 나치의 공포와 같다. 아프리카에서 미국으로 가는 도중에 노예의 10 내지 15 퍼센트가 죽었다는 숫자는 적게 추산한 것이다. 아마 또 15 퍼센트가 배로 옮겨 타기 전에 섬에서 수속하는 과정에서 죽었다고 추정 된다. 낮게 잡아서, 미국으로 수입된 천만 명 노예의 대부분은 전쟁과 불시 단속에서 잡힌 사람들이다. 이런 과정에서 천만 명 가량의 희생자가 있었을 것이라고 생각하는 것이 옳을 것이다.

무역으로 번영하고 있는 영국 회사들은 세 배의 폭리를 취하고 있었다. (1) 해안과 노예들의 집합소(slave factories)에서 노예를 사기 위하여 아프리카와 영국을 왕래하는 가운데, 상품들을 사고 팔면서 얻는 이익,

---

1) James Cone, *A Black Theology of Liberation* (Philadelphia: J. B. Lippincott, 1970), p.72.
2) David S. Landes, *The Wealth and Poverty of Nations*(New York:W.W. Norton,1998), p.117. Walter Rodney, *How Europe underdeveloped Africa* (Washington, D.C.: Howard University Press, 1974). A figure as high 40 million transported is given in *The Great White Lie*, by Jack Gratus (London: Hutchinson, 1973), p.11. Hugh Thomas's conclusion is that the figure of 11 million is about correct with an error margin of 5 million(The Slave Trade[New York: Simon & Schuster, 1997], pp.861-62.
3) Jared M. Diamond, *Guns, Germs, and Steel: The Fates of Human Societies* (New York: W.W. Norton, 1997), p.80

(2) 미국에서 노예를 매매함으로 얻는 이익, (3) 미국의 당밀, 술, 설탕, 목화를 영국에 가져다 파는 일로 얻는 이익 등이다. 경제적으로 유익한 항해를 통하여 이렇게 얻는 이익은 컸다. 이런 총 수입은 영국 가정들을 번영케 하였으며 특별히 해안가의 도시들의 발전에 도움이 되었다. 그러나 18세기에 있어 경제적으로 부요해 지는 일은, 영국이 산업혁명의 시작을 경험하면서, 영국의 시장을 온 세계로 확대하여 나가는 것에서였다. 아프리카에서 많은 전쟁을 통하여 돈을 많이 불게 했지만, 이는 아프리카의 생명을 전멸시켰고, 노예제도를 정당화하는 일을 하게 하였다. 민족적 우월감은 노예가 된 미국 토착민과 아프리카인의 인간성을 부정하게 만들었다. 부를 획득하는 일은 무역하는 영국에 정신적 병이 생기게 하였다. 잭 그라터스(Jack Gratus)의 노예제도에 관한 연구는 그런 형식으로 설명하고 있다. 그는 노예제도 때문에 부자가 되었다는 18세기의 영국 실업자들의 말을 인용하였다. 경제학자 말로치 카스테레드웨이트(Malochy Castlethwayt)가 바로 "오늘 영국 식민지의 번영과 화려함은 흑인들의 노동 때문에 생긴 것이다. 식민지의 오늘에 형편과 장래의 향상을 위해서는 우리의 경쟁자들이 노예들의 노동력을 활용했듯이 우리도 그렇게 하여야 한다."[4]고 하였다.

그라터스는, 노예문제에 대한 여러 논의를 소개하면서 말하기를, 아담 스미스(Adam Smith)는 경제적인 근거에서 반대하였고, 웨슬리와 퀘이커 교도들은 종교적 근거에서 반대하였다고 하였다. 어떤 웨슬리의 동료 전도자들, 윌리엄 펜(William Penn) 같은 중요한 퀘이커 교도들

---

4) Gratus, *Great White Lie*, p.34-35에서 인용했음.

은 노예를 두고 있었다. 그래서 그들의 노예제도 반대는 그들의 신학에서의 문제가 아니라 특별한 윤리적 관점에서 반대한 것 같다. 1772년에 맨스필드 각하(Lord Mansfield)가 통치하면서는 영국에서는 노예제도가 법으로 허용되지 않았다. 특별히 개혁자들의 세력이 노예매매를 반대하였다. 맨스필드 각하 이전에 제임스 소머셋트(James Somerset)의 사건을 둘러싸고 논쟁이 있을 때, 웨슬리는 안토니 베네젯(Anthony Benezet)의 글을 읽었다. 그리고 노예제도 문제를 더욱 활발하게 다루었다. 이렇게들 노예 매매나 노예제도 자체를 종교적 근거에서 반대하는 사람들의 동기는, 경제적 측면에서가 아니라 종교적- 윤리적 통찰력에서 나온 것이다. 퀘이커의 노예제도 폐기론자, 그랜빌 샤프(Granville Sharp)는 노예 고용주들은 그들의 형제 사랑이 없음을 인하여 심판을 받게 된다고 말하였다.[5]

저명한 노예제도 폐기론자들은 세 그룹에서 왔다. 곧 퀘이커, 복음주의, 인본주의에서 왔다. 퀘이커 교도들은 미국과 영국에서, 그들의 숫자 이상으로 영향을 끼치며 정치적으로 아주 활발했다. 그러나 어떤 퀘이커 교도는 노예를 두고 살면서, 그 일을 지지하였다. 복음주의자들은 나누어졌다. 즉 휫필드는 죠지아에서 노예제도를 장려하였다. 그는 노예를 취득하여 고아원을 유지하였다. 그러나 죤 웨슬리는 《노예제도에 대한 생각(Thoughts upon Slavery)》을 써서 노예제도를 강하게 반대하였다. 죤 뉴톤(John Newton)은 후에 중요한 노예제도 폐기론자가 되었다. 그러나 그가 자서전을 쓸 때, 그는 개인주인적-복음주의적 경건 뒤에 숨어

---

5) Ibid., p.56.

있는 악에 대하여는 너무 순진했던 것 같다.

존 뉴톤은 기록하기를, "그 동안, 나는 노예 시장에 종사하고 있었다. 나는 아무 망설임 없이 그것이 합법적인 것으로 알고 있었다. 나는, 대체로, 내가 하는 일은 하나님의 섭리로 주어진 일로 생각하고 그 일에 만족하고 있었다."[6]라고 하였다. 그의 편지들은 그의 영적 생활에 대한 생각들과 상업하는 다른 사람들과의 관계는 아주 자세히 쓰고 있지만 그의 뱃짐에 대한 언급은 별로 없다. 노예들의 반란의 위협에 대한 언급이 한 군데 있고, 그 외는 별로 언급이 없다. 아마 배에 실린 짐은 스스로 움직일 수 없는 물건이었을 수 있다. 그는 상업하는 일에 대해서는 말하고 있지만, 생명이 있는 자들을 장사하고 있다는 것은 언급하고 있지 않다. 그의 편지들은 바다, 하늘, 그리고 배들에 대하여는 언급하고 있는데, 그 교역을 위한 항해들의 목적에 대하여는 언급하고 있지 않다. 노예들의 반란을 한번 언급한 것외는, 항해에 관한 다른 이야기는 별로 없다. 그가 배로 항해한 것은 리버풀(Liverpool)에서 아프리카 서해안과 서인도(West Indies)로 가며, 또는 집에서 리버풀로 가는 항해였다.

영어를 말하는 세계에서의 노예제도 폐지 운동이 인도주의 때문에 약간 있었지만, 프랑스에서는 인도주의자들이 그 운동을 주도하였다. 프랑스에서는 콩도르세(Condorcet), 몽테스키외(Montesquieu), 볼테르(Voltaire), 루소(Rousseau), 로베스피레(Robespierre)는, 저들이 하는 프로그램은 없었지만, 지적인 지도자들이었다. 영국에서는 데이

---

6) John Newton, *The Life of the Rev. John Newton*(New York: American Tract Society, n.d., first published in 1764), p.69.

비드 흄(David Hume)과 아담 스미스(Adam Smith)의 인간 동정론(philosophy of human sympathy)이 18세기의 학문 세계에 침투하고 있어, 자연주의적-공리주의적인 인도주의가 배경이 되어, 윤리적인 반향들을 일으키고 있었다. 프랭크 클린버그(Frank J. Klingberg)는 노예제도 폐기론은 다분히 박애주의의 각성으로 보았다. 그는 특별히 샤테스베리 경(Lord Shaftesbury)과 제임스 톰슨(James Thomson)의 영향과 사회 일반이 1758년에 사무엘 죤슨(Samuel Johnson)이 거행했던 개혁으로 가고자 하는 성향을 역설했다.[7]

웨슬리의 논증은 세 군데의 자료 곧 퀘이커 교도, 복음적 전도 그리고 인도주의자들의 주장들을 연역하여 전개한 것이다. 그는 편지를 통하여 노예제도 폐기론자들의 하는 일을 격려하면서, 그 운동의 지도자들에게 그들의 반대자들의 돈과 능력에 대해 현실적 평가를 해야 할 필요가 있음을 강력히 상기시켰다. 그는 현재 일고 있는 인도주의자들의 주장을 키우고 있는 종교적 열광을 장려하였다. 그의 "노예제도에 대한 생각"이라는 글에 있는 윤리는, 어떤 메소디스트의 주장이나 특정한 기독론적인 주장에 의존한 것이 아니므로, 다양한 독자들이 좋게 받아들일 수 있었다. 그 윤리는 어떤 기성 교회 사람들을 예상하고 쓴 것이 아니었다. 또는 그 글이 어떤 성숙해진 사람을 전제로 쓰여진 것도 아니었다. 그의 윤리는 인도주의와 기독교의 주장을 조합한 것으로서 널리 받아들여지고 있는 견해에 근거한 일반 사람을 위한 윤리(Public ethic)였다.

---

[7] Frank J. Klingberg, *The Anti-Slavery Movement in England* (New Haven:Archon Books, 1968).

1772년에 웨슬리는 안토니 베네젯(Anthony Benezet)가 노예제도에 관하여 쓴 글을 읽고 크게 감동을 하였다. 베네젯트는 프랑스에서 나온 피난민으로서, 그가 1731년에 필라델피아(Philadelphia)에 정착하기 전에, 홀랜드(Holland)와 영국에서 살았다. 그는 노예제도의 전폐를 선동하며 또한 가르치면서 그의 성숙한 생을 보냈다. 그의 책,《기니 공화국에 대한 역사적 기사(Historical Account of Guinea, 1771)》는, 아마도 웨슬리에게 처음으로 영향을 끼친 책은 아니지만, 웨슬리가 쓴 소책자에 크게 도움을 주었다. 베네젯트는 영국의 노예제도 페지론자 그란빌 샤프(Granville Sharp)에게 편지를 써서, 자기가 샤프의 책에 있는 내용들을 자기의 책,《기니 공화국에 대한 역사적 기사》에 넣었다고 말하였다. 베네젯트가 샤프의 글을 다른 여러 사람의 글과 함께 자기의 책에 넣었듯이, 웨슬리도 베네젯트의 글과 샤프의 글을 자기의 책에 넣었다. 세 사람 간에 편지 왕래를 통하여 그렇게 서로 다른 사람의 글을 따서 쓰는 일을 하였다. 워렌 토마스 스미스(Warren Thomas Smith)의 연구에 의하면 웨슬리는 자기 글의 30퍼센트에 해당하는 베네젯트의 글을 이용하였다.[8]

"노예제도에 대한 소신(Thoughts upon Slavery)"에 있는 윤리

노예제도에 관한 웨슬리의 이 논문은 다섯 항목으로 되어있다. 이 논

---

8) Warren Thomas Smith, *John Wesley and Slavery* (Nashville: Abingdon Press, 1986), p.91.

문을 읽은 노예제도 폐지론자, 그란빌 샤프는 그 논문이 깨끗하게 조직되어 있으며, 웨슬리는 그 논문에서 전에 쓴 글들을 예리하게 단축하고 요약하였다고 말하였다. 그는 그 논문은 매우 큰 영향을 끼칠 것이라고 예언하였다. 그 논문은 웨슬리가 힘을 다하여 쓴 사회 윤리에 관한 논문 중의 하나로서, 기독교 윤리를 연구하는 하나의 방법을 보여주고 있다.

논문의 제 1항에서는 앞으로 다룰 문제들을 정의하고 있다. 그는 영원히 계속되고 있는 노예제도가 인간을 집에 있는 동물 취급하듯 만들어 버리고 있는 그 구속의 실태와 또 그 구속은 후대에까지 계속될 것이라는 것을 말하고 있다. 그는 그런 악의 뿌리는 옛 시대에도 있었다는 것을 알았다. 그런 것이 유대, 희랍, 로마, 독일 등에서 있었다고 말했지만, 그는 이슬람과 아프리카에는 노예제도가 있었다고 말하지 않았다. 그는 노예제도가 쇠퇴했었는데 16세기에 이르러 스페인과 포르투칼에서 노예제도가 다시 생기게 되었고, 다른 나라들은 저들이 미국 지역에서 하는 것을 따라서 시행하였다고 믿었다. 여기서 그는 그란빌 샤프의 글을 달리 풀어서 말하고, 노예제도 폐지 운동을 대단히 격렬하게 주장한 제임스 소머셋(James Somerset)의 경우를 참고 자료로 배열하였다. 설명하는 형식은 사회문제에 대한 교회 정책을 쓴 것처럼, 정책을 설명하는 단락에서 문제에 대한 정의, 간략한 역사, 그리고 현재 진행되고 있는 일을 설명하고 있었다.

논문의 2항에서는 주로 안토니 베네젯가 서아프리카에서 있었던 일과 아프리카인의 특성을 설명한 것을 기록하였다. 오늘의 입장에서 보면, 이는 그 연구의 사회과학을 다룬 항목이다. 그의 글은 가끔 직설적이다. 이 항목의 글은 다른 사람들의 글에서 가져온 것이라고 말하기는 했지만, 그는 원 저자의 이름을 밝히지 않은 채 베네젯트의 글을 인용하였다. 그가 참고한 글의 저자들 가운데는, 1750년 초에, 파리에서 과학 아카데미의 주재원이었던 몬시우 아담슨(Monsieur Adamson)이 있다. 아프리카 서부에 있는 세네갈로부터 남부 아프리카에 이르는 아프리카에서의 생활의 특성은 유럽사람들이 침략하기 전까지는 에덴동산에서 사는 것 같았다고 표현하였다. 미국 토착민의 삶에 대한 환상을 갖지 않았던 웨슬리는 아프리카인은 "고상한 미개인(noble savage)"이라는 견해를 받아들였다. 웨슬리는 권력투쟁, 노예제도, 전쟁과 관계없는 세계들이라고 평하였다. 그는 그들의 종교는 한 하나님을 믿는 종교라고 평하고, 그들의 종교 행위에 관한 이야기는 하지 않았다.(서아프리카에 있는) 위다(Whidah)는 노예매매를 통하여 번영한 곳으로 알려졌고 또한 마술의 중심지였음을 자세히 설명했다.

마틴 드 스크사(Martine de Souxa)는 한편 포르투칼의 후손인 아프리카인으로서 노예제도를 연구하는 일을 그 지방에서 도우며, 안내 역할을 하는 사람인데, 그는 웨슬리가 아프리카 사람들은 유럽사람들이 노예매매를 위하여 아프리카에 왔을 때까지는 평화스러운 사람들이었다고 생각한 것을 보고 실컷 웃었다. 그녀는 웃음을 참으면서 1998년 8월 3일에 말하기를, "우리 아프리카 나라들에는 피비린내 나는 역사가 있다. 아보메이(Abomey)에 있는 왕실을 방문해 보라. 그리고 역사를 배우라"고 하였다. 구두로 전해 온 다호메이 국가(the kingdom of Dahomey)의 역사와 예술의 역사는 그 나라의 상황을 실증하고 있다. 다호메이는 우이다(Ouidah)의 항구와 함께 노예들을 브라질, 아이티, 쿠바에 수출하는 곳이었다. 우이다에 집중되어 있는 부두교(voodoo, 흑인들이 믿는 다신교)는 아직도 다호메이와 연락하고 있다고 알려진 미주의 여러 나라에 퍼졌다.

다호메이의 역사는 이웃 나라 사람들을 정복한 자랑의 역사이다. 그 나라는 이탈리아의 도시 또는 옛 영국에 평화로운 날이 없었던 것과 같이 평화롭지가 않았다. 저들의 유명한 헌법의 첫째 항은 모든 통치자는 다호메이의 국경을 넓혀야 한다고 규정하고 있었다. 독일의 현실 정책(realpolitik)의 역사 이상으로, 이 나라가 전투한 역사는 대규모의 희생, 여자 단체, 그리고 노예의 처지 등에 관한 이야기들로 가득 차 있다. 여기서 아프리카인을 순진하다고 본 계몽운동가들의 낭만주의는 오히려 기독교의 정통주의에 근거하여 인간은 죄인이라고 보는 웨슬리의 엄격한 견해를 대신한 것이다. 그런데 그렇게 잘못 본 것은 그가 18세기의 과학에 근거하여 접근했기 때문이다. 진정한 정의와 정직은 유럽에서가 아니라 베냉(Benin), 콩고, 앙골라에 있을 것이라는 예기치 않은 곡해를 가지고 있었다. 그래서 그는 아프리카 사람은 아프리카에서 미국에 있는 기독교 백인의 문명권으로 옮기는 것이 더 행복할 것이라는 주장을 반대한 것이다.

논문의 3항은 샤프와 베네젯의 글을 인용하여 악한 방법으로 노예들이 입수되고 처벌되는 일을 입증하였다.[9] 노예제도를 변호하는 사람들(apologists)은 전쟁 포로나 죄인으로 집행될 사람들이 노예로 팔렸고 또한 그들이 수출됨으로 그들의 생명이 구원을 받았다고 주장하였다. 웨슬리는 노예제도를 변호하는 사람들에 대하여는 직접 언급하지 않으면서, 어떻게 노예가 사기꾼들에 의하여 잡혔는가를,[10] 또한 노예문제로 아프리카 사람들이 전쟁을 선동한 일, 왕이 그들을 노예로 만들어 판 일, 어린이들과 사람들을 납치한 일을 자세히 설명했다.

뉴욕의 한 의사가 기록한 것은 보면, 웨슬리가 언급하고 있는 노예를 잡는 한 전쟁에서 4,500명이 죽었다고 한다. 그는 여러 자료를 이용하여 노예를 벌거벗게 하는 장면, 노예들을 재목 싣는 것처럼 배에 싣는 장면, 항해 중에 죽는 일들, 다시 구매자들 앞에서 벌거벗은 채로 전시되며, 도착한 섬에서 여러 가지 수속을 밟는 과정에서 가족과 격리 되고, 많은 사람이 죽어가는 모습들을 그림 그리듯 묘사하였다. 그는 추산하기를, 노예가 일 년에 약 100,000명이 영국에서 배를 타고 미국으로 보내지는데, 그 중 약 10,000명이 배에서 죽었고, 또 25,000명 가량이 섬에 도착하여 수속을 밟는 과정에서 죽고 하여, 아프리카에서 죽은 것과 합산하면 아마도 30,000명이 죽임을 당하였을 것이라고 하였다.

그는 이어서 노예를 처벌하는 법들이 섬마다 또 대륙에 따라 다르지만, 아주 잔인하며, 결국 노예들은 법적 보호를 거의 받고 있지 못하다

---

9) W. Smith, *John Wesley and Slavery*, p.93을 보라.
10) 여기서 웨슬리가 베네젯트가 존 호킨스(John Hawkins)의 습격한 날짜를 1556년으로 기록한 것을 1564년으로 수정한 것을 주목하라. 오늘에 와서 역사는 그의 세 번 습격한 해는, 1562년, 1564년, 1568년이라고 말한다(Thomas, The Slave Trade, pp. 156-58). 여기서 웨슬리는 1564년에 있은 원정을 말하는 것 같다. 이하 생략(역자).

는 것을 지적했다. 이 글들은 노예 매매자들이 노예가 영국의 사법에 의하여 보호를 받고 있다고 하는 주장을 부인하였다. 웨슬리가 노예들이 어떻게 잡히며, 운송되고, 채찍 꾼에게 맞으면서 일하고, 고문당하고 처벌을 받는가를 묘사한 것을 읽은 사람들은 울고 또는 비명을 질렀다. 그는 미국에서 선교하고 있을 때, 노예를 부리고 있는 사람이 그의 노예를 불태워 죽였다는 증거가 있다면서, 그의 이야기를 끝냈다.

논문의 4항에서는 그가 1774년에 노예 매매가 적법하냐 아니냐를 출판물을 통하여 논의한 것을 넘어서 노예제도 자체가 부적당하다는 주장을 깊이 있게 다루었다. 웨슬리는 여기서 넌지시, 국가가 하고 있는 일, 의회의 법률제정, 리버풀(Liverpool)의 경제 활동, 영국의 해상 산업, 그리고 동료 전도자들, 죠나단 에드워드(Jonathan Edwards)와 죠지 휫필드 를 부정한 것이다. 웨슬리는 한 운동의 지도자였다. 그리고 출판인이요, 회당의 관리자요, 신학자요, 학술원의 설립자였다. 여기서 그는 지금까지의 온건한 입장을 떠나 과격론자들의 계층에 합류하였다.

이 문제에 있어서는, 성경의 회답을 기다릴 필요 없이, 곧 "성경에서 알아볼 필요 없이",[11] 그들이 행한 일이 정의와 자비에 일치하는가를 따져 보면서, 그 기준에 의지하여 노예제도 문제를 다루었다. 그는 노예제도가 법적인 효력을 가지고 있는 것을 알지만, 이는 정의에 어긋난다고 거듭 주장하였다: "만 개의 법이 있다 해도, 옳은 것은 옳은 것이고, 나쁜 것은 나쁜 것이다. 정의와 부정의 사이, 그리고 무자비와 자비 사

---

11) "Thoughts upon Slavery" IV, 1, in Smith, *John Wesley and Slavery*, p.136.

이에는 여전히 본질적인 차이점이 있는 것이다."[12] 그는 아프리카 사람도 "영국 사람과 같이 똑같은 자연법에 따라 타고 난 권리"가 있다는 것을 인정하였다. 여기서, 그는 그렇게, 자연법칙에 근거하여 논의하고 있는 것이다. 살인이나 자유를 박탈하는 것은 자연법에 따라 타고 난 권리(natural rights)에 근거하여 나쁜 것이다.

그러므로 그는 블랙스톤(Blackstone)을 향하여, 전쟁포로들을 노예로 만드는 것은 옳은 일이 아니었다고 설명하였다. 정의로운 전쟁의 원칙은 전쟁이 끝나면 정당방위의 권리를 넘어 전쟁포로는 석방한다는 것을 전제하고 있다. 그와 마찬가지로, 사고 파는 일에 있어서도 가치의 균형을 전제한다. 자신에게 아무 이익도 돌아오지 않고 구매자인 주인에게만 돌아간다고 할 때, 자진해서 팔 수는 없는 것이다. 그런 판매는 타당하지가 않다. 그와 같이, 다시, 적정 가격, 자연법칙에 비추어 봐도 노예제도는 있을 수 없었다. 사람이 전쟁을 통해, 또는 팔려서 노예가 될 수 없는 것과 같이, 사람이 나면서 노예가 될 수도 없는 것이다. 모든 자연의 정의는 노예제도의 법 자체를 부정하였다. 어떤 노예 매매자는 자비를 말하면서, 이익을 위해서라기보다 자비로 인해 노예를 배로 나르는 일을 한다고 하는데, 웨슬리는 이를 부정하였다.

노예제도를 옹호하는 대표적인 변호는 노예가 필요해서 그렇다고 하는데, 웨슬리는 노예를 있게 하는 것이 필요하다는 것을 부정하였다. 커피나 설탕의 생산을 중지하는 것은 필요치 않았다. 그리고 또 웨슬리는 백인들도 열대지방에서 농사 할 수 있다는 자신의 경험을 들어 말했다.

---

12) Ibid.

그는 영국 사람과 독일 사람은 죠지아서 열심히 일하였지만, 그런 열대 지방에서는 흑인만이 일할 수 있다는 주장을 거절하였다.

마지막으로, 그는 노예 상인들이, 노예들은 반항적이고, 고집이 쎄고, 그리고 사악하여 노예상인들에게 튀어 올랐다고 말하는 것에 반대하여 말하였다. 아프리카에 아프리카 사람이 있는 것은 유럽에 유럽 사람이 있는 것과 같은 것이다. 그런데 싸우며 아프리카 사람들을 노예로 만든 것이 그들로 하여금 노예 생활에서 가졌던 그런 원치 않는 특성을 갖게 만든 것이다. 이는 어떤 면에서 보면 단순한 관찰 같지만, 웨슬리의 논리는 아주 옳았다. 박해를 받은 사람은 박해 받은 사람처럼 행동할 것이다. 그리고 그는 솔직하게 노예 상인들을 향하여 질문하였다. "그대들은 조심스럽게 노예들에게 하나님은 모든 악한 사람을 심판하실 것이라고 말하면서, 기독교의 도덕을 가르쳤는가?" 여기서 웨슬리는 한편 그들의 교육에 관하여 물어본다. 마태복음 25장에 있는 최후 심판을 말하면서, 그들을 실제로 위협하고 있는 것이었다.

그는 항목 4를 "저들이 당신의 목을 자른다면 참으로 놀라겠지"라는 말로 끝내고 있다. 그는 노예제도를 변호하는 사람들을 호되게 책망하였다. "당신들은 저들을 노예로 만드는 악역을 하고 있소. 그리고 그들을 짐승같이 다루고, 교육도 안 받게 하고는, 그들에게 교양이 없다고 나무라며, 그래서 그들을 사나운 짐승처럼 부리고 있다고 한다." 여기서 웨슬리의 연설이나 국왕과 교회에 관하여 하는 말은 공손하지 않고 거칠어졌다. 웨일즈(Wales)의 왕자는 노예 매매에 깊이 관여하였으며, 직접 감정적으로 그것을 변호하였다.

논문의 5항에서는 주로 선장들, 상인들 그리고 식민지 주민들에 관한 이야기로 이 에세이를 종결하고 있다. 현실주의자인 웨슬리는 의회가 자진해서 문제를 해결하거나, 영국 국가가 이 문제를 해결하리라고는 믿지 않았다. 마침내 이는 상거래 하는 사람들의 양심에 달린 문제라고 생각하게 되었다. 과연 양심적으로 상거래를 변화시키고자 한 것이 노예제도를 폐지했는가 하는 것은 아직도 역사가들 사이에 의견의 일치를 보지 못하고 있다. 마침내 의회가 30년 만에 노예매매를 금지했고, 60년 만에 노예제도를 금지했다. 노예제도를 폐지함에 있어, '상거래, 정치, 양심'의 세 가지가 영향을 끼쳤는데, 그중 상거래가 끼친 영향이 가장 적었다.

웨슬리는 선장들(sea captains)에게 인간애와 연민의 정과 동정심에서, 그리고 하나님을 두려워하는 가운데 그들의 그 악한 직업을 포기할 것을 촉구하였다. 그는 마찬가지로, 노예 매매자들에게 말하기를, "사람을 삼켜 버리는 늑대가 되지 말고, 사람이 되시오. 자비로우시오. 그래서 당신도 자비를 받도록 하시오." 라고 하였다. 그는 식민지에 부동산을 가지고 있는 사람들에게 편지를 써서, "사람을 사는 사람(man buyers)"은 "사람을 훔치는 사람(men-stealers)"과 같이 죄가 있는 것이오. "그리고 농장을 가지고 있는 사람은" 사람을 훔치는 "살인죄를 범하고 있다고 하였다." 그는 그런 일들을 중지하라고 호소하였다.

웨슬리는 기도로 끝내기 전에, 타고 난 권리(natural rights)의 주제를 다시 다뤘다. 모든 사람은 본래 자유롭다. 이 자유를 부정하면 안 된다. 자유는 자연의 법이다. 인간이 만든 어떤 법도 이를 부인할 수 없다. 그는 "모든 사람을 공정하게 대하라. 자유가 있어야 할 사람에게 자유를 주어라. 곧 모든 아이들에게, 인간의 본성을 가진 모든 사람에게, 자유를 주어라……. 모든 채찍, 굴레, 강박을 버리고 모든 사람에게 친절히 대하라. 그리고 당신은 다른 사람이 당신에게 하여주기를 원하는 대로 모든 사람에게 그리 행하도록 하시오."[13]라고 애원하였다.

의무를 지킬 것을 강조하는 윤리(controlling ethic)의 주제는 곧 자연법이다. 문제는 정의되었고, 그 문제의 역사적 해석도 소개되었고, 18세기의 사회과학을 이용하였으나, 성서의 주장은 중시하지 않았다. 그러나 정의, 자비, 동정 그리고 사랑의 윤리는 잘 드러났다. 도덕 황금률이 반영되었다. 마태복음 25장에 있는 최후 심판도 그대로 소개했다. 노예 매매자들의 인간애와 기독교는, 조금이나마, 동정과 정의에서 나온 것이다. "사람을 훔친다(men-stealing)"는 것을 "너는 도둑질하지 말라" 또는 "너는 탐내지 말라"는 계명과 직접 연관은 안 시켰지만, 노예 매매자들에게는 죄가 된다. 결국, 이 소 논문에 나타난 웨슬리의 윤리는 자연법에 근거한 해방의 윤리로 보는 것이 가장 옳을 것 같다. 이를 조직적으로 이렇듯 서술하지는 않았지만, 이는 성서적 윤리 또는 하나님과 이웃을 사랑하는 계명의 윤리와 일치하였다. 이 에세이의 동기 부여는 그의 글을 마치는 기도에 나타나 있었다: 모두를 사랑하시고 모두가 서로 사랑하기를 바라시는 하나님에 대한 그의 사랑이었다.

현대 아프리카인이 보기에 그때의 노예제도는 실제로 노예 장사

---

13) Ibid., V,6, p.147.

(slave trade)를 하는 것이었다. 아프리카인들이 다른 아프리카인들을 유럽 사람에게 팔고 있었다. 노예제도가 유럽 사람들이 아프리카에 오기 전에도 존재하고 있었고, 노예 매매와, 이슬람 무역업자와 연계하여 노예들을 운송하는 일이 유럽 사람들의 침략 이전까지 소급된다. 그러나 유럽 사람들이 하는 일은 시장의 개척과 그 범위와 일에 대한 강한 반감을 폭발적으로 증가시켰다. 어떤 아프리카의 통치자들은, 많은 사람이 고통을 당하는데, 노예매매를 통하여 이익을 얻고 있었다. 웨슬리는 노예제도의 뿌리에는 욕심이 있다는 것을 똑똑히 보았다. 그는 아프리카의 세계는 평화로울 것이라고 순진하게 생각했었는지 모르지만,[14] 그가 유럽 사람들의 침략과 무역이 아프리카인의 무자비한 잔인함을 또 다른 아프리카인에게 증가시켰다고 말한 것은 정확했다. 팔려서 수출된 흑인의 집단은 전쟁과 노예를 급습하는 사람에 의하여 노예로 만들어졌다. 추산하건대, 노예를 수출할 때마다 급습과 전쟁, 수송 그리고 사회 분열의 피해자로, 매번 또 하나의 셋(three) 즉 노예가 4명이면 그 중 셋이 죽었다. 그 숫자는 이 장(chapter)의 앞에서 암시한 것보다 많을 것이다. 토마스(Hugh Thomas)의 추정한 것에 의하면, 아프리카에서, 또는 수송되는 도중에서 삼천삼백만 명이 죽었고, 겨우 일천백만 명

---

14) 우리는 웨슬리가 아프리카인은 고결하다고 출판문에서 언급한 것은 무시하여야 할 것이다. 그 후에 웨슬리는 논의하기를, 윌슨 선장(Captain Wilson)이 말하는 대로 섬 사람들은 순진하다고 한다면, 원죄의 교리가 틀렸다는 것이 되고, 예수 그리스도가 필요치 않다는 것이 된다. 같은 견해에서 그는 쿡크 선장(captain Cook)의 하와이 사람은 순진하다는 견해도 거절하였다. The Works of John Wesley, vol. 13(Grand Rapids, Zondervan,1958), p.413을 보라. 기타는 생략함(역자).

의 노예만이 안전하게 도착했다는 셈이다.[15] 이런 숫자를 보면, 웨슬리가 노예제도는 유럽 사람들의 범죄 가운데 가장 악한 범죄였다고 말한 것이 맞다. 얄궂게도 가나(Ghana)에서는 웨슬리가 노예제도 폐지를 주장한 글들이 잘 알려지고 있지 않다. 그러나 예배당들에는 그의 이름이 있고 메소디스트 학교들이 급격히 늘었다. 영국이 노예제도를 폐지한 후, 1862년에 엘르미나(Elmina)에 있는 네덜란드의 지하 감옥(Castle-dungeon)을 접수하였다. 그리고 그 지하감옥에 있는 예배당을 존 웨슬리 기념 예배당이라고 명명하였다.[16]

웨슬리는 그의 죽음이 임박했을 때, 윌리엄 윌버포스(William Wilberforce)에게 편지를 써서, 노예제도를 없애려는 일에 저항도 심하지만, 시작한 일을 끝까지 밀고 나가라고 격려하였다. 웨슬리는 아프리카인의 운명에 별 개선이 없는 것을 보았다. 웨슬리는 글과 연설 그리고 조직을 통하여, 확고한 종교적 열정을 공급하였다. 그 열심히 다른 세력과 합쳐서 결국 40년만에 노예제도가, 미국에서는 아니지만, 영국에서는 없어지게 되었다. 프랑스 혁명에 대한 염려가 1791년에 아이티에서 있은 노예혁명에 의하여 유발된 공포와 합해져 영국의 개혁 운동의 진전을 뒤로 미루게 하였다. 영국과 미국에 있는 노예제도 폐지론자들은 대서양을 횡단하는 무역을 폐지하는 법안의 통과로 승리할 수 있었다. 노예제도 자체는 1833년까지 계속된 셈이다. 그리고 그 후도 5년이라는

---

15) Thomas, *The Slave Trade*, p.477.
16) 1998년 여름에 내가 웨슬리가 18세기에 노예제도를 반대하는 글에서 언급하고 있는 서 아프리카에 있는 두 곳을 방문한 적이 있다. 거기서 몇 메소디스트 목사들과 두 신학교 교수들과 면담을 했다. 그런데, 그들은 웨슬리가 노예제도를 반대하는 운동을 했다는 것을 거의 모르고 있었다. 이하 생략(역자)

변천하는 견습기간이 있었다. 다른 곳에서는, 그대로 지속되었다. 그리고 영국의 목화 생산업은 1861-1865년의 시민전쟁 때까지 미국에서 온 노예들의 노동에 의존할 수 있었다. 그 후, 노예제도 폐지론자인 클래펌(Clapham) 당파의 복음적 열정이 아프리카를 식민지화하는 일에 기여하였고, 또한 아프리카인을 노동으로 그릇되게 사용하는 일을 하였다. 식민지화에 대한 인도주의적인 공헌을 강조하는 제국주의의 옥스퍼드의 역사가인 쿠플랜드(Reginald Coupland)는 아프리카인의 노예제도를 다음과 같이 논평했다. "유럽의 그리스도인들이 아시아의 무슬림을 따라, 아프리카를 이렇게 취급한 것은 역사에서 가장 큰 범죄였다고 본다."[17]

---

17) Reginald Coupland, *The British Anti-Slavery Movement*(1933; reprint, New York: Barnes and Noble,1964), p.35.

제11장
하나님이 우리와 함께 계심
(God Is with Us)

(1780-1791)

노년기의 웨슬리

빈곤과 부

교회 설립

웨슬리의 말년

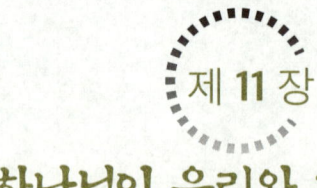

제 11 장
하나님이 우리와 함께 계심
(God Is with Us)
(1780-1791)

노년기의 웨슬리

웨슬리는 그의 말년에도 젊었을 때 하던 일을 계속하였다. 여전히 그는 순회 전도를 하며, 기회가 주어지는 대로 설교하고, 어떤 때는 하루에 네 번이나 설교하였다. 그는 아침 4시에 기상하고 계속하여 여행하는 등, 여전히 건강하였다. 그는 40대 또는 50대에 느꼈던 것처럼 지금도 건강하다고 종종 말하였다. 그의 체중도 계속 122 파운드를 유지하고 있었다. 그는 상담, 그리고 신도회를 조성하고 조직하는 일도 하였지만, 자기의 주된 임무는 설교하는 것이었다고 그의 일지에서 분명히 말하고 있다.

그는 45년 동안에 500~600권의 책을 읽어, 역사와 철학에 대한 것을 많이 배웠다고 인정하지만, 자신의 신학적 생각은 그동안에도 변하지 않았다고 생각했다: "40년 전에도 나는, 지금 내가 설교하는 기독교의 교리들을 설교하였다."[1] 그는 티버톤(Tiverton)에서 어떤 설교자가

---
1) John Wesley, Journals and Diaries (1776-1786) II, in the *Works of John Wesley,*

칠 년마다 자신이 한 모든 설교를 태워버리고 새 설교를 한다는 소문을 곰곰이 생각하고 말하기를, 자기는 45년 전에 한 설교보다 더 좋은 설교들을 쓸 수가 없었다고 하였다. 앞에서 말한 정치 철학은 정치 질서를 위태롭게 하는 일로 인하여서 기록한 것이다. 그가 70세 이전에는 그 문제에 대하여서는 별로 쓴 바가 없기에, 이는 새로운 것이었다. 그러나 그 주장들(principles)은 그가 전에 가지고 있던 생각과 일치한 것이었다. 그는 노스 수상과 피트 수상(Prime Ministers North and Pitt)에게 편지를 보내며, 또한 죠지 III세가 의회의 개회 연설을 할 때 참석하는 등, 그의 정치 활동은 이따금 하는 것이었다. 그는 글을 써서 빈민자들에 관련된 사회 문제를 다루기도 했다. 그러나 그는 노예제도 폐지운동에는 아주 활동적이었다. 그리고 교회에서의 안수 문제, 여자들이 설교하는 문제들에 대해서는 죽을 때까지 관여하고 있었다.

빈곤과 부

1781년에 앞서, 웨슬리는 가난한 사람들을 위하여 일관되게 일하여 왔다. 알미니안 잡지(Arminian Magazine)에 실린 "재물의 위험(Dangers of Riches)"이라는 설교를 보면 그는 경제적 과격론자임이 아주 분명하다. 존 로크의 철학과 영국 정부는 재산의 안전(security)을 약속하고 있다. 아담 스미스(Adam Smith)의 글, "국가의 부(Wealth of

---

ed. W. Reginald Ward and Richard P. Heitzenrater, vol. 19 (Nashville:Abingdon Press, 1990), p.105.

Nation)"를 읽고 많은 사람이 그의 주장을 따랐다. 그러나 웨슬리는 주장하기를, 재산을 모으려고 할 것이 아니라 거저 주어야 한다고 했다. 그는 설교에서 재물의 추구가 사람을 지옥으로 끌고 간다고 말했다. 여기서 재물을 추구한다는 것은 자기 가족을 돌보는 데 필요한 것 이상을 취하려고 하는 것을 의미했다. 재산의 존재 이유는 그의 소유자이신 하나님의 뜻에 따라 남과 공유하는 데 있다. 다르게 이기적 목적으로 돈을 추구하는 것은 하나님의 뜻을 어기는 것이었다.

이 설교에서 웨슬리는 자기의 책과 소책자를 파는 데서 얻은 기대하지 않았던 수익을 거저 나누어 주는 자신의 경제학을 말하면서, 독자들에게 권하기를, 수익의 10퍼센트 또는 절반이 아니라, 생활하기에 필요한 것 이상의 것은 전부 나눠 주라고 하였다. 그는 돈을 추구하는 것이 초창기 메소디스트들이 가졌던 열심과 헌신을 빼앗아갈까 봐 염려했다는 말을 하면서, 부를 추구하는 것이 얼마나 믿음과 소망 그리고 겸손을 경시하게 하는가를 설명하였다. 그는 부자가 구원받기가 얼마나 힘든가를 말하면서 설교를 끝냈다. 그러나 그는 하나님에게는 모든 것이 가능하다고 약속하였다.[2]

웨슬리는 사도행전 2장에서 믿는 사람들이 모든 물건을 통용한 것이 기독교 신앙의 종말론적 목표라는 것을 기억하고 있었다. 그는 할 수 있는 대로 모두를 공유하는 것이 그의 추종자들이 지켜야 할 규범 규정이라고 주장하였다. 그는 1783년에 쓴 설교에서 종말에 있을 재산 공유

---

2) Sermons, III, ed. Albert C. Outler, *The Works of John Wesley*, vol. 3 (Nashville: Abingdon Press 1986), pp. 228-46.

(community of goods)의 상태를 묘사되고 있다. 오순절이 임하면, 모두가 성령 충만을 받을 것이고, 그때는 돈을 사랑하는 장애물이 극복될 것이다.[3] 그때는 기독교회가 초기에 그랬듯이, 모두를 공용하게 될 것이다. 그때는 인류 전체가 서로 사랑할 것이다. 웨슬리는 그런 날이 올 것이라는 소망을 가지고 있었다. 바로 부흥의 성장이 앞으로 올 천년왕국의 징조로 보일 수도 있다. "거기에는 돈을 사랑하다 저주받은 아나니아와 삽비라도 없을 것이다."[4]

존 왈슈(John Walsh)는 웨슬리가 재산을 공유하는 모임(koinonia)에 대한 끈기 있는 소망을 가지고 있었다는 것을 어느 누구보다도 잘 입증하였다.[5] 그런 일은 웨슬리의 멘토인 윌리암 로우(William Law) 때도 있었다. 그는 웨슬리가 좋아하는 초대 기독교, 특히 사도행전에 나오는 기독교에 의한 재산의 공유(the community of goods)를 주장하였다.

재산을 공유하는 일은 이미 홀리클럽(Holy Club)에서도 있었다. 그리고 그는 그런 것이 미국 토착민을 위해서도 있기를 희망하고, 이런 희망을 그의 친구들과의 대화에서도 언급했다. 이런 그의 희망은, 개인이 가지고 있는 부의 부패케 하는 영향을 계속 비난함으로 더 강화되었다. 그는 1789년에 한 설교에서 말하기를, 저들이 재산을 서로 나누어 가지기를 원하기만 한다면, 메소디스트는 가난한 사람들을 다 돌볼 수 있으

---

3) Sermons, II, ed. Albert Outler, *The Works of John Wesley*, vol. 2 (Nashville: Abingdon Press,1985), pp.494-95.
4) Ibid., p.495.
5) John Walsh, "John Wesley and the Community of Goods," in *Protestant Evangelicalism: Britain, Ireland, Germany and America c.1750-c. 1950*, ed. Keith Robbins (Oxford: Basil Blackwell, 1990), pp.25-50.

며, 모든 사람에게 그들의 필요한 것을 공급해 줄 수 있을 것이라고 하였다. 웨슬리는 스스로 자기의 재산을 자진해서, 아마 때로는 카리스마적으로, 거저 나누어 주었다. 그러나 그의 추종자들의 대부분은 자신의 부를 남에게 주지 않고 보류하였다.

사도행전에서 얻은 그의 비전(vision)은 각자가 가진 선물에 따라 그것을 각자의 필요에 따라 준다는 것으로, 이것이 인간이 바라는 영구적 희망의 표현이었다. 그가 열렬히 그리고 설득력 있게 과격한 나눔(sharing)의 규준을 논의하며 주장하고 또한 재물에 대한 애정을 버릴 것을 주장한 것은, 마치 그가 국가의 정책을 바꾸라고 간청한 것처럼, 적합했다. 그의 성직, 정치적 현실주의 그리고 정치적으로 힘이 약하기 때문에, 그의 영향이 큰 때였지만, 지역 정치 단체에 참여하여 잘못된 법을 고치고, 가난한 사람들을 위하여 정의로운 정책을 세우도록 하지를 못했다.[6]

웨슬리는 윌리암 피트 수상(Prime minister William Pitt)에게 편지를 써서, 웹 중위(Lieutenant Webb)에게 연금을 줄 것을 탄원하였다. 그리고 또한 조세 정책에 대한 몇 가지 충고도 하였다. 그는 부자들에게 세금을 부과하지 않는 것, 그리고 밀수업자들이 세금을 안 내는 것, 양조업자들의 탈세 등을 비판하였다. 그의 편지에는 조세 정책에 대한 중요한 특이성이 있었다. 웨슬리는 밀 수출하지 말라고 설교할 뿐 아니라, 그의 교회 신자들에게 왕이 부과하는 세금을 납부하지 않는 일에 대

---

6) John Walsh, in private conversation on 17 November 1999, in Oxford, pointed out that the lack of any reference in Wesley to the poor laws of England is puzzling.

하여 책망하였다. 이 편지에서 그는 수상께서 문제를 처리하시라고 청원하였다. 조세 문제에 있어서의 그가 쓴, "식량 공급의 부족에 대하여(Thoughts on the Present Scarcity of Provisions)"에서 언급한 몇 가지 문제에 관하여 의회의 지도자들에게 처리하라고 간청하였다.

타이어맨(Tyerman)에 의하면, 웨슬리가 1782년에 구역회(tract society)를 설립하여, 가난한 사람들이 여러 책을 읽을 수 있도록 하였는데, 이것이 그런 종류의 단체로서는 처음 설립된 것이었다.[7] 그런 모임을 만들었다는 것이 웨슬리의 특유한 것이다. 이런 일이 웨슬리가 교육과 종교 활동을 함에 있어 가난한 사람들을 먼저 생각했다는 것을 드러내는 것이다. 그래서 그는 50권의 《기독인 도서관(Christian Library)》을 편집할 때, 사회문제에 관심있는 기독인과 인도주의 학자들의 글을 유일하게 통합하여 편집하였다.

우리가 앞에서 말한 대로, 그는 무료 의료봉사, 대출 기금(loan fund), 가난한 사람을 위한 주택 마련, 교육사업 등의 일을 하였다. 사람들의 고통을 완화하려는 그의 생각과 열정은, 그가 80세에, 가난한 사람들을 도울 것을 부탁하면서 런던의 눈길을 거닌 것에서 특별히 명백해졌다. 그는 알미니안 잡지에서, 종교적 부흥으로 근면해지고 검소해지도록 도왔고, 그로 인해 그들이 번영하였다고 했다. 그러나 그 번영 때문에 그들의 믿음은 식었고, 어떤 면에서는 부흥이 무효하게 되는 경향이 있다고 경고하였다. 활기 있는 종교를 유지하기 위해서는 재산은 자

---

7) L. Tyerman, *The Life and Times of the Rev. John Wesley* (London: Hodder & Stoughton, 1870), pp.369-70.

기 생활을 위해 필요한 것만 갖고 그 나머지의 것은 모두 거저 주는 것이 필요하였다.

그의 부에 대한 반론은 말년에 이르러서 더 빈번했고 강해졌다. 복음적 부흥은 더 일어났으나, 돈에 대한 사랑이 그 바닥에서 위협하고 있었다. 그가 설교 형태로 쓴 에세이, 《악의 신비(The Mystery of Iniquity)》에서, 에덴동산에서부터 오늘에 이르기까지의 부패에 관하여 서술하였다. 그리고 돈에 대한 사랑이 교회의 부패를 초래했다고 논의를 펴 나갔다. 그는 교회가 어느 때나 순결했다고 낭만적으로 생각하지는 않았다. 초대교회조차도 아나니아와 삽비라 때문에 순식간에 부패했었다. 특별히 콘스탄틴 황제가 교회에 호의를 베풂으로 인하여, 교회는 부패하게 되었다. 웨슬리는 중세교회는 거의 다 전적으로 부패했다고 정리해 버렸다. 종교개혁도 또한 교회를 정결케 하지는 못하였다. 단지 소수의 교회만이 부패하지 않았다. 그러나 하나님은 최후의 승리를 거둘 것이다. 그때에는, 피조물이 신음하는 상태에서 해방될 것이다. 그는 기독교가 큰 변화를 일으켰다는 증거를 별로 발견하지 못하였다. 욕심 많은 영국 그리스도인들이 인도에서 새 제국을 세웠으나, 인도 사람들에게는 별 도움을 주지 못하였다.

"인도라는 거대한 나라를 들여다보아라. 거기에는 기독인이 있고, 또한 이교도도 있다. 누가 더 정의로우며, 자비로우며, 참된가? 기독인들인가 아니면 이교도들인가? 성격과 행동에 있어서, 누가 더 부패했고, 극악무도하고, 악마 같은가? 영국 사람인가 아니면 인도 사람인가? 누가 나라

전체를 황폐하게 하였으며, 그리고 강들을 사체로 막았는가? 오호, 어떻게 기독교의 거룩한 이름이 그리 남용되고 있는가."[8]

교회 설립

웨슬리는 그의 나이가 81세인데도, 1784년에 일곱 달 동안 여행을 하였다. 그 해는 메소디즘이 독립교회로 세워지는 중대한 해였다. 영국에서 모인 총회는 백 명의 전도자들로 조직된 총회를 메소디즘을 통치하는 기관으로 설립했다는 선언문을 승인하였다. 이는 메소디스트의 예배당들과 재산을 이 총회의 소유권 하에 계속 관리할 것을 보장하였다. 그러나 총회 회원을 백 명으로 제한한 것이 많은 사람의 마음을 상하게 하였고, 일부를 탈퇴하게 했다. 그러나 그 결정은 총회의 권위를 확립시켰고 또한 그것에 의하여 늙어가는 웨슬리 형제의 뒤를 이어 계속할 것을 보증하였다. 총회는 여러 가지 변화를 거쳤지만 영국 메소디즘의 공동 감독에 의하여 존속되었다.

미국에 있는 수천 명의 메소디스트들은 교회를 세우지도 않았고 또한 왕도 세우지 않았다. 저들은, 저들의 이름을 제외하고는, 실제로는 모두 혁명으로 인해 생긴 독립교회였다. 사무엘 시버리(Samuel Seabury)가 미국 총회에서 감독으로 선임되었지만, 영국 감독들로부터 성직 수임(consecration)을 받지는 못하였다. 그러나 1784년 11월에 에버딘(Aberdeen)에서 세 명의 스코틀랜드의 감독으로부터 성직 수임을 받

---

8) John Wesley, "The Mystery of Iniquity," in Sermons II, Works, 2:468.

을 수 있었다. 웨슬리는, 미국에서의 사역을 위하여 영국의 감독들에 의하여 성직자들로 안수를 받게 하려고 노력한 것이 좌절되자, 미국으로부터와 토마스 코크 박사(Thomas Coke)의 압력을 받아, 기다리다가 마침내 리챠드 왓코트(Richard Whatcoat)와 토마스 바시(Thomas Vasey)를 목사(minister)로 안수하고, 토마스 코크 박사를 프란시스 애즈버리(Francis Asbury)와 함께 미국 교회를 위한 공동 감독자(co-superintendent)로 안수하였다. 후에 코크와 애즈버리는 감독자로서 교회의 감독의 권위를 주장하였고, 웨슬리는 영국의 감독으로 주장하였다. 웨슬리는 자기 자신을 하나의 안수 받은 정회원 목사(elder)로서 교회 감독과 동등하다고 여겼지만, 그는 코크를 하나의 교회 감독으로 안수할 의도는 없었다. 또한 코크로 하여금 애즈버리를 그렇게 안수하게 할 의향도 없었다. 편지들을 보면, 코크가 만약 영국 국교회의 감독으로 안수를 받을 수 있었더라면 미국이나 인도에 있는 영국 국교회에 가입했을지도 모르겠다고 했다.[9] 챨스 웨슬리는 이 안수 문제로 그의 형과 인연을 끊고 총회에서 하는 일도 그만두었다. 수년 내에 웨슬리는 스코틀랜드를 위하여 목사안수를 집행하고, (캐나다 동부에 있는) 뉴펀들랜드(Newfoundland)를 위해서도, 그리고 영국을 위해서도 세 명이나 안수를 집행하였다.

챨스는 죤이 안수를 집행하는 것은 곧 영국교회와의 분리라고 보았다. 그리고 맨스필드 판사 각하(the justice Lord Mansfield)가 그것이 맞는다고 하는 그의 의견도 들었다. 그러나 죤은 의견을 달리했다. 그리

---

9) Tyerman, *Life and Times of Wesley*, p.434.

고 그가 영국교회로부터 분리되었다는 것을 인정하지 않았다. 많은 편지 왕래를 가진 후, 존은 탄원하기를, 우리는 의견이 다르다, 그대로 내버려 두라고 하였다. 그의 입장은, 그가 영국교회와 달라졌다(vary)는 것이지, 그가 영국교회로부터 분리했다(separated)는 것은 아니라는 것이었다.

존의 지배하는 성격은 초기부터 있었고, 그의 전 생애 동안도 그랬다. 그의 초기 전기 작가인 존 화이트헤드(John Whitehead)는 웨슬리는 권위주의자요 메소디즘을 지배함에서도 절대적이었다고 보았다. 그는 어려서 카르투지오회 수도원에 있을 때도, 왜 너는 어린애들과 놀았느냐고 캐물으면, "천국에서 봉사하는(serve) 것보다 지옥에서 지배하는(rule) 것이 더 좋다."고 소리를 질렀다는 소문이 있었다. 그는 그의 메소디스트 신도회에서 자기의 권위에 도전하는 것을 허용하지 않았다. 그의 보통 때의 태도는 족장 같았다. 그는 왕은 하나님으로부터 권력을 받으며, 그리고 그 권력을 아래로 전하는 것으로 이해하였다. 웨슬리가 자기도 안수하는 감독의 권능이 있다고 한 일을 신랄하게 비판한 화이트헤드는 찰스 웨슬리의 시를 인용하였다.

"남자 또는 여자의 종작 없는 생각에 의하여,
그리 쉽게 감독들이 되었네.
웨슬리가 코크에게 손을 얹어 안수하였는데,
과연 누가 그에게 안수한 것인가?"[10]

---

10) John Whitehead, *The Life of the Rev. John Wesley, M.A.* and *the Life of the Rev.*

화이트헤드는, 챨스가 그의 시에서 물은 질문에 대답하기를, "아무도 안수하지 않았다. 그가 행사한 감독교회의 권위는 그가 자기도 그런 권위가 있다고 거저 생각한 권위로서, 이는 감독의 성직 서임식이 있는 모든 교회의 관례에 반대되는 것이다."[11]라고 하였다.

화이트헤드는 웨슬리가 코크를 감독(bishop)으로 안수했다고 생각하는 모양이다. 나는 웨슬리가 그리했다고 생각하지 않는다. 웨슬리는 그를 교회 행사의 감독자(superintendent)로 임명한 것이었다. 그러나 웨슬리는, 어느 것이든, 자기가 안수 받은 정회원 목사(elder)의 위치는 한 감독의 것과 동등하다고 생각하고 있었다. 그래서 그는 자기의 권위를 높이 보고 있었다. 화이트헤드는 웨슬리가 그 권위를 행사한 일에 대하여, "웨슬리가 메소디스트 신도회를 엄격하게 그리고 적절히 돌보고 있을 때에, 그의 권력은 절대적이었다."고 평가했다.[12] 화이트헤드는, 물론, 웨슬리가 그의 절대 권력을 그 자신의 이익을 위하여 사용했다고 의미한 것은 아니었다. 그는 웨슬리가 그 권력을 메소디스트 신도회의 선한 일을 위하여 또한 국가의 평화를 위하여 사용한 것으로 보았다. 화이트헤드의 말에 의하면, 웨슬리는 자기 자신을 위한 관심은 포기하고, 온전히 "선을 행하는 전반적인 목적을 위하여"[13] 일하였다.

Charles Wesley, M.A.(Philadelphia: John E. Potter & Co., n.d.), p.532.
11) Ibid.
12) Ibid., p.553.
13) Ibid., p.554.

웨슬리의 말년

존의 긴 생애의 말년에 이르러 몇 가지 중요한 일이 있었다. 찬미가를 많이 쓴, 존의 사랑하는 동생 찰스가 1788년에 죽었다. 마지막에 이르러 존과 찰스는 의견이 다른 점은 있었으나, 서로 사랑하였다. 찰스는 영국 교회 안에 성별하여 지정된 땅(consecrated ground)에 묻히기를 요구했고, 그의 희망이 받아들여져 그 곳에 매장되었다. 존은 찰스를, 후에 존이 매장된 시티 로드에 있는 교회 땅(City Road Chapel ground)에 매장되기를 희망했었다. 그 일로 존은 성이 나서, 논문을 써서, "땅을 성별한다"는 구상은 성경과 이성에 반대되는 것이라고 하면서 그 개념을 공격하였다.

아마도 존에게 있어, 1788년에 있은 가장 주목할 만한 사건은 브리스톨에 있는 예배당(New Chapel)에서 생긴 일일 것이다. 그가 노예제도 문제에 관하여 설교한다는 광고를 듣고 많은 사람이 참석하였다. 설교의 중간쯤 되어, 큰 소음이 일어나 사람들에게 상처를 입혔다. 6분 동안, 혼돈과 공포가 잇달아 일어났고, 군중은 공포에 사로 잡혔고, 장의자 몇 개가 부서졌다. 그 후에 조용해져서 그가 노예제도에 관한 설교를 마쳤다. 다음 날을 금식 기도하는 날로 정하고, 노예들에게 자유를 주시라고 하나님께 간구하였다. 웨슬리는 계속해서 노예제도 폐지를 주장하며, 그 운동을 위하여 자비를 들여, 노예제도를 반대하는 논문을 프린트하여 배부하였다.

조직적으로, 그는 전도자들을 영국 교회에 머물게 하느라고 분투했다. 그는 영국 교회 안에는 메소디스트가 분리하게끔 떠미는 것들이 많음을 보았지만, 그래도 그는 분리하는 것은 거절하였다. 그는 알미니안 잡지에, 나사로가 부자가 되는 위험성에 관한 설교를 실었다. 당시의 공업화가 일부 사람을 부요하게 만들면서, 메소디스트도 부요하게 만들고 있었다. 많은 메소디스트들이 새로 세운 공장에서 일하고 있었다. 웨슬리는 부가 가져오는 부패를 염려하였다. 그는 자기 유서에 돈을 남기지 않겠노라고 쓴 것을 자랑스럽게 여기고 있었다. 다음 해에 마감할 회계장부를 보니, 그는 거의 70년을 지나오면서 최선을 다하여 재산을 거저 나눠 준 것을 깨닫게 되었다. 그의 의사요 친구인 화이트헤드 박사는 웨슬리가 그의 생애 동안 20,000 파운드 내지 30,000 파운드를 남에게 거저 주었다고 추산하였다. 헨리 무어(Henry Moore)는 웨슬리의 기록을 보고 말하기를, 그가 나누어 준 것은 수천 파운드나 더 될 것이라고 추산하였다.[14] 웨슬리는 그의 재산을 메소디스트 운동을 위해 바치고, 그의 책을 통해 얻은 것의 일부는 친척들에게 주었다.

존에게는 세월이 변했다. 그는 1789년 8월 18일에 그 변화에 대해 다음과 같이 기록하였다.

"우리는 휴가를 얻어 여러 지역을 순회하였으며, 좋은 시절에 팔마우스(Falmouth)에 도착했다. 40년 전에 내가 여기 있었을 때, 나는 사자처럼 입을 크게 벌리고 고함치는 한 폭도에 의하여 감옥에 갇혔었다. 그러나 어떻게 정세가 바뀌었는가!

---

14) Tyerman, *Life and Times of Wesley*, p.616.

지금은 한 마을의 끝에서 다른 마을에 이르는 높고 낮은 길들이 순수한 사랑과 자비로 정비되어 있으며, 마치 왕이 지나가고 있을 때처럼 반짝거리고 있다."[15]

웨슬리는 1790년 1월 1일까지도 그가 죽기 전에 하나님을 위하여 일을 조금씩 할 수 있었다. 그러나 그는 쇠퇴하고 있었다: "나는 지금은 머리에서 발끝까지 쇠퇴한 늙은이다. 나의 눈은 흐려졌고, 나의 오른손은 많이 떨고, 나의 입은 더우며, 아침에는 목이 마른다. 내 몸에는 거의 매일 열이 계속 있다. 나의 동작도 느려졌고 약하다. 그러나 하나님께 감사하기는, 나는 나의 할 일에 태만하지 않는다. 나는 아직도 설교하고 글도 쓴다."[16]

웨슬리에게 있어서 죽음은 생물학적인 사건이지만, 동시에 하나의 새로운 시작이었다. 그의 친구들은 죽고 있었다. 그는 기록하기를 그가 죽은 것은 사실이다. 그는 자신의 쇠퇴를 설명하기 며칠 전에, 에드워드 페로넷(Edward Perronet)가 앞으로 사망할 것에 대하여 글을 썼다: "나는 캔터베리(Canterbury)에 돌아와서, 나의 옛 친구, 페로넷와 한 시간 반을 같이 지냈다. 그는 6명의 아들의 막내로서 아주 많이 약해져 있었고, 바로 무덤 위를 비실비실 걷고 있었다."[17]

---

15) John Wesley, *The Works of John Wesley*, vol. 4 (Grand Rapids: Zondervan,1958), p. 468.
16) Ibid., p.478.
17) Ibid., p.477. E. Perronet는 찬송가, "주 예수 이름 높이어"의 저자이다. 그리고 그의 아버지는 John Wesley와 Molly Wesley를 소개한 사람이다.

1790년의 총회의 기록을 보면 메소디즘의 성장은 폭발적으로 증가했다. 회원이 134,549명이고 미국에 있는 회원이 57,631명이었다. 존은 총회를 사회한 다음 곧 웨일즈(Wales)에 가서 설교를 하였다. 그는 1791년 2월 23일까지 설교를 계속할 수 있었다. 그가 레더헤드(Leatherhead)에서 마지막으로 한 설교는 "너희는 여호와를 만날 만한 때에 찾으라 가까이 계실 때에 그를 부르라(사 55:6)"[18]를 본문으로 한 설교였다.

며칠 전에 존은 다시 여자들의 설교하는 문제를 거론하였다. 아일랜드의 메소디스트 여자인 앨리스 캠브리지(Alice Cambridge)가 설교하였다고 하여 비판을 받고 있었다. 그래서 그녀는 웨슬리에게 문의하였다. 웨슬리는 다음과 같이 회답하였다.

"1791년 1월 31일, 런던에서

사랑하는 자매에게: 나는 당신의 편지를 한 시간 전에 받았습니다. 그대가 그리 길게 그리고 자유롭게 편지를 쓴 것에 대하여 감사합니다. 늘 당신의 친구에게, 또는 사랑하는 사람에게 하듯 그리 하십시오. 바버 씨(Mr. Barber)는 그의 마음으로 하나님께 감사하는 사람이고, 또한 동료 일꾼들도 그런 사람들입니다. 그들에게 경의를 표하시오. 그리고 양심이 허락하는 한 모든 일에 있어 그들에게 순종하시오. 그러나 하나님께서 당신에게 설교(speak)하라고 명령하실 때는 당신이 잠잠하면 안 됩니다. 그렇지만, 나는 당신에게 귀에 거슬리는 말을 짧게 한 마디 하려고 합니다. 그러므로 충고합니다. 같은 시간에 전도자가 설교하고 있는 그 장소

---

18) Tyerman, *Life and Times of Wesley*, p.650.

에서는 설교하지 마시오. 당신이 그 전도자의 청중을 물러나게 하지 않도록 하기 위해서입니다. 또한 자만하거나, 자신을 과장하는 모습을 피하시오. 당신이 어떤 책이나 그 외 필요한 것이 있으면 나에게 말하세요. 내 마음에서 당신의 행복을 빕니다. 이 땅에 잠깐 머물러 있는 나를 위해 기도하여 주시오.

당신이 사랑하는 형제"[19]

이 편지는 그녀에게 격려가 되었다. 그리고 그녀의 아일랜드에서의 설교는 상당한 호응을 받았다. 그녀의 총회 회원권이 1802년에 취소되었다가, 1811년에 회복되었다. 그녀는 리메릭(Limerick)에서 부흥회를 인도하였는데, 메소디스트와 얼스터(Ulster)에 있는 장로교인들에 의하여 잘 받아들여졌다. 몇 년 후에는 그녀가 10,000명의 청중에게 설교했다는 기록이 있다.

웨슬리는 그가 죽기 전 6일까지도 일기를 썼다. 1791년 2월 22일의 일기에는 구스타버스 바사(Gustavus Vassa)가 쓴, 《오라우다 곧 구스타버스 바사의 생애에 대한 재미있는 이야기(Interesting Narrative of the Life of Olaudah Equiano or Gustavus Vassa)》를 읽고 있었다. 이 바사는 1745년에 아프리카에서 태어났다. 그런데 어릴 때 납치되어 바바도스(Barbados)에게 노예로 팔려갔다. 그러나 영국에서 자유를 얻어 1759년에 세례를 받았다. 웨슬리는 이 아프리카 사람의 책을 읽은 데서

---

19) John Wesley, "Letter to Alice Cambridge," in John Telford, *The Letters of the Rev. John Wesley*, A.M. vol.8 (London: Epworth Press,1931), p.259.

자극을 받아 윌버포스(Wilberforce)에게 마지막 편지를 써서, 그가 노예매매를 반대하는 일을 단호히 계속하라고 권하였다.

"만일 하나님께서 바로 이 일을 하라고 당신을 일으켜 세우지 않았더라면, 당신은 사람과 마귀의 반대로 인하여 아주 녹초가 돼버릴 것이다. 그러나 하나님이 당신을 위한다면 누가 당신을 반대할 수 있겠는가? 저들 모두가 함께 한다고 한들 하나님보다 강하겠는가? 오호, 당연한 일을 하는데, 지치지 마시오. 하나님의 이름과 하나님의 강한 힘으로 계속해 나가십시오. 마침내 미국의 노예제도- 태양을 본 그 사악한 것이 그 전에 사라지도록 하시오."[20]

웨슬리의 마지막 날에 그를 간호했던 미스 엘리자베스 릿취(Miss Elizabeth Ritchie)가 그의 임종에 대한 이야기를 글로 적어놓았다. 화이트헤드가 웨슬리의 장례식 설교를 한 다음에 그 글을 모인 사람들에게 읽어 주었다. 그리고 그 글은 1791년 3월 8일에 웨슬리의 동역자들에 의하여 인쇄되었다.[21] 그녀는 1790년에, 너무 약해져서 존 웨슬리를 계속해서 돌볼 수 없게 된 헤스터 앤 로저스(Hester Ann Rogers)를 방문해 왔다. 엘리자베스 릿취는 시티 로드에 있는 교회 주책으로 들어가서, 웨슬리를 돕고 시중드는 여자로 봉사하라는 권고를 받고 그를 수락하였

---

20) Augustine Birrel, ed., *The Letters of John Wesley* (London: Hodder & Stoughton,1915), p.489.
21) Nehmiah Curnock, ed., *The Journal of the Rev. John Wesley. A.M.*, vol.8 (London: Charles Kelly, 1916), pp.133-44.

다. 그래서 그녀는 그 집에서 계속 살았고 또한 존 웨슬리의 임종 때 거기 있었다.[22]

웨슬리는 18마일이나 되는 레더헤드(Leatherhead)에서 설교하고 돌아오자 갑자기 쇠퇴하였다. 그는 일주일 동안 근근이 목숨을 이어가면서, 방문객들에게 작별인사를 하고, 또는 용무의 정리를 지시하기도 하고, 때로는 혼자서 또는 다른 사람들과 함께 찬송도 부르고, 기도를 하기도 하였다. 그는 사랑하는 조카딸에게 그녀의 믿음에 대하여 물어보았다. 그는 자신도 죄인이었다고 말하면서, 그는 믿음이 있어야 하고, 그리고는 성결로 나가야 한다고 권면하였다. 그는 화이트헤드 의사가 주는 것 이외의 다른 의료 치료는 거절하였다. 그는 그의 친척 중의 하나인 살리(Sally)를 포옹하였다. 그의 마지막 하는 말로, 두 번이나 "가장 좋은 것은 하나님이 우리와 함께 하심이라 (The best of all is God is with Us)"를 반복해서 확언하였다.

웨슬리는 그의 시대에 가장 중요한 시민으로서 또한 18세기의 위대한 사회 개혁자로서 환영을 받아왔다. 우리는 그가 정치인은 아니지만 저명한 인사였음을 보아왔고 또한 18세기는 사회개혁을 반대했다는 것을 안다. 웨슬리는 노예제도 폐지를 위한 일을 제외하고는 혁명적이거나 과격한 사회 개혁을 반대하였다. 한때 웨슬리를 반대했던, 《신사의 잡지 (the Gentleman's Magazine)》가 그의 죽음에 즈음하여 공정한 기사를 썼다.

---

22) Earl Kent Brown, *Women of Mr. Wesley's Methodism* (Lewiston. N.Y.:Edwin Mellen Press, 1983), for the details of the friendship between Mrs. Rogers and Miss Ritchie, pp. 199-217.을 보라.

"웨슬리의 영감에 의한 생각(inspiration)에 대한 의견들이 어떻든지 간에, 그가 가난한 사람들을 위해 선한 일을 많이 한 그의 공로를 부인할 수는 없다"라고 그 잡지가 1791년 4월에 논평하였다. "그와 그의 동생 찰스의 인간미가 있는 노력에 의하여 인류의 최 하류에 있는 사람들에게 도덕과 종교의 고상한 가치가 소개되었다. 그리하여 무지한 사람들은 가르침을 받았고, 비참한 사람은 구제를 받았고, 버림받은 사람은 갱생되곤 하였다. … 그는 많은 성직자들로부터 큰 반대도 받았고, 또한 행정관들로부터 추한 대접도 받았다. … 그는 자신에 대한 미움과 편견도 견디어 낸 사람들 가운데 하나였다. 그러나 그의 후년에는 모든 종파로부터 여러 모양으로 존경을 받았다. … 그가 끼친 영향은 아마도 그 세기의 어느 신사보다도 컸다. 그가 저서를 통하여 얻은 모든 수익, 그리고 그가 받은 돈 또는 모금한 돈은 전부(아주 많은 것으로 아는데) 자선을 위한 목적으로 바쳐졌다. 그는 그의 동료들에게 축복이 되었던 문학작품의 꽃이었기 보다는, 또한 시대의 천재였다기 보다는 진정 하나님의 종이었다."[23]

---

23) V. H. H. Green, *John Wesley* (Stanford: Stanford University Press, 1964), p.152.

제12장
윤리
(Ethics)

사랑과 율법

윤리의 유형

도덕적 품성

개혁과 혁명

아담 스미스의 조화로운 사회

복음적 경제학

개인과 교회, 그리고 사회 개혁

제 12 장

윤리 (Ethics)

　복잡한 존 웨슬리의 생애에서 드러난 윤리의 주제를 추적해보니, 그의 윤리는 일곱 가지를 중요시 하며 강조한 것으로 드러났다. 그는 예정론자와 신결정론자들에 반대하여, 인간의 자유 곧 선택의 자유가 복음과 윤리를 논의함에 있어 필수 전제 조건(necessary precondition)임을 주장하였다. 신학에서 인간의 자유를 주장하는 그의 입장은 결국 열정적으로 노예제도 폐지를 주장하며, 또한 다른 종교의 의견과 제도에 대한 관용을 허용하는 윤리가 되었다.

　그가 그리스도인의 완전의 가르침을 변호하는 데 있어서의 어려움은 그리스도인의 생을 사랑의 생(a life of love)으로 이해하려는 데서 왔다. 창조, 속죄, 종말론적 성취는 모두 하나님의 사랑의 의지에서 나온 것이다. 기독교의 윤리는 하나님의 사랑에 뿌리박고 있는 사랑의 이중 계명(곧 하나님을 사랑하고 이웃을 사랑하라는 사랑의 계명)에 기초를 두고 있다. 그의 예수의 산상수훈과 십계명의 강해는 그의 윤리가 "사랑에서 나와 행하라는 규정(the rule of the love-oriented direction)"임을 드러내고 있다. 마찬가지로 윤리의 형태(ethical guidance)가 예수가 하신

실례를 따라서 이루어졌는지, 아니면, 초대교회의 삶을 따라서 된 것인지를 막론하고, 그것은 하나님 사랑과 인간 사랑을 나타내는 데 있었다.

세 번째 주제(theme)는 그의 현실주의(realism)였다. 그의 사회 윤리의 주제에 관한 역사 서적이나 소책자들은 사랑에 대한 세상의 저항을 절대 과소평가하지 않았다. 어떤 평론가는 웨슬리가 현실주의를 이해하지 못하고 정치 사회 개혁에 대한 보다 조직적인 프로그램을 제시하지 않은 일에 대하여 그를 비난했다. 웨슬리는 의회가 행하여야 할 계획을 제시하지 않았다. 그는 그런 것이 18세기의 자기 시대에는 적절하지 않다고 생각하였다. 18세기에는 토지소유자들이 군대와 영국 교회까지 포함하여 여러 정부 기관과 의회를 주관하고 있었다. 18세기에는 폭동과 사회에 대한 불만이 많았다. 그러나 근본적으로, 영국은 재산 소유자들의 권리를 보호하도록 구성되어 있었다. 그리고 저들은 그 정치적 질서의 변경이나 조직적 정치적 개혁을 용납하지 않았다. 영국에서 하노버왕가의 왕들은 통치를 훌륭하게 하지 못하였던 것 같다. 그들의 통치는 정의로운 것이 아니었다. 그들의 통치는 그저 특권계급의 이익을 보호하는 일만 계속하고 있었다. 웨슬리는, 기대는 하지는 않았지만, 세제의 개혁(tax reform)을 요구했다.

웨슬리가 조직적인 구조개혁을 바라고 그를 위한 조직을 주장한 분야는 노예제도를 폐지하는 일이었다. 이 분야에 있어 이를 집행하고자 함에 있어서는, 지배층 간에 뚜렷한 분열이 있었다. 그는 그런 분열과 변화의 챤스가 있는 데서 활약했다. 그러나 그의 정책은 그가 죽음이 임박하여 윌버포스에게 쓴 편지에서 볼 수 있듯이 현실주의적이었다.

웨슬리의 윤리학에 관한 재료는 광대하였다. 그는 그의 유명한 《노예제도에 대한 생각》이라는 소책자에서와같이, 성서적 논의에 직접 의존하지 않고도, 모든 사회윤리에 관한 소책자를 쓸 수도 있었다. 그러나 그는 그 대신, 자연법(natural law)에 근거한 자유에 근거하여 다루었다. 같은 그의 수필에서, 그는 과거에 성서나 신학적 논의에 의지하였던 것보다는 더 그 시대의 사회과학에 의존하였다. 그가 윤리를 다룰 때, 그의 재료의 폭이 컸다는 것을 잊어서는 안 된다. 마찬가지로, 그가 미국의 혁명에 대하여 쓴 글도 자연법에 따른 논리와 사회 정책을 권장함에 있어서의 여러 가지 사건들을 분석한 글에 의존하고 있는 것으로 가득 차있다. 그는 전쟁에 관하여 쓴 글에서도, 정당한 전쟁에 관한 논리에서 그랬듯이, 자연법에 대한 기독교의 입장(tradition)을 이용하였다.

그러나 그에게 있어서는 성서가 표준이었다. 그리스도인들이 모세의 예식에 관한 법(ceremonial law)이나 구약이 말하는 여러 제도나 관습을 따르지 않지만, 성서의 법은 그리스도인의 삶의 규정이었다. 여기서 말하는 법은 십계명과 특히 산상수훈에 있는 사랑을 자세히 말한 것이다. 또한 그가 토마스 아 켐피스(Thomas a Kempis)를 철저하게 따르지는 않았지만, 복음서에서 말하는 대로, 그리스도를 본받는다(imitation of Christ)는 것은, 윌리암 로우(William Law)가 예수의 모범을 따른 것처럼, 하나의 윤리의 형태가 되었다. 예수를 따른다는 것은 예수께서 보여 주신 모범대로, 사랑을 새로운 상황에 적용시킨다는 것을 의미했다. 웨슬리는 또한 사도행전에 있는 초대교회의 여러 가지 형태를 조심스럽게 추구했다. 사도행전은 계속해서 그에게 영향을 주었다. 그는 친구들로부터 초대 기독교 사람이라고 놀림을 받았듯이, 각자의 필요에 따라 재산을 공유하는 그 비전을 결코 포기하지 않았다.

웨슬리는 신비주의를 신뢰하지 않았다. 그래서 그는 윤리에 적용되는 성서의 구절을 문자 그대로 평범한 의미를 발견하려고 하였다. 그는 모든 성경은 성경으로 해석하되, 성경이 궁극적으로 말하는 것은 믿음으로 알게 된 그리스도의 사랑이라는 기초에서 해석하였다. 더욱이, 그는 성서 말씀의 뜻을 분명히 하기 위해, 성경에 대한 최선의 주석이라고 그가 알고 있는 것들을 사용하였고, 또한 다른 이들을 위해 소개하였다. 그는 성서를 이해하기를 어렵게 만들지 않았다. 또한 그 시대에 유행하고 있던 고등 또는 저등 성서 비평학들이 성서를 비판한 것들을 따르지 않았다.

성경 말씀의 뜻을 해석하는 데 이성(reason)을 이용하였을 뿐 아니라 또한 체험을 통하여 성경 해석을 조명하기도 하였다. 웨슬리는 여자가 성공적으로 설교하는 것을 보았다. 그래서 그의 동료들은 성경에 여자가 설교하는 것을 금하는 듯한 구절들이 있다고 하여 반대하지만, 그는 여자가 설교하는 것을 부정할 수가 없었다. 또한 그리스도인의 완전은 완전한 사랑을 의미한다는 주장에 대한 실제 간증을 그가 듣지 않았다면, 그는 계속해서 주장하지 않았을지도 모른다. 그런 자들의 간증이 있었기에, 그는 복음의 약속은 완전한 사랑을 포함하고 있다는 확신을 더욱 강하게 주장하였다. 그가 완전한 그리스도인은 의지적인 죄 없이(without willing sin) 사랑으로 행할 수 있다고 강조하였다면 그는 많은 어려움과 조롱을 피할 수가 있었을 것이다. 그가 주장한 완전의 교리에는 그리스도인이 그들의 부패에서 명백히 해방되어 행한다고 말한 바가 없다. 웨슬리는 기독자 완전이 인간의 무지, 실수 또는 행동에서의 불확실성에서의 우리를 자유롭게 한다고 말하지 않았다. 그가 말하는 완전은 사람이 황홀한 사랑에서 그리스도와 하나가 되었을 때는, 사람의 의지(will)가 사랑을 행한다는 것이었다. 이것은 그가 체험한 바이다. 완전(perfection)이란 단어가 희랍어 신약성경에 이따금 나타난다. 이 말은 아마도 예수님이 쓰시던 아람어로는 명확히 표현될 수 없을 것이다. 웨슬리가 원하는 것은 하나의 전문어가 아니라 도덕을 정밀하게 표현하는 말이었다. 생스터(W.E. Sangster)는 논하기를, 웨슬리가 주로 사용하는 용어(term)는 완전한 사랑(perfect love)이었다. 그런데 그리스도인의 완전(Christian perfection)이라는 용어가 논쟁의 주제가 되었다고 하였다.[1]

우리가, 특히 율법과 사랑에 대한 기독교의 윤리에 관한 대화에 관하여 자세히 논하기 전에, 웨슬리의 현실주의 곧 실용주의에 관하여 알아보아야 하겠다. 웨슬리는 실용주의자였다. 그런 말로 그를 아직 부르지는 않았지만, 웨슬리가 일반을 위한 선행과 영국의 공리주의론자들의 일을 해왔다는 것을 모르는 사람은 없을 것이다. 웨슬리는 그의 운동을 성공적으로 인도하였고 그리고 재정과 인사에 관한 결정도 하였다. 찰스 웨슬리는 여러 번 그 운동을 파멸시킬 뻔하였다. 그러나 존이 그의 지도력으로 운동에서의 고난을 조정하곤 하였다. 그는 평신도 설교자들을 활용하였다. 그러나 미국에서의 혁명이 안수하는 것을 필요

---

1) W.E. Sangster, *The Path to Perfection* (London: Epworth Press, 1957), pp.77-92.

하게 만들 때까지, 그들에게 안수하여 주는 것은 거절하였다. 필요했을 때는, 그는 편리하도록 바꾸곤 하였다. 그는 신도회의 신용을 손상하거나 파괴하는 과격한 전도자들은 내쫓곤 하였다. 그러나 미국 사람들을 안수하는 메소디스트 사역과 관계를 끊게 하지는 않았다. 그는 영국교회를 떠나지도 않았다. 그는 영국 국교회를 반대하는 신교도들이 어떻게 줄어들고 있는지도 알고 있었다. 그는 신도회가 영국 국교회 안에 머물러 있기를 원했다. 당시 영국과 영국 국교회는 하나였다. 만약 그가 영국을 개혁하기를 원했다면, 그는 영국 국교회를 개혁했어야만 했다. 찰스는 존이 영국 국교회에서 나와야 한다고 선언하였다. 그러나 존은 보다 더 실리적이었다. 그는 영국 교회와는 다르지만, 그러나 그는 영국교회를 떠나기를 원하지 않았다.

존의 실용주의는 그가 자기의 운동에 대한 굉장한 반대가 있음에도 불구하고, 그 운동을 유지하는 데 성공하게 하였다. 그는, 실용주의자요, 정치에는 현실주의자로서, 윌버포스(Wilberforce)에게 쓴 마지막 편지에서, 노예제도 폐지론자들이 저들의 일에 반대하는 것을 경고하였다. 그는 역사적 변화에 대한 이상적인 정책들보다는 역사적 현실을 고찰하기를 선호하였다. 이성의 시대에 있어, 그는 이성(reason)을 역사적 경험과 조정시켰다. 그는 누가 18세기의 영국을 주관했는가에 대해 직관적으로 잘 알고 있었다. 그리고 그는 한편 명확한 개혁을 추진하면서, 이런 현실에 잘 적응하였다.

사랑과 율법

존 웨슬리의 윤리를 잘 해설한 두 학자가 있는데, 그들은 웨슬리의 윤리를 다른 카테고리에 포함시켜 다루었다. 실망스러운 일이다. 제임스 로간(James Logan)은 성급하게 웨슬리의 윤리를 그의 창조와 종말론의 신학에 연결해 설명했다. 그는 웨슬리의 자연법(natural law)에 대한 이론을 간단히 설명하고 웨슬리의 윤리의 핵심인 사랑의 계명에 근거한 그의 윤리는 다루지 못하였다.[2]

마쿼트(Marquardt)는 《웨슬리의 사회윤리(John Wesley's Social Ethics)》라는 훌륭한 책을 썼는데, 그는 웨슬리의 윤리의 기초와 가장 중요한 포인트는 (하나님과 이웃을 사랑하라는) 이중 사랑의 계명(twofold commandment of love)이라는 것을 이해하고 있다.[3] 마쿼트나 로간은 피차 그들의 문헌을 참조해 보지를 않았다. 그래서 그들은 상대방의 입장을 알 수가 없었다. 내가 보기에는, 마쿼트는 너무나 해방신학의 영향 하에 있어서, 웨슬리의 가난한 사람들을 위한 사역이 웨슬리가 집중한 사역이었다고 다루고 있다. 그 책은 가난한 사람들을 돌보는 전력들을 서술하는 것으로 시작하고 책을 마칠 때도 그랬다. 나는 마쿼트도 윤리의 중심은 사랑이라고 본 그 사랑이 웨슬리의 윤리의 중심이 되어야 한다고 주장한다. 그러나 웨슬리는 가난한 사람들을 고려하기

---

2) James C. Logan, "Toward a Wesleyan Social Ethic," in *Wesleyan Theology Today*, ed. Theodore Runyan (Nashville, Kingswood Books, 1985), pp.361-71.

3) Mansfred Marquardt, *John Wesley's Social Ethics*, trans. John E. Steely and W. Stephen Gunter (Nashville: Abingdon Press, 1992).

때문에 그렇게 사랑을 강조한 것은 아니었다. 웨슬리의 윤리에 있어서는 사랑의 계명이 먼저였다. 그는 이를 그의 어머니 수산나에게서 배웠다. 그리고 그 후 얼마 안 되어 가난한 사람들에 대한 봉사를 옥스퍼드에서 하였다. 18세기 또는 21세기에 있어 윤리가 가난한 사람들의 어려운 문제에 집중한다는 것은 우리의 정력을 소모시킨다: 윤리는 첫째로 윤리적인 카테고리 안에서 고려되어야만 한다. 윤리가 가난한 사람을 우선적으로 생각하는 일에 또는 심리학이나 사회과학의 요구에 빠져 아무것도 못할 수는 없는 것이다. 윤리는, 본 연구가 시도하듯이, 생각하는 사람의 생활과 역사에 연관시켜 다루어야 한다. 또한 윤리는 그 자체의 카테고리를 잘 이해하여야 한다. 웨슬리는 특별히, 그의 설교 형태로 된 에세이에서 율법과 사랑의 카테고리를 다루었다.[4] 웨슬리는 그리스도인의 삶에 있어서의 도덕적 법의 역할에 대하여 분명히 하지 않았다. 그러나 로마서에 있는 사도 바울의 신학에 기초하여 조직적으로 설명한 것이 그의 윤리의 명확한 요약이라고 할 수 있다.

사도 바울이 로마서 7장 12절에서 선하다고 말한 율법(law)을 웨슬리는 로마의 법으로 또는 모세가 제정한 도덕적 또는 예식의 법으로 보지 않았다. 그리스도인에게 이런 모든 율법은 폐기된 것이다. 이는 과격하게 자유를 의미하는 말이다. 여기에서 웨슬리는 신약성서가 말하는 믿

---

4) 설교 형태를 가진 에세이는 설교 모양으로 쓰였으나, 그것으로 설교를 하지는 않았다. 1750년에 율법과 사랑이라는 제목으로 쓴 3편의 설교(율법의 기원, 본성 및 역할, 믿음으로 세워지는 율법 I, 믿음으로세워지는 율법 II)가 그의 산상수훈에 대한 설교 다음에 있다. Sermons II, ed. Albert C. Outler, *The Works of John Wesley*, vol.2 (Nashville: Abingdon Press,1985), pp.1-43.

음을 중요시하고 있는 것이 분명하다. 여기서 웨슬리가 말하는 도덕 법(moral law)은 하나님께서 창세 전에 하나님을 봉사할 지능을 갖춘 사람들에게 주신 하나님의 뜻(divine will)이다. 그러기에 하나님의 뜻은 인간의 마음속 깊은 곳에 주어진 것이다. 인간은 하나님께 반항함으로 이 도덕적 법을 허물어 버렸다. 그러나 하나님께서, 보다 작은 양이나마, 법을 죄인인 사람의 마음속에 다시 새겨 주셨다. 그리고 또한 이 법을 다시 이스라엘 백성에게 두 개의 돌판에 기록하여 주셨고, 그 후로는 그들의 마음에 간직하게 하셨다.[5] 그러나 사도 바울이 선하다고 말하는 법은 모세의 법이 아니고 보다도 내재적인 법(internal law), 바로 "사람에게 나타내신 하나님의 마음이다."[6] 이를 다른 관점에서 보면, 즉 "만일 우리가 하나님의 법을 다른 관점에서 보면, 이는 최고 불변의 이성(reason)이다."[7] 이 도덕 법은 하나님의 뜻이다. 그러므로 이 법이 죄의 원인이 될 수 없다. 더 나아가, 이 도덕 법은 공정한 것으로, "모두에게 공정하게 주어졌다."[8]

시간이 있기 전부터 있은 이 법은, 또한 관계적(relational)이다. 그래서 "온 우주와 모든 사람의 처지에 따라서 적용된다. 이 법은 각자의 모든 상황과 그들의 상호 관계에도 적용된다. . . .이 법은 일이, 본질적인 것이든, 비본질적인 것이든, 그의 적합성(fitness)을 알려 준다. . . .'당신의 뜻이 이루어질지어다'가 하늘과 땅에서의 최고의 만유의 법이다."[9]

5) Ibid., p.8.
6) Ibid., p.9.
7) Ibid., p.10.
8) Ibid., p.12.
9) Ibid.

개개의 법들은 모두 하나님께로부터 오되, 인간의 어두워진 이해를 통하여 온 것이다. 마침내 하나님은 그의 사랑으로 이 모든 것을 그리스도 안에서 확인하셨다. 웨슬리는 개개의 상세한 법들을 상대적으로 다룬 것 같다. 그러나 그 법들의 탁월함과 그것들이 영원한 법에 기초하고 있다는 것을 인정하였다. 영원한 법은 모든 상세한 법들과 일치한다. 왜냐하면 그것들도, 또한 하나님의 세계에서의 법이기 때문이다. 당시의 사람들은 여러 가지 법적 가르침에는 불일치가 있다고 생각했지만, 웨슬리는 모두를 위한 하나님의 사랑을 추구하면서, 그런 사소한 일에는 신경 쓰지 않았다.

웨슬리는 율법에는 세 가지 역할(uses)이 있다고 하면서 이 설교를 끝내고 있다. 첫째로, 율법은 사람에게 죄를 깨닫게 한다. 이 율법은 사람에게 자신의 무가치함을 일깨워 준다. 웨슬리는 율법을 설교하여, 전도자들에게 간청하기를, 듣는 사람들이 복음의 필요를 깨닫도록 하라고 하였다. 율법의 두 번째 역할에 대하여는 자주 짤막하게, "율법은 사람이 살 수 있도록 그를 그리스도에게로 곧 생명에 이르게 하는 것이다."[10] 라고 말하였다. 그는 이것을 율법이 어떻게 행하는가에 대하여는 말하지 않았다. 여기서 말하는 작용은 율법의 첫 번째 역할에 포함되어 있는 듯 하다. 여기서 그는 율법의 세 가지 역할(use)을 말함으로 칼빈과 루터의 주장을 완전케 하려는 것인가? 율법의 세 번째 역할은 그리스도인들을 그리스도 안에서 살아있도록 하는 것이다. 이 말은, 율법이 그리스도인에게 그리스도의 모범을 따라 사는 길을 알려 줌으로, 그리

---

10) Ibid., p.16.

스도와의 교제를 깊이 하게 하는 것을 의미하는 것 같다. 그는 반복해서 모세가 정한 모든 것은 그리스도에 의하여 바뀌었다고 말한다. 지금은 율법이 하나님의 사랑 안에서 자유롭게 걸어가는 길을 알려주는 것이 되었음으로, 그리스도인은 율법과 관계가 끝났고 또한 끝나지 않은 상태에 있는 것이다. 웨슬리는 이 설교에서 대담하게 구약의 도덕률을 끌어내렸다. 그러나 그는 이어서 말하기를, "나는 율법이 나를 그리스도에게로 이르게 하기를 원했던 것처럼, 지금 율법이 나를 그리스도와 계속 함께 있게 하기를 간절히 원하고 있는 것을 알기 때문에, 나는, 한순간도 그리스도 없이 지낼 수 없는 것처럼 율법 없이 잠시도 지낼 수 없다."[11]고 하였다.

율법이 죄를 용서하지 않는다. 그러나 율법이 사람을 주님과 가까이 있게 한다. 만약 그가 이미 자유를 얻었고 그리스도와 하나가 되었다면, 감사하라고 웨슬리는 권한다. 그는 유대인의 법과 죄책에서 자유로울 수 있을 뿐 아니라 지옥의 공포에서도 자유로울 수 있다. 어디인가에서, 웨슬리는 지옥의 공포를 그의 설교에서 하나의 주제로 다룬 것을 말한 적이 있다. 그러나 여기에서, 그는 진실로 자유를 얻은 그리스도인에게는 그런 것을 말하는 것은 부적절하다고 인정한다. 그러나 그는 여전히 성숙한 그리스도인에게 자유를 활용하여 죄를 짓지 말라고 간청하고 있다.

웨슬리가 말하는 율법의 세 가지 역할은 칼빈이 말하는 율법의 역할, 곧 (1) 죄를 깨닫게 하고, (2) 악을 억제하고, 그리고 (3) 그리스도인의 양

---

11) Ibid., p.18.

심에 알려 준다는 세 가지 역할보다는 덜 분명한 것 같다. 그의 두 번째 역할은 뚜렷한 작용을 말하고 있다. 웨슬리도 율법, 특별히 자연법을 이렇게 사용하였다. 그러나 그는 여기에서는 그를 언급하지 않았다.

이에 관한 두 번째 설교(믿음으로 세워지는 율법 I, The Law Established by Faith I)에서는 도덕무용론(antinomianism)을 강하게 경고하고 있다. 그들이 율법을 무시함으로, 또는 믿음만 강조함으로, 태만의 죄를 범함으로 율법을 경시하는 것을 강하게 경고하고 있다.

세 번째 설교(믿음으로 세워지는 율법 II)에서 그는 믿음이 아주 중요하지만, "믿음은 여전히 사랑의 시녀인 것이고, 사랑이 하나님의 모든 계명의 목표(end)이다."[12]라고 주장한다. 이어서 그는 말하기를, "사랑은 영원부터, 사랑의 원천이신 하나님 안에 있었다. 모든 하나님의 자녀들은 그들이 창조되는 순간부터 이 사랑을 받고 있다. 저들은 동시에 영광스러운 창조주로부터 사랑을 받아 존재하며 사랑한다."[13] 믿음은 인간이 사랑 안에서 회복될 수 있게 하는 수단이다. 그리스도를 믿음으로 하나님의 사랑을 알게 된다. 그래서 이웃을 사랑하게 된다. 이 사랑 안에, 십계명에 있는 대로, 이웃을 해치지 않는 소극적 법(negative law)과 이웃에게 선을 행하는 적극적 법(positive law)이 포함되어 있는 것이다. 이 사랑이 바로 사람의 마음과 삶에 중요하게 자리를 차지하고 있다고 웨슬리는 말하였다. 이 설교는 사랑의 법이 세워졌다고 결론적으로 말하고 있다. "그러므로 당신은 계속해서 믿음에서 믿음으로 나아가며, 또한

---

12) Ibid., p.38.
13) Ibid.

거룩한 사랑 안에서 매일 매일 성장하여, 마침내 믿음은 사라져 보이지 않게 되고, 사랑의 법이 영원히 세워질 것이다."[14]

이 세 편의 설교에서 웨슬리는 바울의 글을 확대하고 요한의 신학을 활용하여 그가 이미 마태의 것을 가지고 전개한 것을 확립하였다. 곧 웨슬리에게 있어서, 기독교의 윤리는 근본적으로 사랑의 윤리이다. 리챠드 니버(Richard Niebuhr)는 그의 《책임있는 자아(The Responsible self)》에서 말하기를, 기독교의 윤리는 주로, 목적-지향적 유형(the end-oriented type), 규칙-지향적인 유형(the rule-oriented type), 또는 적합한 응답의 유형(the fitting response type)에 속한다고 주장하였다.[15] 분명히 여기에는 사랑의 성취를 종말론적으로 개인이 희망하는 목적-지향적인 곧 목적론적인 윤리의 요소가 있기는 하지만, 이런 요소들이 지배적이지는 않다. 이는 기본적으로 규칙, 곧 계명 지향적인 윤리이다. 이 존재론, 곧 사랑의 형이상학적 성격의 표현이 모든 사람들(students)에게 폴 틸리히(Paul Tillich)가 그의 책, 《사랑, 권력, 정의(Love, Power, Justice)》[16]와 《조직신학》 3권[17]에서 말하고 있는 사랑의 존재론에 입각한 기독교 윤리를 생각나게 한다. 이 책들에서 틸리히는 인간의 소원해진 성격 때문에, 사랑이 어떻게 계명-지향적인 윤리(command ethic)가 되는 가를 설명하고 있다. 웨슬리는 틸리히보다 200년 전에, 이 점을 말하고 있었다. 웨슬리의 윤리가, 사랑의 절대적인 것과 사회 현실주의의

---

14) Ibid., p.43.
15) H.Richard Niebuhr, *The Responsible Self* (New York: Harper & Row, 1963)
16) Paul Tillich, Love, *Power and Justice* (New York: Oxford University Press, 1954).
17) Paul Tillich, *Systematic Theology*, vol. 3 (Chicago, University of Chicago, 1963).

전제조건을 주장함에 있어, 라인홀드 니버(Reinhold Niebuhr)가 그의 책,《인간의 성격과 운명(the Nature and Destiny of Man)》[18]의 '정의(justice)'라는 장에서 말하고 있는 것을 예시하고 있다는 점에서, 웨슬리의 사랑의 윤리는 오늘에 적합성을 지니고 있다고 말할 수 있다. 그들이 그리스도인 개인의 도덕적 덕성의 필요를 주장하는 일과 인간 사회가 부패한 것을 정확히 본 점에 있어서도, 둘은 비슷하다.[19] 여기에 웨슬리의 윤리는 사도 바울의 글에 대한 주석에 기초하고 있다. 그런데 리챠드 니버, 폴 틸리히, 그리고 라인홀드 니버 같은 현대인들의 윤리적 통찰력에 유사성을 지니고 있다는 것은 무엇보다도 놀랄 일이다. 그러나 웨슬리는 바울의 글에 대한 주석을 철학적 개념으로 펼쳐나갔고, 여기서 언급한 세 사람의 철학적 개념은 바울에게서 나온 신학에 모두 근거를 두고 있다.

윤리의 유형

웨슬리의 윤리를 연구하는 사람들은 그의 윤리는 하나의 "아가페 사랑의 규칙(rule-agapism)"[20]이라고 보는 것이 옳을 것이다. 이는 웨슬리의 신학과 윤리에서 또는 그 둘의 합친 데서 사랑의 중심적 역할을 인정하는 것이다. 이는 또한 웨슬리가 도덕무용론을 반대하며 심하게 싸웠

---

18) Reinhold Niebuhr, *The Nature and Destiny of Man*, vol 2. (New York:Charles Scribner's Sons, 1943), pp.244-86.
19) Reinhold Niebuhr, *Moral Man and Immoral Society* (New York:Charles Scribner's Sons, 1932).
20) William K. Frankena, *Ethics* (Englewood Cliffs: Prentice-Hall, 1963), pp.42-45.

다고 생각하는 것이다. 그의 도덕률은 성경과 도덕의 원리에 나타나 있는 하나님의 뜻에 순종하는 것으로 되어있다. 사랑에 집중되어 있는 언어들이 웨슬리의 윤리의 각별한 기독교적 특징을 드러내고 있다. 기독교 윤리는, 그것이 목적론적 유형이다, 아니면 의무론적 유형이라고 지적하기 전에 사랑의 윤리이다. 기독교 윤리는 하나님과 인간에 관하여 주어진 명령에 근거하고 있기에, 기독교의 윤리를 철학적 윤리의 어느 한 유형이라고 말하기는 어렵다.

웨슬리의 생애 전체를 살펴 봄으로, 그가 그의 상황에 어떻게 대처하였는지를 알 수 있다. 많은 경우에 그는 현명하였다. 그는 자신의 삶과 전도자들의 생활을 규정에 의하여 잘 관리하였다. 그는 그의 신도회를 위하여 많은 규정을 만들었다. 그 후에 잘 알려진 대로 메소디스터 교회가 도덕주의로 흐르는 경향이 있다고 하는데, 그 기원은 바로 웨슬리에게 있는 것이다. 프랑케나(Frankena)는 윤리에 있어 기독교 유형은 아가페주의(agapism)라고 부른다고 하는데, 그런 윤리에서는 정의(justice)를 어떻게 설명할지를 걱정하였다. 그러나 내가 보기에는, 정의(justice)는 이성을 통하여 알려진 인간의 본질(essence)의 일부(part)로서 선행적 은총에 의하여 있게 된 이웃에 대한 사랑의 표현이다. 웨슬리에 있어, 이웃을 사랑한다는 것은 이웃에게 그들이 받아야 할 것 곧 필요한 것을 주는 것을 의미한다.

레온 힌손(Leon Hynson)은 훌륭한 웨슬리 학자이다. 만약 그가 웨슬리의 윤리가 아가페사랑의 윤리(rule-agapism)인 것을 알았더라면, 그는 많은 혼돈에서 벗어날 수 있었을 것이다. 그는 웨슬리의 "노예

제도에 대한 생각: 인간 권리에 대한 선언(Thoughts upon Slavery: A Declaration of Human Rights)"에 있는 웨슬리의 윤리는, 클라렌스 벤스(Clarence Bence)를 따르면서, 웨슬리가 자연법의 원리를 이용하면서 노예제도를 주장하는 논의를 논파하였기는 하지만,[21] 목적론적 윤리 곧 목적 지향적인 윤리라고 주장하였다. 실제로 그는 그가 만난 가난한 사람들에 대한 사랑에서, 가르쳤고, 세례를 베풀었고, 절조있는 논리로 노예 매매에서 보인 비인간적 욕심을 공격하였다. 그가 전에 쓴 책에서, 힌손은 웨슬리의 불변의 이성의 도덕법을 에드워드 롱(Edward Long)의 신중한 윤리의 카테고리에서 논의해 보려고 했다.[22] 실제로, 롱(Long)은 그의 책,《기독교 윤리의 개론(A Survey of Christian Ethics)》에서 웨슬리의 윤리를 규범적 유형(Prescriptive type)이라고 말했다.[23] 힌손의 책은 매우 유익하다. 웨슬리의 윤리를 아가페사랑의 규정(rule-agapism)으로 보는 개념은 힌손이 "결국 중요한 것은 사랑으로 역사하는 믿음이다(갈 5:6)"라고 달리 결론을 내리도록 감화를 주었을 것이다. 웨슬리의 윤리에 결정적인 표준이 된 성경구절은 바로 이 성경구절이다.[24] 다른 곳에서, 그는 이미 "웨슬리의 사회 윤리는 하나의 사랑의 윤리(and ethic of love)이다"[25]라고 바르게 기록했었다.

---

21) Leon O. Hynson, "Wesley's Thoughts upon Slavery: A Declaration of Human Rights," *Methodist History* 33 (October 1994), 46-57.
22) Ibid., pp.47, 55.
23) Edward L. Long Jr., *A Survey of Christian Ethics* (New York: Oxford University Press, 1967), p.113.
24) Leon O. Hynson, *To Reform a Nation* (Grand Rapids: Zondervan, 1984) pp. 54-55.
25) Ibid., p.56.

웨슬리는 많은 것을 논술했으므로 그에 대한 한 사람의 해석을 무조건 받아들이지 않는 것이 옳을 것이다. 웨슬리의 윤리의 신학 체계를 설명하는 저자들이 가끔 웨슬리의 다른 윤리에 관한 글들도 참고하지도 않고 그 체계가 확실한 것처럼 말하곤 한다. 나는 그들이 말하는 대로, 웨슬리의 윤리가 창조의 체계다, 구원의 체계다, 종말론적 체계다, 또는 삼위일체 형식이다, 또는 기독론적 카테고리이다 등으로 부르기를 주저한다. 웨슬리는 기독론적이요, 삼위일체론적이요, 그리고 창조, 구원, 종말론에 관하여는 정통주의 입장이었다는 것은 사실이다. 그러나 또한 그는 그의 추종자들의 신학적 견해에 관한 것보다 그들이 어떻게 살고 있는가에 대한 관심이 더 컸던 것도 사실이다. 웨슬리는 원래 전도자이다. 그러나 그가 신학을 생각할 때 그는 십중팔구 신학과 동시에 윤리에 지대한 관심을 가진 것이 확실해 보인다. 사실 신학과 윤리를 완전히 구분하기는 힘들다. 그가 도덕무용론(antinomianism)과 싸운 것이 그의 생애에서 가진 세 가지 신학적 논쟁 중의 하나이다. 두 번째 논쟁은, 그가 보기에 윤리와 전도를 망치게 한 굳센 칼빈주의가 주장하는 예정론에 대한 논쟁이다. 세 번째 논쟁은 그리스도인의 완전의 해석과 또한 윤리와 기독교 사랑의 사회적 중요성과 그 가능성에 관한 논쟁이다.

도덕적 품성

웨슬리의 윤리의 중심 주제(motif)는 사랑이다. 그의 윤리는 사랑과 연관이 있는 다른 모델들도 포함한다. 정의(justice), 율법, 성화도 웨슬리에 있어서는 중요한 윤리적 개념이다. 그것들은 모두 사랑과 관련되어 있다. 스탠리 하우어워스(Stanley Hauerwas)는 도덕적 품성(character)과 선행(virtue) 문제를 성화와 함께 다루어야 한다고 제안하였다. 그는 로마 가톨릭의 윤리에 있어서는 전통적으로 품성과 선행이 보다 중심이 되어 있다고 말하며, "개신교의 신학적 윤리를 선행과 품성을 강조하는 가톨릭의 견해를 가지고 재고하려고 시도하고 있었다."[26] 웨슬리는 18세기의 사상가로서 늘 품성을 언급하였다. 그의 전집에 무려 344번이나 품성(character)이라는 말을 사용하고 있다. 이 말은 대부분 인간의 도덕적 품성 그리고 도덕적 행위자로서의 그들 자신을 언급할 때 사용되고 있다. 웨슬리는 자신에 대한 성찰을 자주 언급하고 있고, 또한 면접을 통하여 자기 회원들의 품성을 언급하고 있다. 그는 헨리 필딩(Henry Fielding)과 같은 다른 18세기의 저자들이 그랬듯이, 품성을 매우 중요하게 생각한다.

존 웨슬리를 연구하는 초창기의 감리교회 저자들도 웨슬리의 품성을 연구했다. 그러나 웨슬리는, 아리스토텔레스-토마스 아퀴나스 파들이 품성과 선행을 강조하고 있다는 것을 잘 알고 있고, 또한 옥스퍼드와 영국교회가 그것을 강조하고 있음에도, 그것을 그의 윤리의 중심으로 삼기를 거절하였다. 품성은 개신교의 윤리에서는 너무나 인도주의적이요, 너무나 목표지향적이며, 실행 지향적이다. 인간의 품성을 개신교의 윤리의 중심으로 삼고자 하는 것은 개신교 윤리에 있는 하나님과 인

---

26) Stanley Hauerwas, *Character and the Christian Life: A Study in Theological Ethics* (San Antonio: Trinity University Press, 1975), p.2.

간 간에 칭의-성화의 다이나믹(dynamic)을 상실하는 것이 된다. 그래서 웨슬리는 그렇게 하는 것을 거절하고, 새 운동을 만들었다. 내가 생각건대, 웨슬리와 하우어워스는 이런 것을 알았을 것이다. 웨슬리는 그 방법을 취하지 않고, 다른 하나의 윤리의 유형을 만들었다. 그러나 하우어워스는 그 길을 택하고 개신교의 윤리를 날카롭게 비판하는 자가 되었다. 웨슬리에 대한 하우어워스의 비판의 일부는 아마도 그가 웨슬리가 품성에 대하여 쓴 글들을 참고하지 못한 데서 온 것 같다. 그는 웨슬리의 완전한 사랑에 대한 글만 보고, 우리가 그의 글을 볼 것 같으면, 그는 웨슬리가 쓴, 《메소디스터의 성격(The Character of a Methodist)》를 읽지 않았다. 그의 글을 보면 그는 대담하게 웨슬리를 비평하면서, "은총의 경험적 면을 그렇게 강조한 웨슬리가 어떤 종류의 개성이 그런 특징들을 드러내는지를 설명하려고 하지 않았다"고 하였다.[27]

그가 쓴 《메소디스터의 성격(The Character of a Methodist, 1742)》은 비교적 초창기에 쓴 책으로서, 그가 그의 신도회에서 형성하고자 했던 특징에 관하여 쓴 다른 글들과 비슷하다.[28] 이 글들을 보면, 웨슬리는, 알렉산드리아의 클레멘트(Clement of Alexandria, ca.150-215)의 책(*Miscellanies*)에 근거하여 초대교회의 전통의 예를 들어 잘 설명하고 있다.

여기서 그는 옥스퍼드에 있는 진지한 젊은이들의 그룹에게 메소디스

---

27) Ibid., p.194.
28) 그와 비슷한 목적을 가지고 쓴 글들은 다음과 같다. "메소디스트의 원리(*The Principle of a Methodist*), 연합 신도회의 성격과 목적, 규정(*The Nature, Design, and General Rules of the United Societies*)"이다. 이하 생략(역자).

트(Methodist)라는 이름을 부르게 한 사람이 크라이스트 처치(Christ Church)의 존 빙햄(John Bingham)이라고 말하고 있다. 그 문서에서 그는 이 그리스도인 그룹이 지켜야 할 원리와 실천(principle and practice)을 마련하고 있다. 웨슬리는 사상과 행위가 메소디스트의 특징을 형성한다고 생각했다. 나는 여기에서 웨슬리의 윤리의 대부분은 규범적 유형이라고 보지만, 그는 그의 신도회의 사상과 도덕적 실천을 묘사한 것이다. 그러나 그는 이것들이 자기에 대한 묘사이거나 또는 그의 그룹의 각자가 이룩한 것에 대한 묘사라고 주장하지 않는다. 아래에 적는, 그들이 높이 동경하는 원리와 실천은 어느 정도 목적론적인 면과 규범적인 기능을 간직하고 있다.

1. 하나님께서 주신 성경은 믿음과 행위의 유일하고 충분한 규칙이다.
2. 메소디스트의 언어(language)는 성서적이며, 평이한 것이지 독특한 것이 아니다.
3. 메소디스트가 행하는 풍습이나 의복은 독특하지 않다.
4. 메소디스트는 다른 교리들을 무시하고, 기독교의 한 가지의 교리만 주장하지 않는다. 모든 교리를 모두 중요시한다.
5. 메소디스트는 온 마음을 다하여 하나님을 사랑하는 사람이다.
6. 메소디스트는 하나님 안에서 기뻐하며 행복한 사람이다.
7. 메소디스트는 기쁨으로 영원한 생명에 대한 소망을 가지고 하나님께 감사한다.
8. 메소디스트는 항상 기도한다.

9. 메소디스트는 이웃을 사랑하며 이웃의 복지를 촉진하기 위하여 노력한다.
10. 메소디스트는 마음이 청결한 사람이다.
11. 메소디스트는 그리스도의 법에 따라 살기를 계획한다.
12. 메소디스트는 자신의 능력과 전력을 다하여 하나님의 계명들을 수행한다.
13. 메소디스트는 그의 온 생애가 하나님을 향하고 있다.
14. 메소디스트는 세상의 풍속을 버리고 선을 추구한다.
15. 메소디스트는 그들의 육체와 영혼을 돌보면서, 모든 사람을 위하여, 할 수 있는 한 모든 선을 행한다.

웨슬리는 다른 곳에서는, 여기에서 간단히 열거한 것보다 더 자세하게 말하고 있다. 우리가 그의 설교, 편지들, 신도회에서 한 말들을 보면 그가 말하는 그리스도인의 품성과 또 성결하기 위해 신자가 무엇을 해야 하는가를 쉽게 알 수 있다. 그는 경건의 생활을 적극적으로 할 것과 이웃을 적극적으로 봉사할 것을 권면하고 있다. 그는 종교적 단체, 교회, 사회에 관여하여 저들 모두를 하나님께서 그들이 드러내기를 원하시는 그 사랑으로 개조하기를 힘썼다. 그에게 있어서는 그리스도인의 생활이란 자신과, 종교 단체, 그리고 사회를 적극적으로 개조하는 것이었다. 내가 하우어워스(Stanley Hauerwas)가 웨슬리를 연구한 것으로 볼 것 같으면, 그는 종교 단체 안에서의 공동생활 가운데 형성되는 자아(self)의 특별한 중요성을 해설하는 데 약했다. 그리고 광범위한 사회 개혁과 자선 사업과 연결되어야 할 자아의 필요성을 이해하는 데 더욱 약했다. 우리는 웨슬리에게서, 올바른 그리스도인은 종교 단체 안에서 다른 사람들과 단절되어 살 수 없고, 또한 올바른 그리스도인의 품성은 그가 사는 시대의 사회개혁에 참여하지 않을 수 없다는 것을 배웠다.

개혁과 혁명

웨슬리의 추종자들은 혁명을 찬성하지 않았다. 존 자신도 1745-1746년에 있은 자코바이트 반란(Jacobite rebellion)과 1776년에 있은 미국 혁명을 반대했었다. 과격한 프랑스의 혁명은 영국의 휘그당(Whig Party)을 분열시키고 토리당의 저항을 받았다. 그러나 그때 존은 건강이 쇠퇴하여 참여를 못했다. 그는 계속해서 프랑스와 영국의 과격한 사람들을 격려하는 사상을 가진 프랑스의 철학자들을 반대하였었다. 그는 루소(Rousseau), 몽테스키외(Montesquieu), 볼테르(Voltaire) 등의 사상에서는 가치를 발견할 수 없다고 생각하여, 그들을 비난하였다. 혁명가라고 볼 수 있는 영국의 철학자 존 로크(John Lock)의 사상이 이미 1688년에 일어난 영국 혁명(Glorious revolution)을 뒷받침하였다. 웨슬리에게 있어서는 그 혁명이 그가 인정한 그의 시대의 마지막 혁명이었다. 과격론자들은, 그들이 토마스 페인(Thomas Paine)과 같은 무신론자이든, 존 위더스푼(John Witherspoon)과 같은 칼빈주의자이든 간에, 그들을 거절하였다. 존의 견해들이 그의 윤리를 잘 드러내고 있다. 그런데 역사가들은 종종 그것들의 사회적 영향을 과장해서 말하곤 하였다. 사회 역사학자 로이 포터(Roy Porter)에 의하면, 웨슬리의 추종자들은 영국 국교회 말고도 다른 종교 단체들에 많았다고 하였지만, 웨슬리가 죽을 때까지 혁명을 예방하거나, 일으키거나 할 단체들은 아주 적었다: "그 때 메소디스트 단체는 아직 중요한 위치에 있지 않았다. 1767년에 메소디스트는 겨우 24,000명이었고, 1796년에 이르러 77,000명이 되었다. 그러므로 어떤 역사가들이 메소디스트가 영국을 프랑스 혁명에서 구하였다고 보거나, 아니면 거의 혁명을 일으킬 뻔 했다고 보거나 하는 것은 착각에서 나오는 말이다. 그것이 일치된 견해도 아니었다."[29]

포터가 웨슬리는 독재적 정치를 하고 있음에도 불구하고, 종교적으로 깨어나고 훈련받은 자기 사람들에게 민주주의 정신과 자아 존엄성을 장려하고 있었다고 본 것은 바로 본 것이다. 웨슬리는 하나님께 대한 충성을 장려하고 있었다고 봐야 할 것이다. 그러나 지도층에 심각한 분열도 없었고, 미국 혁명에서 실패한 후 군부에도 불화가 없어, 혁명을 일으킬만한 기회는 없었다. 영국의 귀족사회와 지식계층에는 프랑스를 편드는 사람들이 있기는 하였지만, 일반적으로는 영국사람은 프랑스를 미워하였기에 프랑스의 과격주의를 통째로 받아들이는 일은 없었다. 프랑스의 군주가 행한 일은 영국에 있었던 시민전쟁으로 인한 무법상태를 상기시켰다. 그래서 영국시민들은 그런 일을 하기를 원치 않았다. 만약에 1790년대에 웨슬리의 건강이 좀 좋았으면, 그는 당연히 메소디스트 가운데서 혁명적 정신을 찍어 내려고 했을 것이다. 그러나 그는 그렇게 하

---

29) Roy Porter, *English Society of the Eighteenth Century*. rev. ed. (London: Penguin Books, 1991). p.177. Tyerman's larger number of 135,000 from the conference of 1790 does not materially alter Porter's point.

지 못했고, 몸이 쇠퇴하여 갔다. 그의 관심은 끝까지 노예제도를 폐지하는 일에 있었다.

그러나 이 말은 19세기와 20세기에 있어 메소디스트가 과격주의를 장려할 수 없다는 것을 의미하는 것은 아니다. 실제로 메소디스트는 (미국 남북전쟁 당시의) 연방주의를 장려하였고, 특히 초대 감리교회의 지역에서는 사회 비판을 과격하게 하였다. 세계대전이 끝난 후, 처칠(Churchill) 수상 다음의 클레멘트 애틀리(Clement Attlee) 노동당 수상이 1959년에 나에게 친히 말하기를, 자기는 메소디스트 사람들의 지지가 없었더라면 의회에 의원으로 선출이 못 되었을 것이라고 하였다. 과연 존 웨슬리 자신의 윤리는 기독교 자선 사업과 개혁에 영향을 미쳤다.

웨슬리가 쓴 《영국 역사》도 가난한 사람들의 생활 수준을 향상시킨 혁명의 예를 기록하지 않았다. 심지어 무산자 계급과 농민들의 이름으로 시작한 20세기의 공산주의의 혁명은 어느 하나의 계급의 이득을 위한 하나의 운동이 되고 말았다. 웨슬리 시대에 가난한 사람들을 위한 변화를 줄 수 있는 정치적 권력은 비교적 안정된 상류계급, 곧 그 당시 토지, 무역, 군대, 그리고 교회를 지배하고, 또한 그 세기에 말에 일어나는 산업주의에도 지배력을 가지고 있던 상류계급에 있었다. 새로운 경제 학설이 글래스고(Glasgow)에서 정밀하게 구성되고 있었다. 웨슬리는 많은 책을 읽고 있었지만, 그가 아담 스미스(Adam Smith)의 글을 읽었다는 증거는 없다. 스미스의 이성적 낙관주의와 웨슬리의 가난한 사람을 돕는 사랑을 비교 내지 대조하는 것은 웨슬리의 윤리를 정밀히 파악하는 데 도움이 될 것이다.

아담 스미스의 조화로운 사회

아담 스미스의 도덕적 이론은 사람은 이기적이다(self-interested)라는 것을 전제로 하고 있다. 저들은 또한 자기들과 같은 다른 사람들에 대한 동정심을 가지고 있다. 이 이기심과 동정의 혼합에서 이성을 통하여 도덕률을 연역할 수 있었다. 경제학은 스미스가 글래스고 대학교(University of Glasgow, 1751-1764)에서 가르친 도덕철학의 한 부분인 줄로 안다. 도덕철학은 또한 종교철학을 포함하고 있었다. 스미스의 종교(신앙)는, 그의 생애가 그렇듯이, 존 칼빈을 따르는 자로서의 열정은 없었고, 단지 칼빈을 따르는 스코틀랜드 교회의 교인이었던 것뿐이다. 칼빈과 웨슬리의 경우에 그랬듯이, 하나님 사랑과 이웃 사랑이 스미스의 도덕률의 중심이었다. 그러나 세상의 문제를 다루는 그의 도덕률의 자세한 것은 적절한 행동에 기초를 두고 있었다. 이를 18세기의 영국 학자들이 좋아했다.[30]

스미스는 사람으로서는 약간 주의가 산만하고 별난 학자이지만, 굉장한 지식을 조직적으로 그리고 이성적으로 체계화하였다.[31] 첫째는, 논리학의 교수로서, 그 다음은 천문학의 저자로서, 생명의 규칙적인 것과 잘 어울리는(harmonious) 성질에 깊은 감명을 받았다. 이런 조화(harmonious)는 천문학의 천공의 물체들의 성질에 또는 그가 행한 사

---

30) The following pages on Smith and Wesley are an edited version of pages from my The Ultimate Imperative: An Interpretation of Christian Ethics (Cleveland: Pilgrim Press, 1999), pp.145-49.
31) Robert L. Heilbroner, *The Worldly Philosophers* (New York: Simon & Schuster, 1972), for the presentation of Smith's eccentricities를 보라.

회 연구에서 본 인간의 본성에서도 발견되었다. 모든 것은 하나님이 정하신 것이다. 그러나 하나님은 자주 피조물에 간섭하여 주어진 질서들을 방해하지 않았다.

그리고 그는 이기적인 인간이 어떻게 부를 축적하였는가를 서술한 후에, 각 개인의 부를 최대한으로 증대하는 것이 어떻게 사회의 전체 부에 도움을 주었는지를 설명하였다. 개인, 곧 교역하고 무역하여 부를 축적한 개인이 반드시 사회에 이익을 주려고 의도하지 않았다. 그러나 사람이 부를 이성적으로 그리고 적절하게 축적하려는 목적을 촉진하는 만큼 사회의 전체 부는 증가되었다. "사람은 많은 다른 경우에 있어서 그랬듯이, 보이지 않는 손에 이끌려 자신이 애초에 의도하지 않았던 목적을 촉진한다."[32] 이는 자유 경쟁의 사회에 있어서, 한계효용의 원칙(the principle of marginal utility)에 의하여 사람이 무역하거나 매매한 노동이 될 수 있는 대로 높은 보수를 받는다는 것을 가정한 것이다. 사람이 노동을 사회의 자본과 자산을 결부시켜 일할 때는 그 사회의 부는 증가하였다. 그는 일찍이 그의 도덕 철학에서 이 말로 부를 극대화하는 것을 의미하는 것이 아니라, 부자들이 사람들을 고용하는 것을 통하여 생활의 필수품들을 분배하는 것을 의미했다. 이 말은 그의 도덕 이론에서 순진하게, 모든 사람은, 생활의 전 필수품에 대하여서는 아닐지라도, 마음의 평화에 있어서는 같은 평화를 거의 다 골고루 가지고 있다는 것을 주장하려고 한 것이다. "대로 옆에서 햇볕을 쬐고 있는 거지(beggar)

---

32) Adam Smith, *An Inquiry into the Nature and Causes of the Wealth of Nations* (Indianapolis: Liberty Fund, 1981), p.456.

도 왕들이 얻고자 하는 그 안전을 유지하고 있는 것이다."[33] 그의 도덕철학에서 사용하고 있는 말, "눈에 안 보이는 손"은 세상을 균등하게 나누지는 않았지만, 여전히 가난한 사람에게도 행복을 주시는 하나님의 섭리와 비슷한 의미로 사용하였다.

그러나 사람들이 거의 동일하게 취급되었다고 하는 경솔한 가정은 18세기 영국 사회의 누추함과 광산과 공장 개발에서 오는 잔인함에 대한 보다 경험적 관찰에 의하여 살펴볼 필요가 있었다. 그가 앞서 천문학에서 눈에 안 보이는 손을 언급할 때는 이는 자연의 규칙적 질서에 로마의 최고의 신 쥬피터(Jupiter)의 간섭이 없었다는 것을 의미했다. "국부론(Wealth of Nations)"에서 그 말을 달리 사용하여 "도덕 감각의 이론(The Theory of Moral Sentiments)"에서는 그는 인간의 평등(human equality)을 주장하는 것이었다. 그러기에, "눈에 안 보이는 손"이란 경제 윤리에서 적절한 의미를 가진 한계효용(marginal utility, 즉 소비자가 상품 또는 서비스를 한 단위 더 구매함으로써 얻어지는 만족도의 증가량)의 최대화의 결과를 의미하는 것이다.

스미스가 그의 책, 《국부론》에서 말하는 그의 혁명적 목표는 인간 기질의 자연법들이 활약할 수 있게 된다면, 많은 사람들을 위한 큰 행복이 있도록 하려는 목표를 충족시키는 것을 보여주는 것이었다. 기계들로 생산력을 증가시키는 일과 결합한 노동 분배의 원리는 사회의 부(wealth)를 증가시킬 것이다. 상품을 거래하는 시장업계(market)가 국

---

33) Adam Smith, *The Theology of Moral Sentiments* (Indianapolis: Liberty Fund, 1982), P.185.

가의 부의 증가를 위해 만든 계획보다 더 잘 하였다. 만약에 정부가 상거래를 돕는다고 하면서 업계를 관리하려고 한다든가 또는 업무를 제한함으로 국제 무역을 못하게 하려고 하면, 부를 증가시키는 시장업계에게 주어진 기능은 제거되고 말 것이다. 통상적으로 말해, 사람 즉 소비자들에게는, 정부가 특정한 상거래에 적게 간섭할 때, 보다 큰 도움이 될 것이다.

한 시장업계로 인하여 정부의 부패가 생길 수 있는 것과 같이, 또한 그로 인하여 시장업계에도 전적인 부패가 있었다. 둘 다 소비자들의 복리와 부의 성장에 비합리적인 장애물이 된 것으로 나타났다.

스미스를 그 당시의 존 웨슬리와 대조해 보면, 그에게는 도덕적으로 큰 맹점이 있다. 웨슬리는 가난한 사람을 위하여 탄원하였고, 또한 그들을 규합하여 단체를 만들었다. 또한 웨슬리는 노예제도 폐지를 위하여 싸웠고 감옥의 개선을 위하여 활약하였다. 스미스는 이런 일들에 대하여는 부족하였다. 그리고 인간 정신의 부패에 대하여는 아주 천진난만하였다. 그럼에도 불구하고 그는 낙관적으로 인간의 경제적 발전을 도모하며, 인간의 행복을 경제의 합리적인 운영을 통하여 증진하려고 하였다.

1776년의 영국은 많은 면에서 스미스가 본 것과 같았다. 그러나 거기에는 스미스가 파악하지 못한 많은 비참한 것들이 그냥 있었다. 그가, 합리적인 경제적 경쟁은 반드시 협력을 수반한다, 그리고 그것이 모든 사람의 부를 증진시킬 수 있다고 말한 것은 옳다. 그러나 그는 자연 세계에도 제한(the limit of nature)이 있다는 것을 거의 생각하지 않고 있었다. 그는 모든 경제가치(value)가 노동과 자본의 탓임을 조금도 인정하지 않았다. 그는 천연자원이 부(wealth)를 가져다준다고 인정하였다. 오늘의 세계 경제는 그의 연구(analysis)를 상기하고 그의 생각을 그가 잘 깨닫지 못하고 있던 문제들과 맞추어본다. 그의 노동 분배의 이론, 공업의 발전이 노동에 시장업계의 기능에 따라 계획하지 않았던 협력을 초래한다는 이론, 부의 발전을 위해서는 세계무역이 필요하다는 이론, 어떤 특별한 이권이 정부나 산업을 지배하여 시장경제를 부패케 하는 위험이 있다는 이론 등은 경제적 부정 때문에 계속하고 있는 몸부림침에 대한 유익한 공헌이다. 스미스의 순수한 경쟁에서 유래하는 조화(harmony)에 대한 합리주의적 문화 운동의 낙관론은 칼 마르크스(Karl Marx), 챨스 다윈(Charles Darwin) 그리고 지그문트 프로이트(Sigmund Freud)를 배우면서 자라난 세대에게는 예스럽고 매력적인 것 같다. 이는 얼핏 보면, 경제 자율성, 곧 죄의 실체도 부정하지 않고 또한 하나님의 나라의 실체도 부정하지 않는 경제 자율성에 가까운 주장처럼 보인다.

복음적 경제학

존 웨슬리의 생각은 경제학에 대하여 글을 쓰는 일에 몰두하였다. 그가 유럽인들에 의하여 강제로 노예가 된 아프리카인들의 심각한 어려움을 쓰고 있었는지, 아니면 정부와 지배층에 의하여 어려움을 겪고 있는 영국의 가난한 사람들의 몹시 나쁜 상태를 기술하고 있는지 간에 그의 태도는 결코 온건하지 않았다. 그가 사용하는 언어, 문장, 그리고 논의는 근본적인 경제 상태의 변화를 요구하고 있었다. 그의 글의 어떤 부분은 묘사적이지만, 그는 하나님의 나라를 보는 눈으로, 인간 생활의 누추함을 똑똑히 보았고 또한 기술하였다. 아프리카인들은 대서양 한가운데 있는 노예(무역)선에 내던져졌고, 영국사람들은 탐욕의 죄 때문에 거름 무더기 가운데서 그들의 음식을 발견하게 되어 있었다.

스미스가 사회의 분쟁적 성향에 대하여 안 것과 같이 웨슬리는 사회의 화목한 면에 대하여 알고 있었다. 두 사람은 질서를 원했으며 또한 18세기 영국의 사람들이 충분한 자산을 갖기를 갈망하였다. 그러나 죄의 심각성을 알고, 완전을 갈망하는 웨슬리는 스미스보다는 더 사람과 사회의 많은 변화를 희망했다. 그는 또한 스미스보다는 분명히 더 변화의 필요를 보고 있었던 것 같다. 스미스는 인간의 자연적 성향은 자기와 같은 다른 사람에 대한 애정이 있는 것을 봐서, 인간의 성격은 도덕성의 경향이 있다고 보았다. 그러나 웨슬리는 인간의 성격은 하나님의 명령 때문에 도덕성의 경향이 있게 되었다고 보았다.

웨슬리는, 그가 보고, 연구하고, 또한 세상에서 경멸당한 사람들과 함께 일하면서 절실히 느끼고, 경제 세계에서의 자비와 정의를 요구하게 되었다. 웨슬리가 정의를 탄원하고 있는 것은 오늘의 세계에서 해방신학이 외치고 있는 것과 밀접한 점이 있다. 그러나 그의 탄원의 대부분은 개혁을 위한 것이었다. 그는 왕과 의회가 망하는 것을 기대하지 않았다: 사실 그는, 미국에서나 프랑스에 있어서의 혁명을 크게 염려하였다. 웨슬리의 특별한 권면은 개혁을 위한 것이었다. 그리고 많은 경우에 있어 개혁이 혁명 없이도 성취될 수 있었다. 역사적으로, 대부분의 개혁이 지지를 못 받았을지라도, 혁명 없이 어느 정도 이루어져 왔다.

영국의 번영의 상당 부분이 삼자 간에 행해지는 비참한 노예 무역에 달려 있었기 때문에, 웨슬리가 지지하는 노예제도 폐지는 그가 주장하는 개혁 중에서 가장 원대한 개혁이었다. 노예제도가 번영을 가져다주든지 아니든지 간에, 노예제도는 나쁜 것이었다. 그래서 모두 끝내야 한다고 주장했다. 웨슬리가 알기로는 유럽 사람들이, 어느 다른 나라들보다 더 나쁘게 이 일을 하고 죄를 짓고 있다. 그리고 경제를 위하여 필요하다는 것이 노예제도를 유지하는 정당한 이유가 될 수 없다. 노예제도가 법에 의하여 허락되고 있다고 하지만, 하나님의 법에 비추어보면, 이는 타당하지 않다. 16세기에 스페인의 선교사요 역사가였던 바톨로메(Bartolome de las Casas)와 교황 바오로 삼세(Pope Paul III)와 같이, 노예가 된 저 사람들도 잠재적으로 그리스도에게 속해 있을 가능성이 있다. 그러므로 저들은 전도를 받기 위해 해방되어야 했다. 웨슬리와 16세기의 스페인 가톨릭 교회의 훌륭한 사람들은 인간은 본질적으로 자유로운 존재이다. 그리고 이 자유는 복음 전도에 의하여 얻게 된다고 주장하였다. 노예들을 계속 갖고자 하는 기성세대의 주장은 경제적 필요에 기초한 논의였다: 그러나 실상, 노예제도는 필요에서 생긴 것이 아니라, 인간의 욕심 때문에 생긴 것이다.

웨슬리가 보기에는 농업에서의 독점과 부자들이 하나의 사치의 표시인 말들로 인한 곡물의 소모가 식품의 가격을 높여 가난한 사람들을 어렵게 만들었다. 농업에서의 독점이 해체되어야 하였고, 말들을 갖는 사치는 법의 제정으로 중지시키고, 적당한 농업들과 적절한 식품가격을 제정하여야 했다. 웨슬리가 보기에는 불필요한 군대의 비용, 특히 불필요한 방비 등이 이자율을 높이면서, 국가의 빚이 많아지게 하였다. 소비가 많은 군대의 비용은 단축되어야 하고, 국가의 빚은 줄여야 한다. 따라서 그는 고용(employment)에 대한 정책 변경을 추천하였다. 그의 특별한 관심은, 가난한 사람들이 벌 수 있는 거의 전부를 차지하는 음식값을 줄이는 데 있었다. 그는 세금, 토지의 값, 식품의 값 등등을 국가의 비용과 군대를 위한 지출로 인해 생긴 국가의 부채를 위하여 삭감하였다.

웨슬리는 영국에서 굶주리고 있는 수천 명에 대하여 기록하고 있다. 그들은 직장이 없어서 굶주리고 있는 것이다. 그 가난한 사람들은 음식 이외는 아무것도 살 돈이 없어 아무 물건도 구입할 수가 없다. 그는 모든 재산은 사람이 하나님의 뜻에 따라 선한 청지기로서 사용하여야 하는 것이기 때문에, 부자들의 사치는 쓸데없는 사치이며 또한 경제의 장애물이라고 생각하였다. 그는 사치에 대하여는 매우 많은 세금을 부과할 것을 주장했다. 그는 공급과 필요에 관하여 그 당시의 사람들이 바라고 있는 것을 알았다. 그래서 그는 자원들을 더 많은 생산을 이룰 수 있는 사람들에게 줄 것을 주장했다. 특권계급이 사치스럽게 살기 위하여, 가난한 사람들의 요구를 좌절시켰다. 그리고 그러기 위해 정부를 이용하였다. 그는 그런 일들 (예를 들어서, 술을 많이 만들기 위해 곡물을 지나치게 소비하는 일)은 중지되어야 함을, 그리고 또한 부자들이 누리고 있는 사치(예를 들어서, 지나친 토지를 가지고 있다든가, 말 때문에 곡물을 지나치게 소비하는 일)는 건전한 경제를 세우기 위해서는 제한해야 함을 알고 있었다. 그가 보기에는 기독인 지배층도 변화를 일으킬 의지가 없었던 것 같다. 그래서 그는 그의 신앙 동료들에게 절제있는 경제 생활을 할 것을 주장하고, 또한 자신이나 남을 해치지 않고 할 수 있는 대로 많이 벌고, 가족에게 손실을 주지 않고 할 수 있는 대로 많이 저축하고, 그리고 교회를 통하여 남에게 나눠주고, 그리고 가족의 필요한 것이 정당하게 충족된 다음에는 할 수 있는 대로 모두를 많은 사람들에게 나누어 주도록 힘쓸 것을 주장하였다.

웨슬리는 경제에 대한 학설을 만드는 데는 별로 공헌하지 않았다. 그는 경제에 대한 조직적인 시각을 길게 말하지 않았다. 그러나 그는 믿음과 믿음의 결과가 당시의 경제 생활에 직접적으로 관계되는 일에 대하여는 주저함 없이 말하였다. 그는 정의를 위하여 그리고 가난한 사람들을 위한 경제의 변화를 담대히 요구하였다. 그가 알기로는 기독교의 경제학은 풍부한 땅에서 모자라는 자원을 경제적 힘이 없는 이들에게 가져다주려는 것이었다. 웨슬리가 경제에 관하여 쓰고 있는 글을 보면, 그의 논증은 가난한 사람들을 관리하며 도우려는 것과 권력 있는 지배층이 올바른 청지기의 일을 하지 못하고 있다는 것을 비판하고 있다.

실제로, 웨슬리안들이 관리한 셀 운동(Cell movements)은 훈련과 소망, 관리, 배움, 네트워크를 통하여 많은 초대 메소디스트들을 가난에서 벗어나게 하였다. 종교적으로 영감을 받은 경제 단체들, 윤리적 교훈과 교육이 아직도 많은 단체의 빈곤을 해결하는 가장 큰 수단일 것이다.

개인과 교회 그리고 사회 개혁

웨슬리의 복음적 활동은 개인과 교회 그리고 사회를 개혁하는 일이었다. 웨슬리가 발행한 잡지, 알미니안 잡지(the Arminian)에는 전도를 통하여 변화된 사람들과 메소디스트 신도회 안에서의 사회적 공동이익(social solidarity)에 관한 간증이 가득 차 있다. 메소디스트 신도회의 목적은 영국 국교회를 개혁하여, 사회를 개혁하는 데 있었다. 그러나 영국 국교회는 웨슬리를 포악한 행동으로, 또는 법적인 괴롭힘으로, 그리고 지적 토론에 의하여 반대하였든지, 아니면 웨슬리를 받아들이고 허용했든지 간에, 그 교회 자체는 변하지 않았다. 그래서 웨슬리의 신도회는 계속 참으며 웨슬리가 죽은 지 4년, 신도회가 독립할 때까지 기다렸다. 그래서 신도회는 그 교회와 사회를 개혁할 기회를 상실하고 말았다.

알라스데어 매킨타이어(Alasdair MacIntyre)는 하나의 방법론에 관하여 언급하면서, 웨슬리의 윤리를 이해하기 위해서는 웨슬리의 실행(practice)을 잘 파악하여야 한다고 말하였다.

"학설(theory)은 실행(practice)의 명확한 표현(articulation)이다. 따라서 좋은 학설은 좋은 실행에서 나온다. 그러므로 도덕적 논의는 주로 학설들 그 자체 간에서 논의될 것이 아니라, 실행의 필적하는 형태를 일으키게 하는 이론 간에서 논의되어야 한다. 그리고 어떤 학설이고, 그가 표현하고 있는 그 실행의 형태를 우리가 구체적으로 이해할 때까지는 그 학설을 잘 이해하지 못한다. 그 학설이 실행을 정확하게 표현하고 있는 것이라고 인지될 때, 그 학설은 실행이 투명하게 생각되며, 따라서 그 동안 부족했고 제한되었던 것을 해결한다."[34]

웨슬리의 도덕적 관심사의 폭은 그의 도덕적 실행(생활)에서 나타나 있다. 여기에 그의 도덕적 실행을 간략하게 요약해 보겠다.

1. 도덕적 법을 복음적으로 설교하였다. 그는 인간이 도덕을 완벽히 지킬 수 없음과 믿음으로 받아들이는 하나님의 그리스도를 통한 속량하는 사랑을 강조하였다.
2. 속회(class)와 밴드(band)를 통하여 종교적으로 각성된 상태를 결합시켰다. 그는 또한 신도회를 영국교회와 연결시켜 성화로 성장해 나가도록 하였다. 그리고 신자들의 품성을 평신도 지도자, 또는 웨슬리 자신이 정기적으로 점검하였다. 그리고 그룹의 압력과 제명을 통한 기독교적 훈육을 엄격히 시행하였다.
3. 교회의 정례 의식을 종종 시행하였다. 성찬식, 금식, 성서 연구 등을 하고 교회에 출석하였다.
4. 속회 모임, 여러 메소디스트 학교, 주일 학교 등에서 교육을 시행하였다. 그리고 많은 종교서적과 일반 책을 읽었다. 그리고 메소디스트와 다른 사람들을 위해 책을 출판하였다.
5. 신도회들에 의하여 직업 센터, 대여자금, 의복, 식량 보급소 등을

---

34) Alasdair MacIntyre, *The Recovery of Moral Agency*, Harvard Divinity Bulletin 2, no. 4(1999):8.

운영하였다.

6. 감옥 방문, 죄수들의 빚을 갚아 주는 일, 죄수들을 위해 식량을 마련하는 일, 감옥의 상태를 비판하는 글을 출판하는 일을 하였다.

7. 적극적으로 평화를 중재하는 일을 하였다. 그는 설교를 통해, 소책자와 책을 출판함으로, 또는 전쟁을 비판하며, 편지와 설교를 통하여 중재의 사역을 하였다. 그리고 군인들에게 전도하였다.

8. 조세의 개혁, 국가의 빚의 축소, 불필요한 연금을 주지 않도록 하는 일, 불필요한 군대 시설을 폐지하는 일, 말에 부과하는 세금, 증류된 독한 술을 반대하는 일 등을 논의하며 글로 써서 의견을 제시하였다.

9. 설교와 글을 통하여 국왕을 지지하였다. 그리고 전도자들에게 군주제를 지지하라고 격려하였다. 투표(vote)를 파는 행위 또는 투표를 위해 음식과 술을 받는 일들을 비판하였다. 그리고 자기의 선거 지역을 잘못 대변하는 것을 비판하고, 양심적으로 투표하라고 권하였다.

10. 노예들에게 전도하고 그들에게 세례를 베풀었다. 신도회에서 노예들을 영접하고 그들에게 음식을 제공하였다. 노예 매매 중지를 주장했다. 노예제도 폐지를 위해 설교하고 글을 썼다. 노예제도 폐지를 위해 정치지도자들에게 설득 작업을 하였다. 메소디스트 신도회가 노예무역을 중지하도록 노력하며, 노예제도를 반대하는 문헌들을 출판하게 하였다.[35]

---

35) Gustafson은 "웨슬리는 설교자요 그의 신학은 인간의 실상에 집중되어 있어, 개인주의

우리가 웨슬리의 업적을 설명해 보자. 그는 대단히 건전하고 지성적인 사람이었다. 그는 종교적으로 사는 가정에서 태어났다. 그리고 "그는 타는 불 가운데서 살아남은 막대기"라고 생각하는 그의 어머니의 철저한 훈련 밑에서 자라났다. 그러나 그는 만족을 느끼지 못하였다. 그는 계속되는 불안을 가라앉히려 하지 않고 거기에서 만족을 추구했다. 그의 종교 생활은 옥스퍼드, 죠지아 선교에서의 실패, 그리고 모라비안의 도전을 통하여 연단되었다. 그는 죄 사함은 받았지만, 당황한 독신 사제였다. 그의 나머지 생애는 그의 튼튼한 건강, 열심, 지성을 가지고 이 뜨거운 은혜(acceptance, the gracious, feminine side of God)를 다른 사람들과 나누는 것으로 나타났다. 그러나 그는 이런 은혜를 여자들과는 나누지를 못하였다.

그의 권위적인 성격이 그의 독특한 청교도적인 것[36]에 대한 반대, 또한 그의 모라비안적인 것과 영국교회를 종합했다는 반대를 능가할 수 있었고, 또한 그의 운동을 완성하였다. 그는 타협할 수 있었고 또한 권력을 행사하여 그 운동을 그의 시대의 사람들의 종교적 요구를 충족시키는 운동으로 만들 수 있었다.

적이며 주관적인데 집중되고 있다고 하면서, 웨슬리의 윤리를 평했지만, 여기에 소개한 웨슬리의 생애(실행)는 그가 폭넓게 윤리문제를 다루고 있음을 드러내고 있다. 따라서 Gustafson의 견해는 잘못된 것이다. 이하 생략(역자).

36) 웨슬리의 종합에 청교도가 영향을 끼친 것에 대한 연구가, Robert C. Monk의 책, *John Wesley: His Puritan Heritage*, 2d ed, (Lanham, Md.: Scarecrow Press, 1999), pp.5-8에 잘 요약되어 있다.